JOHN MIHALJEVIC

Das Value Investing Handbuch

JOHN MIHALJEVIC

Das Value Investing Handbuch

Mit bewährten Methoden die besten Investments finden

FBV

Bibliografische Information der Deutschen Nationalbibliothek
Die Deutsche Nationalbibliothek verzeichnet diese Publikation in der Deutschen Nationalbibliografie; detaillierte bibliografische Daten sind im Internet über **http://d-nb.de** abrufbar.

Für Fragen und Anregungen:
info@finanzbuchverlag.de

2. Auflage 2017

ein Imprint der Münchner Verlagsgruppe GmbH
Nymphenburger Straße 86
D-80636 München
Tel.: 089 651285-0
Fax: 089 652096

Übersetzung: Sascha Mattke, www.transcreators.de
Redaktion: Matthias Michel
Korrektorat: Leonie Zimmermann
Umschlaggestaltung: Kristina Spörl, München
Umschlagabbildung: unter Verwendung von iStock-Bildern
Satz: EDV-Fotosatz Huber/Verlagsservice G. Pfeifer, Germering
Druck: GGP Media GmbH, Pößneck
Printed in Germany

ISBN Print 978-3-89879-888-4
ISBN E-Book (PDF) 978-3-86248-673-1
ISBN E-Book (EPUB, Mobi) 978-3-86248-674-8

Inhalt

Geleitwort von Prof. Dr. Max Otte 11

Vorwort 13

Einleitung 15

Kapitel 1:
Ein höchst persönliches Unterfangen:
Was möchten *Sie* besitzen? 19
Das Geld Warren Buffett geben oder selbst investieren? 20
Sehen Sie sich selbst in der Rolle des Kapitalverteilers 27
Denken wie ein Eigentümer 35
Ein Modell für die Aktienauswahl 39
Zusammenfassung 42

Kapitel 2:
Deep Value: Schnäppchen machen
wie Benjamin Graham 45
Wie der Ansatz funktioniert 46
Investieren wie Benjamin Graham:
Richtiges Vorgehen und häufige Fehler 57
Filterkriterien für die Suche nach Schnäppchen
im Stil von Graham 66
Nach dem Screening: Eine Liste von Deep-Value-Kandidaten
analysieren 71
Bei Graham-Schnäppchen die richtigen Fragen stellen 76
Zusammenfassung 82

Kapitel 3:
Unterbewertung nach Summe-der-Teile-Analysen 85
Wie der Ansatz funktioniert 86
Investieren in Unternehmen mit übersehenen Aktiva:
Richtiges Vorgehen und häufige Fehler 89
Filterkriterien für die Suche nach Unternehmen
mit unterschiedlichen Aktiva 94
Nach dem Screening: Bewährte Methoden zum
Auffinden versteckter Aktiva 101
Bei Unternehmen mit versteckten Vermögenswerten
die richtigen Fragen stellen 111
Zusammenfassung 115

Kapitel 4:
Joel Greenblatts magische Formel
für gute und billige Aktien 117
Wie der Ansatz funktioniert 118
Investieren in gute und billige Unternehmen:
Richtiges Vorgehen und häufige Fehler 127
Filterkriterien für die Suche nach guten und billigen
Unternehmen 136
Nach dem Screening: Die ewige Hoffnung auf Verbesserungen. 141
Bei Magische-Formel-Aktien die richtigen Fragen stellen 145
Zusammenfassung 154

Kapitel 5:
Jockey-Aktien 157
Wie der Ansatz funktioniert 158
Investieren in Jockeys: Richtiges Vorgehen und
häufige Fehler 162
Filterkriterien für die Suche nach Jockey-Aktien 174
Nach dem Screening: Eine Visitenkartensammlung
hervorragender Manager aufbauen 187
Die richtigen Fragen zum Management stellen 190
Zusammenfassung 198

Kapitel 6:
Den Besten folgen 201
Superanleger heißen nicht umsonst Superanleger 202
Superanlegern folgen: Richtiges Vorgehen und häufige Fehler 206
Filterkriterien für die Suche nach Unternehmen in den Portfolios von Superanlegern 210
Die Superanleger aus Buffett-Stadt 213
Nach dem Screening: Was macht ein Unternehmen für Superanleger attraktiv? 223
Zusammenfassung 229

Kapitel 7:
Kleine Aktien, große Rendite? 231
Wie der Ansatz funktioniert 232
Investieren in kleine Unternehmen: Richtiges Vorgehen und häufige Fehler 238
Filterkriterien für die Suche nach vielversprechenden Small- und Mikro-Cap-Anlagen 243
Nach dem Screening: Weitere Wege zu überzeugenden Small- und Mikro-Cap-Ideen 254
Bei interessanten Small Caps die richtigen Fragen stellen 266
Zusammenfassung 272

Kapitel 8:
Sondersituationen 275
Wie der Ansatz funktioniert 277
Investieren in Sondersituationen: Richtiges Vorgehen und häufige Fehler 281
Sondersituationen entdecken 291
Bei Sondersituationen die richtigen Fragen stellen 296
Zusammenfassung 302

Kapitel 9:
Abriss-Aktien ... 305
Wie der Ansatz funktioniert ... 308
Investieren in Abriss-Aktien: Richtiges Vorgehen und häufige Fehler ... 309
Filterkriterien für die Suche nach Abriss-Aktien ... 321
Nach dem Screening: Dem Krankenwagen nachjagen ... 323
Bei Abriss-Aktien die richtigen Fragen stellen ... 328
Zusammenfassung ... 337

Kapitel 10:
Value-Investitionen im internationalen Bereich ... 339
Wie der Ansatz funktioniert ... 341
Investieren in internationale Aktien: Richtiges Vorgehen und häufige Fehler ... 345
Filterkriterien für die Suche nach internationalen Aktien ... 354
Nach dem Screening: Regionalen Experten auf der Spur bleiben ... 359
Bei internationalen Aktien die richtigen Fragen stellen ... 364
Zusammenfassung ... 368

Über den Autor ... 370

Literaturverzeichnis ... 371

Anmerkungen ... 376

Stichwortverzeichnis ... 381

Über den Herausgeber ... 390

»Intelligente Anleger werden dieses Buch sorgfältig studieren und hoffen, dass nur wenige andere das ebenfalls tun.«

– Bryan Lawrence, Gründer von Oakcliff Capital

»Ein fantastisches, äußerst kluges Buch für Amateure wie für Profianleger. John Mihaljevic hat einen Anlagediamanten mit breitem Themenfeld geschaffen und ihn in eine überzeugende Form geschliffen.«

– Allan Mecham, Gründer von Arlington Value Capital

»Hochinteressant zu lesen und sehr nützlich. Die Strategien in Das Value-Investment Handbuch *geben Anlegern konkrete und solide Chancen, Portfolios aller Art zu optimieren.«*

– Dave Sather, President von Sather Financial Group, Inc.

»John Mihaljevic ist Herausgeber des in meinen Augen besten Anlage-Newsletters dieses Planeten – eigentlich eher ein häufig aktualisiertes Handbuch der Geldanlage. Sein fantastisches Buch steckt voll herausragendem Anlagewissen, gesammelt bei den Besten und zusammengestellt vom vielleicht besten Experten für Value-Investing überhaupt. Wer es liest, muss einfach mehr Erfolg bei der Geldanlage haben. Danke, John, für Deine herausragenden Dienste für die Gemeinschaft der Value-Anleger.«

– Mohnish Pabrai, Managing Partner bei Pabrai Investment Funds

»Das Value-Investment Handbuch *ist ein umfassendes Buch über Geldanlage, das leicht verständlich unterschiedliche Möglichkeiten erklärt, um sich in der komplexen weltweiten Anlagelandschaft zurechtzufinden. Es bietet eine Fülle von Erklärungen und beschreibt konkrete Methoden, Strategien und Ansätze, um ein hervorragender Anleger zu werden. Das Buch erklärt, wie einige der besten Anleger der Welt Ideen generieren, Geschäftsmodelle bewerten und Fondsmanager auswählen. Erfolgreiche Geldanlage erfordert Flexibilität und Originalität. Doch als Grundlage ist stets ein diszipliniertes analytisches Vorgehen erforderlich, bei dem Bewertung und Steuerung von Risiken im Vordergrund stehen. Ich würde* Das Value-Investment Handbuch *allen Anlegern vom Anfänger bis zum erfahrenen Praktiker dringend empfehlen.«*

– Paul Lountzis, President von Lountzis Asset Management, LLC

»John Mihaljevic hat unzählige Stunden lang mit den besten Anlegern der Welt gesprochen und verfügt über reichlich eigene Erfahrung und Wissen. Das Value-Investment Handbuch *liefert dem Leser einen gewaltigen Werkzeugkasten für die Ideengenerierung. Das Buch deckt das gesamte Spektrum an Ansätzen für Value-Investing ab und füllt sie über lehrreiche Beispiele aus der Praxis mit Leben. Mit seiner Kombination aus wirksamen Werkzeugen und interessanter Aufklärung bietet das Buch eine hohe Rendite auf den Kaufpreis!«*

– Jason Dunn, CFA, Gründer und Portfoliomanager,
White Bison Capital

Geleitwort

von Prof. Dr. Max Otte*

Ich kenne John Mihaljevic und seinen Bruder Oliver nun seit über fünf Jahren. Beide haben sich seit 2005 dem Aufbau einer erstklassigen monatlichen Publikation für professionelle Value-Investoren gewidmet, dem *Manual of Ideas* (sinngemäß »Nachschlagewerk der Investmentideen«). Diese Publikation, die von Top-Investoren auf der ganzen Welt geschätzt wird, gibt etwas vom Charakter von John und Oliver wieder: kompetent, gründlich, ausdauernd und bereit, ihr Wissen mit anderen zu teilen. Und dazu ehrlich und bescheiden, zwei Eigenschaften, die sich in der Finanzbranche selten finden.

Nun legt John die Essenz seiner Methode in einem Buch dar, das für Privatanleger und Profis gleichermaßen geeignet ist. Das *Value-Investment-Handbuch* wird zum neuen Standardwerk des Value-Investing werden: umfassend, verständlich und klar geschrieben und auf dem neuesten Stand. Damit wird sich das Buch in die Reihe von Klassikern wie Benjamin Graham's *Intelligent Investor* oder Bruce Greenwald's *Value Investing* einreihen. Es ist allerdings kein Buch für den absoluten Anfänger. Etwas sollten Sie schon von der Betriebswirtschaftslehre, Bilanzen und Finanzen verstehen, um den optimalen Nutzen aus dem Buch zu ziehen.

Der faszinierende Werdegang Johns zeigt, wie viel weltmännische Erfahrung er trotz seiner relativ jungen Jahre angesammelt hat: In Deutschland geboren, teilweise in Kroatien aufgewachsen, dann in München Abitur gemacht,

* Professor für quantitative und qualitative Unternehmensanalyse und -diagnose an der Karl-Franzens-Universität Graz. Er ist Berater des Max Otte Vermögensbildungsfonds (WKN: A1J3AM) und des PI Global Value Fonds (WKN: A0NE9G) mit zusammen ca. 300 Millionen Euro verwaltetem Vermögen.

an der Yale-Universität als Assistent von Nobelpreisträge James Tobin gearbeitet und sein Studium mit Bestnoten abgeschlossen. Dazu für dieses Buch über einhundert herausragende Value-Investoren persönlich zu ihren Methoden und Ideen interviewt. Von solch einem Menschen könnte man eigentlich erwarten, dass er Hedgefondsmanager wird und sein Wissen nur für sich selber nutzt. Und obwohl John eine eigene Investmentpartnerschaft hat, ist es klar, dass sein Herzblut der Wissensverbreitung gilt.

John stellt in seinem Buch insgesamt neun Ansätze und Stile des Value-Investing vor, beginnend mit dem klassischen Net-Net-Ansatz von Benjamin Graham. Der Urvater des Value-Investing kaufte gerne Aktien, deren Börsenwert unter ihrem Nettoumlaufvermögen lag und kümmerte sich nicht allzu sehr um die aktuelle Geschäfts- und Gewinnsituation. Wenn Sie meinen, dass diese Art des Investierens keine Bedeutung mehr hat, denken Sie zweimal darüber nach. Sowohl während des Katers nach der sogenannten New Economy 2003 als auch während der Finanzkrise von 2008 bis 2009 ließen sich mit dieser Methode hervorragende Investments finden.

Weitere, von John vorgestellte Methoden, sind die Analyse der Summe der Teile eines Unternehmens nach ihrem Wert, Joel Greenblatts »magische Formel«, die Auswahl von guten Unternehmensmanagern, die Beobachtung guter Investmentmanager, das Investment in kleinere Unternehmen sowie weitere Methoden. Jedes Mal stellt John die Methode vor, beschreibt das richtige Vorgehen und häufige Fehler und liefert eine Liste der richtigen Fragen.

Dabei merkt man, dass John die psychologischen Herausforderungen des aktiven Investors genau kennt und nicht nur die finanzwirtschaftlichen und betriebswirtschaftlichen Aspekte der Methode beschreibt. Dieser aktive Erfahrungsschatz macht das Buch besonders wertvoll und kann angehende Value-Investoren vor etlichen Fehlern bewahren, wenngleich fast jeder außer einer Handvoll Superinvestoren an der Börse auch Lehrgeld bezahlen wird.

Danke John, für dieses Buch! Es wird mir ein ständiger Begleiter in meiner eigenen Investmentpraxis sein.

Max Otte

Vorwort

Als John Mihaljevic mich bat, ein Vorwort für dieses Buch zu schreiben, war ich erstaunt, fühlte mich geehrt und sagte sofort zu. Ich musste nicht lange überlegen, denn ich schätze Johns Arbeit und bin sehr dankbar für den intellektuellen Austausch und das, was ich über die Jahre durch die Lektüre seines Newsletters *Manual of Ideas* gelernt habe.

Bei seiner Arbeit zeigt John Forschergeist und echten Hunger nach Informationen – immer geleitet vom Willen, ein noch besserer Anleger zu werden. Noch wichtiger und sehr großzügig von ihm: Er behält sein Wissen und seine Ideen nicht für sich, sondern gibt sie bereitwillig weiter. Und auch indem er uns zeigt, wie er durch den Austausch mit anderen intelligenten und leidenschaftlichen Anlegern weiter dazulernt, ist er ein wunderbares Vorbild.

John zeigt uns, wie er lernt. Auf diese Weise können auch wir als Leser herausfinden, wie wir besser lernen können.

Nebenbei berichtet er auch über seine Lebensgeschichte und wie er in seine aktuelle Position gekommen ist. Nach dieser Lektüre werden Sie mir gewiss zustimmen: Der Drang zum Lernen und Wissen sowie Kreativität machen den Großteil von dem aus, was wir als menschliche Wesen sind (oder sein sollten).

Johns Arbeit ist deutlich vom Geist wahrer Bescheidenheit geprägt. Er weiß, dass man Geldanlage aus ganz unterschiedlichen Blickwinkeln betrachten kann und dass es unterschiedliche Ansätze dafür gibt, zu verstehen, was ein Unternehmen wert ist und wie es sich in Zukunft entwickeln könnte. Ebenso ist er sich darüber im Klaren, dass die richtigen

Antworten in einem anderen Umfeld und bei unterschiedlich hohen Anlagesummen andere sein könnten.

Das Wertvollste, was ich als Anleger mache, ist Lesen. Ich lese schon mein ganzes Leben lang gerne und danke meinen Eltern dafür, dass sie das, solange ich mich erinnern kann, gefördert haben. Wie Charles Munger einmal bemerkte: Der Kauf eines Buches ist eine der besten Investitionen, die man machen kann – für nur ein paar Dollar profitiert man von mehreren Jahren Arbeit, die ein Autor in sein Buch gesteckt hat. Ich bin ganz seiner Meinung.

Johns Buch ist für mich eine klare Empfehlung, weil es Erkenntnisse, Modelle und Methoden liefert, mit denen man das Handwerk der Geldanlage systematisch betrachten kann. Jeder, der ein guter Value-Anleger sein möchte, bringt dafür unterschiedliche Voraussetzungen und Vorgehensweisen mit. Trotzdem können und müssen wir alle immer weiter lernen, uns anpassen und unsere Arbeit verbessern.

Genau dabei kann Ihnen dieses Buch helfen. Jedes Kapitel bietet konkrete Beispiele und Erläuterungen dazu, wie erfolgreiche Anleger ihre Arbeit angehen. Erfolgreiches Investieren ist eine schwierige und einsame Aufgabe. Alle Daten und Dokumentationen, die sich finden und auswerten lassen, beziehen sich ausschließlich auf die Vergangenheit. Die Erträge aber stellen sich erst in der Zukunft ein und die ist ein wenig paradox: Einerseits ähnelt sie der Vergangenheit, andererseits ist sie vollkommen anders.

Für uns als Anleger liegt die Herausforderung darin, zu unterscheiden, was gleich bleiben wird und was sich verändert. Lesen Sie die von John in diesem Buch vorgestellten Ideen sorgfältig und denken Sie darüber nach – es wird Ihnen helfen. Ich wünsche Ihnen viel Spaß dabei!

Thomas S. Gayner
President und Chief Investment Officer, Markel Corporation

Einleitung

Value-Investing kann eine einsame Angelegenheit sein, aber es hat mein Leben auch mit vielen Freundschaften und neuen Erfahrungen durch diese Freundschaften bereichert. Die Gemeinschaft der Value-Anleger ist vielfältig, lebhaft und global. Ich bin sehr froh darüber, dass ich intensiv zu ihr beitragen konnte – unter anderem im Rahmen von VALUEx Zurich Klosters, einem jährlichen Treffen von Value-Anlegern, bei der Online-Konferenzreihe ValueConferences und bei meiner Arbeit für die monatliche Research-Publikation *The Manual of Ideas*, bei der es hauptsächlich um die Entwicklung von Anlageideen geht.

Die spektakulär erfolgreiche Anlagephilosophie von Warren Buffett hat begeisterte Anhänger auf jedem Kontinent und in fast jedem Land gefunden.Viele von ihnen nutzen ihre speziellen Talente, kulturelle Sensibilität und besonderen Umstände, um mit ihrem jeweils eigenen Stil von Value-Investing Erfolg zu haben. Beispiele sind Mohnish Pabrai in den USA, Prem Watsa in Kanada, Massimo Fuggetta in Großbritannien, Guy Spier in der Schweiz, François Badelon in Frankreich, Francisco García Paramés in Spanien, Ciccio Azzollini in Italien, Jochen Wermuth in Russland, Rahul Saraogi in Indien, Christopher Swasbrook in Neuseeland oder Shuhei Abe in Japan.

Zur Vorbereitung für dieses Buch habe ich mit mehr als 100 Fondsmanagern in aller Welt gesprochen und sie über das Thema Ideengenerierung befragt. Auf den folgenden Seiten können Sie also erfahren, was ich als Herausgeber von *The Manual of Ideas* gelernt habe – und Sie erhalten Einblicke in den Prozess der Ideengenerierung bei einigen der erfolgreichsten Anleger unserer Zeit. Ich habe Schwergewichte wie Chuck Akre, Charles de Vaulx, Jean-Marie Eveillard, Thomas Gayner, Joel Greenblatt, Howard Marks, Mohnish Pabrai, Tom Russo und Guy Spier interviewt.

Interessante Erkenntnisse ergaben sich auch durch Gespräche mit jüngeren Fondsmanagern, unter denen eine neue Generation von Value-Superanlegern heranwächst. Viele dieser ausführlichen Gesprächen sind als kostenlose Videos auf den YouTube-Kanälen manualofideas und valueconferences verfügbar.

In Kapitel 1 konzentriere ich mich auf die Mentalität von Value-Anlegern – sie unterscheidet sich sehr von der anderer Marktteilnehmer, die Aktien nur als wilde Linien auf einem Computerbildschirm verstehen und sich an dem beteiligen, was Keynes als bloßen Schönheitswettbewerb bezeichnete. In den Kapiteln 2 bis 10 beschäftige ich mich damit, wie Value-Anleger ihre Ideen generieren, unterteilt in neun Kategorien: »Deep Value« nach Benjamin Graham, magische Formel nach Joel Greenblatt, unterbewertete Small Caps, Summe-der-Teile-Analyse oder Suche nach verstecktem Wert, Lieblinge der Superanleger, Jockey-Aktien, Sondersituationen, Abriss-Aktien und internationales Value-Investing. Es gibt einige Überschneidungen zwischen diesen Kategorien, doch ich stelle für jede von ihnen einen leicht unterschiedlichen Ansatz vor. Ich erkläre, wie dieser sich zur Ideengenerierung einsetzen lässt und was man dabei falsch machen kann. Darüber hinaus beschäftige ich mich mit den Screening-Prozessen zur Auswahl geeigneter Aktien. Und ich belasse es nicht bei solchen rein quantitativen Methoden, sondern nenne in jeder Kategorie Kernpunkte, die es anschließend zu überprüfen gilt. Insgesamt ist dieses Buch also ein Praxisratgeber zur Ideengenerierung und zugleich eine Abhandlung über die wichtigsten Prinzipien des Value-Investing.

Jeden zu erwähnen, der Einfluss auf meine Überlegungen zur Geldanlage hatte, wäre unmöglich. Einige Mentoren allerdings waren besonders wichtig, zuallererst der Ökonomieprofessor und Wirtschaftsnobelpreisträger James Tobin. In meiner Zeit als sein wissenschaftlicher Mitarbeiter an der Yale University hat er mir unglaublich großzügige Einblicke in seine Gedanken über Risiko und Asset Allocation gewährt. Auch David Swensen, Chief Investment Officer der Yale University, hat mich auf dem Weg zu value-orientierter Geldanlage deutlich weitergebracht – in seinen Seminaren kommen Studenten mit Fondsmanagern zusammen, was es sonst fast nirgendwo gibt. Guy Spier, Chief Executive Officer von Aquamarine Capital, hat mich an seinem enormen Wissensschatz über

Geldanlage wie auch das Leben an sich teilhaben lassen. Warren Buffett, Charles Munger, Joel Greenblatt, Thomas Gayner und Monish Pabrai sind Vorbilder für mich. Ich konnte aus ihren Büchern lernen und zum Teil auch in direkten Kontakten, zu denen es im Rahmen von *The Manual of Ideas* oder ValueConferences kam. All diese Menschen hatten entscheidenden Einfluss auf mein Denken und ich danke ihnen dafür, dass sie ihr Wissen an die Gemeinschaft der Value-Anleger weitergegeben haben.

Aus meinem privaten Umfeld möchte ich meinem Bruder und Partner bei *The Manual of Ideas,* Oliver Mihaljevic, danken. Er ist nicht nur selbst ein hervorragender Anleger, sondern auch entschlossen wie kein anderer, dafür zu sorgen, dass Value-Investing als Fachgebiet mehr Gewicht in der Ausbildung für Finanzberufe bekommt. Oliver ist immer auf der Suche nach neuen Erkenntnissen über die Kunst der Geldanlage und ich hatte das Glück, von seinen Expeditionen profitieren zu können. Meine Ehefrau Branka hat mich beim gesamten Schreibprozess für dieses Buch enorm unterstützt und von vielen Pflichten freigehalten, die seiner Fertigstellung im Wege gestanden hätten. Meine Kinder Mark, Mia und Mateo gaben mir nicht nur einen guten Grund, diese Arbeit zu Ende zu bringen, sondern sorgten gelegentlich auch für dringend benötigte Ablenkung – manchmal sogar etwas zu viel davon. Ich wünsche Ihnen viel Vergnügen!

John Mihaljevic

Kapitel 1: Ein höchst persönliches Unterfangen: Was möchten *Sie* besitzen?

> Der Mensch, das lebende Wesen, das gestaltende Individuum, ist immer wichtiger als irgendein etablierter Stil oder ein System.
>
> Bruce Lee

Die Börse ist ein merkwürdiger Ort. Eigentlich wollen alle, die dort tätig sind, dasselbe, nämlich Geld verdienen. Doch einen universell gültigen Weg zum Erreichen dieses universellen Zieles gibt es nicht. Vielleicht sind Sie nur ein paar Mausklicks davon entfernt, das beliebte Buch *The Warren Buffett Way*[1] zu kaufen, doch bislang hat es erst ein Mensch geschafft, dem Vorbild von Buffett wirklich zu folgen. Denn bei der Geldanlage ist es schon schwierig genug, als Original Erfolg zu haben – als Nachahmer ist es so gut wie unmöglich. Jeder von uns muss eine *persönliche* Methode für seinen Anlageerfolg finden, selbst wenn er ein *professioneller* Anleger ist.

Dessen ungeachtet gibt es von herausragenden Anlegern wie Benjamin Graham, Seth Klarman oder Warren Buffett viel zu lernen, und wer auf sie hört, kann davon erheblich profitieren. Eine der wichtigsten Lehren dieser Meister der Geldanlage ist so wichtig wie einfach: Eine Aktie ist ein Stück Eigentum an einem Unternehmen. Eine Börse wiederum ist nichts weiter als eine praktische Möglichkeit, dieses Eigentum gegen Geld einzutauschen. Gäbe es keine Börse, so würde sich dennoch an Ihrer Beteiligung an dem Unternehmen nichts ändern. Möglicherweise wäre es dann schwieriger, Ihren Anteil wieder zu verkaufen, aber verkaufen könnten

Sie ihn immer noch – so wie Sie auch Ihr Haus oder Ihr Auto verkaufen können, wenn Sie wollen.

Leider werden wir, wenn wir konkret mit dem Investieren beginnen, unweigerlich mit Ablenkungen bombardiert, die es uns nur zu leicht machen, das Wesen des Aktienbesitzes zu vergessen. Beispiele dafür sind der dahinrasende Kursticker im Finanzfernsehen, die scheinbar allwissenden Experten, die polierten Pressemitteilungen von Unternehmen, Aktiencharts, die eine Konsolidierung oder einen Ausbruch erwarten lassen, übertroffene Analystenschätzungen und Aktien, die neue Höchststände erreichen. Ein bisschen ist es wie in der Welt von Coco, dem liebenswerten und neugierigen Affen, der immer »so leicht vergisst«, was ihm sein wohlmeinender Freund rät. Mein Sohn liebt diese Geschichten, denn so sicher wie Coco in Schwierigkeiten gerät, so sicher findet er auch wieder heraus. Anleger am Aktienmarkt allerdings können anders als der Kinderbuch-Affe nicht immer automatisch mit einem guten Ende rechnen.

Das Geld Warren Buffett geben oder selbst investieren?

Ich kann mich noch an den Tag erinnern, an dem ich die fürstliche Summe von 100.000 Dollar zusammengespart hatte. Nach einigen Jahren als Analyst für die Investmentbank Thomas Weisel Partners in San Francisco hatte ich es bis 2003 geschafft, diese Summe zurückzulegen, die mich in meinen Augen zum freien Mann machen würde. Freiheit, so dachte ich, konnte es nur geben, wenn man für sein Überleben nicht mehr arbeiten musste. Ansonsten wäre man in eine Art Knechtschaft gezwungen, in der man Zeit gegen Lebensmittel und Unterkunft tauscht. Mit dem gesparten Geld wollte ich meinen Job aufgeben, in ein Land wie Thailand ziehen und von den Zinsen leben. Zwar war ich so klug, diese Freiheitsoption nicht auszuüben. Doch ich musste immer noch überlegen, was ich mit dem Geld anfangen sollte.

Eine Anlage in Fonds verwarf ich recht schnell, denn ich kannte die Studien, laut denen die überwältigende Mehrheit der Investmentfonds nach Abzug von Gebühren schlechter abschneidet als die Marktindizes.[2] Außerdem machte ich mir eine oft übersehene, aber wichtige Tatsache klar:

Anleger neigen dazu, nach einer Zeit mit guter Performance mehr Kapital in Fonds einzuzahlen und nach schlechter Performance Geld abzuziehen. Dadurch sind die *tatsächlichen* Ergebnisse der Anleger weitaus schlechter als die offiziell *ausgewiesenen*. Denn die Fondsprospekte zeigen zeitgewichtete Renditen, in der Realität aber gibt es für Anleger nur die meist niedrigeren kapitalgewichteten Renditen. Ein klassisches Beispiel für dieses Phänomen ist der Munder NetNet Fund, ein Internetfonds, mit dem Anleger von 1997 bis 2002 Milliarden Dollar verloren. Trotzdem berichtete der Fonds für diesen Zeitraum eine *positive* Durchschnittsrendite von 2,15 Prozent pro Jahr. Der Grund dafür? Als es dem Fonds in den späten 1990er-Jahren noch gut ging, verwaltete er nur wenig Geld. Dann aber strömten Milliarden an neuem Kapital herein – und für den Fonds begann eine verheerende Verlustserie über drei Jahre.[3] Ich fühlte mich zwar immun gegen die Versuchung, nach einem starken Anstieg am Markt zu kaufen und nach einem Absturz zu verkaufen. Doch ich dachte, es wäre einfacher, ihr zu widerstehen, wenn ich genau weiß, was ich besitze und warum. Anteile an einem Fonds zu kaufen bedeutet, darauf zu vertrauen, dass der Fondsmanager schon die richtigen Anlagen auswählen wird. Doch nach einem längeren Zeitraum mit Verlusten kann dieses Vertrauen leicht verloren gehen.

Trotzdem sollte man Investmentfonds und die günstigeren Indexfonds nicht völlig außer Acht lassen. Für Menschen, die Anlageentscheidungen gern jemand anderem überlassen, sind sie eine akzeptable Alternative. Und Value-Investmentfonds wie der Fairholme Fund von Bruce Berkowitz oder die Longleaf Funds von Mason Hawkings stellen für viele Privatanleger eine vernünftige Option dar. Reiche Privatpersonen und Institutionen können zudem auch in Hedgefonds investieren, doch nur die wenigsten davon sind ihre zumeist hohen Verwaltungs- und Performancegebühren wert. In seinem Brief an die Aktionäre 2006 kritisierte Warren Buffett die Gebührenstruktur bei Hedgefonds: »Es ist ein einseitiges System, bei dem 2 Prozent Ihres Einsatzes pro Jahr an den Manager fließen, selbst wenn er nichts erreicht – oder sogar einen Haufen Geld für Sie verliert. Wenn er Erfolg hat, gehen noch einmal 20 Prozent Ihres Gewinns an den Manager, selbst wenn der Erfolg nur auf allgemein steigende Märkte zurückzuführen ist. Wenn ein Manager in einem Jahr zum Beispiel eine Bruttorendite von 10 Prozent erreicht, wird er 3,6 Prozentpunkte davon behalten – 2 Prozent vom Einsatz plus 20 Prozent von den restlichen 8 Punkten, sodass für die Anleger nur 6,4 Prozent Rendite übrig bleiben.«[4]

Eine kleine Minderheit von value-orientierten Hedgefondsmanagern hat sich entschieden, Buffett bei der Gebührenfrage zu folgen und Anlegern ähnliche Strukturen anzubieten wie die von ihm verwalteten Limited Partnerships in den 1960er-Jahren. Buffett verlangte damals keine Verwaltungsgebühr und Performancegebühren wurden nur für Renditen oberhalb des jährlichen Schwellenwerts berechnet. Zu den Pionieren dieser kleinen, aber wachsenden Bewegung zählen Guy Spier in Zürich, Aquamarine Capital Management in der Schweiz und Mohnish Pabrai von Pabrai Investment Funds in Kalifornien. Derartige Fonds bringen für langfristig orientierte Anleger, wenn alle anderen Faktoren gleich sind, erhebliche Renditevorteile. Tabelle 1.1 zeigt, wie sich eine anlegerfreundliche Gebührenstruktur auf Dauer auswirkt.

Alternativ hätte ich meine Ersparnisse in eines der wenigen börsennotierten Unternehmen investieren können, die als kostengünstige und trotzdem hochwertige Anlagevehikel zu haben sind. Berkshire Hathaway zahlt Warren Buffett ein Jahresgehalt von 100.000 Dollar für das, was man als die weltweit beste Dienstleistung im Bereich Kapitalallokation bezeichnen könnte. Er bekommt keinen Bonus, keine Aktienoptionen und keine gesperrten Aktien und schon gar keine Performancegebühren wie bei Hedgefonds.[5] Anleger, die über eine Investition in einen teuren Hedgefonds nachdenken, sollten unbedingt vorher überlegen, ob der Fondsmanager besser sein kann als Buffett. Das zu schaffen ist schon vor Gebühren sehr schwierig – und nach Gebühren wird es äußerst unwahrscheinlich. Aber natürlich fühlt es sich weitaus weniger privilegiert und exklusiv an, eine Aktie von Berkshire Hathaway zu kaufen, als in den Kreis der Anleger eines geheimniskrämerischen Hedgefonds aufgenommen zu werden.

Berkshire Hathaway ist nicht die einzige börsennotierte Holdinggesellschaft, die anlegerfreundlich agiert und mit einem hervorragenden Management aufwarten kann. Zu den Alternativen zählen Brookfield Asset Management, Fairfax Financial, Leucadia National, Loews Corporation, Markel Corporation und White Mountains Insurance; ihre Gebühren sind

	Typische Hedgefondsgebühr »2 plus 20« Verwaltungsgebühr 2% Performancegebühr 20% jährlicher Schwellenwert 0%		**Gebühren wie bei Buffetts Partnerships** Verwaltungsgebühr 0% Performancegebühr 20% jährlicher Schwellenwert 6%	
Angenommene Bruttorendite	5,0%	10,0%	5,0%	10,0%
Daraus errechnete Nettorendite	2,4%	6,4%	5,0%	9,2%
Bruttowert von 1 Mio. Dollar				
… nach 10 Jahren	1.628.895 $	2.593.742 $	1.628.895 $	2.593.742 $
… nach 20 Jahren	2.653.298 $	6.727.500 $	2.653.298 $	6.727.500 $
… nach 30 Jahren	4.321.942 $	17.449.402 $	4.321.942 $	17.449.402 $
Nettowert von 1 Mio. Dollar				
… nach 10 Jahren	1.267.651 $	1.859.586 $	1.628.895 $	2.411.162 $
… nach 20 Jahren	1.606.938 $	3.458.060 $	2.653.298 $	5.813.702 $
… nach 30 Jahren	2.037.036 $	6.430.561 $	4.321.942 $	14.017.777 $
Durch Gebühren entgangener Wert				
… nach 10 Jahren	361.244 $	734.156 $	0 $	182.580 $
… nach 20 Jahren	1.046.360 $	3.269.440 $	0 $	913.798 $
… nach 30 Jahren	2.284.906 $	11.018.842 $	0 $	3.431.625 $

Tabelle 1.1: Auswirkungen von Gebühren auf die Vermögensentwicklung eines Hedgefondsanlegers

ähnlich wie bei Buffett. Andere Anlagevehikel dagegen vereinen Vergütungen nach Hedgefondsart mit Geldanlage im Value-Stil. Beispiele dafür sind Greenlight Capital Re oder Biglari Holdings. Diese verkappten Hedgefonds mögen es schaffen, mit dem Geld ihrer Aktionäre eine befriedigende Performance zu erreichen. Doch dass sie langfristig nach Gebühren höhere Renditen erzielen als ein Unternehmen wie Markel, das hervorragendes Anlagemanagement mit niedrigen impliziten Gebühren vereint, ist unwahrscheinlich.

Unternehmen wie Berkshire oder Markel erreichen also langfristig herausragende Anlageerfolge und nehmen nur geringe Gebühren dafür. Vor diesem Hintergrund erscheint es geradezu irrational, wenn langfristig orientierte Anleger ihr Aktienportfolio selbst verwalten. Professionelle Fondsmanager stehen in dieser Hinsicht in einem gewissen Interessenkonflikt: Ihr Lebensunterhalt hängt ziemlich direkt davon ab, Kunden davon zu überzeugen, dass die bisherige Performance von Berkshire oder Markel keine Garantie für ähnlich gute Ergebnisse in der Zukunft ist. Zu ihrem Glück warnen auch die Aufsichtsbehörden regelmäßig vor einer Fortschreibung von Erfolgen der Vergangenheit – und tragen so weiter dazu bei, dass es einen stetigen Zustrom von Neueinsteigern in das lukrative Fondsmanagementgeschäft gibt.

Aber keine Sorge: Ich werde niemanden verurteilen, der seine Aktieninvestments in die eigene Hand nimmt. Schließlich habe ich mit meinen Ersparnissen im Jahr 2003 letztlich genau das getan und bin seitdem dabeigeblieben. Man könnte durchaus der Meinung sein, dass meine damalige Entscheidung auf nicht viel mehr als Übermut beruhte. Aber tatsächlich spricht einiges für das Prinzip »Do it yourself« bei der Geldanlage: Erstens gibt es Aktien von Investmentgesellschaften wie Berkshire und Markel meist nicht zu ihrem Nettoinventarwert zu kaufen, sodass ihr Börsenkurs einen gewissen Aufpreis für das Anlagegeschick ihrer Manager enthält. Über längere Zeiträume gleichen sich die Renditen für Aktionäre zwar den intern generierten Kapitalrenditen an, doch bei kürzerer Haltedauer oder hohen Aufschlägen auf den Nettoinventarwert können Anleger Renditeeinbußen erleiden. Selbst ein Unternehmen wie Berkshire kann an der Börse so teuer sein, dass es als Investition nicht mehr attraktiv ist.

Hinzu kommt eine wichtige Falle für den Anlageerfolg: die Zunahme des verwalteten Vermögens. Nur wenige Fondsmanager legen eine Grenze für ihr Fondsvolumen fest und bei börsennotierten Anlagegesellschaften ist dies noch seltener der Fall. Warren Buffett begann vor sechs Jahrzehnten mit dem Investieren – mit weniger als 1 Million Dollar. Heute leitet er ein Unternehmen mit einem Börsenwert von mehr als 200 Milliarden

Dollar. Wenn er 2 Milliarden Dollar investieren wollte, also gerade einmal 1 Prozent des Börsenwerts von Berkshire, könnte er dafür natürlich kein Unternehmen mit einem Börsenwert von 200 Millionen Dollar nehmen. Wenn er nicht gerade eine Komplettübernahme plant, müsste er wohl einen Kandidaten mit einem Börsenwert von mindestens 20 Milliarden Dollar finden.

Buffett ist eine der wenigen Personen, die große Summen an Kapital gewinnbringend unterzubringen haben und trotzdem zugeben, dass Größe schädlich für die Performance ist. Viele andere ändern ihre Meinung dazu, wenn ihr verwaltetes Vermögen zunimmt, was vielleicht nicht überraschen sollte. Zu ihren Argumenten zählen dann besserer Zugang zum Management, die Fähigkeit, Großtransaktionen abseits der Börse vorzunehmen, und die Verteilung fester Kosten auf ein größeres Fondsvolumen. Aber vertrauen Sie ruhig Buffett, wenn er sagt, dass diese Vorteile angesichts der Nachteile durch die geringere Auswahl an möglichen Anlagezielen verblassen. Denn wer nur 1 Million Dollar zu verwalten hat oder sogar 100 Millionen Dollar, kann auch in Unternehmen investieren, die für die Superanleger viel zu klein sind – und das bietet Chancen auf eine überdurchschnittliche Performance. Buffett sieht das genauso: »Wenn ich heute 1 Million Dollar verwalten würde oder meinetwegen 10 Millionen Dollar, wäre ich voll investiert. Jeder, der behauptet, dass Größe der Anlageperformance nicht schadet, will Ihnen nur etwas verkaufen. Die höchsten Renditen überhaupt habe ich in den 1950er-Jahren erzielt. Ich habe den Dow gnadenlos geschlagen – Sie müssten die Zahlen sehen. Aber ich hatte damals nur Peanuts zu investieren. Es ist ein enormer struktureller Vorteil, nicht sehr viel Geld zu haben. Ich glaube, bei 1 Million Dollar könnte ich 50 Prozent Rendite pro Jahr für Sie erreichen. Ich weiß sogar, dass ich das könnte. Ich garantiere es.«[6] Die logische Schlussfolgerung daraus: Wer sich als Kleinanleger entscheidet, sein Kapital in ein Riesenunternehmen wie Exxon Mobil oder Apple zu stecken, gibt freiwillig einen wichtigen strukturellen Vorteil aus der Hand – die Fähigkeit, in kleine Unternehmen zu investieren.

Eric Khrom, Managing Partner von Khrom Asset Management, ist in Bezug auf die besonderen Vorteile eines geringen Anlagevolumens ganz bei Buffett. Ganz am Anfang, so sagt er, habe er seinen Partnern erklärt: »Die

Tatsache, dass wir so klein beginnen, gibt mir die Möglichkeit, in sehr kleinen Teichen zu fischen, die von den großen Fischern nicht erreicht werden. Ich bin nur ein Einmannbetrieb, aber Sie sollten nicht glauben, dass ich mit den viel größeren Anbietern konkurriere – die können sich gar nicht mit den Sachen beschäftigen, mit denen ich mich beschäftige. Wir werden uns auf die viel kleineren Mikro Caps konzentrieren, bei denen es viele Ineffizienzen gibt.«[7]

Das letzte Argument dafür, die eigenen Aktien selbst auszuwählen, führt uns zum Konzept der Kapitalallokation. In der Öffentlichkeit herrscht zwar zunehmend der Eindruck, die Börse sei nicht viel mehr als ein glorifiziertes Casino. Doch tatsächlich liegt ihre Aufgabe in einer Marktwirtschaft darin, Kapital produktiven Verwendungen zuzuführen. Unternehmen, die Wert für ihre Kunden schaffen und gleichzeitig akzeptable Kapitalrenditen erwirtschaften, sollten in der Lage sein, Kapital für Wachstum aufzunehmen; andersherum sollten Unternehmen, die unzureichende Kapitalrenditen erwirtschaften, kein Geld mehr bekommen. Ein gut funktionierender Markt hilft also bei der Entstehung und Vermehrung von Wohlstand und beschleunigt das Wachstum bei Ersparnissen, Investitionen und Bruttoinlandsprodukt (BIP).

Dass all das nicht ein paar Dutzend Topanleger im Alleingang gewährleisten können, dürfte leicht nachzuvollziehen sein – dafür gibt es einfach zu viele Unternehmen zu bewerten. Auch Superanleger haben nur begrenzte Kapazitäten, sodass wir einen Teil dieser Arbeit übernehmen können und so ebenfalls die Chance bekommen, uns die gerechte Belohnung für gute Anlageentscheidungen zu verdienen. Das Konzept der Kapitalallokation passt zum vorigen Punkt, also der Tatsache, dass wir in Unternehmen investieren können, die für Superanleger zu klein sind. Man kann getrost davon ausgehen, dass Buffett und andere Investmentstars Großkonzernen wie Coca-Cola schon genügend Kapital zur Verfügung stellen werden, wenn diese Unternehmen das verdienen. Kleinere Unternehmen wie Strayer Education oder Harvest Natural Resources aber bekommen vielleicht selbst dann kein Kapital, wenn sie es produktiv einsetzen könnten. Diese Lücke können kleinere Anleger schließen und damit Geld verdienen – vorausgesetzt natürlich, dass sie bei der Kapitalallokation die richtigen Entscheidungen treffen.

Sehen Sie sich selbst in der Rolle des Kapitalverteilers

Dass der reichste Anleger der Welt kein Trendfolger, Themeninvestor oder Daytrader ist, ist keine Überraschung. Warren Buffett ist berühmt für seine Buy-and-Hold-Strategie, die zum Markenzeichen für Beteiligungen und Komplettübernahmen von Berkshire Hathaway geworden ist. Buffett lässt sich nicht von der exponentiellen Zunahme eines Aktienkurses überzeugen, sondern von exponentieller Vermehrung des Kapitals in einem Unternehmen. Dass er manchmal billig einsteigen konnte, ist nicht der Hauptgrund für seine guten langfristigen Renditen – es trägt nur zu ihnen bei.

Vor vielen Jahren sorgte Buffett für Verwunderung in der Anleger-Community, weil er zu einem Kurs-Gewinn-Verhältnis im mittleren Zehnerbereich Aktien von Coca-Cola kaufte. Die meisten Value-Anleger verstanden damals nicht, warum Buffett hier eine günstige Kaufgelegenheit sah. Doch er machte nichts weiter, als zu einem fairen Preis Geld in ein überlegenes Unternehmen zu stecken. Er wusste, dass Coca-Cola das eingesetzte Kapital über einen langen Zeitraum exponentiell vermehren würde. Damit sich die Investition in Coca-Cola lohnte, war also kein Anstieg des Kurs-Gewinn-Verhältnisses erforderlich.

Ähnlich bezahlte auch der bekannte Value-Anleger Joel Greenblatt für Moody's rund das 20-Fache des Gewinns, als die Ratingagentur im Jahr 2000 an die Börse ging. Auch er versorgte ein überlegenes Unternehmen mit Kapital – und zwar eines, das seinen Gewinn ohne zusätzliche Finanzierungen mit hohen Raten steigern konnte, sodass viel Liquidität für Aktienrückkäufe frei wurde. Trotz der relativ hohen Bewertung zum Zeitpunkt des Börsengangs hat sich der Wert der Moody's-Aktien in den sechs Jahren darauf mehr als verfünffacht. Natürlich bekam das Unternehmen erhebliche Probleme, als vor ein paar Jahren die Immobilienblase in den USA platzte. Doch trotz des starken Rückgangs in der Krise wurde die Aktie Anfang 2013 wieder zu 48 Dollar gehandelt, deutlich höher als im Oktober 2000, als das Unternehmen zum rechnerischen Preis von 12,65 Dollar je Aktie von Dun & Bradstreet abgespalten wurde.

Rollen versus Ziele: Ein feiner, aber wichtiger Unterschied

Unsere Rolle auf dem Aktienmarkt scheint auf den ersten Blick geradezu trivial zu sein. Dass ein rationaler Anleger versucht, die risikobereinigte Nachsteuerrendite seines investierten Kapitals zu maximieren, ist alles andere als ein Geheimnis. Was also kann unsere Rolle schon sein, wenn nicht möglichst viel Geld verdienen, indem wir Anlagemöglichkeiten finden, die an Wert gewinnen? Doch diese Frage führt in die Irre, denn wer sie stellt, verwechselt das Ziel (Geld verdienen) mit der Rolle.

Üblicherweise sind Anleger der Meinung, dass sie eine gänzlich unbedeutende Rolle für die Märkte spielen. Tatsächlich haben die meisten von uns vernachlässigbare Auswirkungen auf den Gesamtmarkt. Doch das dazugehörige Selbstverständnis als kleiner Fisch ist für erfolgreiches Investieren nicht hilfreich. Selbst als ich noch winzige Beträge investierte, fand ich es besser, zu denken wie ein Chef-Kapitalzuteiler: Ich stellte mir vor, meine Aufgabe bestünde darin, das weltweite Finanzkapital auf die Aktivitäten zu verteilen, mit denen die höchsten Kapitalrenditen zu erzielen sind.

Grundsätzlich gibt es für Anleger zwei Möglichkeiten, ihre Portfolios in Relation zu den verfügbaren Anlagemöglichkeiten zu betrachten. Viele machen den Fehler, sich auf das Volumen ihres Portfolios zu konzentrieren, bevor sie sich mit den dafür infrage kommenden Unternehmen beschäftigen. Stellen wir uns zur Veranschaulichung vor, wir befänden uns am Ende des Jahres Ende 2001 und wollten 100.000 Dollar in eine der Aktien in Tabelle 1.2 investieren.

Um eines der Unternehmen von dieser Liste auszuwählen, wäre es sinnvoll, ihre Finanzberichte und verschiedene Bewertungskennzahlen zu studieren. Doch schon vor einer solchen detaillierten Analyse denken sich manche Anleger: »Für meine 100.000 Dollar bekomme ich nur einen winzigen Anteil an einem dieser Unternehmen. Wahrscheinlich ist ziemlich egal, von welchem davon ich ein paar Tausend Aktien kaufe.« Das ist Mentalität A. Ohne es zu bemerken, begehen wir dabei den Fehler, uns zunächst mit der Größe unseres Portfolios zu beschäftigen und erst dann mit der Größe möglicher Anlageziele.

Börsenkürzel	Unternehmen	Aktienkurs	Marktkapitalisierung	100.000 Dollar reichen für
AET	Aetna	30,52 $	4,4 Mrd. $	3277 Aktien
DAL	Delta Air Lines	29,31 $	3,6 Mrd. $	3412 Aktien
F	Ford Motor	17,88 $	32,4 Mrd. $	5593 Aktien
GM	General Motors	47,69 $	26,5 Mrd. $	2097 Aktien
LMT	Lockheed Martin	45,01 $	19,8 Mrd. $	2222 Aktien
NYT	New York Times	45,15 $	6,8 Mrd. $	2215 Aktien
TIF	Tiffany & Co.	29,17 $	4,3 Mrd. $	3428 Aktien
TM	Toyota Motor	53,71 $	99,0 Mrd. $	1862 Aktien

Tabelle 1.2: Mentalität A – Ausgewählte Anlagemöglichkeiten, November 2001[8]

Wer dagegen denkt wie ein Kapitalallokator, würde sich eher fragen: »Wenn ich eines von diesen Unternehmen kaufen könnte, welches würde ich dann nehmen?« Bei dieser Frage liegt der Fokus auf der relativen Größe der möglichen Anlageziele, nicht auf der unseres Portfolios. Wer sich diese Mentalität zu eigen macht, noch bevor er mit der eingehenden Analyse der einzelnen Unternehmen beginnt, wird vielleicht auf den in Tabelle 1.3 dargestellten Sachverhalt stoßen.

Toyota allein war im November 2001 höher bewertet als alle anderen Unternehmen in der Tabelle zusammen (gemessen an der Marktkapitalisierung, nicht am Unternehmenswert, der in diesem Zusammenhang eigentlich passender wäre). Ein Anleger mit Mentalität B könnte sich also fragen: »Will ich lieber Toyota besitzen oder Aetna, Delta, Ford, GM, Lockheed Martin, die *New York Times* und Tiffany zusammen?« Zwar könnte er sich dann nach sorgfältigen Analysen immer noch für Toyota entscheiden, doch dafür bräuchte es offensichtlich sehr gute Gründe. Wer dagegen denkt wie ein kleiner Fisch, der hätte sich mit diesen Größenverhältnissen vielleicht nie beschäftigt und einfach in Toyota investiert. Die Bedeutung dieser impliziten Wette auf relativen Wert wäre ihm völlig entgangen.

Tabelle 1.4 zeigt die gleiche Tabelle noch einmal mit Stand Ende 2004. Wie ein Vergleich der Marktkapitalisierungen zeigt, entwickelte sich Toyota in den drei Jahren bis Ende 2004 besser als ein Portfolio aus den Unternehmen auf der linken Seite.[9] Das mag überraschend sein, zeigt aber nur, dass auch Mentalität B noch keine Garantie für Anlageerfolg ist – gute Entscheidungen erfordern sorgfältige Analysen der zugrunde liegenden Fundamentaldaten. Nebenbei: Wie Tabelle 1.4 ebenfalls zeigt, hätte man Ende 2004 mit dem Erlös aus dem Leerverkauf aller Toyota-Aktien sämtliche Unternehmen auf der linken Seite der Tabelle kaufen können und noch 93 Prozent von McDonald's dazu.

Eine Frage der Verantwortung

Als ich mein Kleiner-Fisch-Denken über Bord geworfen und mir stattdessen die Mentalität eines Kapitalallokators angeeignet hatte, wurden meine Anlageentscheidungen besser. Beispielsweise fiel es mir nun leichter, zu dem Schluss zu kommen, dass Autohersteller wahrscheinlich keine guten Investitionen sind trotz ihrer bekannten Marken, hohen Umsätze und niedrigen Kurs-Gewinn-Verhältnisse. Durch das Denken wie ein Kapitalallokator erkannte ich also, dass ich nicht nach dem Gewinner in der Autoindustrie suchen muss, wenn es in anderen Branchen viele Unternehmen mit besseren Geschäftsmodellen gibt, die zu vernünftigen Preisen zu haben sind.

Die neue Mentalität erhöhte auch meine Hürde für Investitionen in unprofitable Unternehmen. Denn intuitiv wurde mir klar, dass ich damit in der Hoffnung auf einen späteren hohen Gewinn auf gegenwärtige Gewinne und deren Wiederanlage verzichte. Dies kam mir recht spekulativ vor. Viele Marktteilnehmer, vor allem Growth-Investoren, zeigen viel Toleranz für Unternehmen, die Geld verlieren. Noch häufiger ist zu beobachten, dass sie bereit sind, einmalige Belastungen zu ignorieren – dabei verringern die den Buchwert eines Unternehmens genauso sehr wie regelmäßige Ausgaben. Zwar würde niemand Aktien eines Geld verlierenden Unternehmens kaufen, wenn er nicht glauben würde, dass es irgendwann Gewinn macht oder günstig verkauft oder liquidiert werden kann. Trotzdem scheint es, als würde die Verlusttoleranz unbewusst dadurch erhöht,

Börsenkürzel	Unternehmen	Marktkapitalisierung	Börsenkürzel	Unternehmen	Marktkapitalisierung
AET	Aetna	4,4 Mrd. $	TM	Toyota Motor	99,0 Mrd. $
DAL	Delta Air Lines	3,6 Mrd. $			
F	Ford Motor	32,4 Mrd. $			
GM	General Motors	26,5 Mrd. $			
LMT	Lockheed Martin	19,8 Mrd. $			
NYT	New York Times	6,8 Mrd. $			
TIF	Tiffany & Co.	4,3 Mrd. $			
		97,8 Mrd. $			99,0 Mrd. $

Tabelle 1.3: Mentalität B – Ausgewählte Anlagemöglichkeiten, November 2001

Börsenkürzel	Unternehmen	Marktkapitalisierung	Börsenkürzel	Unternehmen	Marktkapitalisierung
AET	Aetna	12,8 Mrd. $	TM	Toyota Motor	125,3 Mrd. $
DAL	Delta Air Lines	0,4 Mrd. $			
F	Ford Motor	23,7 Mrd. $			
GM	General Motors	21,4 Mrd. $			
LMT	Lockheed Martin	23,8 Mrd. $			
NYT	New York Times	5,7 Mrd. $			
TIF	Tiffany & Co.	4,1 Mrd. $			
		91,9 Mrd. $			125,3 Mrd. $

Tabelle 1.4: Mentalität B – Ausgewählte Anlagemöglichkeiten, Oktober 2004[10]

dass die Anleger sich relativ sicher fühlen – sie investieren ja nur eine gewisse Summe und können nicht gezwungen werden, Geld nachzuschießen, wenn das Unternehmen dauerhaft Verluste macht. Das Risiko ist rechtlich gesehen zwar tatsächlich auf den investierten Betrag begrenzt.

Allerdings sollte niemand ernsthaft darauf hoffen, die Verluste eines Unternehmens werde im Zweifelsfall schon jemand anders tragen. Denn:

- Wenn andere Anleger die Verluste eines Unternehmens finanzieren, an dem wir beteiligt sind, wird dadurch entweder (1) unser Anteil verwässert oder (2), wenn die Finanzierung über Kredite erfolgt, Schuldendienst und Verschuldungsgrad des Unternehmens erhöhen sich. In beiden Fällen verschlechtern sich unsere Chancen auf eine ordentliche Rendite auf das investierte Kapital.

- Wenn das Unternehmen seine Verluste mit Liquidität in seiner Bilanz ausgleichen kann, wird zwar unser Anteil nicht verwässert, doch der Buchwert pro Aktie verringert sich. Wie Abbildung 1.1 zeigt, haben Verluste, ob einmalig oder regelmäßig, überproportionale Auswirkungen auf den Buchwert: Ein Rückgang um 20 Prozent zum Beispiel bedeutet, dass er anschließend um 25 Prozent steigen müsste, nur um wieder auf das Ausgangsniveau zu kommen.

Vielleicht am wichtigsten: Die Kapitalallokator-Mentalität hat mir dabei geholfen, eine klare Unterscheidung zwischen Wert und Preis zu ziehen – getreu der Aussage von Benjamin Graham: »Der Preis ist das, was man bezahlt, der Wert ist das, was man bekommt.«[11] Wenn ich für die Verteilung des weltweiten Kapitals zuständig wäre, könnte ich mich nicht darauf verlassen, dass mich der Markt schon retten wird, wenn ich falsche Entscheidungen treffe. Nach der Theorie des größeren Blödmanns (*greater fool theory*) findet sich immer noch jemand, der mir meine Aktien zu einem höheren Preis abkaufen wird – doch wenn ich allein für die Kapitalvergabe verantwortlich bin, kann ich darauf nicht vertrauen. Erfolgreiche Langfristanleger glauben daran, dass ihre Rendite durch die Kapitalrendite ihrer Beteiligungen entstehen wird, nicht durch Aktienverkäufe. Wer so denkt, wird die Bewertung am Markt nicht einfach als gegeben hinnehmen und nur noch darauf spekulieren, ob ein Unternehmen die Schätzungen für den nächsten Quartalsgewinn verfehlen oder übertreffen wird. Stattdessen dürfte er eigene Prozesse für die Bestimmung des Werts von Unternehmen entwickeln.

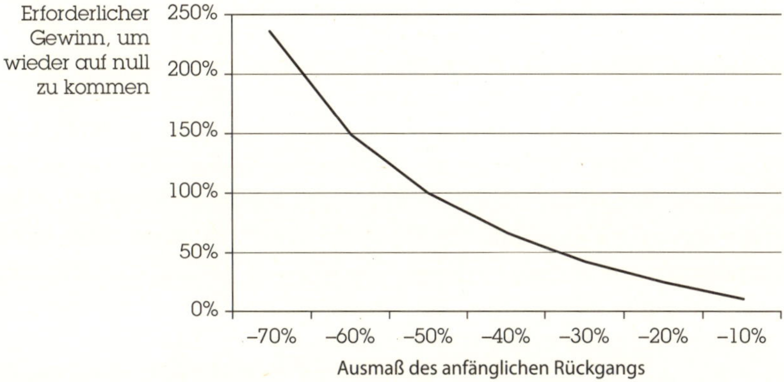

Abbildung 1.1: Die überproportionalen Auswirkungen von Verlusten – erforderlicher Gewinn bis zum Ausgleich, Quelle: *The Manual of Ideas*

Als Kapitalallokator zu agieren, statt als Spekulant oder Trader, erfordert anfangs enorme Disziplin – gelegentlich kam auch ich noch in Versuchung, schlauer sein zu wollen als andere Anleger und darauf zu wetten, dass ein Quartalsgewinn höher ausfällt als erwartet oder ein Übernahmegerücht bestätigt wird. Aber Geschäfte auf der Grundlage so unsicherer Chancen basieren auf der stillschweigenden Annahme, dass die Grundbewertung eines Unternehmens am Markt schon richtig ist. Denn mit solchen Transaktionen wettet man ja auf einen Anstieg des Aktienkurses und investiert nicht unbedingt in ein Unternehmen, das man als fundamental unterbewertet identifiziert hat. Ich habe gelernt, dass Selbstbeschränkung entscheidend ist, denn in Erwartung positiver Nachrichten ein überbewertetes Unternehmen zu kaufen kann nach hinten losgehen: Man kann einfach nicht genau wissen, wie eine überbewertete Aktie auf einen überraschend hohen Gewinn reagieren wird. Möglicherweise sind die Anleger davon begeistert, aber enttäuscht wegen gesenkter Prognosen für die Zukunft. Möglicherweise war die Gewinnüberraschung auch schon eingepreist und Anleger haben das Gerücht gekauft, verkaufen aber bei seiner Bestätigung.

Jeremy Grantham, Chief Investment Strategist beim Vermögensverwalter GMO, ist ebenfalls der Meinung, dass Anleger sich schwertun, auf solche

Spielereien zu verzichten: »Die meisten Profianleger, auch viele der besten, machen lieber beim Keynes'schen ›Schönheitswettbewerb‹ mit. Statt sich zu verhalten wie effektive Teilnehmer eines effizienten Marktes und ihre Zeit und ihr Talent dafür einzusetzen, nach langfristigen Werten zu suchen, versuchen sie zu erraten, was andere Anleger in Zukunft denken werden, und ihnen zuvorzukommen.«[12] Wie recht er damit hat, zeigt die Aussage eines anderen Vermögensverwalters in einem Ausblick auf Energieaktien im *Wall Street Journal* Ende 2005: »Ich denke, der Sektor ist wahrscheinlich etwas überbewertet. Trotzdem wäre ich nicht erstaunt, zum Jahresende hin einen Run auf Energieaktien zu sehen. Leute, die hier noch nicht investiert sind, werden eine Aufholjagd beginnen.«[13] Anleger, die sich selbst als Kapitalallokatoren verstehen, kann der Anlagemanager damit nicht gemeint haben.

Eine Frage der Größe: Was ist schon eine Milliarde Dollar?

In einer Welt, in der die Börsenwerte vieler Unternehmen Milliarden oder sogar Hunderte Milliarden Dollar erreichen, ist es sehr wichtig, ein Gefühl für die Bedeutung solcher unglaublicher Zahlen zu entwickeln. Ende 2004 stieß ich auf Sirius Satellite Radio, das bei Umsätzen von 19 Millionen Dollar und einem Nettoverlust von 169 Millionen Dollar im jüngsten Quartal damals mit 8 Milliarden Dollar bewertet wurde. Sind 8 Milliarden Dollar zu viel für ein Unternehmen mit einem Quartalsumsatz von 19 Millionen Dollar und einem Nettoverlust in achtfacher Höhe? Mit keiner der traditionellen Bewertungsmethoden hätte man auf einen Wert von 8 Milliarden Dollar kommen können, warum also sollte Sirius nicht auch 4 oder 16 Milliarden Dollar wert sein? Wenn eine Bewertung außer Kontrolle zu geraten scheint, ist es hilfreich, zu fragen, was man mit der entsprechenden Summe kaufen könnte. Bei 50 Dollar pro Barrel hätte man mit 8 Milliarden Dollar zum Beispiel drei Monate lang die gesamte Ölnachfrage Indiens finanzieren können. Oder: Unter der Annahme eines Pro-Kopf-BIP in den USA von 37.800 Dollar entsprächen 8 Milliarden Dollar der lebenslangen Wirtschaftsleistung von 4200 Amerikanern. Weitaus mehr als diese 4200 Menschen hätten also ihr Leben lang sparen müssen, um Sirius komplett zu kaufen. Erscheint es sinnvoll, dass potenziell Zehntausende jahrzehntelang arbeiten und sparen, um ein Unternehmen zu kaufen, das Geld verliert? Die Antwort auf diese Frage verriet mir zwar nicht, was Sirius wirklich wert war. Sie ließ mich aber erkennen, dass der Börsenkurs der Aktie offensichtlich weit höher war als ihr Wert.

Mohnish Pabrai argumentiert auf interessante Weise gegen Investitionen in Unternehmen, die zu groß geworden sind.[14] Nach dem Vorbild von Charles Mungers Denkansatz eines Wissensnetzes aus unterschiedlichen Fachrichtungen nimmt er dazu Anleihen in der Biologie: Die Natur habe für Säugetiere und Unternehmen gleichermaßen eine Größengrenze eingerichtet. Nie gab es Landsäugetiere, die deutlich größer waren als ein Elefant, wahrscheinlich weil Säugetiere Warmblüter sind und zum Überleben Energie benötigen – und je größer das Tier, desto schwieriger wird es für das Herz, Blut bis zu den Extremitäten zu pumpen. Auf ähnliche Weise ist das Topmanagement eines immer weiter wachsenden Großunternehmens zunehmend weiter entfernt von den immer zahlreicheren Kontaktpunkten zu Kunden, Lieferanten und Partnern. Dadurch verringert sich die Effektivität des Managements, sodass Größe irgendwann zum Nachteil wird und Konkurrenten eine Chance bekommen, den Platzhirsch zu schlagen. Vor fast zehn Jahren beobachtete Pabrai, dass keines der wertvollsten Unternehmen auf der Fortune-500-Liste deutlich mehr als 15 Milliarden Dollar Nettogewinn machte (2005 änderte sich das, weil Exxon Mobil aufgrund des gestiegenen Ölpreises neue Rekorde meldete). Wie es scheint, löst jedes erfolgreiche Unternehmen, das auf deutlich mehr als 1 Milliarde Dollar Gewinn pro Monat kommt, besonders heftige Angriffe der Konkurrenz aus – und weckt vielleicht auch das Interesse von Kartellwächtern.

Denken wie ein Eigentümer

Man kann der Wall Street nur gratulieren. Begonnen hat dort alles mit einem einfachen Konzept namens Unternehmungsbeteiligung, heute aber leben wir in einer Börsenwelt mit quartalsweisen Gewinnprognosen, Credit Default Swaps und Hochfrequenzhandel. Eigentlich sollte die Wall Street es nur leichter machen, Kapital mit möglichst geringen Reibungskosten produktiven Verwendungen zuzuführen, sodass Unternehmen die von Verbrauchern gewünschten Güter und Dienstleistungen produzieren können. Im Fall der Wall Street und der Realwirtschaft ist es inzwischen tatsächlich so weit gekommen, dass der Schwanz mit dem Hund wedelt.

Wahrscheinlich haben Sie über die Jahre schon viele Gründe gehört, die für den Kauf einer bestimmten Aktie sprechen: »Das Unternehmen hat ein hervorragendes Management«, »Ich liebe seine Produkte!« oder »Es wird die Welt erobern!«. Diese drei Beispiele gehören noch zu den überzeugenderen Begründungen, auch wenn in keiner davon der zu zahlende Preis erwähnt wird. Noch weniger zwingende Argumente lauten: »Das Unternehmen operiert in einer Branche mit riesigem Wachstumspotenzial«, »Ich kaufe nicht nur diese Aktien, sondern auch andere, weil ich glaube, dass der ganze Markt steigen wird«, »Das ist eine Small-Cap-Aktie und heute haben wir den 31. Dezember – ich setze auf den Januar-Effekt«, »Dieses Unternehmen ist ein hervorragender Übernahmekandidat«, »Ein Taxifahrer hat mir einen heißen Tipp von einem Mann gegeben, den er in die Wall Street gefahren hat« oder »Der Name dieses Unternehmens beginnt mit ›China‹«.

Eine an sich einfache Angelegenheit massiv zu verkomplizieren mag im Interesse von Bankern und Brokern liegen, denn so entsteht mehr Nachfrage nach Beratung und Handelsdienstleistungen. Diejenigen von uns aber, die vor allem am Anlageerfolg interessiert sind, folgen am besten dem Rat, den uns Henry David Thoreau in seinem Buch *Walden* gegeben hat: »Vereinfachen, vereinfachen.« Aber wie können wir Geldanlage, die zu einer komplizierten und gefährlichen Angelegenheit geworden ist, wieder auf ihren Kern reduzieren? Möglicherweise nur, indem wir uns darauf konzentrieren, was wir durch den Kauf einer Aktie tatsächlich bekommen. Wenn die Börse morgen geschlossen würde, wie würden wir dann den Wert unserer Aktien bestimmen? Vielleicht würden wir versuchen, das Finanzprofil unserer Unternehmen zu analysieren: Wie hoch könnte die Dividende in diesem Jahr ausfallen und dürfte sie mit der Zeit eher zu- oder abnehmen? Es klingt vielleicht etwas überraschend, aber das richtige Rezept für die Bewertung einer Anlagemöglichkeit hängt nicht davon ab, ob es eine Börse dafür gibt oder nicht. Allerdings entsteht durch einen aktiven Markt eine einzigartige Chance auf höhere Renditen: Gelegentlich bietet er Möglichkeiten, Unternehmen deutlich unter ihrem fairen Wert zu kaufen. Für solche Chancen sollten wir den Wall-Street-Bankern danken, die sich eher um ihr Karriererisiko kümmern als um Anlagerisiken und sich eher dem eigenen Geldbeutel verpflichtet fühlen als ihren Kunden. Wenn ich es mir recht überlege, können wir diesen Leuten gar nicht dankbar genug sein.

Die richtige Mentalität entwickeln

Zu denken wie ein Kapitalallokator hat große Ähnlichkeit mit dem Denken wie ein Eigentümer. Anleger, die sich als Eigentümer statt als Händler verstehen, analysieren zur Erzielung von Kapitalrendite Unternehmen, nicht die Börse. Sie erwarten nicht, dass andere sie retten werden, wenn sie falsche Entscheidungen treffen.

Die Professionalisierung der Geldanlage war mit einigen unerwünschten Nebenwirkungen verbunden, denn die eigentlichen Kapitaleigentümer (Haushalte und Stiftungen) haben dadurch mit der Auswahl von Wertpapieren immer weniger zu tun. Kurzfristig orientierte Anleger wie Investmentfonds und Hedgefonds haben langfristig ausgerichtete verdrängt. Als Folge davon werden Portfolios zunehmend so ausgelegt, dass sie statt des Anlagerisikos das Beschäftigungsrisiko für ihre Manager minimieren; außerdem verbreitet sich eine Trader-Mentalität, das Interesse an der realen Entwicklung von Unternehmen hingegen nimmt ab. In den Worten des Vanguard-Gründers John Bogle: »Als Aktien noch gekauft wurden, konnte man kaum davon ausgehen, dass die Unternehmen sorgfältig im Interesse der Aktionäre geführt wurden. Heute werden Aktien nur noch gemietet und es gibt kaum noch Gründe, sich für gute Governance einzusetzen.«

Darüber hinaus hält die Anreizstruktur in der Vermögensverwaltungsbranche Fondsmanager davon ab, sich gegen die Chefs von Unternehmen zu stellen. Denn der Zugang zur Chefetage ist für Fonds aus geschäftlichen wie gesellschaftlichen Gründen wichtig. Im Jahr 2002 stimmte die Deutsche Asset Management Investmentgesellschaft, ein Großaktionär von Hewlett-Packard, für die umstrittene Fusion mit Compaq – möglicherweise aufgrund von Druck aus der HP-Führung. In einem Medienbericht heißt es dazu: »Der Fusionsgegner Walter Hewlett hat HP verklagt.

Nach seinen Angaben drohte das Management damit, die Deutsche Bank als Muttergesellschaft der Deutschen Asset Management von künftigen Investmentbanking-Aufträgen auszuschließen, wenn sie gegen die Übernahme stimmt. Aufgrund dieses Drucks wechselte die Deutsche Bank, die sich zuvor ablehnend geäußert hatte, in letzter Minute die Seiten.« Durch den Trend zur professionellen Verwaltung sind riesige Mengen an Aktien in die Hände von Investmentfonds geraten. Dies hat zur Folge, dass die Corporate Governance schlechter wird und dass exzessiven Gehältern ebenso zugestimmt wird wie größenwahnsinnigen Fusionen und Übernahmen.

Hätte man rückblickend von dem Wissen profitieren können, dass das Stimmverhalten der Deutschen Bank vielleicht auch von anderen Faktoren als den Interessen der HP-Aktionäre beeinflusst werden würde? Eine nüchterne Betrachtung der Anreize bei der Deutschen Bank wäre vielleicht Grund genug gewesen, Compaq-Aktien zu kaufen. Denn während des Streits um die Fusion lag deren Kurs weiter unter dem angebotenen Übernahmepreis als in anderen Fällen, weil überdurchschnittlich viele Anleger davon ausgingen, dass die unvernünftige Transaktion scheitern würde. Hier wäre also durchaus etwas zu holen gewesen. Die eigentliche Lehre aber ist wahrscheinlich eine ganz andere: Geldverwaltern, die nicht unbedingt nur im besten Interesse ihrer Kunden oder Aktionäre handeln, sollte man sein Kapital lieber nicht anvertrauen.

Wie wichtig für das Investieren in Aktien die Eigentümer-Mentalität ist, lässt sich kaum genug betonen. Das Management eines Unternehmens arbeitet für die Aktionäre, nicht umgekehrt. Es gibt kein Gesetz, das Anteilseignern verbieten würde, ihre Rechte auszuüben, egal ob sie nur eine Aktie halten oder eine Million davon. Natürlich stoßen Kleinaktionäre bei ihrem Einfluss auf das Management an Grenzen, aber wer Erfolg haben will, sollte eine Nummer größer denken. Zeigt unsere Analyse, dass ein Unternehmen eine hervorragende Investition sein könnte, wenn sich das Management nur dazu bringen ließe, eine Sonderdividende zu zahlen, Aktien zurückzukaufen, eine Sparte abzuspalten oder einen schwachen CEO abzulösen, dann ist es häufig so: Irgendwo gibt es durchaus jemanden, der unsere Ansicht teilt und zugleich genügend Macht hat, um eine solche Maßnahme zu erzwingen (also ein großer Aktionär oder ein Hedgefonds). Ich bin überrascht, wie häufig ich schon in Unternehmen investiert habe, die später scheinbar unerwartete Maßnahmen zur Erhöhung des Shareholder Value verkündeten. Um solche Unternehmen systematisch zu finden, gibt es nur eine Möglichkeit: Man muss überlegen, welche Änderungen man vornehmen würde, wenn man die Macht dazu hätte, und wie viel Wert durch solche Änderungen entstehen würde. Wenn dieser Wert hinreichend hoch erscheint, bekommen wir vielleicht eine Belohnung – selbst wenn jemand anders die harte Arbeit erledigt.

Ein Modell für die Aktienauswahl

In diesem Buch beschreibe ich neun Kategorien der Ideengenerierung für den Kauf von Aktien, von denen jede ein etwas anderes Vorgehen und unterschiedliche Bewertungsverfahren erfordert. Allerdings ist es auch sinnvoll, über einen übergreifenden Ansatz für die Auswahl von Aktien nachzudenken. Aus diesem Grund finden Sie hier ein allgemeines Modell, das (1) flexibel genug ist, die Analyse jeder beliebigen Aktie unabhängig von Größe oder Branche zuzulassen, und (2) spezifisch genug, um als Grundlage für konkrete Anlageentscheidungen zu dienen. Dazu muss das Modell weit über die Bewertung mittels einfacher Abzinsung erwarteter Dividendenzahlungen hinausgehen, die bei der zweiten Bedingung jämmerlich versagt. Vielleicht liegt genau in der fehlenden Anwendbarkeit dieses Standardmodells in der echten Welt der Grund dafür, dass so viele Anleger Aktien auf der Grundlage klar subjektiver Kriterien wie »Vorteile für den Ersteinsteiger« oder Technologieführerschaft auswählen, ohne dabei zu wissen, wie sich diese Faktoren in eine ganzheitlichere Bewertung einfügen.

Ein universelles Modell für die Aktienauswahl ist notwendigerweise komplex. Unmöglich aber ist ein derart umfassender Ansatz keineswegs. Schließlich bietet auch die Börse selbst einen ganzheitlichen Rahmen, der alle Unternehmen entlang einer einzigen Dimension anordnet: der Marktkapitalisierung. Biotechunternehmen werden nicht etwa in Biotech-Dollar bewertet, die sich nicht in Bau-Dollar wechseln lassen würden. Ganz im Gegenteil: Weil die Marktkapitalisierung eine Variable ist, die für jedes börsennotierte Unternehmen auf dieselbe Weise definiert wird, wissen Anleger genau, wie viel Anteil an einer Biotechfirma sie im Tausch gegen einen bestimmten Anteil an einem Bauunternehmen bekommen könnten. Ähnlich investieren Biotechanleger ihr Kapital nicht deshalb in diese Branche, weil sie die Namen der Unternehmen mögen oder weil ihnen die DNA-Forschung am Herzen liegt: Sie investieren aus demselben Grund wie jeder andere – um Geld zu verdienen. Also brauchen wir ein Modell, das alle Unternehmen auf dieselbe Dimension reduziert – den Wert ihres Eigenkapitals. Indem wir diesen Wert mit der Marktkapitalisierung vergleichen, können wir gut informierte Anlageentscheidungen treffen.

Abbildung 1.2 skizziert einen Ansatz, der zumindest prinzipiell in der Lage sein dürfte, die gesamte riesige Palette an börsennotierten Anlagemöglichkeiten im Aktienbereich angemessen zu erfassen. Für die meisten Kleinanleger dürfte dieses Modell zwar nicht praktikabel sein, doch es zeigt, wie man die Aktienauswahl angehen könnte, wenn man sich die Mentalität des obersten Kapitalallokators aneignet.

Am Anfang unseres Modells für die Aktienauswahl steht die Frage, ob die Vermögenswerte eines Unternehmens an der Börse für einen Betrag zu kaufen sind, der unter ihren Ersatzkosten liegt. Ist dies nicht der Fall, schließen wir es von der weiteren Analyse aus. Denn dann könnte es billiger sein, dieses Eigenkapital abseits der Börse neu aufzubauen. Wenn das Eigenkapital dagegen für weniger als seine Ersatzkosten zu haben ist, prüfen wir, ob das Unternehmen so billig ist, dass der Verkauf aller seiner Vermögenswerte mehr Geld einbringen würde, als eine Übernahme kostet. In diesem Fall könnte es sich lohnen, das Unternehmen zu kaufen und anschließend zu liquidieren. In den allermeisten Fällen aber wird Eigenkapital weit über dem Liquidationswert gehandelt, sodass wir unsere Aufmerksamkeit im nächsten Schritt auf die Ertragskraft richten.

Bei der Analyse der Ertragskraft eines fortzuführenden Unternehmens kommt es entscheidend darauf an, ob es genügend Gewinn erwirtschaften wird, um uns eine befriedigende Kapitalrendite zu verschaffen. Hier spielen noch viele andere Überlegungen mit hinein, darunter das Verhältnis zwischen Nettogewinn und freiem Cashflow, die Fähigkeit des Unternehmens, Kapital mit attraktiven Renditen zu reinvestieren, und die Frage, nach welchen Kriterien das Management über die interne Kapitalallokation entscheidet.

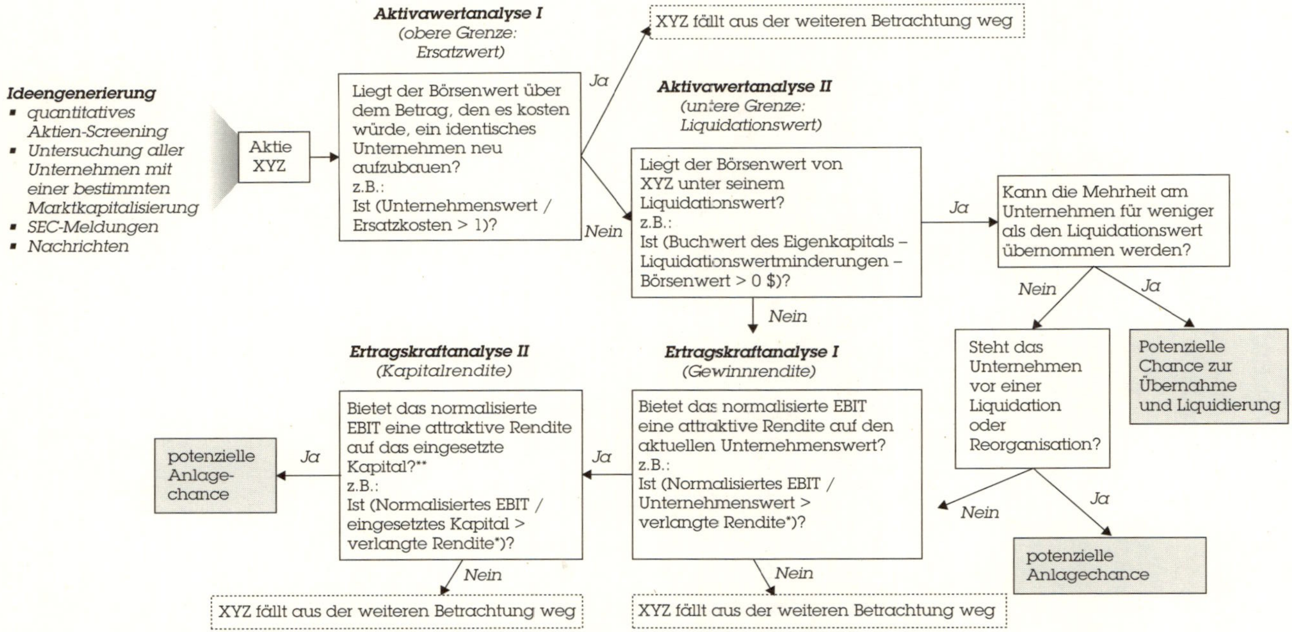

*Die verlangte Rendite ist abhängig vom Grad der Überzeugung in Bezug auf das normalisierte EBIT und andere Faktoren.
**Weitere Überlegungen: Lässt sich Kapital zur normalisierten Kapitalrendite reinvestieren? Sind überdurchschnittliche Kapitalrenditen von Dauer?

Abbildung 1.2: Methoden der Aktienwahl, Quelle: *The Manual of Ideas*

Zusammenfassung

Die zehn wichtigsten Punkte aus diesem Kapitel:

1. Bei der Geldanlage ist es schwierig genug, als Original Erfolg zu haben – als Nachahmer ist es beinahe unmöglich. Jeder von uns muss einen *persönlichen* Weg zum Anlageerfolg finden, selbst wenn er ein *professioneller* Anleger ist.
2. Eine der wichtigsten Lehren der Meister der Geldanlage ist so bedeutend wie einfach: Eine Aktie steht für einen Eigentumsanteil an einem Unternehmen.
3. Anleger neigen dazu, nach einem Zeitraum mit guter Performance zusätzliches Geld in Investmentfonds zu investieren und nach schlechter Performance Geld daraus abzuziehen. Dadurch sind ihre tatsächlichen Renditen schlechter als die von den Fonds berichteten.
4. Wer in einen Hedgefonds investieren will, sollte zunächst überlegen, ob der jeweilige Fondsmanager Warren Buffett schlagen kann. Das ist schon vor Abzug von Gebühren schwierig genug, nach Gebühren wird es äußerst unwahrscheinlich.
5. Keine Überraschung: Der reichste Anleger der Welt ist kein Trendfolger, Themenanleger oder Daytrader, sondern ein Kapitalallokator. Um auf lange Sicht einen exponentiellen Kapitalzuwachs zu erreichen, beschäftigt er sich mit Unternehmen, nicht mit ihren Aktien.
6. Die meisten von uns haben vernachlässigbare Auswirkungen auf die Börse – doch wer sich deshalb als unbedeutender kleiner Fisch betrachtet, kann nicht erfolgreich investieren. Besser ist es, sich in der Rolle des obersten Kapitalallokators für die ganze Welt zu sehen.
7. Rechtlich gesehen können wir mit einer Aktie nicht mehr Geld verlieren, als wir dafür bezahlt haben, selbst wenn das Unternehmen hohe Verluste macht. Aber die Hoffnung, dass schon jemand anders die Verluste tragen wird, ist eine Illusion.
8. Verluste haben überproportionale Auswirkungen auf den langfristigen Kapitalzuwachs, denn nach einem Kursrutsch sind anschließend höhere Gewinne erforderlich, um wieder zum Ausgangsniveau zu kommen. Ein 20-prozentiger Rückgang des Buchwerts zum Beispiel braucht zum Ausgleich einen späteren Anstieg um 25 Prozent.

9. Mohnish Pabrai argumentiert überzeugend gegen Investitionen in Unternehmen, die zu groß werden; dahinter steht das Prinzip des Wissensnetzes von Charles Munger. Laut Pabrai scheint die Natur für Säugetiere und Unternehmen gleichermaßen gewisse Größengrenzen eingerichtet zu haben.
10. Zu denken wie ein Kapitalallokator geht Hand in Hand mit dem Denken wie ein Eigentümer. Anleger, die sich nicht als Händler verstehen, sondern als Eigentümer, analysieren statt der Börse die eigentlichen Unternehmen, um auf ihre Kapitalrendite zu kommen.

Kapitel 2: Deep Value: Schnäppchen machen wie Benjamin Graham

Nicht elegant, aber profitabel: Investieren in Zigarrenstummel

Das Problem liegt darin, zu unterscheiden, ob man sich gegen eine fehlgeleitete Mehrheitsmeinung stellt oder einfach nur stur ist.

Robert Arnott und Robert Lovell Jr.

»Willkommen am Grabbeltisch der Geldanlage!« Mit dieser alternativen Kapitelüberschrift lässt sich Benjamin Grahams Anlagestil auf den Punkt bringen. Seinen Ansatz stellte er vor Jahrzehnten in dem Buch *Security Analysis* (deutsch: *Die Geheimnisse der Wertpapieranalyse*) vor, geschrieben zusammen mit David Dodd, wie Graham selbst Professor an der Columbia University. Geldanlage nach Graham-Art beginnt ganz schamlos mit dem Preis einer Aktie: Wenn der, gemessen an konkreten Kennzahlen, nicht äußerst günstig aussieht, sind Graham-Anleger nicht mehr interessiert. Das betrachtete Unternehmen mag das beste sein, das es je gegeben hat, doch das Billigheimer-Segment der Anleger-Community wird es nicht weiter beachten. Und gerade wegen dieser Diszipliniertheit können Deep-Value-Anleger dort Erfolg haben, wo sich andere kaum hinwagen: an der Schattenseite der Börse.

Schicke Läden für den Kauf von CDs wie der Virgin Megastore am Union Square in New York sind eine aussterbende Gattung – aber wer früher gern in ihnen gestöbert hat, kennt sicher auch ihre Ecken mit Sonderangeboten. Meist liegen sie etwas versteckt und bekommen weniger Aufmerksamkeit als die neuesten Top-Ten-Sammlungen. Anders als die reguläre Ware sind die Schnäppchen-CDs auch nicht ordentlich sortiert in Regalen zu finden, sondern wurden einfach auf einen Wühltisch oder in eine große Kiste gekippt. Damit bleibt es dem Kunden überlassen, darin mühsam Mittelmäßiges, Schlechtes und noch Schlechteres zu unterscheiden – und gelegentlich etwas richtig Gutes zu finden. Für die Sonderangebote gibt es kein Rückgaberecht, sodass das gesamte Risiko beim Käufer liegt. Obendrein ist die Chance, beim Stöbern interessante Vertreter des anderen Geschlechts zu treffen, geringer – wenn man nicht gerade jemanden sucht, der sich zum Abendessen auch gern zu McDonald's einladen lässt. Um diese Art von Schnäppchenjagd zu mögen, muss man also schon etwas speziell sein. Das Gleiche gilt für Geldanlage im Graham-Stil.

Der Value-Anleger Ethan Berg zum Beispiel beschreibt seine Vorliebe für das Suchen nach Schnäppchen so: »Bei größeren Käufen als Privatmann bemerkte ich immer wieder, dass mit ein bisschen Recherche klare Anomalien bei der Preisgestaltung (oder besser -fehlgestaltung) zu entdecken waren. Meine Saisonkarte für die Red Sox kostete mich 20 Dollar pro Spiel, hatte aber denselben Blick wie Karten für 65 Dollar zwei Reihen weiter oder für 45 Dollar nur einen zwei Meter breiten Gang entfernt. Mein Auto habe ich gebraucht gekauft. Dadurch kostete es nur ein Viertel des Neupreises, obwohl es nach meiner Schätzung noch 85 Prozent seines nutzbaren Autolebens vor sich hatte.«[15]

Wie der Ansatz funktioniert

Die meisten von uns halten Schnäppchenjagd grundsätzlich für eine gute Idee, aber nur wenige machen dabei wirklich mit. Bei der Abwägung zwischen Qualität und Preis neigen die meisten Anleger in Richtung Qualität; sie sind also bereit, sich mehr Sicherheit und Ruhe etwas kosten zu lassen. An einer solchen Entscheidung ist nichts Verkehrtes: Schließlich ist weithin bekannt, dass auch Warren Buffett bei seinen Investitionen inzwischen stärker auf Qualität setzt. Allerdings hat er auch durchblicken lassen, dass dieser Wandel zumindest zum Teil eine Reaktion auf das unaufhaltsame Anwachsen des von ihm anzulegenden Vermögens war.

In seinem privaten Portfolio investierte Buffett auch dann noch in Schnäppchen nach Graham-Art, als Berkshire Hathaway schon längst begonnen hatte, sich auf hochwertige Unternehmen zu konzentrieren. Einen Teil seines eigenen Geldes soll er in südkoreanische »Net-Nets« gesteckt haben: Unternehmen, deren Börsenwert niedriger ist als ihr Umlaufvermögen abzüglich aller Verbindlichkeiten. Der Anlageansatz von Zeke Ashton, Managing Partner bei Centaur Capital Partners, hat sich ähnlich entwickelt. »Wir mögen zwar viel lieber, wenn wir Ideen für hochwertige Unternehmen mit exzellentem Management haben, die langfristig Wert schaffen können. Aber zum richtigen Preis kaufen wir auch mittelmäßige Assets.«[16]

Erfolgreich seit der Frühzeit der Wertpapieranalyse

Die Ökonomen Eugene Fama und Kenneth French haben sich ausgiebig mit dem Zusammenhang zwischen der Kursentwicklung und dem Kurs-Buchwert-Verhältnis von Aktien beschäftigt. In einem einflussreichen Fachaufsatz analysierten sie für den Zeitraum von 1963 bis 1990 fast alle an der New York Stock Exchange, der Amex und der Nasdaq notierten Aktien und teilten sie für jedes Jahr in Dezile nach dem Kurs-Buchwert-Verhältnis ein. Wie sich dabei zeigte, legten die Papiere mit dem niedrigsten Kurs-Buchwert-Verhältnis mit durchschnittlich 21 Prozent deutlich stärker zu als diejenigen mit dem höchsten, bei denen das Kursplus nur 8 Prozent betrug. Tatsächlich war die Performance in jedem Kurs-Buchwert-Dezil besser als im nächsthöheren. Zudem betrachteten Fama und French auch das Beta in jedem Dezil, woran sie erkannten: Das Risiko von Value-Aktien ist geringer, das von Wachstumswerten am höchsten. Die Studie hatte auch deshalb weitreichende Auswirkungen, weil Fama ein langjähriger Anhänger des Capital Asset Pricing Model war, dem diese Ergebnisse klar widersprechen. Abbildung 2.1 zeigt eine längere Zeitreihe für die relative Performance von Value- im Vergleich zu Wachstumsaktien.

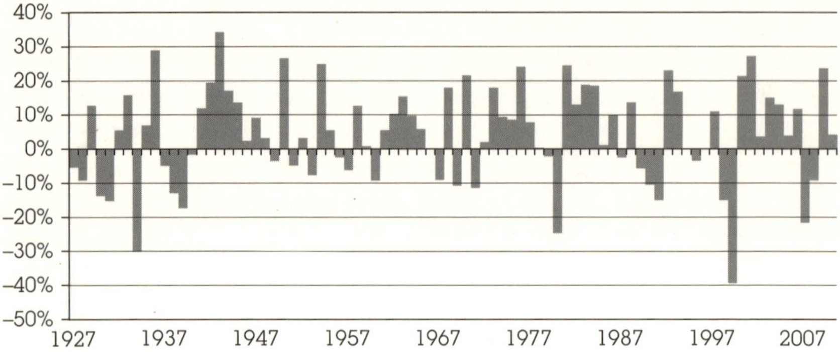

Abbildung 2.1: Jährlicher Performanceunterschied zwischen Value- und Wachstumsaktien in den USA, 1927-2012, Quelle: *Kenneth French*[17]

Mit der Strategie, Aktien zu kaufen, deren Kurs unter dem Wert der aus ihrer Bilanz ablesbaren Aktiva des jeweiligen Unternehmens liegt, haben viele Value-Investoren im Lauf ihrer Karriere hohe Renditen erzielt. Benjamin Graham, Walter Schloss, John Neff und Martin Whitman sind nur ein paar Beispiele dafür. Allerdings sollte man in diesem Zusammenhang auch nicht verschweigen, dass viele der erfolgreichsten unter ihnen, allen voran Warren Buffett und Joel Greenblatt, inzwischen weniger auf Unterbewertung setzen als auf hochwertige Unternehmen – und dass sie damit noch beeindruckendere Renditen erreichen.

So etwas wie ein heiliger Gral des Value-Investing wären wahrscheinlich Unternehmen, deren Bilanz eine gewisse Sicherheit bietet und die gleichzeitig hohe Kapitalrenditen erwirtschaften. Allerdings ist diese Kombination so gut wie nirgends zu finden, wenn ein Unternehmen nicht gerade einen kurzfristigen Gewinneinbruch verzeichnet hat. In solchen Fällen können die Kapitalrenditen niedrig wirken, obwohl die normalisierte Rentabilität durchaus attraktiv ist. Ein weiterer möglicher heiliger Gral wären Unternehmen, deren Aktiva für das operative Kerngeschäft zum Teil gar nicht gebraucht werden.

Trotzdem hat sich der Graham'sche Ansatz, in rein rechnerisch gesehen billige Aktien zu investieren, als bemerkenswert langlebig erwiesen. Dazu Tobias Carlisle, Gründer von Eyquem Investment Management:

Dass seine Strategie der Suche nach unterbewertetem Nettoumlaufvermögen so robust ist, zeigt die Genialität von Ben Graham – 76 Jahre nach ihrer Erstveröffentlichung funktioniert sie auch in zeitlich und geografisch ganz anderen Märkten noch immer. Die Strategie wurde in vielen Fachaufsätzen untersucht. Zwei der bedeutendsten davon sind ›Ben Graham's Net Current Asset Values: A Performance Update‹ von Professor Henry Oppenheimer und ›Graham's Net-Nets: Outdated or Outstanding?‹ von James Montier. Professor Oppenheimer hat US-Aktien mit unterbewertetem Nettoumlaufvermögen von 1970 bis 1983 analysiert; ihre durchschnittliche Rendite pro Jahr betrug 29,4 Prozent, die des Vergleichsindex nur 11,5 Prozent. Montier untersuchte die Performance solcher Aktien aus aller Welt zwischen 1985 und 2007 und kam auf eine durchschnittliche Jahresrendite von 35 Prozent gegenüber 17 Prozent beim Index.[18]

Manche Unternehmen sind tot mehr wert als lebendig

Häufig vergessen Anleger, dass Kapitalgesellschaften ursprünglich nicht unbedingt für die Ewigkeit gedacht waren. Vor vielen Jahren stand bei ihnen eher die Tatsache im Vordergrund, dass sie die Möglichkeit boten, sich für einen begrenzten Zeitraum und mit beschränkter Haftung an bestimmten Projekten zu beteiligen. Erst mit der Zeit wurde daraus das Konzept von juristischen Personen, die ohne Verfallsdatum bestehen bleiben. Zwar kann Eigenkapital für die Ewigkeit durchaus wirtschaftlichen Wert entstehen lassen, wenn es eine dauerhafte lukrative Verwendung dafür gibt. Wenn jedoch durch den Fortbestand Wert vernichtet wird, wäre eine geordnete Liquidation zu bevorzugen. Mit dieser Vorstellung können sich allerdings nur die wenigsten Manager anfreunden und selbst Aktionäre sind meist nicht der Ansicht, dass sich mit einer Liquidation am meisten Wert herausholen lässt.

In vielen Fällen wäre es sinnvoller, ein Unternehmen auf seine Kernkompetenz begrenzt zu halten und es währenddessen möglichst hohe Dividenden an seine Aktionäre zahlen zu lassen. Dies kann durchaus eine lange Zeit über funktionieren. Es ist sogar denkbar, erwirtschaftetes Kapital doch zu reinvestieren, falls sich die Wettbewerbsposition oder die

Marktstruktur deutlich verbessert. Wenn die Priorität auf Dividenden liegt und der Einstiegskurs hinreichend günstig war, können auch Unternehmen mit niedrigen Renditen ihren Aktionären hohe Renditen bescheren. Denn die Binsenweisheit, dass die Rendite für Anleger langfristig gesehen der Kapitalrendite des Unternehmens entspricht, stimmt nur zum Teil: Wenn ein Unternehmen seinen gesamten freien Cashflow als Dividende ausschüttet, entspricht die langfristige Rendite für Anleger der freien Cashflow-Rendite auf Grundlage ihres Kaufpreises – die Kapitalrendite des Unternehmens ist bei einer solchen 100-Prozent-Ausschüttung irrelevant. Die Rentabilität des Geschäfts wird also umso wichtiger, je niedriger die Ausschüttungsquote liegt.

Tabelle 2.1 zeigt die Auswirkungen der Dividendenpolitik auf die Rendite für Aktionäre. Unter der Annahme einer Kapitalrendite von moderaten 10 Prozent lässt sich daran erkennen, dass die Anlegerrendite bei optimaler Kapitalallokation deutlich höher ausfallen kann: Wenn das Unternehmen alle Gewinne einbehält, entspricht die Rendite für seine Aktionäre der internen Eigenkapitalrendite. Werden dagegen die gesamten Gewinne ausgeschüttet, fällt bei den Anlegern die auf der Grundlage ihres Kaufpreises errechnete Gewinnrendite an – in diesem Fall 20 Prozent.

Dieser Zusammenhang ist die Erklärung dafür, warum es wichtig ist, liquide Mittel an die Aktionäre auszuzahlen, wenn sie ansonsten in einem nur mittelmäßigen Geschäft verwendet würden. Manchmal ist die logische Konsequenz daraus ein Drängen auf eine Liquidation. Wenn das Unternehmen allerdings über einen Geschäftsbereich verfügt, der liquide Mittel generiert und wenig Reinvestitionen benötigt, ist ein solches Vorgehen weder nötig noch optimal. Doch es kann auch anders aussehen: Wenn ein externer Käufer einen Preis bietet, der auf Grundlage des aktuell ausschüttbaren Cashflow eine niedrige Rendite für ihn bedeutet, würden die Aktionäre von einem Verkauf profitieren.

Benjamin Grahams Pionierarbeit bietet einen Rahmen dafür, über den Wert eines Unternehmens im Fall einer Liquidation nachzudenken. Wenn der geschätzte Liquidationswert über dem Börsenpreis liegt, könnte man zu dem Schluss kommen, dass ein Unternehmen tot mehr wert wäre als lebendig. In ihrem Buch *Security Analysis* sprachen sich Graham und Dodd jedoch dafür aus, in solchen Fällen die Werte in der Bilanz nach unten anzupassen, um den üblicherweise komplizierten Prozess der Liquidation zu berücksichtigen. Wie ich in diesem Kapital noch erläutern werde, hängt die Art der richtigen Anpassungen dabei von einer Reihe von Faktoren ab.

Meiner Erfahrung nach neigen Anleger dazu, den Liquidationswert zu überschätzen – denn sterbende Unternehmen bergen in der Realität oft unangenehme Überraschungen. Doch wenn ein börsennotiertes Unternehmen deutlich unter seinem konservativ ermittelten Liquidationswert gehandelt wird (und eine Liquidation überhaupt möglich ist), können Anleger damit eine ansehnliche Jahresrendite erzielen. Die in den meisten dieser Fälle recht kurze Haltedauer bedeutet allerdings, dass solche Geier-Anleger immer wieder ähnliche Gelegenheiten finden müssen, um ihr Kapital investiert zu halten.

Die Option, ein unterbewertetes Unternehmen zu liquidieren, um versteckten Wert zu realisieren, ergibt sich direkt aus den Rechten der Aktionäre als seinen Eigentümern. Seth Klarman, Chairman der Baupost Group, erklärt dies so:

> *Auf gewisse Weise ist eine Liquidation eine der wenigen Gelegenheiten, bei der das Wesen des Aktienmarkts zutage tritt. Sind Aktien nur Stücke Papier, die endlos hin- und hergehandelt werden, oder stehen sie für eine Beteiligung an echten Unternehmen? Eine Liquidation klärt diese Frage eindeutig: Die Eigentümer der Papiere erhalten ganz konkret die Einnahmen, die durch den Verkauf der Vermögenswerte an den Höchstbietenden erzielt werden. Damit schafft die Möglichkeit einer Liquidation eine Verbindung zwischen Börse und Realität und führt dazu, dass sich unter- wie überbewertete Aktienkurse in Richtung des tatsächlichen Wertes bewegen.*[19]

Die Obsession der Anleger für den Gewinn

Es ist schon auffällig: In ihrem Privatleben wissen Anleger Vermögenswerte durchaus zu schätzen – in Bezug auf ihre Portfolios aber scheinen sie viel stärker auf den Ertrag zu achten. Mit Ertrag meine ich hier die

			Ende von					
		Ende Jahr 0	Jahr 1	Jahr 2	Jahr 3	Jahr 4	Jahr 5	Jahr 6
Annahmen								
Aktienkauf		–100 $						
Forward-KGV		5	5	5	5	5	5	
Eigenkapitalrendite			10 %	10 %	10 %	10 %	10 %	10 %
keine Dividende								
Kapital am Anfang			1000 $	1100 $	1210 $	1331 $	1464 $	
Nettogewinn			100 $	110 $	121 $	133 $	146 $	161 $
gezahlte Dividende			0 $	0 $	0 $	0 $	0 $	
Kapital am Ende		1000 $	1100 $	1210 $	1331 $	1464 $	1610 $	
Marktkapitalisierung		500 $	550 $	605 $	666 $	732 $	805$	
erhaltene Dividende			0 $	0 $	0 $	0 $	0 $	
Aktienverkauf			0 $	0 $	0 $	0 $	161 $	
Einnahmen gesamt		–100 $	0 $	0 $	0 $	0 $	160 $	
Vorsteuerrendite	10 %							
50% Ausschüttung								
Kapital am Anfang			1000 $	1050 $	1103 $	1158 $	1216 $	
Nettogewinn			100 $	105 $	110 $	116 $	122 $	128 $

gezahlte Dividende			–50 $	–53 $	–55 $	–58 $	–61 $	
Kapital (ex Dividende)		1000 $	1050 $	1103 $	1158 $	1216 $	1276 $	
Marktkapitalisierung		500 $	525 $	551 $	579 $	608 $	638 $	
erhaltene Dividende			10 $	11 $	11 $	12 $	12 $	
Aktienverkauf			0 $	0 $	0 $	0 $	128 $	
Einnahmen gesamt		–100 $	10 $	11 $	11 $	12 $	140 $	
Vorsteuerrendite	15 %							
100% Ausschüttung								
Kapital am Anfang			1000 $	1000 $	1000 $	1000 $	1000 $	
Nettogewinn			100 $	100 $	100 $	100 $	100 $	100 $
gezahlte Dividende			–100 $	–100 $	–100 $	–100 $	–100 $	
Kapital (ex Dividende)		1000 $	1000 $	1000 $	1000 $	1000 $	1000 $	
Marktkapitalisierung		500 $	500 $	500 $	500 $	500 $	500 $	
erhaltene Dividende			20 $	20 $	20 $	20 $	20 $	
Aktienverkauf			0 $	0 $	0 $	0 $	100 $	
Einnahme gesamt		–100 $	20 $	20 $	20 $	20 $	120 $	
Vorsteuerrendite	20 %							

Tabelle 2.1: Auswirkungen der Dividendenpolitik auf die Rendite für Aktionäre, Quelle: *The Manual of Ideas*

Zahlen in der Gewinn- und Verlustrechnung eines Unternehmens, nicht nur die Dividendenausschüttung. Viele von uns sind gern bereit, Schulden zu machen, um begehrte Vermögenswerte schon heute kaufen zu können, und zwar unabhängig davon, wie sich deren Wert mit der Zeit entwickeln wird. Wir wissen also den aktuellen Wert von etwas zu schätzen, das wir brauchen oder wollen. Bei Investitionen in Aktien aber vernachlässigen viele von uns die Bilanz eines Unternehmens und interessieren sich stattdessen nur für den aktuellen Gewinn. Genau aus diesem Grund steigen die Kurse von gerade angesagten Unternehmen manchmal in schwindelerregende Höhen, obwohl sie kaum harte Vermögenswerte aufweisen – und reich ausgestattete Unternehmen werden manchmal unter ihrem Ersatzwert gehandelt. »Fast alle Unternehmen, die ich kaufe, machen Verluste und zahlen keine Dividende, aber ihre Bewertung liegt unter ihrem Umlaufvermögen. Sie machen also Verluste. Aber diese Verluste sind für die nächsten zwei oder drei Jahre überschaubar und das Management funktioniert«, erklärt Jeroen Bos, Investment Director bei Church House Investments.[20]

Ohne Frage sind auch Gewinne und Cashflows für die Bewertung von Unternehmen von Bedeutung. In vielen Fällen sollten sie sogar vorrangig betrachtet werden, etwa bei Unternehmen wie Coca-Cola, Johnson & Johnson oder Procter & Gamble: Die haben relativ wenige harte Vermögenswerte, aber sehr wertvolle Einnahmeströme. Solange solche markenstarken Unternehmen konservativ finanzierte Bilanzen haben, die keine Gefahr für das Eigenkapital darstellen, kann man ihre Bilanzen bei der Bewertung tatsächlich weitgehend außer Acht lassen. Leider aber scheinen Anleger »markenstark« mittlerweile so großzügig zu definieren, dass sie Bilanzen viel zu häufig ignorieren. Bei den meisten Unternehmen hängt der Gewinn auf lange Sicht davon ab, welche Nettovermögenswerte ihnen zur Verfügung stehen – insbesondere bei hoher Kapitalintensität. Eine Zeit lang mag es gelingen, abnormale Kapitalrenditen zu erwirtschaften, weil ein Ungleichgewicht von Angebot und Nachfrage oder andere vorübergehende Faktoren vorliegen; letztlich aber gibt es fast immer eine Rückkehr zum Mittelwert. Anleger können schwere Verluste erleiden, wenn sie die Dauerhaftigkeit von überhöhten Gewinnen überschätzen.

Bei welcher Art von Unternehmen sind ineffiziente Bewertungen aufgrund der übertriebenen Gewinnfokussierung von Anlegern am wahrscheinlichsten? Ich halte vor allem solche Unternehmen für interessant, die Anlegern gute laufende Erträge bieten wollen, gleichzeitig aber stark von den harten Vermögenswerten in ihrer Bilanz abhängig sind. Bei börsennotierten Immobiliengesellschaften zum Beispiel orientiert sich die Bewertung am Markt meist an der Rendite der Objekte in ihrem Besitz, der sogenannten Cap Rate oder Kapitalisierungsrate; damit richtet sich die Kursentwicklung ihrer Aktien hauptsächlich nach dem Nettobetriebsergebnis. Wenn dieses Ergebnis sinkt, ist für Anleger nicht immer leicht zu erkennen, ob dies ein vorübergehender Effekt ist – vor allem wenn der Markt von Angst geprägt ist. In solchen Fällen werden Immobilienunternehmen manchmal deutlich unter ihrem Ersatzwert gehandelt. Wenn sie dann noch hoch verschuldet sind, kann der Pessimismus der Anleger uferlos werden. In solchen Notzeiten übersehen die meisten Marktteilnehmer vielleicht auch, dass die Schulden nur mit bestimmten Immobilien besichert sind und Gläubiger somit keinen Zugriff auf die übrigen Aktiva haben. Ähnliche Beispiele finden sich auch in anderen Branchen. Im Energiesektor etwa gibt es viele Unternehmen mit soliden Geschäftsmodellen, die wenig mit dem schwer zu prognostizierenden Geschäftsverlauf von Öl- und Gasexplorationsfirmen zu tun haben.

Massimo Fuggetta, Manager des Bayes Fund, hat seine Anlageüberlegungen zu einem unterbewerteten Unternehmen im Immobilienbereich Anfang 2011 so erklärt: »Zu meinen Lieblingsaktien zählen zurzeit die des britischen Immobilienentwicklers Barratt Developments, die weniger als 1 Pfund und nur 25 Prozent des materiellen Buchwerts kosten; bis 2007 wurden sie zum Ein- bis Zweifachen des Buchwerts gehandelt. Durch eine Übernahme zum falschen Preis und Zeitpunkt ist das Unternehmen in Schwierigkeiten geraten und es leidet weiterhin unter der schwachen Baukonjunktur. Doch wenn sich der Markt irgendwann normalisiert, dürften die Aktien meiner Meinung nach auf ein Vielfaches des aktuellen Kurses steigen.« Zwei Jahre später hatte sich der Kurs von Barratt tatsächlich verdoppelt, weil die geschäftlichen Fundamentaldaten wieder zu ihrem historischen Mittelwert zurückkehrten.[21]

Ähnlich ist es bei Unternehmen, die Produkte anbieten, deren Preis vom Markt bestimmt wird: Wenn die Preise schwanken, aber zuverlässig zu einem Mittelwert zurückkehren und die Anleger am unteren Ende der Spanne nervös werden, bewerten sie die Aktiva solcher Unternehmen vielleicht zu niedrig. Auf diese Anomalie hat mich im Jahr 2010 Pavel Savor, Professor an der Wharton Business School, aufmerksam gemacht. Damals fielen die Aktien von amerikanischen Raffinerien wie Alon USA, Tesoro und Western Refining auf Mehrjahrestiefstände. Als die Margen für das Raffineriegeschäft zu ihrem historischen Mittelwert zurückkehrten, erholten sich auch die Aktien rapide. Regulatorische Hürden für mehr Raffineriekapazität in den USA waren fast eine Garantie dafür, dass die Margen wieder steigen würden, weil die Nachfrage irgendwann wieder zunehmen musste.

Ganz banal gesagt: Die Kombination aus einem Geschäft mit mäßigen Wettbewerbsvorteilen und aktuell schwacher Rentabilität sorgt meist dafür, dass Anleger sich abwenden – und genau dadurch können Unternehmen zu Graham'schen Schnäppchen werden. Nicht immer liegt wirklich eine Unterbewertung vor. Doch gelegentlich können sorgfältige Anleger durchaus Perlen entdecken, die trotz starker Nettoaktiva ignoriert werden. Andrew Shapiro zum Beispiel, President von Lawndale Capital Management, verwies auf Chancen bei Reading International, einem Unternehmen mit reichlich Aktiva, das am Markt hartnäckig missachtet wurde. Ähnlich präsentierte Eric Dumont, General Partner von Eudaimonia Investments, eine brillante Summe-der-Teile-Analyse für Corridor Resources, eine Öl- und Gasexplorationsfirma aus Kanada. Seine auf die Bilanz konzentrierten Argumente für einen Einstieg waren auch für durchschnittliche Anleger durchaus nachvollziehbar, doch ihre Fokussierung auf den Gewinn führte dazu, dass Corridor ein Schattendasein führte. Das Timing ist in solchen Fällen stets schwierig. Aber wenn die Wertbestimmung korrekt ist, bekommen Anleger irgendwann meist auch die Belohnung dafür.

Personaldienstleister sind ein weiteres Beispiel für ein Segment, in dem es wegen der kurzfristigen Gewinnorientierung des Marktes häufig zu Fehlbewertungen kommt. Langfristig denkende Anleger können hier mit Zeit-Arbitrage gute Ergebnisse erzielen. Dazu Nick Kirrage, Manager beim Schroders-Fonds Specialist Value UK Equities:

Personaldienstleister haben hohe feste Verwaltungskosten und recht volatile Umsätze, sodass auch ihre Gewinne sehr volatil sein können. Der Branche selbst ist das bewusst, weshalb sie mit Bilanzen arbeitet, die entweder hohe Nettoliquidität oder eine sehr geringe Verschuldung aufweisen. Der Markt aber achtet sehr auf die kurzfristigen Gewinne, also gibt es einmal pro Zyklus einen heftigen Kurseinbruch und die Leute gehen davon aus, dass sich die Gewinne entweder gar nicht erholen werden oder dass es zu lange dauern wird – und zum Warten sind sie nicht wirklich bereit. Wer aber drei bis fünf Jahre Zeit hat, für den ist das wunderbar, denn er geht kein Bilanzrisiko ein. Die Gefahr, dass man dauerhaft Geld verliert, ist also sehr gering. Die Chance, eine ganze Menge Geld zu verdienen, ist dagegen sehr hoch, denn der operative Hebel wirkt in beide Richtungen.[22]

Scott Barbee, Portfoliomanager des Aegis Value Fund, erklärt seinen Ansatz, bei dem günstige Aktiva eine Absicherung nach unten bedeuten und gleichzeitig Aufwärtspotenzial durch eine gewisse Ertragskraft besteht: »Im Allgemeinen kaufen wir gern Unternehmen, die zu einem deutlichen Abschlag gegenüber dem Wert ihrer Aktiva und zu normalisierten Gewinnvielfachen im niedrigen bis mittleren einstelligen Bereich auf Sicht von zwei bis drei Jahren gehandelt werden. Auf diese Weise haben wir eine Absicherung nach unten und das Gewinnpotenzial bedeutet Chancen nach oben.«[23] Barbees Ansatz scheint sich besonders gut für unprofitable Unternehmen zu eignen, deren Marktwert auf oder unter ihren materiellen Buchwert gesunken ist. Eine wichtige Überlegung dabei ist, ob die aktuellen Verluste eine dauerhafte Beschädigung des Unternehmens erkennen lassen oder lediglich einen zyklischen oder auf andere Weise temporären Abschwung.

Investieren wie Benjamin Graham: Richtiges Vorgehen und häufige Fehler

Geldanlage nach dem Prinzip Deep Value war über längere Zeiträume lukrativer als der Gesamtmarkt. Warum also geht nicht jeder langfristig orientierte Anleger so vor? Zwar streben alle letztlich nach demselben Ziel, nämlich Geld zu verdienen, doch der Weg dahin kann sehr unterschiedlich sein. Der historische Erfolg eines Ansatzes hat zudem wenig zu bedeuten, wenn ein Anleger die für diesen Erfolg entscheidenden Faktoren nicht verstehen oder selbst umsetzen kann. Wie sich zeigt, ist Investieren im Graham-Stil womöglich nur für einen relativ kleinen Ausschnitt der Anleger-Community geeignet. Denn es erfordert eine ungewöhnliche Bereitschaft, allein zu stehen, durchzuhalten und dumm auszusehen. »Ich habe gelernt, zu leiden«, sagt Jake Rosser, Managing Partner von Coho Capital Management.[24]

Der Lohn für psychisches Unbehagen

Mehr als einmal habe ich schon erlebt, dass Anleger auf die Vorstellung einer Deep-Value-Anlageidee in etwa so reagieren: »Die Aktie mag weit unterbewertet aussehen, aber ich kann mich einfach nicht für sie begeistern.« Wenn man dann hartnäckig nach den Gründen fragt, verweisen viele auf die unsichere Lage, die Möglichkeit negativer Nachrichten oder schlicht ein schlechtes Bauchgefühl. Die meisten Profianleger wollen ihren Kunden außerdem ungern erklären müssen, dass sie in ihrem Namen ein Unternehmen gekauft haben, das aus den falschen Gründen in die Schlagzeilen geraten ist.

Ein entspanntes Gefühl bei der Geldanlage kann jedoch ein teurer Luxus sein. Umgekehrt kann sich der Verzicht auf dieses Gefühl auszahlen, denn Aktien, die ihren Besitzern Unbehagen bereiten, werden oft zu außergewöhnlich niedrigen Bewertungen gehandelt. Wenn sich das Unbehagen ausschließlich auf fundamentale Faktoren wie den Geschäftsaussichten und dem inneren Wert eines Unternehmens gründete, dann würde es sich vermutlich kaum lohnen. Allerdings scheint es zumindest zum Teil auch mit der psychischen Ausstattung von Anlegern zusammenzuhängen: Die meisten von uns können einen Fehler eher akzeptieren, wenn sie sich damit in guter Gesellschaft befinden. In Enron zu investieren und damit Geld zu verlieren ist also vielleicht weniger schmerzhaft, weil viele kluge Leute vom gleichen Schicksal getroffen wurden. Wenn wir dagegen mit einem Unternehmen Geld verlieren, von dem die meisten Analysten abraten und das von den besten Hedgefondsmanagern sogar leerverkauft wird, kommen wir uns vielleicht ganz besonders ungeschickt vor.

Nehmen wir als Beispiel eines der Opfer von Apples Aufstieg zur Dominanz bei Smartphones: Research in Motion (heute BlackBerry), Nokia oder Sony. Viele Analysten prophezeiten, als die Aktien zu fallen begannen, den kompletten Niedergang dieser Unternehmen. Wer in eines davon investiert und dann Geld damit verliert, könnte sich also sehr einsam fühlen. Ähnliche Überlegungen spielen für die oft schlechtgeredete und massiv leerverkaufte Branche der kommerziellen Bildungsanbieter in den USA eine Rolle. Unglück sucht Gesellschaft, also ist es logisch, dass eine Belohnung für diejenigen winkt, die bereit sind, es allein zu ertragen. Michael Mauboussin, Chief Investment Strategist bei Legg Mason Capital Management und Chairman des Santa Fe Institute, hat beobachtet: »Buffetts Rat ist so gut, wie er schwierig zu befolgen ist. Genau an dem Punkt, an dem eine extreme Bewertung erreicht ist, ist auch der emotionale Drang – und zwar in die entgegengesetzte Richtung – am stärksten.«[25] Ähnlich äußert sich James Montier, Portfoliomanager bei GMO: »Menschen lieben Extrapolation und vergessen, dass es Zyklen gibt. Die gute Nachricht: Man wird belohnt, wenn man unangenehme Entscheidungen trifft. Wenn Unternehmen in einem Gewinntal stecken und ihre Bewertungen niedrig sind, bedeutet das eine hohe Rendite. Für Dinge, die kein Unbehagen bereiten, wird man dagegen auch nicht bezahlt.«[26] Und auch John Lambert, Investmentmanager bei GAM, sucht nach Ideen in »Bereichen mit aktuell gedrückter Stimmung und damit wahrscheinlich niedrigen Bewertungen«.[27]

Wer ausschließlich Schnäppchenaktien nach Graham-Art im Depot hat, fühlt sich damit zeitweise vielleicht sogar sehr unwohl, vor allem wenn ihr Marktwert rapide sinkt. Vielleicht wirft er einen Blick auf das Portfolio und kommt zu dem Schluss, dass jede einzelne Aktie darin auf null fallen könnte. Schließlich könnte es sich um mittelmäßige Unternehmen mit einem mittelmäßigen Management handeln, das die noch vorhandenen Vermögenswerte verschwendet. Aus diesem Grund muss man für Geldanlage in Deep-Value-Aktien an das Gesetz der großen Zahl glauben: Dass Deep Value den Markt im Durchschnitt schlägt und dass ein diversifiziertes Portfolio mit der Zeit eine befriedigende Rendite erbringen wird, ist immerhin durch historische Daten belegt. Diese grundsätzlich korrekte Ansicht wird allerdings in schwierigen Zeiten massiv infrage gestellt. Wer dagegen in hochwertige, konservativ finanzierte Unternehmen mit aktionärsfreundlichem Management investiert, kann sich immer mit der gut begründeten Hoffnung beruhigen, dass sie schon überleben und sich mit der Zeit erholen werden, egal wie tief die Aktien zwischendurch fallen mögen.

Zu der psychologisch unbehaglichen Konstellation bei Aktien nach Graham-Art trägt ebenfalls bei, dass sie sich meist durch günstige Aktiva auszeichnen, aber auch durch schwache Gewinne oder Cashflows. In einer Notsituation könnten Anleger ihre anfänglichen Überlegungen deshalb so sehr infrage stellen, dass sie die objektiv ermittelten Vermögenswerte nicht mehr genug beachten. Denn schließlich, so könnte ein besorgter Anleger überlegen: Was ist ein Aktivposten in der Bilanz noch wert, wenn er keinen Cashflow generiert? Ist Eigentum an Ladenflächen etwas wert, wenn damit kein Geld verdient wird und der gesamte Einzelhandel Probleme hat? Die Anlageüberlegungen von Bill Ackman zu J.C. Penney waren absolut überzeugend, wenn man den Annahmen in seiner Analyse folgte. Ängstliche Anleger aber konnten diese Annahmen so verstehen, dass kaum noch Wert für Aktionäre zu bestehen schien. Genau diese Dynamik macht die Aktienkurse von Unternehmen wie J.C. Penney übermäßig volatil. Dies schafft Chancen für Anleger, die bereit sind, das Unbehagen auf sich zu nehmen, indem sie kaufen, wenn alle anderen aussteigen.

Jeder weiß für sich selbst am besten, wie viel Unbehagen er zugunsten von höheren Anlagerenditen zu ertragen bereit ist. Wir sollten uns in dieser Hinsicht nichts vormachen. Am schlechtesten ergeht es Anlegern meist dann, wenn sie sich in eine Situation begeben, für die es ihnen an Durchhaltevermögen fehlt – ob aus finanziellen oder anderen Gründen. Es gibt genügend Unternehmen, die kein ungutes Gefühl auslösen und trotzdem reichlich Rendite versprechen. Wer in diese Richtung tendiert, braucht nicht mehr die Bereitschaft, gegen den Strom zu schwimmen und damit möglicherweise wie ein Idiot auszusehen; stattdessen sollte er eben in der Lage sein, die Dauerhaftigkeit vorhandener Wettbewerbsvorteile zu analysieren. Dieser Punkt lässt sich mit vielen Analogien veranschaulichen. Bei Immobilien zum Beispiel kann man sowohl mit Luxusbauten am Strand als auch mit renovierungsbedürftigen Häusern in Vierteln mit mittleren Einkommen Geld verdienen – es sind nur jeweils unterschiedliche Kompetenzen und Neigungen dafür erforderlich. Erfolgreiche Menschen scheinen meist in der Lage zu sein, Gelegenheiten zu finden, deren Anforderungen zu ihren eigenen Stärken passen.

Kein langfristiger Anlagestil mit wenig Handelsaktivität

Man könnte Deep Value nach dem Vorbild von Graham als die Ursprungsform von Value-Investing bezeichnen. Doch zumindest auf den ersten Blick scheint es nicht recht zu einer wichtigen Eigenschaft vieler Value-Anleger zu passen: Geduld, zu erkennen an einer geringen Umschlagshäufigkeit im Portfolio. Wenn wir in ein aktivareiches, aber gewinnschwaches Unternehmen investieren, kann die Zeit gegen uns arbeiten: Solange das Management an den Vermögenswerten festhält und weiterhin Kapital zu niedrigen Renditen reinvestiert, kann die Rendite auch für Aktionäre trotz eines günstigen Einstiegs gering bleiben. Warren Buffett sagte zum Graham-Ansatz einmal, er sei, wie durch die Straßen zu laufen und Zigarrenstummel aufzusammeln: Sie mögen etwas feucht und eklig sein, aber man kann sie kostenlos zu Ende rauchen. Doch Zigarrenstummel sind für nur einen Zug gedacht, bieten also nur eine Einmalrendite, und zwar hoffentlich möglichst bald. Niemand möchte längere Zeit mit einem feuchten Stummel herumlaufen.

Genau dieser Umstand bringt einige Verwirrung, denn viele halten Deep-Value-Anleger für die geduldigsten überhaupt. Dem Klischee nach operieren sie ganz im Stillen und investieren in Unternehmen, von denen monatelang keine oder kaum Nachrichten kommen. Um in hochfliegende Lieblinge der Börse zu investieren, scheint viel weniger Geduld erforderlich zu sein, denn hier gibt es ja reichlich Nachrichten, umfangreiches Research der Finanzinstitute und lebhafte Diskussionen im Internet. Tatsächlich kann für Zigarrenstummel mehr Beharrlichkeit nötig sein als bei hochliquiden Marktführern. Trotzdem erfordert Erfolg in diesem Bereich meist eine große Umschlagshäufigkeit, vielleicht um die 100 Prozent. Wenn wir also davon ausgehen, dass ein Deep-Value-Portfolio einmal pro Jahr komplett ausgewechselt wird, können Anleger gute langfristige Kapitalzuwächse verzeichnen. Was allerdings wegfällt, ist die Möglichkeit, durch eine lange Haltedauer das Fälligwerden von Steuern auf Kursgewinne jahrelang aufzuschieben.

Anders sieht es bei Anlegern aus, die ebenfalls nach Unterbewertung suchen, dies aber bei Unternehmen mit attraktiven Möglichkeiten zur Reinvestition von Kapital. Dadurch können sie viele Jahre lang in denselben Aktien investiert bleiben und so die Vorteile des Steueraufschubs samt Zinseszinseffekt nutzen. Seine eigene Weiterentwicklung in Richtung solcher hochwertigerer Unternehmen hat Rosser so beschrieben:

> *Früher hatten wir auch Net-Nets und Summe-der-Teile-Gelegenheiten in unserer Sammlung, aber inzwischen haben wir sie rausgeworfen. Wir suchen immer noch nach Unternehmen mit starken Bilanzen, viel interessanter aber finden wir Unternehmen mit einem funktionierenden Gewinnmotor. Letztlich ist die Belohnung bei solchen Unternehmen weitaus höher als das, was sich mit dem Schließen der Bewertungslücke bei einem Unternehmen verdienen lässt, das unter seinem Liquidationswert gehandelt wird. Kurz gesagt, wir haben den Zigarrenstummel-Ansatz von Ben Graham, bei dem die Schließung der Differenz zum inneren Wert im Vordergrund steht, hinter uns gelassen. Stattdessen folgen wir jetzt dem Ansatz von Charles Munger, der sich auf den Kauf von Gewinnmaschinen mit Zinseszinseffekt zu einem kleinen Abschlag konzentriert.*[28]

Letztlich können Anleger sowohl im Buffett- als auch im Graham-Stil Geld verdienen. Wichtige Überlegungen sind hier persönliche Vorlieben in Bezug auf die für den jeweiligen Stil nötigen Analysen und die Disziplin, die man für eine konsistente Anwendung des gewählten Ansatzes braucht. Vielleicht ist das der Grund dafür, dass viele Anleger einen bestimmten Ansatz wählen und dann dabeibleiben oder dass sie irgendwann dauerhaft umsteigen. Anleger, die beide Ansätze im gleichen Anlagevehikel gleichzeitig mit Erfolg anwenden, trifft man dagegen nur selten.

Der Anlagestil von Benjamin Graham zeigt, dass Kaufen und Halten nicht immer eine Tugend ist: Wer versucht, Wert aus schwachen Unternehmen mit wertvollen Aktiva herauszuholen, muss eher ungeduldig sein. Damit meine ich nicht etwa Ungeduld in Bezug auf den Aktienkurs – ganz im

Gegenteil. Wenn meine Analyse korrekt war, würde ich bei nachgebenden Kursen eher aufstocken als verkaufen. Was ich meine, ist Ungeduld in Bezug auf das Unternehmen selbst. Für die meisten Anleger dürfte das eine theoretische Vorstellung bleiben, außer wenn sie vielleicht einmal Gelegenheit haben, Vorschläge des Managements auf einer Hauptversammlung abzulehnen, um ihre Unzufriedenheit auszudrücken. Aus diesem Grund suchen viele Value-Experten nach Aktien, bei denen vielleicht schon ein aktivistischer Profiaktionär eingestiegen ist. Denn der hat vermutlich mehr Ressourcen, ist möglicherweise genauso ungeduldig wie sie selbst und obendrein bereit zu handeln. Wenn er seinen Willen über Kampfabstimmungen durchzusetzen versucht, können die Stimmen von passiveren, aber ebenso unzufriedenen Anlegern den Ausschlag geben.

Wenn wir annehmen, dass die aufs Jahr hochgerechnete Rendite von Zigarrenstummel-Anlegern bei längerer Haltedauer tendenziell abnimmt, stellt sich die Frage, ob man sich selbst eine automatische Regel zur maximalen Haltedauer geben sollte. Wenn ein Unternehmen ein oder zwei Jahre lang nichts zur Steigerung des Shareholder Value unternommen hat, sollte man dann verkaufen, um nicht auf der Aktie sitzenzubleiben? Ich würde von einer so strengen Regel abraten, denn jede Einschränkung kostet uns eine Option: eine Option, unter den jeweiligen Umständen das Richtige zu tun. Ich würde also eher für eine regelmäßige Überprüfung der Anlagegründe plädieren, nicht dafür, eine Aktie nur deshalb zu verkaufen, weil eine gewisse Zeit verstrichen ist.

Bei einer jährlichen oder quartalsweisen Überprüfung kann man sich darauf konzentrieren, wie sich die reale Situation im Vergleich zu den anfänglichen Überlegungen entwickelt hat. Wenn erforderliche Schritte des Managements langsamer erfolgen als erwartet, sollte man die Gründe dafür kennen. Am wichtigsten ist: In die eigene Beurteilung über die zu erwartende Wertentwicklung gehört stets alles mit hinein, was man an Erfahrungen aus ähnlichen Situationen gewonnen hat. Wenn nach der Überprüfung immer noch ausreichend Wertzuwachs zu erwarten ist, hat es Sinn, dabeizubleiben. Mit der Vergangenheit dagegen ist es wie mit irreversiblen Kosten: Man sollte sie bei der Bestimmung der erwarteten Anlagerendite außer Acht lassen – abgesehen eben davon, dass sie eine Rolle für die Beurteilung der weiteren Entwicklung spielen können.

Vorsicht vor Portfoliokonzentration im Land der Zigarrenstummel

Der Prozess der kreativen Zerstörung in der Weltwirtschaft erfreut sich bester Gesundheit – manche würde sogar sagen, das Tempo des Wandels habe sich beschleunigt, sodass viele Unternehmen heute stärker bedroht sind als früher. Das Geschäft von Zeitungen und Fernsehsendern galt jahrzehntelang als mit am besten vorhersagbar, doch der Siegeszug des Internet stellt ihre Zukunft inzwischen massiv infrage. »Software frisst die ganze Welt«, schrieb der zum Wagniskapitalgeber gewordene Internetpionier Marc Andreessen in einem hellsichtigen Kommentar im *Wall Street Journal.*[29] Ich kann gegen seine Schlussfolgerungen wenig einwenden und Leugnen war noch nie ein Erfolgsrezept, ob bei der Geldanlage oder im alltäglichen Leben. Wenn wir akzeptieren, dass sich die kreative Zerstörung mindestens in ihrem aktuellen Tempo fortsetzen dürfte, wird offensichtlich, dass ihr am ehesten Unternehmen mit Deep-Value-Bewertungen zum Opfer fallen werden. Wie schnell und umfassend der innere Wert eines schwachen Unternehmens zerstört wird, ist schwer zu sagen. Auf jeden Fall erscheint es nicht ratsam, einen großen Teil des verfügbaren Anlagekapitals auf eine einzelne Deep-Value-Aktie zu setzen, selbst wenn sie eine hohe Rendite verspricht.

Ein weiteres Argument gegen Portfoliokonzentration liegt in der Natur der Wertentstehung bei Deep-Value-Konstellationen. Bei Zigarrenstummel-Aktien wird versteckter Wert eher durch strategische Maßnahmen frei als durch geschicktes Management im Kerngeschäft. Meist ist es zudem schwieriger, aus dem aktuellen Geschehen künftige strategische Änderungen abzuleiten, als von den aktuellen Zahlen auf den künftigen Geschäftserfolg zu schließen. Selbst wenn das Management einen glaubwürdigen Weg zur strategischen Wertschaffung erläutert hat, bleiben Zeitpunkt und Wirksamkeit strategischer Schritte hochgradig unsicher. Manchmal bietet sich für Unternehmen nur ein begrenztes Zeitfenster für die Realisierung von höherem Wert – und wenn sie es verpassen, kann es schnell zum Gegenteil kommen. Denken wir an Unternehmen mit hohen Vermögenswerten, aber wenig Liquidität: Wenn ein Termin zur Schuldentilgung naht, müssen sie vielleicht Aktiva verkaufen. Als Folge der inhärenten Unvorhersagbarkeit von strategischen Ereignissen kann ein übermäßiges Engagement in einer einzelnen Deep-Value-Aktie also zu unbefriedigenden Ergebnissen für das gesamte Portfolio führen.

Abschließend kommt hinzu, dass es für Zigarrenstummel-Anleger schwierig sein kann, Positionen in bestimmten Unternehmen oder Branchen abzusichern. Die Wertentstehung in einem Deep-Value-Unternehmen korreliert üblicherweise kaum mit der Wertentstehung im Rest seiner Branche. Als zum Beispiel die Einzelhandelskette Kmart im Insolvenzverfahren steckte, hatte die Umsatzentwicklung auf gleichbleibender Fläche bei den Konkurrenten Walmart oder Target wenig damit zu tun, wie viel sich die Gläubiger von Kmart noch erhoffen konnten. Und als der Elektronikhändler Circuit City die Insolvenz abwenden wollte, war der Umsatztrend beim Wettbewerber Best Buy für ihre Aktionäre so gut wie irrelevant – weil Best Buy Circuit City Marktanteile abnahm, gab es vielleicht sogar eine negative Korrelation. Manchmal befindet sich der zu hebende Wert bei Graham'schen Anlagechancen zudem am Rand oder ganz außerhalb der Kernbranche eines Unternehmens. Im Fall von Kmart etwa war aus den Immobilien weitaus mehr herauszuholen als aus dem eigentlichen Einzelhandelsgeschäft. Diese Faktoren machen es überaus schwierig, Deep-Value-Anlagen über Leerverkäufe von anderen Unternehmen aus derselben Branche abzusichern.

Auch eine weitere verbreitete Absicherungstechnik ist im Land der Zigarrenstummel ausgesprochen problematisch: der Kauf von Put-Optionen. Deep-Value-Unternehmen besitzen meist eine eher niedrige Marktkapitalisierung. Dies liegt zum einen daran, dass sie eben billig sind. Zum anderen sind sie meist klein, denn wenn sie größer wären, würden sie wahrscheinlich von mehr Anlegern analysiert und wären nicht so stark unterbewertet. Aufgrund der unterdurchschnittlichen Marktkapitalisierung gibt es bei Graham'schen Schnäppchen nicht immer einen funktionierenden Markt für Optionen auf Einzelaktien. Soweit doch Optionen zu vertretbaren Geld-Brief-Spannen zu haben sind, kann die darin enthaltene Optionsprämie aufgrund hoher impliziter Volatilität prohibitiv hoch sein, denn Deep-Value-Aktien haben oft einen schweren Kursrutsch hinter sich, was eine hohe historische Volatilität bedeutet. Zudem kann es passieren, dass die Aussteller von Optionen eine höhere Volatilität einpreisen, wenn am Markt strategische Änderungen erwartet werden. Und zuletzt sind Put-Optionen bei heiklen Aktien schlicht deshalb teurer, weil viele Anleger ihre Positionen absichern wollen. Hinzu kommen manchmal noch Leerverkäufer, die bei fallenden Aktien aggressiv mitmischen: Wenn es viel Geld kostet, sich die dafür nötigen Aktien zu leihen, greifen sie stattdessen vielleicht ebenfalls zu Put-Optionen, sodass diese für die meisten Value-Anleger zu teuer werden. Als Folge von all dem wird eine Absicherung unpraktikabel. Anleger sind also gezwungen, darauf zu verzichten, und müssen ihre Positionen so begrenzen, dass sie nicht das Gesamtportfolio gefährden.

Filterkriterien für die Suche nach Schnäppchen im Stil von Graham

Für den Deep-Value-Ansatz sind anfangs nur relativ wenige subjektive Einschätzungen erforderlich. Dadurch eignet er sich gut für die Arbeit mit sogenannten Aktien-Screenern, bei denen die Gesamtheit aller grundsätzlich infrage kommenden Papiere mit bestimmten Filterkriterien verkleinert wird. Hilfreich ist außerdem die Tatsache, dass die für Deep-Value-Aktien relevanten Bilanzdaten bei den meisten derartigen Angeboten enthalten sind. Scott Barbee fasst sein Vorgehen beim Filtern nach Deep Value so zusammen: »Unsere wichtigste Methode ist ein einfacher Filter, mit dem wir nach Aktien suchen, die zu einem Abschlag gegenüber ihrem materiellen Buchwert gehandelt werden.«[30]

Der Net-Net-Filter von Benjamin Graham

Erfahrene Value-Anleger werden den grundlegenden Net-Net-Filter für Geldanlage nach Graham gut kennen: Er lässt nur Aktien passieren, deren Kurs unter ihrem Nettoumlaufvermögen liegt. Dies ist ein zwingenderes Kriterium als ein Abschlag zum materiellen Buchwert, denn bei der Graham-Formel werden die weniger liquiden langfristigen Aktiva außer Acht gelassen. Stattdessen konzentriert sie sich auf die Aktiva, die bei einer Abwicklung allgemein liquider und ohne größere Abschläge zu verkaufen wären.

Die weite Verbreitung mechanischer Filter hat das Universum für Anleger, die nach Net-Net-Schnäppchen suchen, kleiner werden lassen. Doch wer bereit ist, die ganze Welt in seine Recherchen miteinzubeziehen, wird immer noch einige davon finden. Seit einigen Jahren dürfte Japan die größte Auswahl an Net-Nets zu bieten haben, darunter Liquidität generierende Unternehmen mit positivem Fortführungswert. Trotzdem besteht die Gefahr, dass sich Deep Value immer weniger lohnen wird, weil die Zahl der Unternehmen mit unterbewertetem Nettoumlaufvermögen abnimmt.

Wenn nur noch eine kleine Zahl an Aktien die quantitativen Kriterien erfüllt, dürften sie nicht mehr den erhofften Wert liefern, bestätigt Soo Chuen Tan, Managing Member von Discerene Value Advisors. Denn wenn viele gerissene Anleger Schnäppchen nach Graham-Art jagen, dürfte es bei den noch verbleibenden Net-Nets Risiken geben, die diese uninteressant machen. Anleger sollten deshalb im Auge behalten, wie hoch der Anteil von Net-Nets auf unterschiedlichen Märkten weltweit im Vergleich zu seinem historischen Durchschnitt ist – wenn er über dem Durchschnitt liegt, könnte die Zeit für erfolgreiches Deep-Value-Investieren gekommen sein. Auf der Suche nach attraktiven Net-Nets hat Tan tatsächlich wenig ausgelassen und bei Veranstaltungen von ValueConferences unter anderem Analysen für Unternehmen aus Griechenland, Japan und Malaysia präsentiert.

Der modifizierte Net-Net-Filter von Martin Whitman

Martin Whitman, Chairman von Third Avenue Management, hat Grahams Ansatz modernisiert, indem er die erweiterten Informationspflichten von heutigen Unternehmen berücksichtigt. Er unterscheidet Aktiva nach Kriterien, die besser die wirtschaftliche Realität widerspiegeln als die rein buchhalterische Trennung in kurz- und langfristige Vermögenswerte. Denn in seinen Augen sind manche langfristigen Aktiva besser vermarktbar als bestimmte kurzfristige.

Ein Bürogebäude in bester Lage in Manhattan zum Beispiel ist möglicherweise leichter ohne Abschlag zu verkaufen als der Lagerbestand eines gescheiterten Einzelhändlers. Insofern kann es sinnvoll sein, die Net-Net-Formel neu zu definieren: Statt mechanisch alle kurzfristigen Aktiva zu berücksichtigen und alle langfristigen auszuschließen, könnte es für fleißige Anleger besser sein, bei allen Aktiva auf dem gesunden Menschenverstand beruhende Anpassungen vorzunehmen. In manchen Fällen dürften Unternehmen, die Grahams striktes Net-Net-Kriterium nicht erfüllen, zu einem größeren Abschlag gegenüber dem Wert ihrer Nettoaktiva gehandelt werden als echte Net-Nets.[31]

Erweiterte Filter: Rückkäufe, Insiderkäufe, abnehmender Bedarf an Working Capital

In meinen Augen gibt es mehrere Möglichkeiten dafür, die Wahrscheinlichkeit zu erhöhen, dass ein an Graham angelehnter Filter eine Liste von Kandidaten auswirft, die den Markt schlagen können. Dabei suche ich nicht so sehr nach konkreten Verbesserungen bei der operativen Entwicklung. Stattdessen beschränke ich mich auf Kriterien, die potenziell die Effektivität eines Deep-Value-Filters erhöhen.

WERTSCHAFFUNG ÜBER RÜCKKÄUFE. Aktienrückkäufe wirken sich besonders dann positiv aus, wenn sie bei Unternehmen stattfinden, die in ihrem operativen Geschäft Cash generieren und gleichzeitig unter ihrem materiellen Buchwert gehandelt werden. Wenn solche Unternehmen den freien Cashflow für Aktienrückkäufe verwenden, erhöht sich ihr Buchwert pro Aktie, sodass die Differenz zwischen Aktienkurs und bilanztechnischem Nettovermögen zunimmt. Wenn der Abschlag zum Buchwert pro Aktie bei konstantem Aktienkurs immer größer wird, ist ein Kursrückgang sehr unwahrscheinlich. Ab einem gewissen Punkt dürften die Marktteilnehmer das Ausmaß des Abschlags als zu groß empfinden, um ihn weiter zu ignorieren, sodass eine Neubewertung der Aktie einsetzen kann. Vor einiger Zeit war zum Beispiel der Aktienkurs von Sears Holding unter den Buchwert gefallen. Damals argumentierte Bruce Berkowitz, dass das Spiel für Leerverkäufer jäh enden würde, wenn CEO Edward Lampert immer weiter Aktien zurückkaufen würde. Offenbar bezog er sich damit auf die in diesem Absatz beschriebene Erhöhung des Buchwerts pro Aktie.

Allerdings besteht hier eine Einschränkung: Der materielle Buchwert pro Aktie mag durch Rückkäufe zunehmen, nicht aber unbedingt auch der innere Wert pro Aktie. Wenn ein Unternehmen über seinem fairen Wert gehandelt wird, bedeuten Rückkäufe sogar eine Wertvernichtung, selbst wenn sie den Buchwert pro Aktie steigen lassen. In einem solchen Szenario würde sich das Abwärtsrisiko erhöhen, obwohl das Verhältnis von Kurs zu materiellem Buchwert sinkt. Letztlich schaffen Rückkäufe also nur dann Wert, wenn sie zu Preisen unterhalb des inneren Werts erfolgen. Grundsätzlich aber gilt: Wenn wir zu der korrekten Ansicht gelangen, dass ein unter seinem Buchwert gehandeltes Unternehmen unterbewertet ist, dann wird die Zunahme des Buchwertes pro Aktie durch Rückkäufe voraussichtlich früher eine Neubewertung auslösen, als wenn es keinen Aktienrückkauf gibt.

WANN INSIDERGESCHÄFTE AM MEISTEN AUSSAGEN. Insiderkäufe sind ein weiterer Faktor mit Signalwirkung in Zusammenhang mit Deep-Value-Aktien. Durch sie entsteht – abgesehen von einer etwas besseren Anreizstruktur für das Management – zwar kein fundamentaler Wert für die Aktionäre. Doch sie senden ein deutliches Signal, das dadurch noch verstärkt wird, dass die emotionalen Hürden für den Kauf einer schwachen Aktie für Insider noch höher sind als für normale Anleger. Bekannt ist, dass die Stimmung von Insidern im engen Gleichklang mit der von anderen Marktteilnehmern schwankt – aus diesem Grund gibt es bei hohen Kursen auch mehr Aktivität bei Fusionen und Übernahmen. Wenn Insider gegen ihre Neigung handeln, sich einfach wegzuducken und schlechtem Geld kein gutes hinterherzuwerfen, nachdem die Aktie ihres Unternehmens sich schwach entwickelt hat, zeigen sie damit ihre Überzeugung, dass der Markt nach unten übertrieben hat.

Die meisten Insider sind Geschäftsleute und keine Anleger. Dadurch spielt bei ihren Kaufentscheidungen die operative Entwicklung meist eine größere Rolle als die Bewertung der Aktie. Damit dürften Insider eher keine Aktien kaufen, wenn sie nicht der Meinung sind, dass die Fundamentaldaten des Unternehmens zumindest in Ordnung sind. Nur die gerissensten Insider, zu denen vielleicht Leute wie John Malone von Liberty Media oder Edward Lampert von Sears zählen, würden auch dann zugreifen, wenn sie erhebliche fundamentale Schwierigkeiten sehen, die aber durch einen günstigen Aktienkurs mehr als ausgeglichen werden. Wenn wir davon ausgehen, dass Insider stärker auf die operative Lage achten als auf Bewertungen, wird offensichtlich, warum Insiderkäufe bei heruntergeprügelten Aktien einen höheren Signalwert haben als bei Überfliegern: Bei steigenden Aktien sieht der Markt die Fundamentaldaten vielleicht sogar noch optimistischer als das Management. Bei Graham-Schnäppchen dagegen kann schon eine moderat optimistische Erwartung über der Erwartung des Marktes liegen.

CHANCEN BEI SINKENDEN UMSÄTZEN. Die meisten Unternehmen erhöhen ihr Working Capital, wenn ihr Umsatz zunimmt. Dieser Umstand ergibt sich aus ihrem Geschäftsmodell. Er erklärt, warum viele schnell wachsende Unternehmen zusätzliches Eigenkapital aufnehmen, obwohl ihr operatives Geschäft profitabel ist. Wenn ein Unternehmen mit hohem Bedarf an Working Capital dann langsamer wächst oder sogar in dauerhafte Stagnation gerät, benötigt es weniger Working Capital, sodass liquide Mittel frei werden. Niedrigere Anlageinvestitionen haben zudem meist zur Folge, dass die Abschreibungen auf bestehende Fabriken und Ausrüstung höher sind als die Wartungsinvestitionen. Aufgrund dieser Dynamik liegen die freien Cashflows bei vielen langsam wachsenden Unternehmen deutlich über ihrem Nettogewinn. Wenn sich der Markt in solchen Fällen übermäßig auf sinkende Umsätze oder die Gewinn- und Verlustrechnung konzentriert, ergibt sich deshalb möglicherweise eine Gelegenheit, Aktien mit einer hohen freien Cashflow-Rendite zu kaufen. Denn wenn das Management einen Großteil der liquiden Mittel an die Aktionäre ausschüttet, statt sie in der Hoffnung auf wieder einsetzendes Wachstum zu reinvestieren, kann auch bei Aktionären von geschwächten Unternehmen erheblicher Wert entstehen.

In diesem Zusammenhang scheint eine kleine Warnung angemessen: Der Umsatzrückgang kann auch so steil verlaufen, dass für ein Unternehmen nicht mehr viel zu holen ist. Wenn sich die Verkäufe in Luft auflösen, kann die Kapitalbasis aufgrund von Verlusten schwinden, sodass Shareholder Value zerstört wird. Jeroen Bos betont die Bedeutung robuster Umsätze, denn die lassen sich oft schwieriger wieder steigern als die Margen: »Ich mag lieber Unternehmen mit enormen Volumina, aber ohne Gewinn, als solche, bei denen die Umsätze komplett verschwunden sind, sodass sie erst wieder zurückerkämpft werden müssen.«[32]

Nach dem Screening: Eine Liste von Deep-Value-Kandidaten analysieren

Eine relativ einfache Möglichkeit für eine Deep-Value-Geldanlage besteht darin, in einen diversifizierten Korb aus vielen solchen Aktien zu investieren; so hat es beispielsweise der 2012 verstorbene Anleger Walter Schloss erfolgreich praktiziert. Wer aber nicht einfach breit streuen will, muss zur Maximierung seiner Erfolgschancen jede infrage kommende Aktie sorgfältig untersuchen. Das ist keine einfache Aufgabe und die meisten Anleger scheitern daran, weil sie ihre Analysen nicht auf die Besonderheiten von Anlagemöglichkeiten nach Graham-Art abstimmen. Denn natürlich ist nicht viel gewonnen, wenn wir nahe an ihrem Liquidationswert gehandelte Aktien mit einer Checkliste prüfen, die eigentlich für Unternehmen mit erheblichen Wettbewerbsvorteilen entwickelt wurde.

In diesem Zusammenhang ist es sinnvoll, als Ausgangspunkt den Börsenwert zu nehmen, den der Markt einem bestimmten Unternehmen zumisst. Normalerweise erstelle ich meine eigene Bewertung, *bevor* ich mir die an der Börse ansehe. Doch wenn man es mit einer unbestreitbar billigen (aber nicht unbedingt unterbewerteten) Aktie zu tun hat, lassen sich wertvolle Erkenntnisse gewinnen, indem man die entscheidende Frage herausarbeitet, die den Börsenkurs drückt – und diese Frage richtig beantwortet.

Wenn ein Unternehmen zum Beispiel zur Hälfte seines konservativ bemessenen Liquidationswerts gehandelt wird, muss man sich mit Fragen von Wettbewerbsvorteilen oder Margenentwicklung nicht lange aufhalten. Stattdessen kann sich die Analyse auf eine einzige entscheidende Frage konzentrieren: Wird das Unternehmen liquidiert, und falls ja, wann? Wenn die Antworten »ja« und »bald« lauten, haben wir möglicherweise eine hervorragende Anlagechance entdeckt, selbst wenn das Unternehmen viel zu wünschen übrig lässt. Ähnlich sieht es aus, wenn ein Unternehmen Cash generiert und eigene Aktien für 25 Prozent ihres materiellen Buchwerts zurückkauft: Hier lautet die Frage, ob das Unternehmen weiterhin Cash generieren und Aktien zurückkaufen wird. Wenn die Antwort in beiden Fällen »ja« lautet, kann die Aktie in Zukunft eigentlich nur noch steigen. Und wenn ein Unternehmen mit einem negativen impliziten Unternehmenswert gehandelt wird, wäre die Schlüsselfrage: Nimmt der Bestand an liquiden Mittel in Zukunft eher zu oder ab und könnte das Management etwas Dummes damit anstellen?

Bilanzwerte für ein Liquidationsszenario anpassen

In *Security Analysis* haben Graham und Dodd ein Verfahren für die Anpassung von Bilanzzahlen vorgestellt und noch heute ist das Buch eine unverzichtbare Ressource für Liquidationsszenarien. Wie bereits erwähnt, sind Liquidationen im echten Leben eine komplizierte Sache, was bei den üblichen Abschlägen auf Werte in der Bilanz nicht unbedingt berücksichtigt wird. Bei Anlageüberlegungen auf der Grundlage eines Liquidationsszenarios ist es in meinen Augen deshalb entscheidend, sehr genau darüber nachzudenken, welche Korrekturfaktoren für die jeweilige Situation angemessen sind.

Den Ausdruck *Korrekturfaktor* benutze ich hier für alle Faktoren, die bei einer typischen Liquidationsanalyse einer Bilanz ansonsten nicht berücksichtigt werden. So setze ich bei kleinen Unternehmen meist höhere Abschläge an, weil die negativen Effekte einer Liquidation im Verhältnis zum erwarteten Liquidationswert bei ihnen tendenziell höher sind. Je kleiner ein Unternehmen, desto höher kann zum Beispiel der Anteil seines Gesamtwerts sein, der durch Belastungen wie Ausgaben für Rechtsberatung, zusätzliche Anreize für das Management und andere Kosten der Abwicklung verloren geht. Manchmal gilt zudem: Je kleiner ein Unternehmen, desto größer muss auch der Abschlag für Posten wie ausstehende Forderungen sein. Denn in solchen Fällen sind Schuldner vielleicht eher der Ansicht, sie könnten davonkommen, ohne ihre Verpflichtungen zu erfüllen.

Andererseits kann es auf der Passivseite der Bilanz positive Abweichungen geben, aber das ist ganz klar eher die Ausnahme als die Regel. Trotzdem kann es sich für Anleger lohnen, sich auch die wichtigsten Verbindlichkeiten genauer anzusehen. Andrew Williamson, Manager des Hawkwood Deep Value Fund, nennt als Beispiel »eine Quasi-Liquidationssituation in den USA, bei der eine Steuerverbindlichkeit in der Bilanz steht, die aber höchstwahrscheinlich nicht realisiert wird. Aufgrund von Rechnungslegungsvorschriften und eines sehr, vielleicht sogar zu konservativen Managements wurde der volle Wert der potenziellen Steuerschuld in der Bilanz angesetzt und macht einen großen Block in ihr aus. Wenn man sich aber die Fußnoten ansieht, mit dem Management spricht und dann eine eigene Einschätzung entwickelt, zeigt sich eine extrem geringe Wahrscheinlichkeit, dass die Steuerschuld wirklich bezahlt werden muss.«[33]

Zyklisches Tief oder lang anhaltender Niedergang?

Geld verdienen lässt sich sowohl mit Unternehmen, die fundamental zu einem dauerhaften Niedergang verdammt sind, als auch mit solchen, deren Branche einen normalen Zyklus durchmacht und die deshalb von einer Rückkehr zum Mittelwert profitieren könnten – einen hinreichend niedrigen Einstiegspreis immer vorausgesetzt. Mir sind Unternehmen deutlich lieber, die an einem zyklischen Tiefpunkt stehen, denn diese können ihre Ertragskraft möglicherweise weitgehend oder vollständig zurückgewinnen, sodass hier enormes Aufwärtspotenzial besteht. Unternehmen im langfristigen Abstieg dagegen müssen schon extrem billig sein und regelmäßig Geld an die Aktionäre ausschütten, um mit ihnen ein positives Anlageergebnis zu erzielen.

Die Frage, ob ein Unternehmen einen dauerhaften Niedergang begonnen hat, ist alles andere als leicht zu beantworten. Denn wenn Aktien an der Börse auf einen sehr niedrigen Kurs gefallen sind, geht man dort fast immer von einer Fortsetzung des Abwärtstrends aus. Selbst wenn bei einem Unternehmen in der Vergangenheit ein zyklischer Verlauf zu beobachten war, verlegen sich Analysten gern auf eine »Dieses Mal ist es anders«-Haltung. Ein niedergedrückter Aktienkurs hat unweigerlich Auswirkungen auf die Objektivität der meisten Anleger, was es besonders schwierig macht, sich hier eine Meinung zu bilden, die dem vorherrschenden Konsens zuwiderläuft.

Nehmen wir die folgenden Branchen, die für dauerhaft beschädigt erklärt wurden – nur um in den Jahren darauf eine kräftige Erholung hinzulegen: Nach der Finanzkrise 2008 bis 2009 vertraten viele Analysten die Ansicht, die Finanzindustrie werde dauerhaft Probleme haben, weil höhere Kapitalanforderungen und strengere Regulierung die Kapitalrenditen drücken würden. Auch die Kreditrating-Agenturen galten nach ihrem Versagen bei der Subprime-Hypothekenblase als gefährdet, weil man davon ausging, dass die Regulierer Änderungen an ihrem Geschäftsmodell erzwingen würden. Von der Bauindustrie hieß es, eine ähnlich starke Erholung wie früher sei nicht mehr möglich, da die Branche unter chronischer Überkapazität leide und die Immobilienpreise dauerhaft an die Baukosten gebunden bleiben würden. Von Raffinerien schließlich sagte man, diese kapitalintensiven Unternehmen würden mit dauerhaft niedrigen Margen zu kämpfen haben und für immer von den volatilen Rohstoffpreisen abhängig bleiben.

Im Rückblick mögen diese Beispiele für Branchen, die sich wider Erwarten erholten, offensichtlich erscheinen. Aber schauen Sie sich einmal die folgenden Branchen an, die vielen Anlegern zum Zeitpunkt des Entstehens dieses Buches als dauerhaft geschädigt galten: Erdgasexploration und -förderung in den USA, so heißt es heute, müsse auf ewig mit niedrigen Gewinnen rechnen, weil die Schiefergas-Revolution die Preise für immer drücke. Reedereien wird nachgesagt, aufgrund Überkapazitäten, die durch neu bestellte Schiffe sogar noch zunähmen, würden sie kaum je wieder hohe Gewinne erreichen können. Hauptsächlich weil US-Behörden ihnen schwierige Regeln vorgesetzt haben, sollen auch kommerzielle Bildungsanbieter nie wirklich viel Geld verdienen können. Jedes dieser drei aktuellen Beispiele hat das Potenzial, Anlegern mit einer starken Wiederherstellung der Ertragskraft Überraschungen zu bereiten.

Widerspruch oder Chance: Net-Nets mit wenig kapitalintensiven Sparten

Eine kleine Fangfrage: Wie kann ein Geschäft, das fast ohne Vermögenswerte auskommt, bewertet sein wie ein Net-Net im Sinne Grahams? Die Antwort: Das Geschäft muss in einem größeren Unternehmen versteckt sein, das über erhebliche materielle Vermögenswerte verfügt. In den meisten Fällen dürften diese Aktiva in schwachen, kapitalintensiven Geschäftsbereichen gebunden sein. Manchmal aber werden sie einfach nicht benötigt und ließen sich zugunsten der Aktionäre zu Geld machen.

Wenn der Börsenwert eines Unternehmens so weit fällt, dass sein Umlaufvermögen größer ist als die Summe von Börsenwert und Gesamtverschuldung, dürften sich Anleger auf die Tatsache konzentrieren, dass seine Bilanz voller unattraktiver Aktiva mit niedrigen Renditen ist. Doch diese Fokussierung auf harte Vermögenswerte macht manchmal blind für die Existenz eines versteckten Geschäftszweigs, der kaum oder sogar gar keine materiellen Vermögenswerte benötigt. Bei einer Rezession im Immobilienmarkt zum Beispiel setzen Anleger für das Eigenkapital eines Unternehmen dieser Branche vielleicht einen Wert weit unter seinem materiellen Buchwert an. Doch wenn das Unternehmen zugleich auch Verwaltungsdienstleistungen anbietet, die ohne Aktiva aus der Bilanz auskommen und gleichzeitig regelmäßige Einnahmen mit hohen Margen bringen, besteht möglicherweise die Chance, Aktien zu einem Preis weit unter ihrem inneren Wert zu erwerben.

Manche klugen Deep-Value-Anleger konzentrieren ihre Suche auf Unternehmen, bei denen der materielle Buchwert eine Absicherung nach unten bietet, während gleichzeitig ein versteckter Geschäftszweig ohne großen Kapitalbedarf Aufwärtspotenzial verspricht. Wenn sich ein solcher Geschäftszweig finden lässt, kommt es entscheidend auf seinen Wert relativ zum Börsenwert des gesamten Unternehmens an. Macht die versteckte Perle nur einen Bruchteil des gesamten Börsenwerts aus, ist das Aufwärtspotenzial oft nicht ausreichend, um einen Einstieg zu rechtfertigen. Wenn dagegen allein der Wert der Perle dem Börsenwert des Gesamtunternehmens entspricht, kann eine asymmetrische Situation vorliegen: Die Werte in der Bilanz begrenzen das Abwärtsrisiko und der Wert des kapitalarmen Geschäftszweigs bedeutet hohes Aufwärtspotenzial.

In diesem Zusammenhang machen Anleger allerdings manchmal den Fehler, einen scheinbar versteckten wertvollen Geschäftszweig zu überschätzen. Denn die bisherige Entwicklung einer solchen Sparte ist keine Garantie für eine ebenso gute Zukunft. Möglicherweise ist das gute

Geschäft gar nicht versteckt, sondern andere Marktteilnehmer sind zu dem richtigen Schluss gelangt, dass es in Wirklichkeit längst nicht mehr gut ist. Die Möglichkeit einer solchen negativen Entwicklung ist nicht weit hergeholt, denn Geschäftsbereiche mit geringer Kapitalintensität sind meist auch am anfälligsten für neue Konkurrenz. Wenn der Gewinn von etwas anderem als dem eingesetzten Kapital abhängt, kann er schnell wegbrechen, sofern ein Anbieter nicht über einen dauerhaften klaren Wettbewerbsvorteil verfügt. In Geschäftsfeldern mit geringer Kapitalintensität herrscht oft das Prinzip »Der Gewinner bekommt alles«, weil Wachstum hier nicht vom verfügbaren Kapital begrenzt wird. Überlegen Sie nur, wie schnell Apple mehrere gut etablierte Unternehmen wie Nokia, Research in Motion und sogar Sony aus dem Rennen geschlagen hat. Möglich war das nur, weil Apple das eingesetzte Kapital nicht im gleichen Maß erhöhen musste, wie sein Marktanteil stieg. Nokia als Leidtragender schien neben hohen Nettobarbeständen auch ein Geschäft mit wenig Kapitalbedarf zu haben, was einen Einstieg zu einem günstigen Kurs für manche attraktiv erscheinen ließ. Doch wer bei der niedergeprügelten Aktie zu früh wieder zugegriffen hat, wurde vielleicht unangenehm davon überrascht, wie sehr die neue Konkurrenz die Rentabilität des wenig kapitalintensiven Bereichs beeinträchtigte.

Bei Graham-Schnäppchen die richtigen Fragen stellen

Der besondere Charakter von Deep-Value-Anlageideen bringt mit sich, dass sie bei einer Beurteilung anhand einer aufwendigen Checkliste zu schnell aus der Auswahl fallen würden. Ich selbst stelle mir in solchen Fällen deshalb nur drei Grundfragen. Diese sollen zum einen die inhärenten Schwächen von Unternehmen berücksichtigen, die als Graham-Investitionen infrage kommen. Zum anderen konzentriere ich mich damit auf die wichtigsten Faktoren, die für gut informierte Anlegeentscheidungen in diesem Bereich eine Rolle spielen.

Nimmt die Unterbewertung zu, bleibt sie gleich oder nimmt sie ab?

Wenn ich mich mit dem inneren Wert eines Unternehmens beschäftige, versuche ich, bei der Analyse sämtliche Faktoren zu berücksichtigen, die ihn beeinflussen. Die Zukunft lässt sich zwar nicht genau voraussagen, sie bei der Bewertung ignorieren darf man aber trotzdem nicht. Statt eines konkreten Ergebnisses sollte man lieber verschiedene Szenarien betrachten. Wie würde eine schlechte Entwicklung für das Unternehmen aussehen, wie eine gute? Lässt sich ein Basisszenario definieren und dabei im Kopf behalten, dass die tatsächliche Entwicklung in Zukunft mit hoher Wahrscheinlichkeit anders aussehen wird? Diese Überlegungen helfen dabei, eine Bandbreite für den zu erwartenden Wert des Eigenkapitals eines Unternehmens zu errechnen.

Wer besonders ambitioniert ist, kann den unterschiedlichen Szenarien sogar subjektive Wahrscheinlichkeiten zuweisen. Mit diesem zweiten Schritt lässt sich eine Einzelschätzung für den inneren Wert eines Unternehmens entwickeln. Man multipliziert dazu die geschätzten Wahrscheinlichkeiten mit dem Gegenwartswert der entsprechenden Szenarien und addiert diese Einzelergebnisse zu einer Gesamtschätzung. Zusammengerechnet sollten die Wahrscheinlichkeiten der einzelnen Szenarien 100 Prozent ergeben, sodass keine Möglichkeit außer Acht gelassen wird. Also muss man die in Zukunft möglichen Entwicklungen sehr umfassend betrachten.

Bei Schnäppchen nach Graham-Art ist diese Analyse noch komplizierter, weil ein Großteil ihres Werts in der Bilanz steckt. Die möglichen Zukunftsszenarien für ein strauchelndes kapitalintensives Unternehmen zu erkunden kann viel schwieriger sein, als mögliche Entwicklungen bei gewinnstarken Markenfirmen wie Coca-Cola oder Procter & Gamble vorwegzunehmen. Aus diesem Grund orientieren sich viele Anleger bei der Bewertung von Graham-Aktien so eng wie möglich an der Bilanz. Leider allerdings bekommen sie dadurch bestenfalls eine Momentaufnahme des zum Stichtag auffindbaren Wertes. Was sie stattdessen wirklich bräuchten, wäre eine möglichst korrekte Analyse des abgezinsten Gegenwartswertes.

Wer ein Unternehmen nur auf der Grundlage von ablesbaren Bilanzzahlen bewertet, läuft Gefahr, dass diese Werte mit der Zeit erodieren. Wenn die künftige Wertentwicklung nach unten weist, sollte das auch bei der Bestimmung des Gegenwartswerts berücksichtigt werden. Für ein schrumpfendes Unternehmen, dessen harte Vermögenswerte laut aktueller Bilanz einen Wert von 100 haben, sollte man also deutlich weniger bezahlen als für ein stagnierendes Unternehmen mit dem gleichen Vermögen. Denn wenn beide zu einem Preis von jeweils 50 zu kaufen wären und dieser Kurs konstant bliebe, wäre das schrumpfende Unternehmen mit der Zeit immer weniger unterbewertet.

Ich stelle in solchen Situation gern die folgenden Überlegung an: Wenn die ursprünglichen Bewertungsvielfachen konstant bleiben, wird der Aktienkurs dann mit der Zeit eher steigen oder fallen? Wenn man zum Beispiel ein Unternehmen für das 0,5-Fache seines materiellen Buchwertes kauft und der Markt diesen Bewertungsfaktor lange Zeit beibehält, was passiert dann mit dem Aktienkurs?

In einem ähnlichen Zusammenhang hat sich Mohnish Pabrai zu diesem Thema so geäußert: »Ich mag Konsistenz bei den Gewinnen lieber als absolut billige Unternehmen. Denn im zweiten Fall weiß man, dass diese Unternehmen eine gewisse Neigung haben, noch billiger zu werden, und irgendwann schlägt die Schwerkraft voll zu.«[34] Robert Robotti, President von Robotti & Company, sucht ebenfalls nach Deep-Value-Situationen, bei denen der innere Wert mit der Zeit eher zunimmt. Seine Anlageempfehlung für das Logistikunternehmen Stolt-Nielsen begründete er Mitte 2012 so:

> *Wir denken, dass der Wert der Aktiva derzeit bei mehr als 50 Dollar pro ADR liegt und dass er in den nächsten drei bis fünf Jahren noch merklich zulegen wird. Die Aktie wird bei 18 Dollar gehandelt, der Buchwert liegt im hohen Zwanziger-Bereich. Die Aktie weist also einen Abschlag zum Buchwert auf und unserer Ansicht nach auch einen sehr deutlichen Abschlag zum inneren Wert. Insider halten hohe Anteile an dem Unternehmen – der Familie Stolt-Nielsen gehört mehr als die Hälfte davon. In der Vergangenheit hat das Unternehmen bereits Aktien zurückgekauft und es zahlt eine Dividende. Das Management hat viel dafür getan, um*

zu zeigen, dass Shareholder Value wirklich eine wichtige Rolle spielt. Die Probleme in den letzten vier Jahren haben dafür gesorgt, dass der Markt dies nicht mehr erkennt.[35]

Ist der Liquidationswert wirklich deutlich höher als der Börsenwert?

Oft bekomme ich Aktienanalysen zu lesen, in denen ein Abschlag zum Liquidationswert herausgestellt wird. Viele davon finde ich suspekt, denn oft setzen sie implizit ein günstiges Umfeld für eine Liquidation voraus. Nehmen wir eine Reederei, für die als Liquidationswert der Verkaufserlös für ihre Schiffe auf dem privaten Markt abzüglich der Nettoschulden angenommen wird. Kann man hier überzeugend sagen, dass das Eigenkapital eine gute Absicherung nach unten bietet, weil es unter seinem Liquidationswert zu haben ist? Meiner Meinung nach kann in solchen Fällen tatsächlich eine Unterbewertung des Eigenkapitals vorliegen. Doch das bedeutet nicht unbedingt auch eine gute Absicherung des Abwärtsrisikos.

Denn in der Realität würde sich ein Liquidationsszenario höchstwahrscheinlich unter Bedingungen einer Branchenkrise abspielen, in der es ausgesprochen schwierig wäre, Käufer für eine ganze Schiffsflotte zu finden. Selbst wenn es Käufer gäbe, hätten sie gegenüber einem Konkurrenten, der seine Aktiva liquidieren möchte, eine extrem starke Verhandlungsposition. Auch der Wert anderer Aktiva kann in einem solchen Szenario plötzlich zweifelhaft werden, denn Forderungen werden schwieriger einzubringen sein und bereits bezahlte Aktiva verlieren an Wert. Gleichzeitig darf man getrost davon ausgehen, dass die Verbindlichkeiten des Unternehmens konstant bleiben oder sogar zunehmen. In manchen Ländern entstehen bei Massenentlassungen zusätzliche Zahlungspflichten gegenüber den Beschäftigten. Und auch die Betriebskosten eines Unternehmens in Liquidation können steil ansteigen, wenn Rechtsanwälte ins Spiel kommen und das Management zusätzliche Anreize verlangt, um den Liquidierungsprozess zu begleiten.

Schon Graham passte Bilanzzahlen für Liquidationsszenarien nach unten an, doch seine Methode dafür ist für die moderne Praxis nicht mehr unbedingt geeignet. Für den zu erwartenden Verlauf eines Liquidationsprozesses spielen viele Faktoren eine Rolle, darunter die Größe des Unternehmens, die Art der Aktiva in seiner Bilanz, die Anreize für das Management, das Tempo der Liquidation, die Lage im Rest der Branche, die Zahl der an den Aktiva interessierten Parteien und das Vorhandensein von Eventualverbindlichkeiten wie offenen Rechtsstreitigkeiten oder ökologischen Lasten. Manche dieser Faktoren werden in oberflächlichen Liquidationsanalysen kaum beachtet. Die Folge davon ist eine zu optimistische Wertabschätzung.

In der Realität entscheidet sich das Management eines Unternehmens ohnehin nur selten für den mühsamen Prozess einer Liquidation oder lässt sich dazu bringen. Denn wie Tobias Carlisle erklärt: »Die Aktiva eines Unternehmens sind bei einer Fortführung meist mehr wert als bei einer Liquidation, also ist die Liquidation im Allgemeinen ein Worst-Case-Ergebnis. Meiner Erfahrung nach gab es auch bei den meisten Net-Nets eher einen Turnaround als eine Liquidation.«[36]

Welches ist der Katalysator für das Freisetzen von Wert?

Schnäppchen nach Graham-Art sind typischerweise Unternehmen, die kaum Möglichkeiten haben, Kapital zu hohen Renditen zu reinvestieren. In den meisten Fällen sinkt die Rendite für ihre bestehenden Aktiva bereits oder ist sogar negativ. Als Folge davon wird es für Aktionäre zur höchsten Priorität, Cash aus dem Unternehmen zu bekommen – oft hängt ihre Rendite hauptsächlich davon ab, wie schnell das gelingt. Wenn man sie in Ruhe lässt, scheinen die meisten Deep-Value-Unternehmen unbegrenzt vor sich hin zu stagnieren, verfügbare Mittel in zum Sterben verurteilte Geschäftszweige zu reinvestieren oder vergebens zu versuchen, mit teuren Übernahmen in einen attraktiveren Bereich zu expandieren. Bei kleinen Unternehmen kann eine Wertschaffung für Aktionäre sogar schon durch die finanziellen Ansprüche des Managements verhindert werden.

Wenn die vorhandenen Aktiva geringe Renditen abwerfen und sich liquide Mittel nicht zu akzeptablen Renditen reinvestieren lassen, ist für Anleger von großer Bedeutung, dass ein möglicher Katalysator für Änderungen zu erkennen ist – selbst wenn sich noch nicht genau sagen lässt, auf welche Weise Wert freigesetzt werden wird. Manche Value-Anleger sind sogar der Ansicht, bei einer klaren Unterbewertung sei kein anderer Katalysator mehr nötig. »Unterbewertung ist selbst ein Katalysator. Er liegt einfach in der Tatsache begründet, dass die Leute sich die Situation ansehen und sagen: ›Die Aktie wird nie mehr steigen.‹ Genau das ist ja wahrscheinlich der Grund dafür, dass sie so billig ist«, sagt Guy Spier dazu.[37]

Wer argumentiert, Unterbewertung sei ihr eigener Katalysator, geht davon aus, dass ein einschneidendes Ereignis zumindest möglich ist. Wenn es dafür allerdings ausschließlich auf das Management ankommt, etwa weil Insider die Stimmrechtsmehrheit haben, kann die Unterbewertung allein als Katalysator ausfallen. Im extremen Beispiel eines vom CEO kontrollierten Unternehmens, das keine Dividende zahlt, keine Aktien zurückkauft und vorhandenen Wert systematisch in die Kompensation für das Management leitet, ist das Eigenkapital möglicherweise kaum mehr Wert als null. Dieses »kaum mehr« hat einen Optionswert und steht für eine gewisse Wahrscheinlichkeit, dass der CEO sein Verhalten doch noch ändert oder beschließt, das Unternehmen zu verkaufen. Doch wer als Anleger fest darauf setzt, dürfte enttäuscht werden.

Damit eine Unterbewertung wirklich zum Katalysator werden kann, müssen typischerweise einige spezielle Bedingungen erfüllt sein. Erstens muss der Anleger den inneren Wert korrekt abgeschätzt haben und dabei nicht nur die harten Vermögenswerte des Unternehmens beachten, sondern auch die Aussichten auf eine Fortführung und die Praxis des Managements bei der Kapitalallokation. Zweitens muss eine Wende auch von außen angestoßen werden können, entweder von einem anderen Unternehmen oder von einem aktivistischen Aktionär. Ob das möglich ist, hängt nicht nur davon ab, ob das Management die Stimmrechtsmehrheit hält: Von Bedeutung sind auch mögliche Übernahmehürden in der Satzung eines Unternehmens, Eventualverbindlichkeiten, die Interessenten abschrecken könnten, oder auch die Gefahr, dass das Management vor einem Kontrollwechsel wichtige Aktiva zerstört. Letzteres kann tatsächlich passieren: Nachdem aktivistische Anleger die Kontrolle über die anscheinend unterbewertete Vermögensverwaltungsfirma BFC übernommen hatten, stellten sie fest, dass ihr Management einen der wichtigsten Aktivposten zerstört hatte – die Beziehungen zu den Kunden. Offenbar wurden dabei nicht einmal Gesetze gebrochen, doch das Ergebnis war trotzdem verheerend: Die Kunden zogen den größten Teil ihres zur Verwaltung anvertrauten Vermögens ab, was Entlassungen nötig machte und die Ertragskraft von BFC aushöhlte. Vor dem Kampf zwischen CEO und den Investoren mag das Unternehmen unterbewertet gewesen sein, doch anschließend war es eher noch überbewertet.

Zusammenfassung

Die zehn wichtigsten Punkte aus diesem Kapitel:

1. Geldanlage im Stil von Benjamin Graham beginnt schamlos mit dem Preis einer Aktie. Wenn er gemessen an konkreten Kennzahlen nicht äußerst günstig aussieht, sind nach Graham-Art agierende Anleger nicht mehr daran interessiert.
2. Die Ökonomen Eugene Fama und Kenneth French haben den Zusammenhang zwischen Kursentwicklung und Kurs-Buchwert-Verhältnis von Aktien untersucht. Dabei zeigte sich, dass Papiere mit einem niedrigen Kurs-Buchwert-Verhältnis konsistent besser abschneiden als solche mit einem hohen.
3. Eine Art heiliger Gral für Deep-Value-Anleger wären Unternehmen, die eine gewisse Absicherung durch hohe Vermögenswerte in der Bilanz bieten und gleichzeitig Geschäftsbereiche mit hohen Kapitalrenditen aufweisen. Diese Kombination ist allerdings fast unmöglich zu finden, wenn ein Unternehmen nicht gerade einen steilen Gewinnrückgang verzeichnet hat.
4. Indem sie Ausschüttungen an die Aktionäre hohe Priorität geben, können auch Unternehmen mit niedriger Kapitalrendite Anlegern zu ansehnlichen Anlagerenditen verhelfen – vorausgesetzt, der Einstiegskurs war hinreichend günstig.
5. Häufig setzen Anleger den möglichen Liquidationswert zu hoch an, denn die Realität eines sterbenden Unternehmens kann unschöne Überraschungen mit sich bringen.
6. Bei der Geldanlage kann es sich bezahlt machen, ein gewisses Unwohlgefühl hinzunehmen: Gerade Aktien, die vielen Angst machen, werden zu außergewöhnlich niedrigen Bewertungen gehandelt.

7. Bei Investitionen in Unternehmen mit hohen Vermögenswerten, aber niedrigen Renditen kann die Zeit gegen die Anleger arbeiten. Solange das Management an den Aktiva festhält und Geld zu niedrigen Renditen reinvestiert, kann die Rendite für Aktionäre trotz eines günstigen Einstiegskurses unbefriedigend bleiben. Aus diesem Grund sollte man sich mit der Frage möglicher Katalysatoren beschäftigen.
8. Unternehmen, die zu Deep-Value-Preisen gehandelt werden, fallen am ehesten dem Wirtschaftsprozess der kreativen Zerstörung zum Opfer. Deshalb ist es nicht ratsam, einen großen Anteil des verfügbaren Kapitals in eine einzelne Deep-Value-Aktie zu stecken, selbst wenn sie eine hohe Rendite zu versprechen scheint.
9. Mit gezielten Überlegungen lässt sich die Wahrscheinlichkeit dafür erhöhen, dass eine Filterung von Aktien nach Graham-Kriterien eine Liste von Kandidaten hervorbringt, die den Markt schlagen können. Als Auswahlfaktoren bieten sich Aktienrückkäufe, Insiderkäufe und durch abnehmendes Working Capital frei werdende liquide Mittel an.
10. Die Bewertung eines Unternehmens allein anhand von aus der Bilanz ablesbaren Zahlen reicht nicht aus: Sie lässt die Möglichkeit außer Acht, dass die vorhandenen Aktiva mit der Zeit an Wert verlieren können.

Kapitel 3: Unterbewertung nach Summe-der-Teile-Analysen

Investieren in Unternehmen mit nicht benötigten oder versteckten Vermögenswerten

> Verizon Wireless wird von Vodafone nicht konsolidiert und als Folge scheinen Analysten auf der Verkaufsseite den erheblichen Wert dieser Beteiligung zu ignorieren.
>
> David Einhorn

Die Anlagethese zu Vodafone, die David Einhorn, President von Greenlight Capital, im Jahr 2010 formulierte, war so einfach wie überraschend: Der Markt ignoriere den Wert einer Beteiligung von 45 Prozent an Verizon Wireless, weil Vodafone die Ergebnisse dieses Unternehmens nicht in der eigenen Bilanz konsolidiert. Eine solche Situation mag bei kleinen Unternehmen, die nicht von großen Finanzinstituten beobachtet werden, nicht weiter verwunderlich sein. Einhorn aber sprach von einer bedeutenden Lücke in den Studien zu einem Unternehmen mit einem Börsenwert von mehr als 100 Milliarden Dollar. Dabei hätte er gar nicht so weit gehen müssen, zu sagen, den Bankenanalysten sei die Vodafone-Beteiligung völlig entgangen – er hätte auch lediglich anmerken können, der Anteil werde wegen der speziellen bilanziellen Behandlung nicht hinreichend beachtet. Dass er sich nicht scheute, eine so unwahrscheinlich wirkende Behauptung aufzustellen, zeigt: Einhorn glaubt sehr fest daran, dass sich mit Summe-der-Teile-Analysen Ineffizienzen bei der Preisbildung aufdecken lassen.

Wie der Ansatz funktioniert

Meistens analysieren Anleger Unternehmen als monolithisches Ganzes: Sie ermitteln den Wert anhand des gesamten Buchwerts, Gewinns oder Cashflow. Dabei lassen sich viele Unternehmen viel exakter bewerten, indem man jeden ihrer unterschiedlichen Geschäftszweige oder Vermögenswerte einzeln betrachtet und dann alle diese Bestandteile zu einer Schätzung für den Gesamtwert des Unternehmens oder seines Eigenkapitals aufaddiert.

Mace Security International aus Horsham im US-Bundesstaat Pennsylvania zum Beispiel bestand im Jahr 2007 aus drei unterschiedlichen Sparten: das an Verbraucher gerichtete Geschäft mit Pfefferspray, Sicherheitsdienstleistungen für Unternehmen und Autowaschanlagen. Eine Bewertung dieses Unternehmens anhand eines Gewinnvielfachen für seinen gesamten gemeldeten Nettogewinn wäre möglicherweise ein schwerer Fehler gewesen. Denn die drei Geschäftszweige wiesen höchst unterschiedliche Gewinnmargen, Kapitalrenditen und Wachstumsaussichten auf. Nehmen wir an, dass einer davon überhaupt keinen Gewinn einbrachte und aus diesem Grund nichts zum Gesamtergebnis beitrug. Bei einer Bewertung von Mace auf der Grundlage eines Vielfachen vom Gesamtgewinn hätte man dem gewinnlosen Segment dann keinerlei Wert beigemessen. Dabei hätte es durchaus wertvolle Aktiva haben können, etwa Grundstücke und Gebäude für das Autowaschgeschäft.[38] Dieses Beispiel zeigt einen der Gründe dafür, warum es bei Unternehmen mit zwei oder mehr voneinander getrennten Aktiva eine Unterbewertung geben kann: Manchmal konzentrieren sich Anleger fälschlich auf die Gesamtrentabilität eines Unternehmens, auch wenn einer seiner werthaltigen Bereiche gerade eine Zeit mit niedrigeren Gewinnen durchmacht.

Ein weiterer Grund für Fehlbewertungen von Unternehmen mit unterschiedlichen Wertquellen könnte die fehlende Bereitschaft von Anlegern sein, solchen Aktiva einen Wert beizumessen, die wenig mit dem

Kerngeschäft eines Unternehmens zu tun haben. Nehmen wir ein Unternehmen im Bereich Öl- und Gasexploration sowie -produktion: Sind dessen Aktionäre hauptsächlich im Energiebereich aktiv, werden sie ihre Bewertung auf der Grundlage von Reserven, Produktionsvolumen und anderen Faktoren vornehmen, die in Zusammenhang mit der Öl- und Gasproduktion stehen. Wenn das Unternehmen gleichzeitig eine innovative Technologie zur Ölförderung besitzt, wird das von Anlegern also möglicherweise kaum beachtet. Dabei ließe sich diese Technologie vielleicht an andere Öl- und Gasproduzenten verkaufen, was potenziell eine neue Einnahmequelle mit hohen Margen schafft, die keine hohen Investitionen erfordert. Ein Beispiel dafür ist das kanadische Unternehmen Petrobank Energy and Resources, eine Öl- und Gasfirma, bei der Börsenwert und der wahre Summe-der-Teile-Wert im Jahr 2011 weit auseinanderzuliegen schienen.

Aus praktischer Sicht erfreuen sich Unternehmen mit mehreren unterschiedlichen Wertkomponenten größerer strategischer Flexibilität. Sie können einen fair bewerteten Vermögenswert verkaufen, um ihre Bilanz zu stärken, unterbewertete Aktien zurückkaufen oder Kapital in ein Geschäftsfeld mit höherer Rendite reinvestieren. Solche strategischen Optionen wecken häufig das Interesse von erfahrenen Anlegern, die dann versuchen, das Management zu werterhöhenden Entscheidungen zu drängen. So verlangte Bill Ackman, Chief Executive Officer von Pershing Capital Management, vom Management des Einzelhändlers Target, eine Struktur einzuführen, die den Wert der Immobilien im Besitz von Target besser erkennen lässt; damit lenkte er das Interesse auf den Summe-der Teile-Wert des Unternehmens. Ähnlich argumentierte John Paulson, President von Paulson & Co, Hartford Financial Services solle mit seinem Immobilien- und Unfallversicherungsgeschäft sozusagen seine Kronjuwelen abstoßen – die Einheit sei in der Holdinggesellschaft »vergraben«. Tatsächlich wurde das Unternehmen von nur wenigen Analysten für Immobilien- und Unfallversicherungen beobachtet und stattdessen eher als Lebensversicherungsgesellschaft angesehen, was eine Marktbewertung zu einem geringeren Vielfachen des Buchwerts bedeutete.[39]

John Lambert, Investment Manager bei GAM, erklärt anhand des Telekom-Unternehmens Cable & Wireless, worauf er in ähnlichen Fällen achtet:

Das Unternehmen wurde ein Jahrzehnt lang schlecht geleitet. Jetzt ist das alte Management endlich weg und wir glauben, dass ein Neustart bevorsteht. Die Aktiva des Unternehmens erscheinen beim aktuell stark gefallenen Aktienkurs deutlich unterbewertet, vor allem das Netz in Großbritannien, das internationale Unterseenetz, das schnell wachsende Hosting-Geschäft und erhebliche Steuerabzugsmöglichkeiten, um nur ein paar zu nennen. Gleichzeitig bedeutet der niedrige Aktienkurs, dass das Unternehmen leicht zum Ziel eines Übernahmeversuchs durch größere Anbieter werden könnte. In den letzten Monaten gab es bereits Berichte über Interesse sowohl an einzelnen Aktiva als auch am gesamten Unternehmen.[40]

Manchmal machen Marktteilnehmer auch Fehler bei der Bewertung der materiellen Kernaktiva eines Unternehmens, weil sie nicht weiter blicken als bis zu den Buchwerten in seiner Bilanz. Eric Khrom, Managing Partner bei Khrom Capital Management, nennt als Beispiel das auf den Bereich der Offshore-Förderung von Öl und Gas konzentrierte Hubschrauber-Transportunternehmen PHI:

Während der Krise 2008 bis 2009 fielen die Ölpreise wie ein Stein. Also begann ich bei der Beobachtung, dass dem Unternehmen mehr als 300 Hubschrauber gehörten – es gibt sogar fertige Übersichten über die Gebrauchtmarktpreise dafür. Wie ich feststellte, haben Hubschrauber anders als Flugzeuge einen sehr stabilen Wert, er schwankt weniger als bei Flugzeugen. Denn Hubschrauber lassen sich in ganz unterschiedlichen Branchen einsetzen. Man kann sie nicht nur im Bereich Öl und Gas verwenden, sondern auch für Polizei oder Tourismus. Wenn es in einem Land schlecht läuft, lassen sie sich in ein anderes verlagern. Ich habe eine Liquidationswertanalyse vorgenommen und dabei bemerkt, dass PHI für vielleicht 30 Cent pro Dollar gehandelt wurde. Also galt, unabhängig davon, wie es mit der Öl- und Gasbranche weitergeht und ob das Unternehmen noch einmal Gewinn machen würde oder nicht: Die Hubschrauberflotte selbst war zu einem absoluten Schnäppchenpreis zu haben. So etwas hätte man mit einem einfachen Aktien-Screening nicht erkennen können.[41]

Investieren in Unternehmen mit übersehenen Aktiva: Richtiges Vorgehen und häufige Fehler

Für die Suche nach Summe-der-Teile-Anlagechancen gibt es gute Gründe, aber nicht jede von ihnen ist wirklich attraktiv. Mehr Aktivitäten bedeuten nicht unbedingt mehr Wert, insbesondere wenn es sich bei einigen davon um unprofitable Geschäftsbereiche mit wenig Aussichten auf eine Trendwende gehören.

Ist ein identifizierbarer Vermögenswert wirklich heraustrennbar?

Auf ihrer eifrigen Suche nach Summe-der-Teile-Chancen zerlegen Anleger Unternehmen manchmal gedanklich in zu viele Teile. Die Folge davon sind Anlageüberlegungen, die zwar in der Theorie attraktiv sind, nicht aber in der Praxis. So mögen einer Einzelhandelskette viele Ladenflächen gehören, doch wenn es ihr schlecht geht, sind diese Immobilien vielleicht längst nicht so viel wert wie bei einem gut laufenden Geschäft. Dagegen könnte man einwenden, beides solle nicht viel miteinander zu tun haben, weil Handel und Immobilienbesitz ganz unterschiedliche Geschäftsbereiche sind. Der Einzelhändler könnte den Wert seiner Immobilien zum Beispiel dadurch realisieren, dass er sie verkauft und dann selbst anmietet. Das ist zwar tatsächlich möglich, doch der Käufer bei einem solchen Geschäft wird sehr genau auf die Rentabilität des Handelsgeschäfts achten. Denn wenn der Mieter Probleme hat, könnte auch der Wert der Immobilie bröckeln. Statt zu verkaufen und zurückzumieten könnte ein Einzelhändler in Schwierigkeiten auch beschließen, Immobilien an einen Konkurrenten zu verkaufen. In diesem Fall ist aber denkbar, dass die erzwungenen Filialschließungen mit einem Abschwung in der Branche zusammenhängen, was die Nachfrage nach neuen Ladenflächen verringert. Derartige Immobilien haben also zwar gewiss einen Wert, doch dessen Höhe richtet sich auch nach dem Wert des entsprechenden Einzelhandelsgeschäfts. Die beiden Wertkomponenten können also getrennt voneinander analysiert werden, sollten aber nicht als vollkommen unabhängig behandelt werden.

Ähnlich sieht es bei großen Technologieunternehmen wie Hewlett-Packard oder Xerox aus, die Hardware verkaufen, aber auch hohe Umsätze mit Dienstleistungen machen. Manchmal bewerten Anleger dann nur das Service-Geschäft mit seinen üblicherweise höheren Margen und interessieren sich kaum für das Schicksal der Hardware-Sparte. Wenn jedoch die Dienstleistungen stark auf dem eigenen Hardware-Angebot basieren, können auch sie leiden, wenn die Hardware nicht mehr gefragt ist. In einem solchen Szenario könnte eine Summe-der-Teile-Analyse der miteinander verflochtenen Sparten Hardware, Software und Dienstleistungen also zu einer zu optimistischen Einschätzung des Gesamtwerts führen. Ähnliche Überlegungen gelten für vom Verkäufer finanzierte Investitionsgüter oder andere Branchen, die von großen Einzelaufträgen geprägt sind. Wenn die Nachfrage im Kerngeschäft von Finanzierungsangeboten abhängt, kann beides nur mit Einschränkungen getrennt bewertet werden.

Welches ist der Katalysator für das Freisetzen von Wert außerhalb des Kerngeschäfts?

Selbst wenn unterschiedliche Wertkomponenten getrennt betrachtet werden können, ist Vorsicht geboten. Werfen wir zur Erläuterung einen Blick auf Steinway Musical Instruments, den renommierten Klavierhersteller, der auch Saiteninstrumente verkauft und wertvolle Immobilien in New York besitzt. Sein Bürogebäude in Manhattan und andere Immobilien können separat bewertet werden, denn es besteht hohe Nachfrage dafür. Die Aktien von Steinway wurden also offenbar jahrelang deutlich unter ihrem inneren Wert gehandelt. Trotzdem hätten Anleger, die auf der Grundlage einer Summe-der-Teile-Bewertung eingestiegen wären, mehrere Jahre lang zusehen müssen, wie nichts zur Monetarisierung des Immobilienbesitzes unternommen wurde. Das Management selbst sah offenbar keinen dringenden Anlass, den Shareholder Value zu heben, und jegliche Initiativen von Anlegern, das zu ändern, blieben erfolglos.

Steinway ist keineswegs das einzige Beispiel für Unternehmen, die über versteckte Aktiva verfügen, diese aber nicht zum Vorteil ihrer Aktionäre einsetzen. Tatsächlich sind Manager nur selten bereit, sich zugunsten der

Aktionäre von Aktiva zu trennen, denn auf solche Verkäufe können Aktienrückkäufe oder höhere Dividenden folgen. Beides bedeutet eine Verringerung der Macht des CEO – und das mögen die meisten dieser Führungskräfte gar nicht. Vor diesem Hintergrund ist es bei der Analyse von Unternehmen mit unterschiedlichen Aktiva sehr wichtig, auch zu prüfen, ob ein Katalysator für das Freisetzen von Wert vorhanden ist.

Dieses Thema ist unter Value-Anlegern etwas umstritten, denn manche sehen schon die Unterbewertung selbst als den erforderlichen Katalysator an. Als Benjamin Graham sein Konzept einer Sicherheitsmarge formulierte, kam schnell die Frage auf, wodurch sich dieser festgestellte Abschlag zum inneren Wert verringern könnte. Mohnish Pabrai erzählt eine Geschichte dazu:

> *Ben Graham wurde von Senator Fulbright, der die Funktionsweise von Börsen besser verstehen wollte, zu einer Sitzung des US-Senats geladen. Fulbright stellte tatsächlich – wir befinden uns in den 1950er-Jahren – eine direkte Frage an Ben Graham: »Professor Graham, Sie kaufen eine Aktie für 10 Dollar und sagen, ihr innerer Wert liege bei 20 Dollar. Welche Faktoren führen dann dazu, dass die Leute irgendwann erkennen, dass die Aktie 20 Dollar wert ist, und kann sie tatsächlich auf 20 Dollar steigen?« Grahams Antwort lautete damals: »Senator Fulbright, das ist eines der Mysterien, auf die wir keine Antwort kennen.« Aber er sagte auch: »Wenn wir mit dem inneren Wert richtig liegen, dann wird es nicht allzu lange dauern, bis sich die Aktie diesem Wert annähert.«*[42]

Dass die Gründe für die Verringerung des Abstands zwischen Börsenkurs und innerem Wert weitgehend im Dunkeln liegen, mag für die meisten Anleger unbefriedigend klingen. Für diejenigen aber, die auf ihren Value-Instinkt vertrauen, kann Grahams Antwort ausreichen. Tim McElvaine etwa, President von McElvaine Asset Management, warnt davor, »sich übermäßig auf einen Katalysator zu fixieren«, denn es könne schwierig sein, »einen Katalysator kostenlos zu bekommen«.

Auch ich selbst bestehe nicht unbedingt auf einem Katalysator. Allerdings bin ich durchaus der Meinung, dass Unternehmen mit mehreren Quellen der Wertschöpfung leicht zu einer Value-Falle werden können, wenn die Hoffnungen auf strategische Veränderungen enttäuscht werden. Nur sehr wenige Unternehmen sind eine ideale Heimat für kaum miteinander zusammenhängende Geschäftsbereiche, sodass manche davon zu einer relativ gesehen schwächeren Performance verdammt sind. Und leider ist es so, dass es der Markt nicht eilig hat, Teile eines Unternehmens neu zu bewerten, wenn der innere Wert im Zeitverlauf konstant bleibt – und schon steckt man in einer der gefürchteten Value-Fallen.

Stephen Roseman, Portfoliomanager bei Thesis Fund Management, sieht Katalysatoren deshalb als einen der wichtigsten Aspekte seiner Anlagephilosophie: »Eine meiner nicht verhandelbaren Bedingungen für den Einsatz von Kapital in Aktien ist, dass ich einen greifbaren Katalysator erkennen kann, der in den nächsten sechs bis zwölf Monaten wirksam werden dürfte. Kapital kostet Geld und diese Disziplin verhilft in zweierlei Hinsicht zu besseren Renditen: Sie trägt dazu bei, Value-Fallen zu umgehen, und sie verbessert die interne Kapitalrendite, weil Kapital erst dann eingesetzt wird, wenn ein Ereignis zur Wertrealisierung bevorsteht.«[43]

Lautet das Angebot »Eines kaufen, eines kostenlos« oder »Zehn kaufen, eines kostenlos«?

Was mich bei Aktienanalysen immer wieder ärgert, ist die Behauptung, mit einer bestimmten Aktie sei irgendetwas kostenlos zu bekommen. Dergleichen lese ich häufig und ich bin vielleicht selbst schon einmal der Versuchung erlegen, zu sagen, weil schon ein Teil eines Unternehmens dessen gesamten Börsenwert ausmacht, gebe es den Rest davon umsonst. Aber was man nur bekommt, wenn man etwas anderes dazukauft, ist nicht wirklich kostenlos. Dieses Wort sollte für Fälle reserviert bleiben, bei denen man einfach hingehen und etwas mitnehmen kann, ohne dafür irgendetwas zu bezahlen. In diesem Sinne ist »kostenlos« in der Welt der physischen Güter äußerst selten, im Online-Bereich vielleicht schon weniger. Facebook, Google und Twitter sind tatsächlich kostenlos – man muss keine Kreditkarte zücken, um diese Dienste zu nutzen. Diese Unternehmen arbeiten mit werbebasierten Geschäftsmodellen, mit deren Hilfe sie die kostenlose Nutzung ihrer Websites zu Geld machen können. Allerdings existiert eine solche Werbefinanzierung noch nicht für Aktien selbst. Es gibt keine Börsenwebsite, auf der Anleger nach Belieben Aktien in ihre Depots legen können, nur weil sie sich ein paar Anzeigen angesehen haben. Bei der Geldanlage bedeutet kostenlos also eher so etwas wie beim beliebten Verkaufsspruch »Eines kaufen, eines kostenlos«.

Der Haken dabei: Es kommt enorm darauf an, ob das Angebot lautet »Eines kaufen, eines kostenlos« oder doch eher »Zehn kaufen, eines kostenlos«. Als normale Kunden in unserem alltäglichen Leben erkennen wir sofort, dass die erste Variante attraktiver ist. Als Anleger aber übersehen wir diesen wichtigen Unterschied gern. Wie oft haben Sie schon Analysen gelesen, die einen Vermögenswert als kostenlos bezeichneten, aber nicht darauf eingingen, wie hoch dessen Wert *im Verhältnis* zu dem Preis ist, den man für die damit zusammenhängenden Vermögenswerte bezahlen muss? Meiner Erfahrung nach beschäftigen sich Anlagetipps selten mit der Frage, ob es um »Eines kaufen, eines kostenlos« oder um »Zehn kaufen, eines kostenlos« geht. Und genau das ist der Grund dafür, warum viele Summe-der-Teile-Überlegungen nicht zum gewünschten Anlageerfolg führen.

Nehmen wir an, ein Analyst ist auf ein Unternehmen mit einem Börsenwert von 1 Milliarde Dollar gestoßen. Den tatsächlichen Wert des operativen Geschäfts schätzt er auf ebenfalls 1 Milliarde Dollar, doch das Unternehmen besitzt zusätzlich 100 Millionen Dollar an verstecktem Immobilienwert. Dann kann der Analyst stolz darauf sein, 100 Millionen Dollar an kostenlosem Wert entdeckt zu haben. In seiner Analyse schreibt er vielleicht etwas wie: »Wir bewerten das operative Geschäft mit 1 Milliarde Dollar. Weil das Unternehmen derzeit mit einem Marktwert von 1 Milliarde Dollar gehandelt wird, lautet unsere Schlussfolgerung, dass Anleger Immobilienbesitz im Wert von 100 Millionen Dollar kostenlos dazubekommen.« Manche Anleger werden einen Analysten bewundern, der ihnen offenbar die Möglichkeit eröffnet, 110 Dollar für nur 100 Dollar zu kaufen. All das wäre auch in Ordnung, wenn der Anleger tatsächlich schnell und einfach an diese 110 Dollar kommen würde. Doch die Realität sieht anders aus: Die scheinbar geschenkten 10 Dollar wären in diesem Fall schon dann wieder verschwunden, wenn der innere Wert des Unternehmens um nur 10 Prozent fällt.

Filterkriterien für die Suche nach Unternehmen mit unterschiedlichen Aktiva

Summe-der-Teile-Anlagechancen gibt es in vielen Formen und Farben und jede davon verlangt ein etwas anderes Vorgehen beim Screening. Nicht benötigte Vermögenswerte liegen meist als liquide Mittel, Anteile an anderen Unternehmen, Immobilienbesitz oder einer Mischung daraus vor. In solchen Fällen konzentriere ich mich meistens darauf, das Kerngeschäft unter der Annahme zu bewerten, dass die überschüssigen Aktiva verkauft oder an die Anleger ausgeschüttet werden. Anders sieht es bei Unternehmen aus, die mehrere operative Geschäftsbereiche haben. In solchen Fällen können die nicht benötigten Aktiva auch immateriell sein und mein Schwerpunkt bei der Analyse liegt auf der Wertbestimmung für die einzelnen Sparten. Die so errechnete Summe kann über oder unter dem inneren Gesamtwert liegen. Bei Unternehmen wie Berkshire Hathaway zum Beispiel liegt der Gesamtwert über der Summe der Teile, weil der Börsenkurs zusätzlich das Geschick von Warren Buffett bei der Wertschaffung durch Kapitalallokation widerspiegelt. Bei den meisten anderen Konglomeraten aber ist eher ein Abschlag gegenüber der Summe der Teile angemessen.

Unternehmen mit mehreren Geschäftssparten

Für das Finden von Unternehmen mit mehreren Geschäftssparten gibt es keine kostengünstigen Screening-Werkzeuge, denn die meisten davon enthalten nur Daten auf der Ebene von Gesamtunternehmen. Wer als Anleger nicht auf Profidienste wie Bloomberg oder Capital IQ zugreifen kann, muss sich deshalb wohl die Mühe machen, das Kleingedruckte in den Geschäftsberichten durchzugehen. In den USA börsennotierte Unternehmen ergänzen ihre standardisierten 10-K-Meldungen meist durch Fußnoten mit Informationen zu den Segmenten. Diese Angaben können als Grundlage für die Bewertung der unterschiedlichen Geschäftseinheiten dienen, vor allem wenn man sie zusammen mit den Erklärungen und Kommentaren der Geschäftsführung an anderen Stellen betrachtet. Eine Beschäftigung mit den Bewertungsvielfachen von relevanten

Vergleichsunternehmen kann ebenfalls dabei helfen, den relativen Wert der einzelnen Segmente besser einzuschätzen.

Auch wenn man Zugriff auf Segment-Screener wie Bloomberg oder Capital IQ hat, kann es sich lohnen, die Segmentdaten genauer zu untersuchen. In manchen Fällen werden sich die unterschiedlichen Sparten so ähnlich sein, dass sie sich weitgehend mit denselben Ansätzen bewerten lassen. In solchen Fällen dürften sich die Ergebnisse von Gesamt- und Summe-der-Teile-Bewertungen kaum unterscheiden. Ähnlich sieht es aus, wenn die Geschäftssparten so eng miteinander verflochten sind, dass sie für die Bewertung nicht sinnvoll getrennt werden können. Umsätze zwischen den Segmenten sind oft ein guter Indikator dafür, wie sehr sie voneinander abhängig sind.

Besonders hilfreich sind Summe-der-Teile-Bewertungen dann, wenn die einzelnen Geschäftssegmente jeweils unterschiedliche Bewertungsmethoden verlangen. In einem solchen Szenario kann sich das Summe-der-Teile-Ergebnis erheblich von dem der Bewertung auf Ebene des Gesamtunternehmens unterscheiden. Wenn die Gesamtbewertung deutlich niedriger ausfällt, haben Marktteilnehmer, die sich nur mit aggregierten Daten beschäftigen, möglicherweise einen Teil des Eigenkapitals übersehen. Vielversprechende Anlageideen können Unternehmen sein, die in mehr als einer Branche tätig sind, Segmente mit sehr unterschiedlichen Kapitalrenditen haben oder überraschend große Geschäftszweige in schnell wachsenden Regionen aufweisen.

Auch große Unterschiede bei der operativen Entwicklung können eine Einzelbeschäftigung mit verschiedenen Geschäftseinheiten lohnenswert machen. Nehmen wir einen Telekom-Dienstleister mit insgesamt stagnierendem bis leicht sinkendem Umsatz. Einem solchen offenbar geschwächten Unternehmen würden Anleger wohl nur geringe Bewertungsvielfache zugestehen – es sei denn, sie erkennen, dass ein kleines, aber schnell wachsendes Mobilfunkgeschäft den Umsatzrückgang des großen Festnetzgeschäfts teilweise ausgleicht. Mit wachsendem Umsatzanteil des Mobilgeschäfts kann der Rückgang beim Gesamtumsatz dann möglicherweise gestoppt werden. Eine Analyse auf Ebene der Segmente kann in solchen Fällen dabei helfen, diese Trendwende vorwegzunehmen, bevor andere Marktteilnehmer auf die gleiche Idee kommen.

Unternehmen mit hohen Barbeständen

Bis zum Jahr 2013 hatte Apple einen Nettobarbestand von mehr als 100 Milliarden Dollar angehäuft – ein Vermögenswert mit geringer Rendite, aber hoher Liquidität. Anleger, die Apple für unterbewertet erklärten, behandelten die liquiden Mittel in der Bilanz als nicht benötigten Aktivposten. Wegen des niedrigen Zinsniveaus war der Gewinn von Apple mit oder ohne diese Reserven fast identisch, doch der Unterschied zwischen tatsächlichem und bereinigtem Marktwert war erheblich: Unbereinigt wurden Apple-Aktien zu einem Kurs-Gewinn-Verhältnis im Zehnerbereich gehandelt, doch wenn man die Barbestände berücksichtigte, lag dasselbe Verhältnis nur noch im einstelligen Bereich. Die hohen Barreserven bei Apple zu sehen und bei der Bewertung zu berücksichtigen war ausgesprochen einfach. Trotzdem schienen viele Anleger bei ihren Analysen des Kurs-Gewinn-Verhältnisses darauf zu verzichten.

Die meisten Werkzeuge für Aktien-Screening enthalten Daten zu Barmitteln, kurzfristigen Geldanlagen und Schulden, was die Suche nach Unternehmen mit hohen Cash-Beständen erleichtert. Ich interessiere mich dabei besonders für Unternehmen mit im Verhältnis zu ihrer Börsenbewertung hohem Nettobarbestand. Manchmal übersehen Marktteilnehmer hohe Barbestände oder ignorieren sie absichtlich. Für Anleger, die bereit sind, zwischen Aktienwert und Unternehmenswert zu unterscheiden, kann das Chancen eröffnen. Besonders attraktiv ist für mich, wenn die Nettobarmittel ein Drittel oder mehr des Börsenwerts ausmachen, denn eine Unterbewertung der Aktie um 33 Prozent bedeutet ein Aufwärtspotenzial von 50 Prozent. Wenn der Barmittelbestand, soweit Aktienrückkäufe oder strategische Änderungen ausbleiben, weiter zunimmt, wird die Situation besonders reizvoll: Zunehmende Barreserven bei konstantem Aktienkurs erhöhen die Sicherheitsmarge, das Abwärtsrisiko nimmt ab und das Aufwärtspotenzial nimmt zu.

Geradezu verwunderlich sind Fälle, bei denen der Nettobarbestand sogar über dem Marktwert liegt. Der Markt ist hier offenbar der Ansicht, dass das Unternehmen selbst einen negativen Wert hat, was eine Reihe von Fragen aufwirft: Wie wird sich der Barbestand mit der Zeit entwickeln? Falls er zunimmt, hat der Markt recht mit seiner impliziten Annahme, dass das Management große Fehler bei der Kapitalallokation begehen wird? Um hier keine Missverständnisse aufkommen zu lassen: Unternehmen, die zu einem negativen Wert gehandelt werden, haben fast mit Sicherheit Probleme. In solchen Fällen sollte man sich deshalb darauf konzentrieren, wie fest mit einer zukünftigen Zerstörung von Shareholder Value zu rechnen ist. Bei einer hohen Wahrscheinlichkeit ist selbst ein Unternehmen mit negativem Wert nicht unbedingt ein günstiger Kauf. Wenn der innere Wert dagegen eher noch zunehmen dürfte, egal wie langsam, hat man vielleicht eine Aktie mit geringem Abwärtsrisiko und gutem Aufwärtspotenzial gefunden. In einem solchen Szenario wird entscheidend, wie lange es dauern dürfte, bis sich die vermutete Bewertungslücke schließt – denn der Faktor Zeit kann für die aufs Jahr hochgerechnete Rendite wichtiger sein als das Ausmaß der irgendwann kommenden Neubewertung selbst. Käufe von Insidern sehe ich als besonders starke Bestätigung für eine Unterbewertung an, denn bei Unternehmen mit negativem Wert ist meist auch die Marktstimmung schlecht. Wenn dann ein Insider bereit ist, den Markt zu ignorieren und trotzdem Aktien zu kaufen, ist dies üblicherweise ein starkes Signal dafür, dass der tatsächliche Unternehmenswert über null liegt.

Unternehmen, bei denen die Barmittel einen hohen Anteil ihres Marktwertes ausmachen, können als Chance gesehen werden, eine »Long-Position beim Optionswert« einzugehen. So formuliert es Mike Onghai, President von Snowy August Management. Onghai hat Erfahrungen als Entrepreneur im Technologiebereich. Diese nutzt er, um Unternehmen zu finden, »die sich im Übergang in ein neues Stadium der Online-Technologie befinden«.[44] In solchen Fällen liegt der Börsenwert manchmal tatsächlich unter dem Cash-Bestand, weil der Markt dem Unternehmen bei der Produktumstellung keine großen Erfolgschancen zumisst. Doch selbst eine geringe Erfolgswahrscheinlichkeit bedeutet immer noch einen hohen Optionswert. Anfang 2013 wurde Onghai zum CEO von Look Smart, einem Unternehmen, das seine Kriterien von negativem Unternehmenswert und laufender Produktumstellung erfüllte.

Unternehmen mit Beteiligungen an anderen Unternehmen

Die meisten Aktien-Screener enthalten Daten über langfristige Beteiligungen, doch um damit arbeiten zu können, muss man sich die einzelnen Fälle genauer ansehen. Wenn ich nach Unternehmen mit hohen Anteilen an anderen Unternehmen filtere, gebe ich typischerweise vor, dass die langfristigen Beteiligungen mindestens 10 Prozent des Börsenwerts ausmachen müssen. Den Börsenwert statt des Buchwerts verwende ich, um Situationen zu umgehen, in denen der Wert der langfristigen Beteiligungen wegen eines hohen Kurs-Buchwert-Verhältnisses zu vernachlässigen ist. Meine Mindestanforderung beträgt nur 10 Prozent, denn in den interessantesten Fällen kann der bilanzierte Wert von langfristigen Beteiligungen niedriger sein als ihr tatsächlicher Marktwert.

So könnte Unternehmen A langfristige Beteiligungen haben, die 20 Prozent des Börsenwerts seiner Aktien ausmachen. Nehmen wir weiter an, dass es sich dabei um eine Investition in eine weitere börsennotierte Gesellschaft, nämlich Unternehmen B, handelt. Der Buchwert dieser Beteiligung entspricht dann ihrem Marktwert am Bilanzstichtag. Wenn sich der Börsenkurs von B seit diesem Stichtag verdoppelt hat, können die langfristigen Beteiligungen aber schon 40 Prozent des Börsenwerts von A abdecken. Dies kann von großer Bedeutung sein. Denn möglicherweise liegen die verbleibenden 60 Prozent des Börsenwerts unter dem inneren Wert von A, wenn man die Beteiligung an B herausrechnet.

Im Fall der Holdinggesellschaft Loews kam es zeitweise vor, dass allein der Wert ihrer Beteiligungen an anderen börsennotierten Unternehmen fast ihrem gesamten Unternehmenswert entsprach, was eine Bewertung nahe null für die nicht börsennotierten Beteiligungen und die Fähigkeiten des Loews-Managements bei der Kapitalallokation implizierte. Der Markt bot hier also die Chance, den Rest von Loews für fast nichts zu bekommen. Dazu konnte man entweder einfach Loews-Aktien kaufen. Ebenfalls möglich war aber ein Einstieg nur in diesen Rest: über den Kauf von Loews-Aktien und gleichzeitige proportionale Leerverkäufe der börsennotierten Beteiligungen. Eine solche Positionierung fast ohne eigenen Kapitaleinsatz klingt sehr verlockend. Allerdings analysiere ich in derartigen Fällen zunächst auch den Wert der Beteiligungen, die leerverkauft werden müssten. Wenn ich diese für ebenfalls unterbewertet halte, verzichte ich vielleicht auf den Leerverkauf und setze ausschließlich auf eine Long-Position in den Holding-Aktien.

Unternehmen mit großem Immobilienbesitz

Dass Immobilien einen Wert haben, dürfte hinlänglich bekannt sein. Trotzdem ignoriert der Markt manchmal den Immobilienbesitz von börsennotierten Unternehmen, vor allem wenn er nicht für das Kerngeschäft gebraucht und deutlich unter seinem fairen Wert geführt wird. Nach den Generally Accepted Accounting Principles (GAAP) müssen die meisten Unternehmen Immobilien zu ihren Anschaffungskosten bilanzieren, was zu einem deutlich zu niedrigen Wertansatz führt, wenn sie schon vor Jahrzehnten gekauft oder entwickelt wurden. Als Hugh Hefner zum Beispiel im Jahr 2011 Playboy Enterprises von der Börse nahm, stand die Playboy Mansion mit nur 1 Million Dollar in den Büchern – tatsächlich war es vielleicht 50 Millionen Dollar oder noch mehr wert. Die Diskrepanz erklärt sich durch den ursprünglichen Kaufpreis von rund vier Jahrzehnten zuvor. Ähnlich sah es bei dem Parkbetreiber Maui Land & Pineapple aus: Den Großteil seiner Grundstücke kaufte er schon Anfang des 20. Jahrhunderts, wodurch ebenfalls ein großer Unterschied zwischen Buch- und tatsächlichem Marktwert entstand.

David Coyne, Portfoliomanager bei Setanta Asset Management, berichtet über eine Investition in MI Developments (MIM). Auch hier wurden Immobilien, wie er feststellte, zu ihren Anschaffungskosten statt zum Marktwert verbucht.

> *Die genauen Details waren aus den Börsenmeldungen nicht ersichtlich, doch es war klar, dass der Großteil der Immobilien in den Jahren 1998 und 1999 von Magna (der früheren Muttergesellschaft von MIM) übernommen worden war. Seit 2003 war die Zahl der Grundstücke stabil geblieben (soweit ich erkennen konnte, wurde zusätzlicher Raum auf bestehendem Land erschlossen), also war MIM an dem später einsetzenden weltweiten Immobilienwahnsinn nicht beteiligt. Der Nettobuchwert der Immobilien betrug 1,4 Milliarden Dollar, unterfüttert von*

1,2 Milliarden Dollar Mindestmietzahlungen durch den Mieter Magna (bei einem gewichteten Durchschnittszeitraum bis zum Auslaufen der Mietverträge von nur 6,7 Jahren) sowie einer bemerkenswerten Mietrendite von 14,5 Prozent gemessen am Nettowert der Immobilien. Die Grundstücke von MIM befanden sich größtenteils im Großraum Toronto, Österreich und Süddeutschland, wo die weltweite Finanzkrise kaum Auswirkungen hatte. Auf der Grundlage von ein paar kurzen konservativen Berechnungen schätzte ich, dass die Immobilien um rund 50 Prozent unterbewertet sein könnten und dass das wahre Verhältnis von Kurs zu materiellem Buchwert bei MIM vielleicht nur 0,25 betrug.[45]

Das Screening nach Immobilienwerten birgt einige Herausforderungen, nicht nur, weil sich Buch- und Marktwert erheblich unterscheiden können, sondern auch, weil die meisten Aktien-Screener den Buchwert von Grundstücken und Gebäuden unter dem Gesamtposten Property, Plant, and Equipment (PP&E; Sachanlagen) zusammenfassen. Um dessen genaue Zusammensetzung zu erfahren, muss man also möglicherweise die Fußnoten in den Finanzberichten der einzelnen Kandidaten studieren. Wenn man stattdessen nur die Höhe der gesamten Sachanlagen als Filter verwendet, dürften sehr viele falsche Treffer ausgegeben werden, sodass ein solches Screening in der Praxis wenig hilfreich ist.

Als Alternative zu einem mechanischen Screening kann man selbst eine Liste von Unternehmen außerhalb des Immobiliensektors zusammenstellen, die über großen Immobilienbesitz verfügen. Sinnvoll kann es sein, dabei nach Branchen geordnet vorzugehen. Um zum Beispiel Unternehmen zu finden, denen viel Ladenfläche gehört, kann man sich die Filialnetze von Einzelhandelsketten ansehen. Manchmal handelt es sich bei solchen Aktiva nur um die Einrichtung und Umbauten. Interessanter ist natürlich, wenn dem Unternehmen auch die Grundstücke und Gebäude selbst gehören.

Nach dem Screening: Bewährte Methoden zum Auffinden versteckter Aktiva

Aktiva, die man tatsächlich als versteckt bezeichnen könnte, entziehen sich naturgemäß einer Entdeckung durch ein rein quantitatives Screening, sodass ein qualitativer Ansatz erforderlich wird. Wer den hohen Aufwand nicht scheut, kann dazu einfach möglichst viele Geschäftsberichte durchgehen. Mit den folgenden Methoden lässt sich die Suche jedoch effizienter gestalten.

Die Positionen von erfahrenen Anleger-Detektiven analysieren

Die Aussicht auf versteckte Vermögenswerte zieht eine ganze Reihe von intelligenten Anlegern an. Denn wenn alle anderen Faktoren gleich sind, erhöht ihre Existenz die Wahrscheinlichkeit für eine Unterbewertung. Hinzu kommt: Die Möglichkeit, dass auch andere Marktteilnehmer irgendwann diese Nicht-Kernaktiva entdecken, bietet einen potenziellen Katalysator für die Neubewertung der entsprechenden Aktien. Und zuletzt kann die Wahrnehmung, dass die meisten Anleger bestimmte Aktiva noch nicht erkannt haben, eine beruhigende Erklärung für eine festgestellte Unterbewertung sein. Denn wie Seth Klarman meint: Wenn wir nicht nur sehen, sondern auch erklären können, warum der Markt eine Anlagechance übersieht, falsch bewertet oder sogar selbst geschaffen hat, dann wird die Entscheidung dafür eindeutiger. Wenn wir zum Beispiel ein offenbar unterbewertetes Unternehmen entdecken, dessen Aktien steil gefallen sind, wird die Anlagehypothese gestärkt, wenn wir wissen, dass ein großer institutioneller Aktionär zum Verkauf gezwungen war, etwa weil er Geld für Anteilsrückgaben seiner Kunden brauchte.

Bei meiner Suche nach Unternehmen mit versteckten Vermögenswerten bin ich auf mehrere erfahrene Anleger gestoßen, die sich auf ungewöhnliche Situationen einschließlich Aktien mit übersehenen Wertquellen zu konzentrieren scheinen. Die folgenden zehn davon möchte ich Ihnen kurz vorstellen – mithilfe ihrer Identifikationsnummern (Central Index

Key, CIK) ist es leicht möglich, unter www.sec.gov ihre Meldungen an die US-Börsenaufsicht SEC durchzusehen.

Bill Ackman, Pershing Square Capital Management (CIK 0001336528). Ackman hat Investitionen in Unternehmen mit unterschiedlichen Aktiva zum Eckpfeiler seiner Anlagestrategie gemacht. Seine Engagements bei McDonald's, Target oder Alexander & Baldwin scheinen zumindest teilweise durch das Potenzial motiviert gewesen zu sein, dass strategische Maßnahmen der Unternehmen versteckte Werte zutage treten lassen.

David Einhorn, Greenlight Capital (CIK 0001079114). Einhorn erklärt die Anlageüberlegungen für die größten Positionen von Greenlight in Quartalsbriefen an seine Anleger. Häufig beschreibt er darin Fälle, bei denen der Markt eine erhebliche, aber nicht unmittelbar offensichtliche Quelle von Wert zu ignorieren scheint. Ein Beispiel dafür ist Vodafone, der Mobilfunkriese, der zusätzlich eine hohe Beteiligung an Verizon Wireless hält.

Carl Icahn, Icahn Associates (CIK 0000921669). Bevor der Ausdruck *Aktivist* in Mode kam, war Icahn als Unternehmensplünderer (*Corporate Raider*) bekannt. Er beschäftigt sich seit langer Zeit damit, Unternehmensführungen dazu zu drängen, durch gezielte Maßnahmen wie strategische Fusionen, Spin-offs oder Rekapitalisierungen Wert freizusetzen.

Daniel Loeb, Third Point (CIK 0001040273). Vor ein paar Jahren gelangte Loeb zu einiger Bekanntheit, weil er vernichtende Briefe an eine Reihe von CEOs schrieb. Sein langfristiger Anlageerfolg ist sogar noch interessanter. Er verfolgt einen opportunistischen Ansatz, der auch die Suche nach Unternehmen mit unterschiedlichen Wertquellen umfasst. Ein Beispiel dafür ist Yahoo!, das zur Zeit von Loebs Engagement über Beteiligungen an Alibaba Group und Yahoo Japan verfügte.

Mick McGuire, Marcato Capital Management (CIK 0001541996). McGuire, ein Zögling von Bill Ackman, investiert als aktivistischer Anleger in Unternehmen mit mittlerer Marktkapitalisierung, bei denen Maßnahmen des Managements Wert freisetzen könnten. Anfang 2013 engagierte er sich zum Beispiel bei dem Autoteilehersteller Lear, der in zwei getrennten Segmenten – Sitze und Strommanagement – aktiv ist.

Lloyd I. Miller III, Privatanleger (CIK 0000949119). Miller hat mit den Jahren in viele Unternehmen mit sehr geringem Börsenwert und hohen Barbeständen investiert. Eine seiner Stärken scheint das Auffinden von Unternehmen zu sein, deren Barmittel aufgrund einer schwachen operativen Entwicklung ignoriert werden. Offenbar hat er mit Erfolg Unternehmen identifiziert, bei denen deutliche operative Verbesserungen und damit eine Neubewertung wahrscheinlich erschienen.

John Paulson, Paulson & Co. (CIK 0001035674). Bevor er im Zuge des Zusammenbruchs bei Subprime-Hypotheken berühmt und noch reicher wurde, war Paulson ein erfolgreicher Anleger im Bereich Sondersituationen. Seit der Finanzkrise hat er in mehrere Unternehmen investiert, die sich wohl am besten mit einer Summe-der-Teile-Betrachtung bewerten lassen. Ein Beispiel dafür ist Hartford Financial Services, ein Unternehmen, in dem laut Paulson ein Immobilien- und Unfallversicherer versteckt war.[46]

Michael Price, MFP Investors (CIK 0000918537). Price kann auf eine langjährige Anlegerkarriere zurückblicken, die 1973 mit seinem Einstieg bei den Mutual Series von Max Heine begann. Dieser Fondsgesellschaft verschaffte er eine langfristig überdurchschnittliche Performance mit Value-Investing, bei dem er sich unter anderem auf Unternehmen mit nicht benötigten oder falsch bewerteten Aktiva konzentrierte. Seinen über die Jahre bewährten Ansatz wendet er bei MFP Investors noch heute an.[47]

Wilbur Ross, WL Ross & Co., Meldungen unter Invesco Private Capital (CIK 0001128452). Am bekanntesten ist Ross wohl als Anleger in Krisenbranchen, etwa der US-Stahlbranche Anfang der 2000er-Jahre. Mit Erfolg hat er dort Wert gefunden, wo andere Anleger nur Risiken sahen. Indem er vom Markt falsch bewertete oder ignorierte Aktiva identifizierte, konnte Ross überzeugende Anlageargumente für Branchen finden, die einen grundlegenden Wandel durchmachten.

Martin Whitman und Amit Wadhwaney, Third Avenue Management (CIK 0001099281). Whitman ist ein sehr angesehener Anleger und konzentriert sich zunächst auf die harten Vermögenswerte in den Bilanzen von Unternehmen. Absicherung nach unten sucht er in aus der Bilanz ablesbaren Vermögenswerten und investiert dann in Unternehmen, die zusätzlich über von anderen Anlegern übersehene Aktiva verfügen. Wadhwaney folgt global einem ähnlichen Ansatz und identifiziert Anlagechancen unter anderem in Holdinggesellschaften.

Kategorien mit ähnlich gelagerten Chancen bilden

Für eine systematische Suche nach Unternehmen mit versteckten Vermögenswerten bietet es sich an, zunächst zu überlegen, in welchen Bereichen sie zu finden sein könnten. Diese Kategorien müssen sich nicht nach traditionellen Definitionen richten, sondern können beliebige Gruppen von Unternehmen mit möglicherweise übersehenen Aktiva umfassen, für die sich eine gemeinsame Bezeichnung finden lässt. Ein Beispiel dafür wären Unternehmen mit operativen Verlustvorträgen, die wertberichtigt und deshalb nicht aktiviert werden. Kategorien wie diese können lange bestehen bleiben. Andere Kategorien aber, etwa Thrift-Umwandlungen, bieten vielleicht nur zeitlich begrenzte Chancen.

THRIFT-UMWANDLUNGEN. Wie würden Sie es finden, wenn Sie ein Unternehmen entdecken, von dem in Wirklichkeit deutlich weniger Aktien im Umlauf sind, als in Datenbanken und seinen Meldungen an die Börsenaufsicht steht? Diesen glücklichen Fehler gibt es bei manchen Thrifts (sparkassenähnliche Institute in den USA), weil sich ein großer Teil ihrer Aktien dauerhaft im Besitz einer genossenschaftlichen Holdinggesellschaft (MHC) befindet. Die wirtschaftlichen Vorteile dieser Aktien fallen bei den Inhabern der übrigen Aktien an (oder bei den Einlagenkunden, wenn die Sparkasse noch nicht börsennotiert ist). Als Folge des in den Aktien bei den Holdings versteckten Wertes gehören Thrift-Umwandlungen zu den konservativeren bewährten Möglichkeiten, attraktive risikobereinigte Renditen mit Finanzunternehmen zu erzielen.

Beim ersten Schritt einer solchen Thrift-Umwandlung wird ein Institut, das sich bis dahin technisch gesehen im Besitz seiner Einlagenkunden befand, zur Aktiengesellschaft und nimmt bei einem Börsengang zusätzliches Kapital auf. Bei solchen Transaktionen kaufen Anleger im Prinzip ihr eigenes Kapital und bekommen Geschäft und Aktiva der bestehenden Institution kostenlos dazu. Seth Klarman hat diesen Mechanismus so erklärt:

> *Ein Thrift-Institut mit einem Nettovermögen von 10 Millionen Dollar emittiert vielleicht 1 Million Aktien zum Preis von 10 Dollar pro Stück. Wenn man die Kosten des Börsengangs außer Acht lässt, erhöht sich sein Nettovermögen also um 10 Millionen Dollar, was ein Pro-forma-Eigenkapital von 20 Millionen Dollar bedeutet. Weil die beim Börsengang verkauften 1 Million Aktien die einzigen sind, die sich im Umlauf befinden, beträgt das Pro-forma-Nettovermögen 20 Dollar je Aktie. Zum bereits vorhandenen Nettovermögen des Instituts kommen also die eigenen Mittel des Anlegers hinzu, sodass das Nettovermögen pro Aktie von Anfang an über dem Beitrag des Anlegers liegt.*[48]

Beim zweiten Schritt einer Thrift-Umwandlung wird aus einem teils im Besitz einer MHC befindlichen Institut ein vollständig börsennotiertes; dazu werden die Aktien der MHC an Anleger verkauft. Im Idealfall hält die MHC jedoch die große Mehrzahl der Aktien – diese zählen dann zwar zu den im Umlauf befindlichen, doch die wirtschaftlichen Vorteile stehen den Nicht-MHC-Aktionären zu. Die Analogie sind hier Treasury-Aktien im Besitz einer Gesellschaft, die einen Aktienrückkauf vollzogen hat. Doch es gibt einen entscheidenden Unterschied: Treasury-Aktien werden formal nicht zu den umlaufenden Aktien gezählt.

Ihren Höhepunkt hatten diese Thrift-Umwandlungen in den 1980er- und 1990er-Jahren. Intelligente Anleger wie Klarman, die sich aktiv daran beteiligt hatten, haben sich seitdem auf größere Anlagemöglichkeiten verlegt, weil auch ihre Fonds gewachsen sind. Zudem gibt es seit der Finanzkrise deutlich weniger auf die Bankenbranche konzentrierte Investmentfonds, was dafür spricht, dass Thrift-Umwandlungen heute nicht mehr so häufig beobachtet werden wie früher. Dazu Klarman: »Die Mathematik bei Thrift-Umwandlungen ist mit Sicherheit attraktiv. Doch abgesehen von einem kurzen Zwischenspiel, in dem Investieren in Thrifts bei Privatanlegern beliebt war, wird dieser Bereich weitgehend ignoriert. Nur eine kleine Zahl von professionellen Anlegern hat sich über mehrere Jahre konsequent mit dieser Quelle für Value-Investmentchancen beschäftigt und versteht, warum sie existieren.«[49]

Wahrscheinlich gibt es deshalb noch immer Chancen auf überdurchschnittliche risikobereinigte Renditen bei Thrift-Umwandlungen. Anfang 2013 hielt etwa die MHC Lamplighter Financial 74 Prozent der Stammaktien von Waterstone Financial. Wirtschaftlich gesehen befanden sich die Aktien dieser MHC gar nicht im Umlauf, denn die entsprechenden Rechte entfielen komplett auf die Inhaber der restlichen 26 Prozent Stammaktien. Als Folge davon schien die Bank einen Marktwert von 240 Millionen Dollar zu haben, obwohl es in Wirklichkeit nur 62 Millionen Dollar waren. Der so bereinigte Börsenwert entsprach damit nur 4 Prozent der materiellen Vermögenswerte von Waterstone in Höhe von 1,7 Milliarden Dollar – obwohl sich der Aktienkurs in den sechs Monaten zuvor bereits verdoppelt hatte.

UNTERNEHMEN AUS EINZELHANDEL ODER GASTGEWERBE MIT GROSSEM IMMOBILIENBESITZ. Einzelhändler, Restaurantbetreiber und Hotelketten haben intensiv mit unterschiedlichen Arten von Immobilien zu tun. Als Folge davon ist ihr Geschäft, gemessen am Volumen der Aktiva, die für Aktivitäten mit Kundenkontakt benötigt werden, meist recht kapitalintensiv. Mittlerweile sind die meisten Unternehmen in Einzelhandel und Gastgewerbe dazu übergegangen, Immobilien zu mieten, statt zu besitzen. Auf diese Weise haben sie den Kapitalbedarf für ihr Geschäft deutlich verringert und die Kapitalrenditen gesteigert. Doch trotz des allgemeinen Trends zur Trennung von Immobilienbesitz und -nutzung gibt es noch immer Unternehmen mit großen Immobilienbeständen.

Dass einem Unternehmen die Grundstücke und Gebäude für seine Standorte gehören, lässt sich nicht immer unmittelbar aus der Bilanz erkennen, denn Immobilien werden typischerweise zu ihren Anschaffungskosten bilanziert. Unternehmen, die seit Jahrzehnten aktiv sind, setzen als Buchwert vielleicht ähnliche Werte an wie solche, die Immobilien nur mieten, aber erhebliche Verbesserungen daran vorgenommen haben. Umbauarbeiten vor der Eröffnung oder zur Modernisierung von Läden werden bei US-Einzelhändlern üblicherweise in der Bilanz aktiviert, was dann meist in einer Fußnote in den Jahresberichten erläutert wird.

Wenn wir einen Einzelhändler oder ein Gastgewerbe gefunden haben, dem ein Großteil seiner benötigten Immobilien selbst gehört, können wir für die Analyse ein hypothetisches Szenario anlegen, das einen Verkauf und die anschließende Anmietung dieser Flächen vorsieht. Auf diese Weise kommt man zu getrennten Bewertungen für die Immobilien und das operative Geschäft; dessen Pro-forma-Rentabilität nimmt dabei möglicherweise etwas ab, weil annahmegemäß zusätzliche Mietausgaben anfallen. Wenn der innere Wert unter der Annahme der Trennung von den Immobilien deutlich höher ist als der Börsenwert der Aktien, haben wir vielleicht ein Unternehmen mit versteckten Vermögenswerten identifiziert.

Allerdings wird es immer schwieriger, Unternehmen zu finden, in denen tatsächlich noch versteckte Werte schlummern. Denn viele intelligente und sorgfältige Anleger durchkämmen bereits die Märkte danach. Oft sind sie sogar weltweit tätig, weil sie für wenig regulierte Limited Partnerships mit relativ geringem verwalteten Vermögen arbeiten. So erkannten gleich mehrere Profianleger die Chancen bei Syms, einem Discount-Einzelhändler mit großem Immobilienbesitz unter anderem in Manhattan. Die Tatsache, dass sein Börsenwert bei 100 Millionen Dollar und weniger lag, reichte nicht aus, um ihn vor nach Unterbewertungen suchenden Anlegern verborgen zu halten. Bei Unternehmen außerhalb der USA bleibt Immobilienvermögen dagegen vielleicht länger außer Sichtweite, vor allem wenn ihre Aktien an kleineren lokalen Börsen gehandelt werden. Daten zu solchen Unternehmen werden in den meisten günstigen Datenbanken aber eher nicht zu finden sein, sodass es für Anleger schwieriger ist, sie nur mit einem Aktien-Screener zu identifizieren.

Trotzdem gibt es genügend ambitionierte Anleger, die auf der ganzen Welt versteckte Vermögenswerte zu entdecken versuchen. Dadurch könnte es bald nicht mehr ausreichen, derartige Fälle nur zu finden: Stattdessen muss man zusätzlich die Frage klären, ob und wie diese Werte zu

Geld gemacht oder am Markt realisiert werden könnten. Möglich wäre eine solche Neubewertung zum Beispiel über eine Abspaltung von Immobilienbesitz, wie sie Bill Ackman in einigen Fällen gefordert hat. Solche strategischen Schritte können (bei Verkäufen von Aktiva) entweder zur Ausschüttung von Barmitteln an Aktionäre führen oder (bei Abspaltungen) bis dahin verborgenen Wert offenkundig werden lassen. Wenn solche Maßnahmen allerdings ausbleiben, könnte all den klugen Anlegern der Erfolg versagt bleiben, dass die von ihnen entdeckten Aktiva den Aktienkurs in Richtung des fairen Wertes steigen lassen. Denn wenn der erreicht wird, impliziert das nur noch eine erwartete Rendite in der Nähe des Marktdurchschnitts. Die Speerspitze der Anleger aber möchte meist mehr sehen, sodass der faire Wert nur dann in Reichweite kommt, wenn nach ihnen auch weniger anspruchsvolle Marktteilnehmer einsteigen.

UNTERNEHMEN MIT HOHEN VERLUSTVORTRÄGEN. Nach den Generally Accepted Accounting Principles (GAAP) müssen Unternehmen ihre Verlustvorträge wertberichtigen, wenn nicht zu erwarten ist, dass ihre künftigen Gewinne ausreichen werden, um diese Vorträge voll zu nutzen. Diese Hürde ist so hoch, dass viele Unternehmen, die ihr Geschäft bald wieder profitabel betreiben wollen, die Wertberichtigung so lange beibehalten müssen, bis die operative Wende tatsächlich gelungen ist. Damit können recherchestarke Anleger Gelegenheiten entdecken, bei denen ein wertvoller Verlust in der Bilanz nicht berücksichtigt ist, sodass das Eigenkapital niedriger aussieht, als es eigentlich ist. Alternativ kann man Verluste statt als versteckte Vermögenswerte, deren Aktivierung den Buchwert erhöht, auch als positiven Faktor bei der Bestimmung der zukünftigen Cashflows behandeln.

In manchen Fällen sind die alten Verluste so hoch, dass ein Unternehmen nicht nur ein oder zwei Jahre, sondern ein Jahrzehnt oder noch länger keine Steuern auf seine Gewinne zahlen müsste. Für die Verbuchung von Verlusten gibt es viele, teils verwirrende Regeln, sodass sich kaum genau sagen lässt, wie Verluste genutzt werden können. Zum Beispiel muss ein Unternehmen unter Umständen selbst dann Steuern zahlen, wenn sein Verlustvortrag mindestens so hoch ist wie der Vorsteuergewinn des folgenden Jahres, denn je nach geografischer Herkunft der Gewinne sind sie nicht mit allen Verlusten verrechenbar. Zudem können auch

Veränderungen der Aktionärsbasis, etwa durch eine Übernahme oder Großaktionärswechsel, die zukünftige Nutzung von alten Verlusten einschränken. Denn Anteilseigner mit mehr als 5 Prozent müssen Transaktionen in diesen Aktien melden, sodass die Steuerbehörde eine Grundlage für die Berechnung der Eigentümer-Wechselrate hat. Trotz dieser regulatorischen Grenzen werden manche Unternehmen aufgrund ihrer hohen Verlustvorträge zu begehrten Übernahmezielen.

IN PRODUKTANBIETERN VERSTECKTE FINANZDIENSTLEISTER. Seit der Krise scheut der Markt Finanzunternehmen, doch bis dahin spielten sie häufig eine bedeutende Rolle als wichtiger, aber nicht unmittelbar offensichtlicher Werttreiber bei Produktanbietern mit geringen Margen. So schien der Großteil des Wertes von General Motors nicht in seinem Autogeschäft zu stecken, sondern in GMAC, dem riesigen Finanzierungsarm des Unternehmens. Ähnlich verdienten die Hersteller von Personalcomputern mit dem Verkauf ihrer Hardware nur geringe Margen, die sie aber mit dem Verkauf von Garantien erhöhten.

In der heutigen Nachkrisenwelt sind die Risiken von Finanzunternehmen nur zu gut bekannt. Aber immer noch erzielen Unternehmen, die Massenprodukte verkaufen, einen großen Anteil ihrer Gewinne mit ergänzenden Finanz- und Versicherungsangeboten. Manche Arten von Garantien bringen nicht nur hohe Margen ein, sondern liefern auch investierbare Einnahmen. Bevor wir also einen Produkthersteller mit geringen Margen als für weitere Analysen uninteressant abtun, sollten wir vielleicht prüfen, ob er nicht auch ein ansehnliches Geschäft mit Finanzdienstleistungen betreibt. Ergänzende und ungewöhnliche Finanzprodukte haben typischerweise die höchsten Margen und können so bei einer ansonsten durchschnittlichen Anlagemöglichkeit den Ausschlag zum Positiven geben.

KONGLOMERATE. Definitionsgemäß erarbeiten Konglomerate ihr Gesamtergebnis für die Aktionäre mithilfe einer Ansammlung von sehr unterschiedlichen Aktiva. Insofern kann man zwar über den Wert der operativen und nicht operativen Aktiva von Holdinggesellschaften wie Berkshire Hathaway diskutieren, doch die schiere Tatsache, dass hier unterschiedliche Aktiva im Spiel sind, ist normalerweise kein Geheimnis. Matthias Riechert, Portfoliomanager bei Polleit & Riechert Investment

Management, erklärt einen der wichtigsten Treiber für Unterbewertungen anhand eines deutschen Konglomerats im Baubereich: »Hochtief wurde mehrere Jahre lang mit einem Konglomeratsabschlag gehandelt, weil das Management nicht in der Lage war, diesen Abschlag durch strategische Maßnahmen verschwinden zu lassen.«[50]

Der Markt scheint also stillschweigend damit einverstanden zu sein, dass bei Mischkonzernen ein gewisser Abschlag gegenüber ihrem Summe-der-Teile-Wert angemessen ist. In bestimmten Fällen können dadurch Chancen entstehen. Bei Berkshire Hathaway, Leucadia National oder Markel ist wahrscheinlich eher ein Konglomeratszuschlag als ein Abschlag angemessen. Denn die Kompetenz und Aktionärsfreundlichkeit der Führungsteams dieser drei Unternehmen sind ein weicher Vermögenswert, der am Markt möglicherweise nicht hinreichend gewürdigt wird: überlegene Fähigkeiten bei der Kapitalallokation. Diese Kompetenz lässt überdurchschnittliche Kapitalrenditen erwarten, was einen Aufschlag bei der Aktienbewertung rechtfertigt.

Bei großen Unternehmen in Asien, die sich in Familienbesitz befinden, sind Konglomeratsstrukturen sehr verbreitet. Solche Gebilde umfassen oft mehrere an Verbraucher gerichtete Geschäftsbereiche und zusätzlich erheblichen Immobilienbesitz sowie andere Beteiligungen. Für das Management bestehen meist starke Anreize für die Schaffung von Shareholder Value, wobei Insider ihre Machtposition allerdings auch nicht selten missbrauchen. Doch soweit Konglomerate in Familienbesitz aufgrund ihrer oft komplizierten Struktur vom Markt übersehen werden, können sie Chancen für Anleger bieten, die bereit sind, ihre einzelnen Wertbestandteile sorgfältig zu analysieren.

Eine Watchlist aus Unternehmen mit verstecktem Wert zusammenstellen

Auf die allgemeine Suche nach verstecktem Wert folgt im Erfolgsfall eine konkrete Investition in bestimmte unterbewertete Aktien. Um dort zu investieren, wo die Sicherheitsmarge am größten ist, beobachte ich eine Liste von Unternehmen mit nicht zum Kerngeschäft zählenden oder versteckten Vermögenswerten. Dabei kann ich den geschätzten Abschlag zum fairen Wert dynamisch nachverfolgen, denn der implizite Summe-der-Teile-Wert solcher Unternehmen richtet sich nach den Börsenkursen ihrer Beteiligungen. Ein Beispiel ist das gut geführte Konglomerat Loews, dem Anfang 2013 Anteile von 90 Prozent bzw. 50,4 Prozent an den börsennotierten Gesellschaften CNA Financial und Diamond Offshore Drilling gehörten; hinzu kamen 53 Prozent haftungsbegrenzte und 2 Prozent direkte Beteiligung am ebenfalls börsennotierten Unternehmen Boardwalk Pipeline Partners. Daneben war Loews Alleineigentümer von Highmount Exploration & Production und von Loews Hotels & Resorts und hatte auf Konzernebene bedeutende Barbestände sowie weitere Beteiligungen.[51]

Mit der Zusammenstellung einer Watchlist mit Unternehmen wie Loews sorge ich dafür, dass ich schnell reagieren kann, wenn es an der Börse zu einer Panik kommt und die entsprechenden Aktien ungeachtet ihres Summe-der-Teile-Wertes abgestoßen werden. Manchmal ergibt sich eine Gelegenheit auch dadurch, dass Anleger zwar nicht die Aktien der Holding verkaufen, aber schlicht übersehen, dass der Wert ihrer Beteiligungen zugenommen hat. Im Idealfall pflegt man eine solche Watchlist nicht nur über einen längeren Zeitraum und ergänzt sie immer weiter, sondern behält auch ständig die Differenz zwischen innerem Wert und dem Börsenpreis im Auge. Wenn dieser Abschlag einen historischen Rekord erreicht, kann die Zeit gekommen sein, mit den Analysen für die endgültige Anlageentscheidung zu beginnen.

Bei Unternehmen mit versteckten Vermögenswerten die richtigen Fragen stellen

Jedes Mal, wenn ich bei einem börsennotierten Unternehmen einen unerwarteten Vermögenswert entdecke, komme ich in Versuchung, auf der Grundlage dieses scheinbaren Informationsvorsprungs sofort eine Anlageempfehlung zu schreiben. Doch leider ist nicht jeder versteckte Vermögenswert Grund genug, in die damit zusammenhängende Gesellschaft zu investieren. Bei der Bewertung von möglichen Summe-der-Teile-Chancen prüfe ich deshalb die folgenden Punkte.

Wie sehr werden die versteckten Vermögenswerte wirklich übersehen?

Unternehmen mit erheblichen Aktiva außerhalb ihres Kerngeschäfts finden oft viel Anklang bei intelligenten Anlegern, weil sie überzeugende Gründe für eine Geldanlage liefern können. Denn erstens kann die Existenz unterschiedlicher Aktiva die Wahrscheinlichkeit erhöhen, dass eine Aktie unterbewertet ist. Zweitens kann der versteckte Charakter dieser Aktiva auch gleich die Erklärung dafür liefern, warum die Aktie vom Markt vernachlässigt wird. Diese Kombination aus günstigem Preis und einem offenbar nicht fundamentalen Grund für die günstige Bewertung ist für erfahrene Marktteilnehmer sehr attraktiv.

Manche versteckten Aktiva sind sogar so überzeugend, dass sie gleich sehr viele intelligente Anleger auf den Plan rufen, sodass sowohl der Bewertungsabschlag als auch die Verstecktheit der Aktiva verschwinden. In solchen Fällen können Anleger den dummen Fehler machen, nicht zu erkennen, wie viele andere kluge Menschen dieselbe Geschichte von verstecktem Wert bereits entdeckt und gekauft haben. Vor allem wenn der erhoffte Abschlag zum fairen Wert in der Realität gar nicht existiert oder später durch neue Entwicklungen verloren geht, kann das Ergebnis sehr schmerzhaft sein, weil dann viele ähnlich orientierte Anleger gleichzeitig in Richtung Ausstieg drängen.

Die Gemeinschaft der Value-Anleger hat schon reichlich Beispiele von solchen schiefgelaufenen Wetten auf versteckte Werte erlebt, bei klassischen Käufen ebenso wie bei Leerverkäufen. Man denke etwa an den Pair-Trade Porsche-Volkswagen, die EchoStar-Aktie nach dem Spin-off, die vermeintliche Überkapitalisierung von Hypothekenkreditgebern Anfang 2008, die regionalen Fluggesellschaften Pinnacle Airlines und Republic Airways, die Zeit vor der Insolvenz von General Motors und viele andere Fälle, bei denen intelligente Anleger scharenweise – und erfolglos – auf scheinbar versteckte Werte setzten.

Ich behelfe mir hier mit einer Faustregel: Wenn eine Aktie von zwei oder mehr Superanlegern gehalten wird, kann bei ihr nicht mehr mit verstecktem Wert gerechnet werden, egal in welcher Höhe. Ebenfalls rechne ich nicht mit versteckten Wert, wenn sich zwei oder mehr Superanleger nicht einig darüber sind, ob sich ein Einstieg lohnt. So glaubte Bruce Berkowitz, versteckten Wert bei dem Immobilienunternehmen St. Joe aus Florida entdeckt zu haben – doch spätestens nachdem David Einhorn eine negative Beurteilung dazu veröffentlicht hatte, konnte von versteckt nicht mehr die Rede sein. Wer die relevanten Superanleger sind, dafür gibt es keine klare Regel, sodass sich jeder Anleger eigene aussuchen kann. Ich versuche einfach, mit der Zeit immer mehr Fondsmanager zu finden, die in der Vergangenheit erfolgreich nach Chancen mit verstecktem Wert gesucht haben. Solche Anleger sind am breiten Markt vielleicht nicht sehr bekannt, Superanleger können sie für mich aber trotzdem sein. So haben die meisten Marktteilnehmer wahrscheinlich noch nie von Lloyd Miller gehört. Dabei scheint Miller sehr konsistent kleine und sehr kleine Unternehmen mit erheblichen Vermögenswerten außerhalb ihres Kerngeschäfts identifiziert zu haben.

Was spräche für eine Investition, wenn es die Nicht-Kernaktiva nicht gäbe?

Oft konzentrieren sich Anleger übermäßig auf Aktiva, die sie für verborgen halten – und gehen dabei fälschlich davon aus, dass die Marktbewertung für das Kerngeschäft schon korrekt sein wird. Wer das Kerngeschäft außer Acht lässt, setzt das Aufwärtspotenzial mit dem Verhältnis des vermeintlich versteckten Aktivawerts zum Börsenwert der Aktien gleich. Leider aber kann es vorkommen, dass der Markt Aktiva, die ein Anleger für versteckt hält, durchaus erkennt. In solchen Fällen wird die Aktie vielleicht nicht deshalb zu einem geringen Vielfachen der Gewinne oder des Buchwerts gehandelt, weil andere Marktteilnehmer etwas übersehen, sondern weil sie das Kerngeschäft für angeschlagen halten. Wer zu dem falschen Schluss kommt, der Markt ignoriere Vermögenswerte außerhalb des Kerngeschäfts, zahlt also vielleicht zu viel und landet in einer Value-Falle.

Wenn ich ein Unternehmen mit offenbar versteckten Aktiva identifiziert habe, analysiere ich deshalb stets zunächst seine Kernaktiva – wenn das Unternehmen nicht gerade winzig ist oder es einen anderen Grund für eine echte Vernachlässigung gibt, dürften diese auch von den anderen

Marktteilnehmern gut verstanden sein. Im Idealfall stelle ich bei der Analyse fest, dass die Bewertung des Marktes für das Gesamtunternehmen schon durch sein Kerngeschäft mehr als gerechtfertigt ist. In diesem Fall dürften die von mir für versteckt gehaltenen Aktiva anderen Anlegern tatsächlich entgangen sein. In scheinbar versteckten Wert zu investieren, wenn nicht auch das Kerngeschäft attraktiv ist, lohnt sich dagegen nur selten.

Gibt es einen Weg zur Hebung des Werts?

Wenn mich versteckte Vermögenswerte dazu gebracht haben, über eine Investition in eine bestimmte Aktie nachzudenken, stellt sich als Nächstes die wichtige Frage, wie diese Vermögenswerte ihren versteckten Charakter verlieren könnten. Dabei interessiere ich mich weniger für die recht spekulative Frage, was andere Anleger dazu bringen könnte, das Gleiche zu sehen wie ich. Eher geht es mir um das wirtschaftlich wichtige Thema, wie der in den versteckten Aktiva enthaltene Wert den Aktionären zugutekommen könnte – und wann. Wenn Unternehmen mit versteckten Aktiva nichts dafür tun, diesen Wert wirklich zu Geld zu machen, wird es vielleicht nicht ausreichen, andere Anleger darauf aufmerksam zu machen. Denn selbst wenn der Markt den Wert von Aktiva aus dem Nicht-Kerngeschäft vollständig erkennt, kommt es nicht unbedingt zu einer Neubewertung, weil nicht sicher ist, ob der zusätzliche Wert tatsächlich den Aktionären zugute kommen wird.

Wenn der Wert eines versteckten Aktivpostens im Zeitverlauf konstant bleibt und wenn er weder zu Geld gemacht noch an die Aktionäre ausgeschüttet wird, kann sein abgezinster Gegenwartswert extrem niedrig sein. Aus diesem Grund kommt es bei jeder Anlageüberlegung, die hauptsächlich auf versteckten Vermögenswerten beruht, entscheidend auf die rasche Realisierbarkeit dieser Werte an. Aus der Sicht von Aktionären positiv sind Maßnahmen wie eine Abspaltung der Nicht-Kernaktiva oder ein Verkauf, auf den eine Sonderdividende, Aktienrückkäufe oder eine Verringerung des Verschuldungsgrades folgt.

Zusammenfassung

Die zehn wichtigsten Punkte aus diesem Kapitel

1. Viele Unternehmen lassen sich am besten bewerten, indem man ihre unterschiedlichen Geschäftszweige oder Aktiva gründlich einzeln analysiert und diese Wertkomponenten dann zu einer Schätzung für den gesamten Unternehmens- oder Eigenkapitalwert aufaddiert.
2. Ein Grund für Fehlbewertungen des Marktes bei Unternehmen mit unterschiedlichen Wertquellen kann darin liegen, dass Anleger nicht sorgfältig genug sind: Manchmal lassen sie Aktiva außer Acht, die sich deutlich von denjenigen unterscheiden, die für das Kerngeschäft eines Unternehmens benötigt werden.
3. Unternehmen mit unterschiedlichen Wertquellen erfreuen sich oft größerer strategischer Flexibilität. Denn sie können zur Stärkung ihrer Bilanz einen fair bewerteten Vermögenswert verkaufen, unterbewertete Aktien zurückkaufen oder Kapital in einen Geschäftszweig mit höheren Renditen reinvestieren.
4. Manchmal sind Anleger bei ihrer Suche nach Summe-der-Teile-Anlagechancen übereifrig und zerlegen ein Unternehmen gedanklich in zu viele Teile. So finden sie Gründe für eine Investition, die in der Theorie überzeugend sind, nicht aber in der Realität.
5. Ich verlange nicht unbedingt einen Katalysator, habe aber die Erfahrung gemacht, dass insbesondere Unternehmen mit mehreren Wertquellen leicht zu Value-Fallen werden können, wenn erhoffte strategische Maßnahmen ausbleiben.
6. Von enormer Bedeutung ist, ob ein Angebot lautet »Eines kaufen, eines kostenlos« oder »Zehn kaufen, eines kostenlos«. Bei privaten Einkäufen sehen wir sofort, dass die erste Variante viel attraktiver ist. Als Anleger aber neigen wir dazu, diese wichtige Unterscheidung zu übersehen.
7. Summe-der-Teile-Anlagechancen gibt es in unterschiedlichen Formen und Farben, von denen jede ein etwas anderes Vorgehen beim Aktien-Screening verlangt. Nicht benötigte Vermögenswerte liegen meist als Liquidität, Beteiligungen an anderen Unternehmen, Immobilienbesitz oder eine Mischung daraus vor.

8. Summe-der-Teile-Analysen sind dann besonders nützlich, wenn die einzelnen Geschäftsbereiche eines Unternehmens jeweils unterschiedliche Bewertungsmethoden erfordern. In solchen Fällen kann sich das Ergebnis einer Summe-der-Teile-Bewertung deutlich vom Ergebnis einer Bewertung auf Ebene des Gesamtunternehmens unterscheiden.
9. Manche Berichte über versteckte Vermögenswerte sind so überzeugend, dass sie sehr viele intelligente Anleger anlocken – und dadurch kann sowohl der Bewertungsabschlag als auch der versteckte Charakter dieser Vermögenswerte verloren gehen. Wenn Anleger nicht erkennen, wie viele andere kluge Marktteilnehmer auf Grundlage derselben Überlegungen zum versteckten Wert eingestiegen sind, können sie anschließend dumm dastehen.
10. Wenn ich aufgrund von versteckten Aktiva konkret über den Kauf einer Aktie nachdenke, stellt sich die wichtige Frage, wie diese versteckten Werte zutage treten könnten. Dabei geht es mir weniger um die spekulative Frage, was andere Anleger dazu bringen könnte, das Gleiche zu sehen wie ich. Stattdessen interessiere ich mich für das wirtschaftlich wichtige Thema, wie der in den versteckten Aktiva enthaltene Wert den Aktionären zugute kommen kann – und wann.

Kapitel 4: Joel Greenblatts magische Formel für gute und billige Aktien

> Entscheidend bei der Geldanlage ist nicht, welche Auswirkungen auf die Gesellschaft eine Branche haben oder wie stark sie wachsen wird. Stattdessen geht es darum, den Wettbewerbsvorteil des einzelnen Unternehmens zu bewerten – und vor allem, wie lange er erhalten werden kann. Was sich für Anleger auszahlt, sind Produkte und Dienstleistungen mit einem erheblichen, dauerhaften Schutz vor Konkurrenz.
>
> Warren Buffett

Im Jahr 2005 erschien *The Little Book That Beats the Market* (deutsch: *Die Börsen-Zauberformel*) von Joel Greenblatt. Es wurde schnell zum Bestseller – nicht unbedingt, weil die Anleger so sehr am Inhalt interessiert waren, sondern weil Greenblatt damals schon so etwas wie eine Legende war. Mit seinem Hedgefonds Gotham Partners hatte er zehn Jahre lang eine Jahresrendite von 50 Prozent erreicht, was es in der Branche sonst so gut wie nie gab. Greenblatt selbst und seine Partner hatten damit so viel Geld verdient, dass er sich den Luxus erlauben konnte, das gesamte externe Kapital zurückzuzahlen und sich von da an nur noch um sein eigenes Vermögen zu kümmern. Verlässliche Daten über Greenblatts Anlageerfolg seit der Auflösung seines Hedgefonds liegen zwar nicht vor, doch man darf davon ausgehen, dass er auch in den zwei Jahrzehnten ab 1994 ähnliche Renditen erreicht hat.

Auf die Bestsellerlisten hat es Greenblatts kleines Buch also vielleicht vor allem wegen des Kults um seine Person geschafft. Doch seine einfache, aber kraftvolle Botschaft macht es noch heute relevant. Der Rat, gute Unternehmen nur dann zu kaufen, wenn sie billig sind, hört sich zunächst vielleicht etwas banal an. Doch das *Little Book* enthält auch klare Definitionen für *gut* und *billig* sowie ein Modell, das klare Handlungsempfehlungen liefert. Das macht es zu einer Ressource von unschätzbarem Wert für jeden, der höhere Renditen als im Marktdurchschnitt erreichen will. Michael Mauboussin von Legg Mason sagt dazu: »Der Wert von Greenblatts Formel liegt darin, dass man mit ihr hochwertige Unternehmen zu günstigen Preisen identifizieren kann. Wem das auf Dauer gelingt, dem wird es gut ergehen.«[52]

Am Vorgehen des Value-Anlegers Ethan Berg lässt sich gut ablesen, was das Wesen von Geldanlage im Stil von Greenblatt ausmacht:

> *Als ich noch Zeitungen austrug, war jede Woche ein Prospekt von einem Einzelhändler aus Boston dabei, der mit dem Slogan »Gute Sachen. Billig.« warb. Dieses Prinzip habe ich später für meine Börsengeschäfte übernommen – auch wenn ich lieber von »fehlbewerteten Unternehmen mit Vorteilen« spreche, wenn ich etwas akademischer klingen möchte. Um Anlagemöglichkeiten zu beurteilen, zeichnete ich eine einfache 2x2-Matrix. Die vertikale Dimension darin war ein Maß für die Unterbewertung, die horizontale eines für die Vorteile des Unternehmens. An diesem Ansatz habe ich über die Jahre festgehalten und ihn nur etwas weiterentwickelt. Statt Gewinndaten benutze ich mittlerweile zum Beispiel Cashflows. Zur Einschätzung der Vorteile habe ich früher meist mit Mustererkennung gearbeitet. Heute verwende ich dafür eher quantitative Daten wie die Eigenkapitalrendite, wenn das passend ist.*[53]

Wie der Ansatz funktioniert

Zu definieren, was ein gutes Unternehmen ausmacht, ist keineswegs trivial. Würde man zehn Anleger danach fragen, erhielte man wahrscheinlich ebenso viele verschiedene Antworten: hohe Margen, hohe Eigenkapitalrendite, gute Kapitalallokation, klare Wettbewerbsvorteile,

Umsatzwachstum, ein Markt mit großen Wachstumschancen – die Liste ließe sich noch weiterführen. Alle genannten Punkte sind für Unternehmen wahrscheinlich tatsächlich wünschenswert, doch eine leicht anwendbare, umfassende Definition von »gut« liefern sie nicht. Nehmen wir hohe Margen: Natürlich sind sie positiv, zwingend aber erscheinen sie nicht – Walmart ist das perfekte Beispiel für ein Unternehmen, das trotz geringer Margen überzeugt. Ähnlich bei hohen Eigenkapitalrenditen: Auch sie sind wünschenswert, aber kein Wundermittel für hoch verschuldete Unternehmen. Geschickte Kapitalallokation wird von Anlegern ebenfalls sehr geschätzt. Manchmal aber kann das Management mit verfügbarem Kapital nichts Besseres tun, als es über Aktienrückkäufe oder Dividenden an die Aktionäre zurückzugeben – und dann haben Anleger keine Chance, über viele Jahre von stetiger Kapitalvermehrung mit Zinseszinseffekt zu profitieren. Unternehmen mit klaren Wettbewerbsvorteilen wiederum mögen die Konkurrenz tatsächlich dauerhaft schlagen können, aber das muss nicht unbedingt auch eine überzeugende operative Entwicklung bedeuten. Und zuletzt: Einige der größten Fehler bei der Geldanlage wurden in Zusammenhang mit schnell wachsenden Unternehmen auf attraktiven Märkten begangen.

Tabelle 4.1 zeigt die Renditen für Anleger, die in ein hypothetisches Unternehmen mit hohen internen Renditen investieren; die Rendite auf das anfänglich im Unternehmen eingesetzte Kapital beträgt 50 Prozent, die auf reinvestierte Gewinne bescheidenere 10 Prozent. Wie anhand der Tabelle zu erkennen, kann ein Anleger unter diesen Annahmen fast immer mit ansehnlichen Jahresrenditen rechnen. Das gilt selbst dann, wenn er beim Ausstieg einen schlechteren Preis für seinen Anteil bekommt, als er beim Einstieg bezahlt hat – und wenn die Bewertung beim Verkauf mindestens so hoch ist wie beim Kauf, kann seine Rendite sogar beeindruckend ausfallen. Für das Beispiel nehmen wir eine Haltedauer von fünf Jahren an. Je länger sie ist, desto unwichtiger für die jährliche Anlegerrendite wird das Bewertungsvielfache für das Unternehmenskapital beim Ausstieg.

		Jahr 1	Jahr 2	Jahr 3	Jahr 4	Jahr 5	Rendite
Sicht des Unternehmens							
Zu Jahresbeginn eingesetztes Kapital		100	140	183	230	280	
Rendite auf Anfangskapital von Jahr 1		50%	50%	50%	50%	50%	
Rendite auf zusätzliches Kapital			10%	10%	10%	10%	
Nettogewinn		50	54	58	63	68	
Anteil des reinvestierten Gewinns		80%	80%	80%	80%	80%	
Reinvestierter Betrag		40	43	47	50	54	
Am Jahresende eingesetztes Kapital		140	183	230	280	335	
An Anleger ausgezahlter Betrag		10	11	12	13	14	
Gesamtrendite auf durchschnittliches Kapital			45%	36%	30%	27%	
Sicht des Anlegers							
Bewertungsfaktor bei Kauf / Verkauf							
1×Kapital / 1×Kapital	–100	10	11	12	13	348	**35%**
2×Kapital / 2×Kapital	–200	10	11	12	13	683	**31%**
2×Kapital / 1×Kapital	–200	10	11	12	13	348	**16%**
3×Kapital / 1×Kapital	–300	10	11	12	13	348	**6%**
10×Gewinn Jahr 1 / 10×Gewinn Jahr 5	–500	10	11	12	13	694	**8%**
20×Gewinn Jahr 1 / 10×Gewinn Jahr 5	–1000	10	11	12	13	694	**–6%**

Tabelle 4.1: Rendite für Anleger in einem hypothetischen guten Unternehmen, Quelle: *The Manual of Ideas*

Die Magie des Geldverdienens

Entscheidend für den Erfolg von Greenblatts magischer Formel war die Art und Weise, wie er gute Unternehmen identifizierte. Ich möchte seine Definition hier nicht einfach wiedergeben, sondern sie für Sie herleiten. Blicken wir noch einmal auf das Beispiel Walmart: Natürlich wäre es für die Aktionäre positiv, wenn das Unternehmen seine Gewinnmargen erhöhen könnte und alles andere gleich bliebe. Jedoch haben sich Walmart-Aktien trotz der relativ niedrigen Margen langfristig gut entwickelt, denn das Unternehmen setzt für seinen Geschäftsbetrieb erforderliches Kapital effizient ein. Wenn Walmart 1 Billion Dollar an Kapital – in Form von Gebäuden, Lagerbestand und dergleichen – bräuchte, um seine rund 25 Milliarden Betriebsgewinn pro Jahr zu erzielen, wären befriedigende Renditen für die Aktionäre fast unvorstellbar. Wenn derselbe Gewinn jedoch mit weniger als 150 Milliarden Dollar Kapital erreicht wird, können Aktionäre trotz einer Nettomarge von nur rund 3 Prozent erheblich profitieren.

Das Beispiel Walmart führt uns zu einem für erfolgreiche Geldanlage entscheidenden Punkt. Als Anleger wollen wir von einem börsennotierten Unternehmen natürlich mehr zurückbekommen, als wir in es investiert haben, vorzugsweise deutlich mehr. Unabhängig vom Geschehen an der Börse gilt deshalb: Das Unternehmen muss mit seinem verfügbaren Kapital so viel zusätzliches Kapital erwirtschaften wie möglich. Der Erfolg wird hier nicht in absoluten Zahlen gemessen, sondern in Prozent – 100 Dollar hinzugewonnenes Kapital sind bei einem Unternehmen, das 200 Dollar einsetzt, beeindruckender als bei einem mit 1000 Dollar Kapital. Um festzustellen, wie viel Kapital in einem Unternehmen tatsächlich verwendet wird, braucht man ein gewisses Urteilsvermögen. Wenn ein Unternehmen wie Apple zum Beispiel mehr als 100 Milliarden Dollar an Barmitteln und kurzfristigen Anlagen in der Bilanz hat, wäre es falsch, diese liquiden Vermögenswerte als für den Geschäftsbetrieb notwendig zu betrachten: Der Gewinn von Apple wäre, Zinseinnahmen herausgerechnet, mit 50 Milliarden Dollar an Reserven nicht weniger hoch als mit 100 Milliarden Dollar. Bei der Beurteilung der Qualität eines Unternehmens wie Apple sollte man es also nicht schlechter dastehen lassen, indem man seinen riesigen Sparstrumpf bei der Renditeberechnung miteinbezieht.

Stattdessen sollte man nur so viel Liquidität berücksichtigen, wie für den Geschäftsbetrieb benötigt wird.

Genauso funktioniert die Definition eines guten Unternehmens nach Greenblatts magischer Formel: Je höher die Rendite auf das eingesetzte Kapital, desto besser das Unternehmen. Um für bessere Vergleichbarkeit den Einfluss unterschiedliche Steuersätze auszugleichen, verwendet er als Zähler in der Gleichung zur Renditeberechnung das Betriebsergebnis. Im Nenner steht das eingesetzte Kapital, sodass auch unterschiedlich hohe Verschuldungsgrade das Ergebnis nicht beeinflussen. Definiert ist das eingesetzte Kapital bei Greenblatt als das Umlaufvermögen ohne Barmittel, abzüglich kurzfristiger Verbindlichkeiten ohne Schulden, zuzüglich Nettoanlagevermögen, das meist am Bilanzposten Sachanlagen abzulesen ist. Die ersten beiden Posten machen das Nettoumlaufvermögen eines Unternehmens aus, also die Geldsumme, die im täglichen Geschäftsbetrieb gebunden ist. Das Nettoanlagevermögen wiederum steht für das langfristig im Unternehmen steckende Kapital, zum Beispiel in Form von Gebäuden und Umbauten, Fahrzeugflotten oder anderen langfristigen materiellen Vermögenswerten. Nicht berücksichtigt werden immaterielle Vermögenswerte und Firmenwert. Das ist sinnvoll, denn für frühere Übernahmen bezahlte Beträge haben keinen Einfluss auf den inneren Wert eines Unternehmens. Der Firmenwert wird nicht für den täglichen Geschäftsbetrieb gebraucht – er ist nur ein Bilanzposten, der sich aus dem Preis für Übernahmen in der Vergangenheit ergibt.

Die Magie des niedrigen Preises

Auf einige Schwächen in dieser Definition von guten Unternehmen komme ich später noch zu sprechen. Der wichtigste Einwand gegen sie könnte jedoch lauten: Hohe Renditen auf das im Unternehmen eingesetzte Kapital bedeuten nicht unbedingt auch hohe Renditen für die Anleger. Denn diese investieren ja zu einer Bewertung, die meist nicht exakt dem im Unternehmen eingesetzten Kapital entspricht. In den meisten Fällen sind Unternehmen mit hohen Renditen an der Börse entsprechend teurer, sodass die Rendite für Anleger hier theoretisch nicht höher sein dürfte als bei weniger hochwertigen Unternehmen. Denn schließlich würde kein

Anleger Geld in ein schwaches Unternehmen stecken, wenn er es nicht billiger bekommt als ein hochwertigeres.

Für die magische Formel ist dieser Einwand kein Problem. Denn als zweiten und zugleich letzten quantitativen Faktor betrachtet Greenblatt auch den für ein Unternehmen zu bezahlenden Preis, und zwar in Form des Verhältnisses von Betriebsgewinn zu Unternehmenswert. Diese operative Gewinnrendite spielt für seine Rangliste eine ebenso große Rolle wie die Rendite auf das eingesetzte Kapital – die endgültige Platzierung ergibt sich aus einer Gleichgewichtung der beiden Faktoren. Das Verhältnis von Betriebsgewinn zu Unternehmenswert soll also verraten, ob eine Aktie billig ist, die Qualität wird anhand des Verhältnisses von Betriebsgewinn zu eingesetztem Kapital bestimmt. Beides passt gut zueinander, denn Unterschiede bei Besteuerung und Verschuldungsgrad spielen für beide Kennzahlen keine Rolle. Nick Kirrage, Manager beim Schroders-Fonds Specialist Value UK Equities, erklärt: »Hauptsächlich sehen wir uns als Bewertungsmaßstab ein Gewinnvielfaches nach Graham und Dodd an: das zyklisch bereinigte Kurs-Gewinn-Verhältnis. Genauer gesagt betrachten wir wegen der Bedeutung der Kapitalstruktur das zyklisch bereinigte Verhältnis von Unternehmenswert zu Gewinn vor Zinsen und Steuern«.[54] Pavel Begun, Managing Partner bei 3G Capital Management, arbeitet ebenfalls mit einer bereinigten Bewertungskennzahl – er sucht nach Unternehmen, die zum 8- bis 11-Fachen ihres freien Cashflow gehandelt werden: »Was wir zu zahlen bereit sind, hängt von der Qualität des Unternehmens und auch seinen Wachstumsaussichten ab. Wenn ich vom 8- bis 11-Fachen des freien Cashflows spreche, beziehe ich mich auf den normalisierten, dauerhaften freien Cashflow, nicht etwa auf den der aktuellen Periode. Wenn wir uns ein Unternehmen ansehen, stellen wir uns die Frage: Wie viel freien Cashflow dürfte es ungefähr in der Mitte eines Konjunkturzyklus generieren?«[55]

Dass sich nach der magischen Formel gut bewertete Unternehmen an der Börse meist überdurchschnittlich entwickeln, lässt sich leicht nachvollziehen: Wenn Unternehmen mit hohen Renditen auf das eingesetzte Kapital üblicherweise mit höheren Bewertungen gehandelt werden sollten, mit der Greenblatt-Methode ausgewählte aber billig sind, bekommen wir mit ihnen das Beste aus zwei Welten – zumindest in der Theorie.

Überdurchschnittliche Performance: Nicht garantiert, aber wahrscheinlich

Theoretisch müsste die historisch belegte überdurchschnittliche Performance von Greenblatts Methode dazu führen, dass Scharen von Anlegern sich ihr zuwenden – wodurch ihre Vorteile verschwinden würden. In der Praxis aber sprechen einige Überlegungen dafür, dass die magische Formel auch dauerhaft bessere Ergebnisse liefern kann.

Zunächst einmal gibt es institutionelle Zwänge, die es schwierig machen, der Methode zu folgen. Fondsmanager achten nicht nur auf Anlagerisiken, sondern auch, und zwar vielleicht wesentlich intensiver, auf ihr Karrierisiko. Viele von ihnen können sich nicht erlauben, an einer siegreichen Strategie festzuhalten, wenn die mit längeren Zeiträumen relativ schlechter Performance einhergeht. Aus Karrieresicht ist es deutlich sicherer, falschzuliegen, wenn auch alle anderen Geld verlieren, als falschzuliegen, wenn alle anderen gewinnen. In dem von Greenblatt untersuchten Zeitraum schnitt seine magische Formel deutlich besser ab als der Index S&P 500, aber es gab auch mehrere voneinander getrennte Dreijahreszeiträume mit einer schwächeren Performance als im Index. Ein Quartal oder ein Jahr mit unterdurchschnittlichen Ergebnissen mögen die meisten Fondsmanager noch durchhalten können, doch nach zwei oder drei Jahren dürften sie weitgehend ohne Anleger dastehen. So klagt Alon Bochman, Managing Partner von Stepwise Capital: »Es ist wirklich schwierig, ein institutionelles Produkt daraus zu machen – nicht weil die Formel nicht gut wäre, sondern weil wir als institutionelle Anleger schlecht darin sind, an etwas Gutem festzuhalten. Es ist extrem schwierig, bei einer Strategie zu bleiben, die mehrere Jahre lang unterdurchschnittliche Renditen bringt, wie es bei der magischen Formel nun einmal passieren kann.«[56]

Zweitens fällt es Anlegern schwer, ihre emotionalen Verzerrungen auszuschalten. Schon ein kurzer Blick auf eine Kandidatenliste auf der Grundlage eines Magische-Formel-Filters – möglich unter magicformulainvesting.com – dürfte vielen von ihnen Bauchschmerzen bereiten. Denn viele Unternehmen auf der Liste arbeiten in Branchen, die in Ungnade gefallen sind, oder haben firmenspezifische Probleme wie Untersuchungen durch Aufsichtsbehörden, Bilanzierungsfehler, Führungswechsel oder eine schwache Geschäftsentwicklung. Grundsätzlich werden viele Anleger der Aussage zustimmen, dass ein Weg zu langfristig überdurchschnittlicher Performance darüber führt, gute Unternehmen zu kaufen, wenn sie gerade außer Mode sind. Deutlich weniger aber werden bereit sein, eine solche Strategie tatsächlich anzuwenden. Noch einmal Bochman: »Für ein menschliches Wesen, das etwas von Aktienanalysen versteht, ist es wirklich schwierig, solche Aktien zu kaufen. Nach der magischen Formel kauft man Pharmafirmen, deren wichtigstes Patent ausläuft, oder Unternehmen, die von Klagen bedroht sind und bei denen die Klagesumme einen großen Teil des Unternehmenswerts ausmacht. Bei so etwas möchte man instinktiv einfach nicht engagiert sein.«[57] Dan Sheehan, General Partner von Sheehan Associates, erinnert an verpasste Gelegenheiten bei McDonald's, einem guten Unternehmen, dessen Aktien nach der Veröffentlichung von *Super Size Me* im Jahr 2004 stark fielen.[58] Der Dokumentarfilm weckte Befürchtungen, dem Fast-Food-Sektor könne ein ähnliches Schicksal bevorstehen wie der Tabakbranche, sodass Anleger die Aktien von Schnellrestaurants mieden. Wer sich in dieser Situation nicht von der allgemeinen Angst leiten hieß, für den boten sich hier hochinteressante Anlagechancen.

Als quantitative Methode ist die magische Formel völlig leidenschaftslos, wenn es etwa darum geht, eine Personalvermittlungsfirma in der Rezession zu kaufen oder einen Anbieter von Augen-Laserbehandlungen, wenn die Medien die Sicherheit solcher Verfahren infrage stellen. Professionelle Anleger werden eine Greenblatt-Liste deshalb oft nur als Ausgangspunkt für weitere Recherchen und letztlich subjektive Anlageentscheidungen nehmen. Leider aber werden solche subjektiven Entscheidungen häufig von emotionalen Verzerrungen beeinflusst. So könnte ein Fondsmanager den Personalvermittler schnell wieder vergessen, weil er denkt: »Natürlich ist er billig, wir stecken in einer Rezession.« Und beim Laserchirurgie-Anbieter könnte er denken: »Natürlich ist er billig, er muss vielleicht schließen.« Amir Avitzur, President von Avitzur Asset Management, nennt in diesem Zusammenhang ein noch grundsätzlicheres Problem: Der Aktienkurs eines Unternehmens »ist die einzige Information, die Anleger den ganzen Tag über zu sehen bekommen. Langsam, aber sicher beginnen sie deshalb zu glauben, der Kurs zeige tatsächlich den Wert des

Unternehmens. Leider aber ist es so: Wenn man sich auf den Kurs fokussiert, weiß man meistens nicht, wann man kaufen sollte – und noch schlimmer, man weiß auch nicht, wann es Zeit zum Verkaufen ist.«[59]

Zumindest gehen Anlegern mit der magischen Formel nie die Kandidaten für eine Investition aus. Mehrere andere Value-Strategien haben sich mit der Zeit de facto überlebt. So konnte Benjamin Graham vor mehr als einem halben Jahrhundert sehr erfolgreich nach seinen Net-Nets suchen, doch zumindest in den USA sind solche Unternehmen heute so gut wie gar nicht mehr zu finden. Die wenigen Unternehmen, deren Umlaufvermögen immer noch die Summe aus Börsenwert und Gesamtverbindlichkeiten übersteigt, sind typischerweise dabei, ihre Aktiva in schnellem Tempo zu vernichten, oder es gibt andere Gründe dafür, dass sich ihr theoretischer Liquidationswert in der Praxis nicht realisieren lässt. Als Folge davon kann kaum noch ein professioneller Anleger gute Angebote auf der Grundlage von Net-Nets machen. Greenblatts Methode dagegen tut nichts weiter, als börsennotierte Unternehmen in eine Rangfolge zu bringen. Dass die Aktien absolut gesehen billig sind, ist keine Bedingung – weder Net-Net-Eigenschaften noch ein Buchwert über dem Börsenwert werden verlangt. Damit kann dieser Ansatz Anlegern zeitlich unbegrenzt immer wieder eine Liste von relativ gesehen attraktiven Anlagemöglichkeiten liefern.

Der letzte Punkt in diesem Zusammenhang: Anleger bleiben siegreichen Strategien gegenüber selbst dann skeptisch, wenn sie schon lange Zeit überdurchschnittliche Ergebnisse geliefert haben. Denn man hat ihnen – manche würden sagen, mit einer Gehirnwäsche – beigebracht, dass Märkte effizient sind und dass dort nichts verschenkt wird. Als Folge davon wollen sie nicht recht glauben, dass eine einfache quantitative Strategie systematisch besser sein soll als all die Aktienanalysten und Fondsmanager mit ihren scharfsinnigen Überlegungen. Beispielsweise haben Aktien mit einem niedrigen Kurs-Buchwert-Verhältnis den Gesamtmarkt über einen langen Zeitraum statistisch signifikant geschlagen. Die Ökonomen Eugene Fama und Kenneth French haben dieses Phänomen ausgiebig untersucht (die neuesten Daten dazu sind unter kennethfrench.com abrufbar). Es steht seit Jahren in deutlichem Widerspruch zur Hypothese der effizienten Märkte, doch Fama blieb seiner Profession treu und versuchte zunächst, alle Zweifel mithilfe des liebsten Glaubenssatzes der Effizienzanhänger wegzuargumentieren: Wenn eine Strategie überdurchschnittliche Renditen erbringt, muss sie eben riskanter sein. Dummerweise für Fama allerdings zeigten Aktien mit niedrigem Kurs-Buchwert-Verhältnis gleichzeitig auch eine relativ geringe Volatilität – und Volatilität ist für die Fans der Effizienzhypothese die gängigste Definition für Risiko. Davon unbeeindruckt behauptete Fama, Aktien mit niedrigem Kurs-Buchwert-Verhältnis müssten dann eben auf andere Weise riskanter sein. Dass die Anomalie am Markt weiterhin nicht verschwinden will, spricht dafür, dass Anleger trotz ihrer über viele Jahre belegten überdurchschnittlichen Performance immer noch nicht in Massen auf die Greenblatt-Methode umgestiegen sind.

Investieren in gute und billige Unternehmen: Richtiges Vorgehen und häufige Fehler

Wenn eine einleuchtende, leicht umzusetzende Anlagestrategie über lange Zeiträume so überdurchschnittliche Ergebnisse bringt wie die Methode von Greenblatt, könnte man leicht auf die Idee kommen, wer sie nicht benutzt, verhalte sich irrational oder sei sogar etwas dumm. So einfach ist es allerdings nicht, denn Anleger können sich nicht einfach in Computeralgorithmen aus Fleisch und Blut verwandeln. Als menschliche Wesen können wir unsere Schwächen nicht verleugnen, seien sie kognitiv oder emotional – und das Gleiche gilt für unsere einzigartigen Fähigkeiten im Bereich qualitativer Urteile und Einschätzungen.

Vor einigen Jahren haben Joel Greenblatt und Blake Darcy Formula Investing gestartet, einen über Gotham Asset Management angebotenen Geldanlage-Service. Er soll Anlegern die Möglichkeit geben, von der magischen Formel ohne die beim Prozess der qualitativen Aktienauswahl unvermeidlichen Verzerrungen zu profitieren. Um die beeindruckenden historischen Anlageerfolge von Greenblatts Methode zu replizieren, stellt Formula Investing für die Kunden Portfolios nach quantitativen Kriterien zusammen. Für Anleger, die mehr Rendite wollen als im Marktdurchschnitt, ohne dafür selbst aktives Portfoliomanagement oder

Aktienanalyse zu betreiben, kann Formula Investing eine gute Alternative sein.

Kenne dich selbst (und deine Kunden)

Etwas paradox: Längere Phasen mit *unterdurchschnittlicher* Performance sind einer der Gründe dafür, warum die magische Formel dauerhaft für eine *überdurchschnittliche* Performance gut sein dürfte. Dass dieser Ansatz weiterhin funktioniert, ist also wahrscheinlich. Doch das gilt eben nur, weil sich viele Anleger – ob auf eigene Rechnung oder für Kunden – so schwer damit tun, auch nach einem, zwei oder drei Jahren mit unterdurchschnittlicher Performance an ihm festzuhalten. Denn wenn sie in solchen Fällen schon nicht selbst den Glauben an die Strategie verlieren, müssen Fondsgesellschaften zumindest damit rechnen, dass enttäuschte Anleger ihr Geld abziehen werden. Und wenn nicht von vornherein klar ist, dass sich eine Strategie dauerhaft durchhalten lässt, wird sie vielleicht erst gar nicht als Produkt angeboten. Eine Alternative wäre dann, bestimmte Aspekte von Greenblatts Methode in einen eigenen Ansatz zu integrieren. Dabei sollte man aber nur so weit gehen, dass noch von einer wirklich eigenen Strategie die Rede sein kann. Denn nur dann steht man so sehr hinter ihr, dass man auch in Zeiten schwacher Performance an ihr festhalten kann.

Angenommen, Sie sind zu der Erkenntnis gekommen, dass die magische Formel nicht das Richtige für Sie ist. Welche Aspekte dieses Ansatzes könnten Sie dann übernehmen, um Ihrer eigenen Strategie zu mehr Erfolg zu verhelfen? Die Antwort fällt wahrscheinlich für jeden Anleger anders aus, aber im Folgenden schildere ich ein paar allgemeine Überlegungen dazu.

Nicht jede Branche und jedes Unternehmen in Schwierigkeiten wird verschwinden. Bei den meisten Unternehmen, die in Ranglisten nach der Greenblatt-Formel weit oben stehen, vermuten Anleger schwere Probleme: bei kommerziellen Bildungsanbietern wegen feindlicher Regulierung, bei Öldienstleistern wegen der Nachwirkungen der Ölkatastrophe im Golf von Mexiko, bei Rüstungsunternehmen wegen der endenden

Kriege in Irak und Afghanistan, bei Personaldienstleistern in Rezessionszeiten, bei Pharmaunternehmen wegen auslaufender Patente – die Liste ließe sich fortsetzen. All das sind tatsächlich ernste Themen, die einen negativen Einfluss auf die künftige Geschäftsentwicklung haben dürften. Trotzdem lässt der Erfolg der magischen Formel vermuten, dass Anleger im Durchschnitt überschätzen, wie sehr und wie schnell Rentabilität durch solche Negativfaktoren verloren geht.

Nehmen wir nur all die Meldungen über den unmittelbar bevorstehenden Niedergang von bestimmten Unternehmen, Branchen oder sogar Staaten. Käme die Wahrheit solchen Berichten von Medien und Analysten auch nur nahe, so gäbe es heute wahrscheinlich kaum noch Unternehmen zum Investieren. Selbst Apple, 2012 das Unternehmen mit dem höchsten Börsenwert der Welt, wurde zwischendurch schon als so gut wie tot abgeschrieben. Die Lektion dahinter scheint zu sein: Wenn wir versucht sind, den massiven Pessimismus des Marktes zu bestimmten Unternehmen zu teilen, könnte es sinnvoll sein, unsere Erwartungen zu überdenken und uns zu fragen, ob die anderen Anleger vielleicht übertreiben. Dabei ist es hilfreich, den Börsenwert eines heruntergeprügelten Unternehmens anzusehen und zu überlegen, was in Zukunft wirklich passieren müsste, um eine so niedrige Bewertung zu rechtfertigen. Parallel dazu kann man darüber nachdenken, welcher Börsenwert angemessen wäre, wenn sich die Zukunft als weniger düster erweist, als vom Markt befürchtet.

Eine weitere Lehre aus der magischen Formel könnte heißen, stärker auf Unternehmen zu achten, die in der Lage sind, hohe Kapitalrenditen zu erwirtschaften. Insbesondere Deep-Value-Anleger mit ihrer Fokussierung auf Unternehmen, die zu einem Abschlag gegenüber den Vermögenswerten in ihrer Bilanz gehandelt werden, dürften hier oft Chancen übersehen. Denn manche Unternehmen erwirtschaften zwar konsistent hohe Kapitalrenditen, sind aber relativ wenig kapitalintensiv, sodass das Kriterium der Kapitalrendite für sie kaum Relevanz hat. Eine Fokussierung nur auf Bilanzwerte schließt also eine ganze Reihe von Unternehmen aus, die in anderer Hinsicht attraktive Anlageziele sein könnten.

Der innere Wert eines Software-Unternehmens etwa hat so gut wie nichts mit dem Wert seiner harten Aktiva zu tun, also mit den Tischen, Stühlen und Computern, an denen seine Software programmiert, aktualisiert, beworben und verkauft wird. Stattdessen steckt der innere Wert hier in Technologie, Humankapital, Verträgen und anderen immateriellen Faktoren. Selbst wenn ein solches nicht kapitalintensives Unternehmen eine Rendite von 20 Prozent oder sogar 50 Prozent meldet, ist seine Aktie womöglich wenig wert – eine Rendite von 50 Prozent auf den Buchwert von Tischen, Stühlen und Computer einer Software-Firma erscheint wenig überzeugend. Ähnlich ist von geringer Bedeutung, ob das Verhältnis von Kurs zu materiellem Buchwert bei solchen Unternehmen 1 beträgt oder 10. Viel wichtiger sind hier Kennzahlen wie die freie Cashflow-Rendite oder das Verhältnis von Kurs zu normalisierter Ertragskraft.

Das bedeutet allerdings nicht, dass Deep-Value-Anleger ihre eigene Anlagedisziplin lockern oder ihren angestammten Bereich verlassen sollten. Schließlich sind nur wenige Anleger gleichermaßen gut darin, kapitalarme und kapitalintensive Unternehmen zu bewerten. Deep-Value-Anleger bewegen sich eher im zweiten Bereich und das ist nicht nur in Ordnung, sondern kann ausgesprochen profitabel sein, wenn man es richtig macht. Wenn man jedoch die Wahl zwischen zwei Unternehmen mit einem Verhältnis von Kurs zu materiellem Buchwert von jeweils 0,9 hat, kann es sich eher lohnen, andere Aspekte bei diesen Unternehmen zu analysieren als jeden kleinen Vermögenswert in ihrer Bilanz. Wenn das materielle Buchwertverhältnis bei Unternehmen A vielleicht 0,82 beträgt und 0,88 bei Unternehmen B, muss das nicht den Ausschlag für Unternehmen A geben. Stattdessen sollte man die Geschäftssegmente beider Unternehmen daraufhin untersuchen, ob sich in der kapitalintensiven Gesamtorganisation vielleicht weniger kapitalintensive Sparten verstecken. So könnte eine Entscheidung zwischen zwei Immobilienunternehmen, die zu ähnlichen Abschlägen gegenüber dem geschätzten Wert ihrer Bestände gehandelt werden, davon abhängen, ob eines davon vielleicht zusätzlich ein gebührenstarkes Anlagemanagementgeschäft mit wenig Kapitalbedarf betreibt.

Und schließlich ist die historisch überdurchschnittliche Performance der magischen Formel eine Erinnerung daran, dass auch der Preis eine Rolle spielt. Denn egal wie hoch die Kapitalrendite eines Unternehmens sein mag: Wenn seine Gewinnrendite, gemessen am Verhältnis von Betriebsgewinn zu Unternehmenswert, niedrig ist, wird es in einer

Greenblatt-Rangliste insgesamt keinen hohen Platz erreichen. Das klingt trivial, wird aber gern vergessen, wenn Anleger sich in ein Unternehmen verlieben. Wie oft haben Sie schon eine Anlageempfehlung gelesen, die Tugenden eines Unternehmens in höchsten Tönen lobt, aber keinerlei Bezug auf seinen Aktienkurs nimmt? Simon Caufield, Managing Director von SIM Limited, hat es sehr schön ausgedrückt: »Zum richtigen Preis ist fast alles ein Kauf und zum falschen Preis fast alles ein Verkauf.«[60] Als Anleger laufen wir tatsächlich stets Gefahr, uns in ein Unternehmen zu verlieben und zu viel dafür zu bezahlen. Insofern könnte es sinnvoll sein, uns selbst einen Mindestwert für die freie Cashflow- oder Gewinnrendite zu setzen, der erreicht sein muss, damit wir über eine Investition in eine Aktie auch nur nachdenken. Dies würde uns von der ständigen Versuchung kurieren, für ein bestimmtes sehr gutes Unternehmen zu viel zu bezahlen – nur dieses eine Mal und nur ein bisschen. Stattdessen könnten wir uns wirklich nur mit den Unternehmen beschäftigen, die unsere konkreten Bewertungskriterien erfüllen. Damit wird die Liste der Unternehmen, die für eine Investition infrage kommen, kürzer. Doch mit einer geschickten Auswahl daraus kann es gelingen, tatsächlich gute Unternehmen zu einem guten Preis zu kaufen.

Diversifizieren oder konzentrieren?

Ein faszinierendes Ergebnis von Greenblatts ursprünglicher Analyse der historischen Performance seiner magischen Formel war die Entwicklung in den unterschiedlichen Dezilen: Die besten 10 Prozent der Aktien entwickelten sich besser als die nächsten 10 Prozent, die wiederum die folgenden 10 Prozent schlugen und so weiter. Diese saubere Staffelung der historischen Performance auf Grundlage von nur zwei einfachen Faktoren schien fast zu schön, um wahr zu sein. Doch Greenblatts Zwei-Faktoren-System war nicht etwa das Ergebnis intensiver Datenauswertungen.

Die magische Formel funktioniert also nicht nur für das obere und untere Ende einer nach Greenblatts zwei Faktoren erstellten Rangliste, sondern sie hat Aussagekraft für die relative Performance über das gesamte Spektrum an börsennotierten Unternehmen hinweg. Manche Anlagemanager brachte das auf die Idee, dass sich diese Methode auch für risikoarme

Portfolios aus Long- und Short-Positionen in Aktien verwenden ließe. Bei einer solchen Strategie kauft der Fondsmanager Aktien aus dem obersten Dezil, die aus dem untersten werden leerverkauft. Leider aber zeigte Greenblatts historische Analyse auch, dass sich damit keine bessere Performance erzielen lässt als nur mit Käufen im obersten Dezil. Denn bei einem gehebelten Long-Short-Portfolio wäre es irgendwann zu massiven Verlusten gekommen und ohne Hebelung wäre die Performance deutlich geringer ausgefallen als bei der reinen Kaufstrategie. Ein wichtiger Grund dafür: Aktien im untersten Dezil waren zwar klar am schwächsten, verzeichneten mit der Zeit aber trotzdem leichte Gewinne, was mit der langfristigen Aufwärtsentwicklung des Gesamtmarkts zusammenhängt. In stagnierenden oder fallenden Märkten wäre eine Long-Short-Strategie vielleicht sinnvoll. Doch die magische Formel ist wahrscheinlich auch dann nicht die optimale Grundlage dafür.

Genau wie allein auf der magischen Formel beruhende Long-Short-Strategien risikobereinigt unattraktive Renditen befürchten lassen, kann auch bei reinen Long-Portfolios die Volatilität verheerend sein, wenn sie aus nur wenigen der in der Rangliste weit oben stehenden Aktien zusammengesetzt sind. Langfristig zeigt das Prinzip der magischen Formel eine klar überdurchschnittliche Performance, doch es gibt immer wieder heftige Ausreißer. Manche der weit oben stehenden Aktien verloren später fast ihren gesamten Wert, während sich bei anderen der Kurs vervielfachte. Professionelle Anleger werden immer wieder versuchen, solche Ausreißer im Voraus zu identifizieren, doch noch habe ich keinen getroffen, dem das dauerhaft gelingt. Damit dürfte ein Portfolio mit nur wenigen Einzelpositionen selbst dann keine Idee sein, wenn man die magische Formel um qualitative Kriterien ergänzt. Greenblatt vertrat die Ansicht, ein Portfolio aus 30 seiner weit oben stehenden Aktien könne den optimalen Diversifikationsgrad bieten. Wenn wir also mit einer eigenen Methode arbeiten, mit der nur die besten fünf oder zehn Aktien ausgewählt werden, wäre es vielleicht besser, deren Gewicht im Gesamtportfolio begrenzt zu halten. Beispielsweise kann man ihren Anteil festlegen, indem man die Zahl der Formel-Aktien durch 30 teilt. Wenn also zum Beispiel 10 nach der magischen Formel ausgewählte Aktien in das Portfolio aufgenommen werden, sollten sie zusammen nur ein Drittel seines Gesamtvolumens (10 geteilt durch 30) ausmachen.

Übernehmen oder überarbeiten?

Ich habe Joel Greenblatt gefragt, ob es Möglichkeiten gibt, die ohnehin beeindruckende Performance seiner magischen Formel noch zu verbessern. Seine Antwort: »Unserer Erfahrung nach würde ein Ausschluss der Aktien, die man keineswegs besitzen möchte, viele der größten Gewinner wegfallen lassen.« Trotzdem beschrieb er anschließend einige grundlegende Modifikationen, die sein Team an der Standardberechnung vornimmt:

> *Zunächst einmal haben wir unsere eigene Datenbank erstellt, wir benutzen also keine kommerziell verfügbare. Stattdessen haben wir ein Team von Analysten, das Bilanzen, Gewinn- und Verlustrechnungen und die Cashflow-Rechnungen aller Unternehmen in unserem Anlageuniversum untersucht. Zweitens haben wir ein Modell speziell für Finanzunternehmen entwickelt, die in unseren diversifizierten wertgewichteten Fonds enthalten sind. Drittens haben wir ein paar Modifikationen an den verwendeten Kennzahlen vorgenommen, um die zusätzlichen Informationen zu nutzen, die wir dadurch haben, dass wir die Fundamentalanalysen selbst vornehmen.*[61]

Greenblatts erster Punkt zeigt, wie wichtig gute Daten sind. Denn die in die magische Formel eingegebenen Werte sollten möglichst keine Einmaleffekte enthalten. Andernfalls dürften die am besten bewerteten Unternehmen sich oft durch besonders hohe, nicht wiederholbare Gewinne auszeichnen, die aber irrelevant für die in Zukunft zu erwartende Performance sind; eine Rangliste auf dieser Basis wäre wenig hilfreich. Die meisten kommerziell verfügbaren Datenbanken rechnen zwar recht zuverlässig große Sonderposten heraus. Manche aber werden übersehen, weil die Rechnungslegungsvorschriften für außerordentliche Effekte meist strenger sind als für diesen Zweck angemessen. Dadurch sind manche einmaligen Effekte in der Gewinn- und Verlustrechnung aus Standard-Datenbanken nicht unbedingt ersichtlich. Um sicherzustellen, dass die Daten für die magische Formel tatsächlich nur regelmäßige Posten enthalten, kann es deshalb erforderlich sein, die Pressemitteilungen der Unternehmen zur Gewinnentwicklung oder die Fußnoten in ihren Pflichtmitteilungen durchzugehen.

Der zweite Punkt von Greenblatt lässt eine Begrenzung der klassischen magischen Formel erkennen: Die verwendeten Daten sind für Banken und die meisten anderen Finanzdienstleister ohne Bedeutung. So lässt sich die übliche Definition des Unternehmenswerts – Aktienwert plus Schulden minus Barbestand – auf Banken nicht anwenden. Auch der Gewinn vor Steuern und Zinsen ist bei ihnen keine nützliche Kennzahl, denn Zinseinnahmen und -ausgaben sind Teil ihres Kerngeschäfts.

Am wichtigsten für andere Anleger dürfte aber Greenblatts dritter Punkt sein. Denn damit erwähnt er die Möglichkeit, die einfließenden Kennzahlen so zu modifizieren, dass eine bessere Performance möglich wird. Klassisch werden ja die Verhältnisse von Unternehmenswert zu *nachlaufendem* Betriebsgewinn und von *nachlaufendem* Betriebsgewinn zu eingesetztem Kapital verwendet. Der Wert eines fortgeführten Unternehmens richtet sich aber nach seiner *zukünftigen* Entwicklung, sodass es besser sein kann, statt der alten Daten vernünftige Schätzungen für die Rentabilität im laufenden oder kommenden Jahr zu nutzen. Noch besser könnte es sein, mit Schätzungen für den *normalisierten* Betriebsgewinn zu arbeiten. Der willkürliche Ausschluss von scheinbar unattraktiven Kandidaten ist also eher nicht ratsam. Modifikationen, die eine höhere Qualität und bessere Relevanz der in die magische Formel eingesetzten Daten bedeuten, erscheinen jedoch vielversprechend.

In diesem Zusammenhang eine kleine Warnung: Wer die magische Formel als Werkzeug zur Ideengenerierung einsetzt, sollte darauf verzichten, die auf dieser Grundlage erstellte Kandidatenliste anschließend seinem Standardprozess zur Ideenbewertung zu unterziehen. Denn dadurch könnte er genau die Ideen mit dem höchsten Renditepotenzial aufgeben (weil die meist die größten Bauchschmerzen bereiten). Um die Performance von Greenblatts quantitativer Methode zu erhöhen, braucht es Modifikationen im Rahmen der magischen Formel, nicht vollkommen neue Kriterien mit zusätzlichen Hürden. Potenziell negative Faktoren können zum Beispiel Insiderkäufe und -verkäufe, Insiderbeteiligung, aktuelle Nachrichten, Hoch- oder Herunterstufungen durch Analysten, Aktienkursdynamik, Gewinnmargenentwicklung oder andere Umstände sein, die wenig mit der magischen Formel zu tun haben. Doch wenn sich die Greenblatt-Methode mit einer derartigen Checkliste verbessern ließe, müssten Modelle mit mehr Faktoren bessere Ergebnisse bringen. Nach von Greenblatt zusammengestellten Daten ist dies aber nicht der Fall. Die einzige Möglichkeit, die erwartete Rendite seiner Methode zu steigern, besteht darin, Anpassungen vorzunehmen, die innerhalb ihres ursprünglichen Rahmens bleiben.

Für einen optimalen Bewertungs- und Auswahlprozess für Ideen nach der magischen Formel ist es hilfreich, sich auf die grundlegenden Überlegungen hinter diesem Ansatz zurückzubesinnen. Der Markt mag gut darin sein, Unternehmen mit hohen Renditen zu bewerten, die einen weitgehend stabilen Zustand mit begrenzten Reinvestitionsmöglichkeiten erreicht haben. Ansonsten aber macht er ziemlich regelmäßig zwei Arten von Fehlern: Er überschätzt Unternehmen mit hohen Renditen, die durch explosive, aber letztlich nur temporäre Trends oder Moden zustande kommen. Beispiele dafür sind Boston Chicken, Green Mountain Coffee Roasters, Herbalife, Heely's, Taser oder Travelzoo. Andersherum unterschätzt der Markt manchmal unmodische Qualitätsunternehmen, die über dauerhafte Möglichkeiten für Reinvestitionen verfügen.

Der Erfolg der magischen Formel liegt zu einem guten Teil darin begründet, derartige Unternehmen zu finden, wenn sie zu niedrigen Gewinnrenditen gehandelt werden. Eine nach den Greenblatt-Kriterien aufgestellte Liste durchzugehen und dabei speziell auf dauerhafte Möglichkeiten zur Reinvestition von Kapital zu achten könnte dabei helfen, wahrscheinliche Gewinner und Verlierer zu unterscheiden. Dazu der Anlagemanager Marko Vucemilovic: »Am Anfang meiner Karriere hatte ich eine Obsession für die Kennzahl Economic Value Added (EVA) und ein Buch namens *The Quest for Value*. Greenblatts magische Formel nahm im Grunde die EVA-Konzepte und vereinfachte sie – ähnlich wie zuvor Graham mit seiner statistischen Aktienauswahl auf der Grundlage von Vermögenswerten. Ich habe die Bücher von Greenblatt gelesen und bewundere seine Arbeit und seine Erfolgsgeschichte sehr. Wir arbeiten mit ähnlichen Filtern, allerdings mit etwas mehr Gewicht auf nachhaltig hohen Renditen auf das eingesetzte Kapital. Ansonsten hätten wir ein Portfolio voller zyklischer oder sterbender Unternehmen.«[62]

Filterkriterien für die Suche nach guten und billigen Unternehmen

Zeitgleich mit der Veröffentlichung von *The Little Book That Beats the Market* stellte Greenblatt seinen Lesern auch ein praktisches Werkzeug zur Verfügung: die kostenlose Website Magic Formula Investing (www.magicformulainvesting.com). Sie zeigt ständig aktualisierte Screening-Ergebnisse, für die sich eine Mindestmarktkapitalisierung vorgeben lässt. Außerdem können Nutzer wählen, ob sie die 30 oder 50 in der Rangliste am höchsten stehenden Aktien sehen wollen. Innerhalb dieser Spitzengruppe werden die Unternehmen in alphabetischer statt in der Ranking-Reihenfolge angezeigt. Die genaue Position wird verborgen, weil Greenblatt vermeiden wollte, dass die meisten Anleger nur dieselbe Handvoll Aktien an der Spitze kaufen.

Dass auf der Website nur sehr wenige Daten zu jedem Unternehmen angezeigt werden, ist eine entscheidende Schwäche – der Nutzer bekommt weder die Rendite auf das eingesetzte Kapital noch die Betriebsgewinnrendite zu sehen. Um fair zu sein: Seit dem Start von Formula Investing (www.formulainvesting.com) liegt der Fokus von Greenblatt vielleicht nicht mehr auf diesem älteren Angebot. Trotzdem ist es immer noch ein interessantes Werkzeug für die erste Annäherung an Unternehmen, die Greenblatts Kriterien erfüllen. Wer die Strategie aber wirklich konkret anwenden möchte, sollte sich lieber ein eigenes Screening-Werkzeug erarbeiten, das deutlich mehr Daten zu den einzelnen Kandidaten anzeigt.

Auf den folgenden Seiten erkläre ich, wie Sie einen eigenen Magische-Formel-Filter entwickeln können. Sie können ihn sogar noch erweitern, damit er noch nützlicher wird.

Den Gewinner-Filter von Greenblatt nachbauen

Grundvoraussetzung für ein eigenes Screening-Werkzeug zur magischen Formel ist eine zuverlässige Quelle für Unternehmens- und Kursdaten, die sich in eine Excel-Tabelle übernehmen lassen. Zwei preisgünstige

Möglichkeiten dafür sind StockScreen123 (www.stockscreen123.com) und Stock Investor Pro von der American Association of Individual Investors (www.aaii.com). Letztere basiert hauptsächlich auf Daten von Thomson Reuters und bietet viel Funktionalität zu einem niedrigen Preis.

Wenn ich mit wenigen Filterkriterien auskomme, und bei Greenblatts Zwei-Faktoren-System ist das der Fall, versuche ich, möglichst viel innerhalb von Excel zu erledigen statt mit einem externen Werkzeug. Dadurch habe ich mehr Flexibilität, denn in einer Excel-Tabelle kann ich mit den Daten fast alles machen, was mir einfällt. Ich versuche also nicht, einen ausfeilten Filter in der externen Anwendung zu konstruieren und nur dessen Ergebnisse in Excel zu importieren, sondern importiere zunächst alle Unternehmen, die bestimmte Mindestkriterien erfüllen. Die magische Formel ist bei diesem Schritt noch gar nicht im Spiel. Stattdessen gebe ich vielleicht vor, dass alle Unternehmen mindestens 50 Millionen Dollar Marktkapitalisierung haben, an einer US-Börse gehandelt werden und in einem bestimmten Land ansässig sein müssen. Für Filter nach Greenblatt-Art muss man außerdem vorsehen, dass die Unternehmen nicht zum Finanzsektor gehören dürfen. Mit Anpassungen eignet sich die Methode zwar auch für Finanzunternehmen, doch dafür braucht es eine andere Filterkonfiguration.

Der Screener AAII Stock Investor Pro umfasst rund 10.000 an US-Börsen notierte Unternehmen. Diese Liste enge ich für den Import in Excel auf folgende Weise ein: Durch die Vorgabe einer Marktkapitalisierung von mindestens 25 Millionen Dollar fallen schon einmal mehr als 40 Prozent der Unternehmen weg, sodass etwa 5900 übrig bleiben. Nach dem Ausschluss des Finanzsektors sind es noch 4200 Unternehmen. Drittens verlange ich, dass die zuletzt gemeldeten Unternehmensdaten nicht älter als sechs Monate sein dürfen, was die Liste noch einmal auf 3900 Unternehmen verkürzt. Die Zahl ließe sich noch weiter verringern. Doch ich möchte ja, dass mein Magische-Formel-Filter eine möglichst große Auswahl an börsennotierten Unternehmen prüfen kann, also folgt jetzt der Import in die Excel-Tabelle. Dabei importiere ich für jedes Unternehmen sämtliche relevanten Daten, insbesondere das jüngste Betriebsergebnis, Unternehmenswert und eingesetztes Kapital. Wenn bestimmte Angaben in externen Diensten nicht direkt vorliegen, behelfe ich mir, indem ich alle für ihre Berechnung nötigen Daten ebenfalls importiere. Um zum Beispiel das eingesetzte Kapital zu ermitteln, brauche ich das Umlaufvermögen, Barmittel und kurzfristige Anlagen, kurzfristige Schulden sowie die Nettosachanlagen.

In der Excel-Tabelle lege ich dann zwei spezielle Spalten an: jeweils eine für den Rang nach dem Verhältnis von Betriebsgewinn zu eingesetztem Kapital und nach dem Verhältnis von Betriebsgewinn zu Unternehmenswert; mit der Standardfunktion »RANG« ist das kein Problem. Als Letztes folgt eine dritte Spalte mit der Summe dieser beiden Ränge. Diese wird in aufsteigender Reihenfolge sortiert – und schon sehe ich vor mir die am höchsten bewerteten Magische-Formel-Aktien.

Auf dieser Grundlage kann man weitere Spalten mit zusätzlichen Informationen einrichten, zum Beispiel, um besonders interessant erscheinende Unternehmen zu kennzeichnen. Meist möchte ich auch die konkreten Prozentwerte für die beiden Kriterien der magischen Formel sehen. Außerdem füge ich den Steuersatz hinzu, denn der spielt zwar keine Rolle für die Rangliste, möglicherweise aber für konkrete Anlageentscheidungen. Bei einem Unternehmen mit niedrigem Steuersatz und hoher Rendite nach dem Verhältnis von Betriebsgewinn zu Unternehmenswert zum Beispiel könnten sich weitere Recherchen lohnen, weil die Nachsteuer-Gewinnrendite sehr attraktiv sein dürfte (wenn das Ergebnis Betriebsgewinn/Unternehmenswert nicht durch einen hohen Barmittelbestand verzerrt ist). Obendrein ist Excel so flexibel, dass man nicht nur jede gewünschte Informationsspalte hinzufügen kann, sondern auch problemlos die magische Formel modifizieren. So könnten eher wertorientierte Anleger das Ergebnis der Betriebsgewinn-zu-Unternehmenswert-Berechnung stärker gewichten als das Verhältnis von Betriebsgewinn zu eingesetztem Kapital. Dazu muss man nur die Formel in der Spalte mit der Summe der beiden Ranglisten etwas verändern.

Konsensschätzungen für die Zukunft statt Blick in den Rückspiegel

Eine meiner wichtigsten Veränderungen an der ursprünglichen magischen Formel ist die Verwendung von zukunftsgerichteten Gewinndaten. Bei der Geldanlage kommt es auf die Zukunft an. Historische Daten haben zwar den Vorteil, dass sie sicher sind, doch zukunftsgerichtete Schätzungen sind relevanter. Selbst wenn sie sich als unkorrekt herausstellen, dürften die zukünftigen Gewinne näher an den aktuellen Schätzungen dafür liegen als an den tatsächlichen Gewinnen der Vergangenheit.

Noch besser als die Arbeit mit Konsensschätzungen wäre es, eine eigene Einschätzung für die Zukunft zu entwickeln, die korrekt, aber im Konsens noch nicht enthalten ist. So hat es der Value-Anleger James Bradford Anfang 2011 bei der Eisenbahngesellschaft Union Pacific gemacht. Er deutete verbesserte Fundamentaldaten richtig und dürfte sich so einen Vorsprung gegenüber der Konsensschätzung verschafft haben:

> *Die Kapitalrentabilität steigt und es gibt konkrete Gründe dafür: Staus und steigende Benzinpreise. Das System der Interstate-Highways ist wie eine konkurrierende Bahnlinie zu verstehen, die für ihre Gleise nicht bezahlen musste. Doch allmählich werden diese »Gleise« teuer. Höhere Benzinpreise und Staus werden die Rendite auf das eingesetzte Kapital bei Union Pacific in den nächsten Jahren von 9 Prozent auf 16 Prozent steigen lassen; vor ein paar Jahren waren es noch 6 Prozent. Man hat hier also ein Unternehmen, das sich von einem schlechten zu einem guten entwickelt. Höhere Preise und höheres Volumen sind eine attraktive Kombination. Garantiert wird niemand eine zweite Linie von Osten nach Westen bauen, also sind die vorhandenen Gleise etwas wirklich Besonderes.*[63]

Natürlich bin ich mir auch der Schwächen von zukunftsgerichteten im Vergleich zu historischen Zahlen bewusst – aus diesem Grund verwende ich beim Prozess der Ideengenerierung beides. Zum einen gibt es nur für relativ große Unternehmen überhaupt hinreichend plausible Konsensschätzungen. Wenn dadurch viele kleinere Unternehmen aus der

Betrachtung fallen, schließt man eine Gruppe aus, deren Rendite in der Vergangenheit über dem Gesamtdurchschnitt der magischen Formel lag.

Zweitens zeigen die Konsensschätzungen manchmal eine gewisse Korrelation mit sich selbst, vor allem in Zeiten mit starken Gewinnveränderungen. Studien haben gezeigt, dass Wall-Street-Analysten mit ihren Einzelschätzungen gern nah am aktuellen Durchschnitt liegen, um sich nicht zu weit aus dem Fenster zu lehnen. Diese an Karrierechancen orientierte Tendenz kann zum Beispiel dazu führen, dass Gewinnschätzungen nicht schnell genug nach unten korrigiert werden. Und weil viele Magische-Formel-Kandidaten mit kurzfristigen Gewinnrückgängen zu kämpfen haben, kann das Phänomen der verlangsamten Anpassung bei ihnen eine besonders große Rolle spielen. Einfach ausgedrückt: Die Schätzungen, auf denen unsere Rangliste beruht, können bald deutlich sinken.

Letzter Punkt: Die Gewinnschätzungen beziehen sich im Allgemeinen nicht auf den Betriebsgewinn, sondern auf den Gewinn pro Aktie (EPS). In den zukunftsgerichteten Daten sind also auch die Auswirkungen von Verschuldungsgrad und Steuern enthalten, die bei der magischen Formel normalerweise wegfallen. Zwar ließe sich der Betriebsgewinn oft von der EPS-Schätzung ableiten. Ich sehe allerdings, um seinen Einfluss zu begrenzen, lieber eine Höchstgrenze für den Verschuldungsgrad vor. Eine einfache, aber effektive Methode dafür ist die Vorgabe, dass das Verhältnis von Unternehmenswert zu Börsenwert nicht höher als etwa 1,5 sein darf.

Die internationale Dimension

Umfassende Daten über die Performance von Greenblatts Methode auf Märkten außerhalb der USA sind schwierig zu bekommen. An sich aber spricht nichts dagegen, sie auch weltweit zu nutzen. Wenn wir den Magische-Formel-Filter auf eine Aktiendatenbank anwenden, die sowohl innerhalb als auch außerhalb der USA notierte Aktien umfasst, sollte die größere Auswahl an Unternehmen eine höhere Rendite ermöglichen. Allerdings sind verlässliche Daten zu Aktien weltweit meist nur in teuren Datenbanken wie Bloomberg oder Capital IQ enthalten, was es für private

Anleger schwierig macht, eine weltweite Magische-Formel-Strategie umzusetzen. Wer mit einer etwas begrenzten Datensammlung zufrieden ist, dem empfehle ich den globalen Aktien-Screener der *Financial Times* (http://markets.ft.com/screener/customScreen.asp).

Nach dem Screening: Die ewige Hoffnung auf Verbesserungen

Bevor ich auf die Fragen zu sprechen komme, die man zu Anlagekandidaten nach der magischen Formel stellen sollte, möchte ich noch auf ein paar weitere Möglichkeiten zur Verbesserung der Performance dieser Methode eingehen. Letztlich muss jeder selbst entscheiden, inwieweit es sinnvoll ist, die Formel in der Hoffnung auf Verbesserungen zu modifizieren. Wenn man dazu allerdings historische Daten heranzieht, muss man sich der Gefahr bewusst sein, dabei in eine häufige Falle bei intensiven Datenauswertungen zu geraten: Man findet damit vielleicht einen Ansatz, der in der Vergangenheit zufällig gute Ergebnisse erbracht hat, ansonsten aber wenig sinnvoll ist. So könnte sich bei der Datenanalyse zeigen, dass die magische Formel am besten funktionierte, wenn man stets dienstags kaufte und donnerstags verkaufte. Das würde aber nicht heißen, dass man einem solchen sinnlosen Ansatz tatsächlich folgen sollte.

Kapitalintensive Unternehmen aussortieren

Üblicherweise assoziiert man mit Greenblatts Ansatz Unternehmen mit geringer Kapitalintensität. Doch wenn man sich eine nach der magischen Formel erstellte Liste ansieht, finden sich darauf auch einige kapitalintensive und zyklische Unternehmen, die es normalerweise wegen bescheidener Kapitalrenditen nicht auf sie schaffen würden. Wenn sie jedoch vor einem zyklischen Höhepunkt stehen oder ihn gerade überschritten haben, können ihre nachlaufenden Kapitalrenditen hoch genug sein, um ihnen doch einen Platz auf der Liste zu verschaffen. Beispiele sind Explorations- und Produktionsfirmen für Öl und Gas, Rohstoffproduzenten und manche Industrieunternehmen. Wenn etwa die Rohstoffpreise deutlich über ihrem langfristigen Trend liegen, erfreuen sich viele Unternehmen in diesem Bereich eine Zeitlang außergewöhnlich hoher Gewinne.

Dass man zyklische Unternehmen im Zusammenhang mit der magischen Formel möglichst außer Acht lassen sollte, ist nicht offensichtlich – immerhin sind die in der Rangliste oben stehenden Unternehmen typischerweise günstiger bewertet als Konkurrenten. Für zyklische Unternehmen könnte dies ganz besonders gelten, denn die dürften beim Greenblatt-Kriterium »Bewertung« selbst in einem zyklischen Hoch besser abschneiden als hinsichtlich ihrer Qualität. Die niedrige Bewertung zeigt bereits die Markterwartung, dass die Rentabilität dieser Unternehmen abnehmen könnte, warum also sollte man so weit gehen, sie völlig auszuschließen? Ich würde diese Fälle ähnlich sehen wie Unternehmen mit positiven Einmaleffekten: Diese lasse ich wegfallen, weil ihre bereinigten Zahlen für eine Berücksichtigung nicht ausreichen würden. Ähnlich sind auch die hohen Renditen auf das eingesetzte Kapital bei kapitalintensiven Unternehmen in der Nähe eines zyklischen Hochs als nicht nachhaltig anzusehen.

Jeder Versuch, sie von der weiteren Betrachtung auszuschließen, birgt allerdings die Gefahr von Fehlurteilen: Man könnte versucht sein, alle Unternehmen, die man aus anderen Gründen nicht mag, als zu zyklisch oder kapitalintensiv abzutun. Zum Beispiel kommerzielle Bildungsanbieter nach der Einführung von Regulierungsvorschriften seitens der Regierung: Nur zu leicht könnte man argumentieren, dass sie damit ihre besten Tage hinter sich haben, zumindest was die Margen angeht; also könnten sie als zyklisch angesehen werden. Eine Möglichkeit zur Vermeidung solcher Fehler besteht darin, sich bei Unternehmen, die man gern weglassen würde, die über einen Zyklus gemittelten oder normalisierten Gewinne anzusehen. Wenn eine Aktie auf dieser Basis immer noch einen hohen Rang erreicht, kann sie im Rennen bleiben. Leider besteht aber auch hier die Gefahr, dass unsere negative Voreingenommenheit gegenüber bestimmten Unternehmen zum Tragen kommt – in diesem Fall, indem wir die normalisierten Gewinne zu niedrig ansetzen. Statt einer Schätzung für die Zukunft könnte man deshalb die durchschnittlichen Gewinne im jüngsten zurückliegenden Zyklus (sieben Jahre dürften normalerweise ausreichen) verwenden. Oder man gibt sich eine leicht umzusetzende

Regel, nach der Unternehmen aus einer bestimmten Branche von vornherein nicht infrage kommen. Der Sektor Rohstoffgewinnung wäre sicher ein guter Kandidat dafür.

Wie lässt sich der Wert von Marken richtig berücksichtigen?

Der Ansatz der magischen Formel hat eine gewisse Ähnlichkeit mit einer anderen beliebten Vorgehensweise: dem Investieren in Unternehmen mit hohem Markenwert. Die Werbeagentur Oskoui+Oskoui definiert *Markenwert* als die »Zusatzeinnahmen, die sich daraus ergeben, dass ein Unternehmen Kunden hat, die auf eine bestimmte Marke festgelegt und bereit sind, dafür mehr zu bezahlen«.[64] Der immaterielle Charakter von Marken hat zur Folge, dass sie bei der Berechnung des eingesetzten Kapitals nicht berücksichtigt werden; dadurch erhöht sich für Unternehmen mit wertvollen Marken die am eingesetzten Kapital gemessene Rendite.

Wenn man versucht, bei einer Analyse von Magische-Formel-Kandidaten explizit auch den Markenwert miteinzubeziehen, besteht ein gewisses Risiko einer Doppelzählung. Denn die wirtschaftlichen Vorteile einer starken Marke zeigen sich ja bereits am Betriebsgewinn – ein Markenwert, der keinen Beitrag zum Gewinn eines Unternehmens leistet, ist aus Geldanlagesicht wenig bedeutsam. Ähnliche Überlegungen gelten für die Kosten, die ein Unternehmen für die Pflege und das Bekannthalten seiner Marke aufbringen muss: Auch solche Ausgaben fließen in den Betriebsgewinn ein, also muss man sie bei der Analyse nicht noch einmal einzeln betrachten. Dazu Daniel Gladiš, CEO von Vltava Fund: »Wenn die Marke gut und flexibel ist, sollte sich das im normalen Eigenkapital bemerkbar machen. Aus diesem Grund arbeite ich mit Bewertungen, nicht mit Marken an sich. Es gibt Unternehmen mit starken Marken, die aber nicht viel Geld verdienen. Autohersteller zum Beispiel – lauter gute Marken, aber keine sehr hohen freien Cashflows. Ich achte sehr auf den freien Cashflow. Das ist für mich entscheidend.«[65]

Beständige Marken spielen jedoch eine wichtige Rolle für die Dauerhaftigkeit von hohen Renditen auf das eingesetzte Kapital. Die Marke Coca-Cola etwa ist fast mit Sicherheit wichtiger für die hohen Renditen der Coca-Cola Company als jeder andere Faktor wie Managementqualität, weltweiter Vertrieb oder selbst Geschmack. Andere Limonaden mögen genauso gut schmecken wie Coke, doch nichts ist bei den Kunden auch nur annähernd so beliebt wie das Original. Bei der Analyse von Ideen nach der Greenblatt-Methode ist die Dauerhaftigkeit von hohen Kapitalrenditen von enormer Bedeutung, denn ohne sie ist es fast unmöglich, auch zusätzliches Kapital zu hohen Renditen zum Einsatz zu bringen. In diesem Zusammenhang kann es also durchaus hilfreich sein, sich im Rahmen eines Magische-Formel-Anlageprozesses auch mit der Stärke einer Marke zu beschäftigen. Natürlich können für die Dauerhaftigkeit der Rendite auch Faktoren eine Rolle spielen, die mit Marken nichts zu tun haben, etwa Markteintrittsbarrieren, hohe Wechselkosten für Kunden, Größenvorteile, Netzwerkeffekte und andere Gründe für langfristige Wettbewerbsvorteile.

Nichtlineare Möglichkeit für die Kombination von »gut« und »billig«

Beim Nachbau von Greenblatts Magische-Formel-Filter ist mir etwas Interessantes aufgefallen: Die Daten zum Verhältnis von Betriebsgewinn und Unternehmenswert sahen sehr ordentlich aus – die Ergebnisse reichten von unter null für unprofitable Unternehmen bis 20, 25 oder sogar 30 Prozent für niedrig bewertete, die meine Mindestkriterien für den Unternehmenswert erfüllten. Bei höheren Verhältnissen hatten die Unternehmen entweder Nettobarmittel fast in Höhe ihres gesamten Aktienwerts oder ihr Gewinn war durch Einmaleffekte nach oben verzerrt.

Bei den Daten zum Verhältnis von Betriebsgewinn zu eingesetztem Kapital aber zeigte sich ein ganz anderes Bild. Viele Unternehmen auf den oberen Rängen wiesen Renditen von mehreren 100 oder 1000 Prozent auf, zum Teil sogar fast unendlich hohe. Diese Extremfälle waren Unternehmen mit geringer Kapitalintensität und negativem eingesetzten Kapital, möglicherweise weil sie kaum Sachanlagen hatten und ihre Verbindlichkeiten die Forderungen überstiegen. Vor diesem Hintergrund fragte ich mich, ob es überhaupt sinnvoll ist, ein Unternehmen mit einer Rendite auf das eingesetzte Kapital von 5100 Prozent vor einem mit 5000

Prozent oder auch 1000 Prozent zu sehen. Die relative Attraktivität für eine Investition schien mir in solchen Fällen weniger vom berechneten Wert für die Kapitalrendite abzuhängen, sondern eher vom Anteil des Kapitals, den ein Unternehmen zu Renditen reinvestieren kann, die zumindest in der Nähe der ermittelten liegen.

Also kam ich zu dem Schluss, dass es sinnvoller sein könnte, die beiden Einzelranglisten der magischen Formel nicht einfach linear zusammenzurechnen. Stattdessen könnte man einen willkürlich gewählten Schwellenwert vorgeben, ab dem alle Unternehmen hinsichtlich der Kapitalrendite den gleichen Rang bekommen. Dadurch würde der Faktor »billig« in diesen Fällen ein höheres Gewicht erhalten, was mir intuitiv sinnvoll erschien. Eine Gleichstellung aller Unternehmen mit geringer Kapitalintensität ab einer bestimmten Kapitalrendite würde zudem dabei helfen, den Blick stärker auf die Vorhersagbarkeit und Nachhaltigkeit ihrer Wettbewerbsvorteile zu richten. Und zuletzt ließen sich die Recherchen dann stärker auf die Möglichkeiten zur Reinvestition bei all den Unternehmen konzentrieren, die das Kriterium der überhohen Renditen auf eingesetztes Kapital erfüllen.

Bei Magische-Formel-Aktien die richtigen Fragen stellen

Checklisten sind beliebt, doch nicht jede Anlagemöglichkeit lässt sich mit denselben Fragen angemessen überprüfen. Ich stimme meine Analysen von Wertpapieren deshalb genau auf ihren jeweiligen Charakter ab. Bei einem Unternehmen, das zu einem hohen Abschlag zum Nettoumlaufvermögen gehandelt wird, stelle ich mir zum Beispiel die Frage, ob sich seine Aktiva ohne größere Wertberichtigungen liquidieren ließen – und nicht, wie seine langfristige Wettbewerbsposition aussieht. Ähnlich würde ich mich bei einem Unternehmen, für das ein Übernahmeangebot vorliegt, eher mit den genauen Konditionen und der Wahrscheinlichkeit befassen, dass die Transaktion tatsächlich zustande kommt; die langfristigen Geschäftsaussichten sind in diesem Fall zweitrangig. Wenn ich dagegen ein hochwertiges Unternehmen mit einem Börsenpreis deutlich über dem

Buchwert und einem hohen Gewinnvielfachen analysiere, kommt es entscheidend auf seine Aussichten für dauerhaft starkes Gewinnwachstum an.

Auch die Effizienz der magischen Formel ließe sich also vielleicht noch erhöhen, wenn man Fragen stellt, die den speziellen Charakter der mit ihrer Hilfe gefundenen Kandidaten berücksichtigen. Von besonderer Bedeutung ist hier, dass diese Methode Unternehmen mit hohen Renditen auf das eingesetzte Kapital begünstigt. Diese sind, gemessen am Liquidationswert für ihre Aktiva, meist nicht billig. Gemessen an der aktuellen und erwarteten Ertragskraft aber können sie es durchaus sein. Bei der Beurteilung von Kandidaten auf der Magische-Formel-Liste kommt es deshalb entscheidend darauf an, ob ihre überdurchschnittlichen Kapitalrenditen nur durch vorübergehende Faktoren zustande kommen oder eine gewisse Dauerhaftigkeit versprechen. Warren Buffett hat in diesem Zusammenhang den Ausdruck *moat* (wörtlich: Burggraben) geprägt, andere sagen dazu einfach dauerhafter Wettbewerbsvorteil.

Ebenfalls entscheidend ist, ob ein Unternehmen in einer wachsenden Branche tätig ist, die ihm die Möglichkeit gibt, einen Teil seines Cashflow zu hohen Renditen zu reinvestieren. Ich suche nach Unternehmen, deren Gewinnrendite bei gleichbleibendem Aktienkurs zunehmen dürfte. Diese können nicht nur dauerhaft hohe Kapitalrenditen erreichen, sondern auch höhere Gewinne, indem sie freie Mittel in ihr Geschäft reinvestieren. Wegen ihrer hohen Renditen müssen sie zudem nur einen Teil des Cashflow reinvestieren, um ansehnliches Wachstum zu erzielen. Als Folge davon stehen weitere Barmittel für Dividenden und Aktienrückkäufe zur Verfügung. Und Rückkäufe zu guten Preisen beschleunigen die Zunahme des Gewinns pro Aktie und die Wertschaffung.

Um die Liste von Magische-Formel-Kandidaten auf die vielversprechendsten einzugrenzen, achte ich auf eine Reihe von subjektiven Kriterien. Neben positiven Faktoren wie dauerhaften Wettbewerbsvorteilen, Managementqualität und Branchenwachstum gibt es dabei auch negative Auswahlkriterien, mit denen ich manche Kandidaten von der weiteren Betrachtung ausschließe. Wie Charles Munger zu sagen pflegt: Andersherum betrachten!

Wie dauerhaft ist der Wettbewerbsvorteil eines Unternehmens?

Dauerhaftigkeit ist von entscheidender Bedeutung. Denn wenn Anleger für ein Unternehmen einen hohen Aufschlag auf das materielle Eigenkapital bezahlen, kann das Konkurrenten auf den Plan rufen. David Coyne warnt: »Die ›guten‹ Unternehmen bringen ihre ganz eigenen Risiken mit sich. Ich sehe zwar durchaus die Vorteile von Marken und Gräben bzw. Wettbewerbsvorteilen und Zinseszinseffekt und anderen Buffett-Ausdrücken. Aber ich bin nicht davon überzeugt, dass ich wirklich in der Lage bin, echte Burggräben von bloßen Maginot-Linien zu unterscheiden. Bei nur scheinbar ›guten‹ Unternehmen können Umsätze, Margen, Renditen und Bewertungsvielfache sämtlich unter schweren Druck kommen, was zusammen auf einen deutlich niedrigeren Aktienkurs hinausläuft.«[66]

Wenn wir 1000 Dollar zur Investition in physische Vermögenswerte hätten und es schaffen, diese mit einem bestimmten Rezept auf einen Börsenwert von 10.000 Dollar zu vermehren, würden wir das natürlich fortsetzen wollen. Eine solche Wertschaffungsmaschine wäre aber gleichfalls für potenzielle Konkurrenten erkennbar, auch wenn sie vielleicht keinen Zugriff auf das genaue Rezept haben. Bei diesem könnte es sich um proprietäre Geschäftsprozesse, Urheberrechte oder Patente, sorgfältig gepflegte Markenpräferenzen, absichtlich erhöhte Wechselkosten für Kunden und andere Faktoren handeln, mit denen ein Unternehmen mit dem eingesetzten physischen Kapital überhohe Renditen erzielen kann. Allerdings sind viele opportunistische Konkurrenten nur zu geneigt, in Branchen oder Branchennischen einzudringen, in denen der geschickte Einsatz eines bestimmten Rezepts aus 1000 Dollar Investition einen Börsenwert von 10.000 Dollar entstehen lassen kann. Aus diesem Grund achte ich sehr darauf, dass Magische-Formel-Unternehmen ihren Wettbewerbsvorteil tatsächlich mit hoher Wahrscheinlichkeit verteidigen können.

Yusuf Samad, früherer Chairman der UK Society of Investment Professionals, ist ebenfalls Anhänger dieser Philosophie:

> *Ich konzentriere mich auf den Kauf von guten Unternehmen zu niedrigen Preisen. Ich glaube an ein gründliches fundamentales Vorgehen, um ein Unternehmen zu verstehen und es günstig zu kaufen. Mit der Zeit*

habe ich meinen Ansatz so überarbeitet, dass er sich vor allem auf Unternehmen mit verstehbarem Geschäft und Finanzdaten richtet. Mein Ausgangspunkt ist, dass die Geschäftslinien und Umsatzquellen klar zu erkennen sein müssen; ebenfalls sollte leicht zu verstehen sein, wie diese Faktoren zur Finanzentwicklung beitragen. Gute Unternehmen sollten einen starken Cashflow haben, gut geschützt durch hohe Markteintrittsbarrieren. Um solche Unternehmen zu finden, suche ich nach Geschäftsmodellen, die sich durch eines oder mehrere der folgenden Merkmale auszeichnen: wiederholte Nutzung des Produkts, Produkte mit guter Integration in die Wertschöpfungskette von Kunden, hohe Wechselkosten für Kunden, gut verteilte Einnahmeströme statt hoher Einmaleinnahmen und Bedeutung für die grundlegende Infrastruktur einer Branche.[67]

Josh Tarasoff, General Partner von Greenlea Lane Capital Partners, fügt hinzu: »Eine der mächtigsten Ideen, die mir je begegnet sind, sind Eine-Entscheidung-Aktien. Damit sind Unternehmen gemeint, die man einfach ein oder zwei Jahrzehnte lang halten kann und die in dieser Zeit überdurchschnittliche Einnahmen einbringen. Ideal für mich wäre, ein solches Unternehmen zu einem deutlichen Abschlag zum inneren Wert kaufen zu können und es dann sehr lange Zeit zu behalten. Bei diesem Ansatz kommen die wirtschaftlichen Vorteile eines hervorragenden Unternehmens zum Tragen und gleichzeitig profitiert man opportunistisch von Ineffizienzen am Markt.« Tarasoffs Idealvorstellung unterscheidet sich klar vom Vorgehen von Anlegern, die für eine Beteiligung an einem hervorragenden Unternehmen stolze Preise zu zahlen bereit sind. Indem er nach Zinseszinsmaschinen sucht, die zu einem Abschlag gegenüber ihrem inneren Wert gehandelt werden, verzichtet Tarasoff auf Aktien, die in Mode sein mögen, aber langfristig gesehen nur wenig Wert zu bieten haben.

Die Dauerhaftigkeit von Wettbewerbsvorteilen hängt recht eng mit der Fähigkeit eines Unternehmens zusammen, »die Preise stärker anzuheben als die Inflation«, sagt Michael McKee, President von MAC Investment Management.[68] Denn es fällt schwer, sich ein Unternehmen vorzustellen, das seine Wettbewerbsvorteile verliert und gleichzeitig seine Preissetzungsmacht behält. Tarasoff unterscheidet dabei zwischen nominaler und realer Preissetzungsmacht: Häufig machten Anleger den Fehler, von einer nur nominalen Preissetzungsmacht auf ein gutes Unternehmen zu schließen. Für Tarasoff aber sollte man nur reale Preissetzungsmacht, also die Fähigkeit, Preise stärker anzuheben als im Rahmen der allgemeinen Inflationsrate, als besonders ansehen. Seiner Ansicht nach hängt diese Fähigkeit von dem Wert ab, den ein Produkt oder eine Dienstleistung für die Kunden hat: Je größer die Differenz zwischen Wert und Preis, desto größer die Preismacht des Anbieters. Wann und wie sehr ein Unternehmen seinen Preisspielraum ausnutzt, hängt von mehreren Faktoren ab. Entscheidend für Anleger ist aber die Frage, ob es deutlich höhere Preise verlangen könnte, ohne dass die verkaufte Menge zurückgeht.

Bei der Beurteilung der Dauerhaftigkeit von Wettbewerbsvorteilen können noch einige andere Faktoren helfen. Pavel Begun berichtet, worauf er bei seiner Beurteilung des britischen Immobiliengutachters LSL Property Services geachtet hat:

> *Wenn man sich ansieht, wie über Vertragsverlängerungen entschieden wird, stellt man fest, dass der Preis dabei nur selten die größte Rolle spielt. Meistens geht es eher um die Qualität des Service-Anbieters und LSL zählt in dieser Hinsicht zur Spitzengruppe. Um das bestätigt zu bekommen, muss man nur auf das Jahr 2008 blicken. Für das Gutachtergeschäft in Großbritannien war es wegen der Probleme von Northern Rock wahrscheinlich das schlimmste seit vielen Jahren. Und LSL hat in dieser Situation enorme Marktanteile gewonnen.*

»Kosten für Gutachten machen nur 0,1 Prozent der durchschnittlichen Hypothekensumme aus«, fährt Begun fort. Dies spreche dafür, dass die Preiselastizität in diesem Bereich sehr gering sei.[69]

Professor Michael Porter von der Harvard Business School erklärt in diesem Zusammenhang: »Wenn sich ein Unternehmen durch Innovation einen Wettbewerbsvorteil verschafft hat, kann es ihn nur durch ständige Verbesserungen aufrechterhalten. Fast jeder Vorteil lässt sich imitieren.« Und weiter: »Letztlich ist die einzige Möglichkeit zur Bewahrung von Wettbewerbsvorteilen eine Weiterentwicklung – also ein Voranschreiten zu raffinierteren Varianten. Genau das haben die japanischen Autohersteller getan. Zunächst erschlossen sie ausländische Märkte mit kleinen, günstigen Kompaktwagen von ausreichender Qualität und konkurrierten auf der Grundlage von niedrigeren Arbeitskosten. Noch während sie diesen Kostenvorteil nutzten, arbeiteten sie aber schon an der nächsten Stufe.«[70]

In Bezug auf die Bedeutung ständiger Innovation würde ich mich Porter anschließen. Allerdings frage ich mich, wie eng Innovationen der Vergangenheit mit Erfolg auch bei zukünftigen korrelieren. Wenn japanische Autofirmen bislang den Rest der Welt mit Innovationen schlagen konnten, heißt das dann automatisch, dass sich ihr Wettbewerbsvorteil als dauerhaft bezeichnen lässt? Dauerhaftigkeit nach der Definition von Porter scheint viel mit der praktischen Umsetzung durch das Management zu tun zu haben – und das bedeutet, dass sie extrem schwierig zu prognostizieren ist.

Gibt es Möglichkeiten zur Reinvestition von Kapital zu hohen Renditen?

Dass Möglichkeiten zur Reinvestition von Kapital bei Greenblatt-Kandidaten besonders wichtig sind, habe ich bereits erwähnt. Aber welches sind die Gründe dafür? Hohe Renditen auf das vorhandene – also bereits im Unternehmen eingesetzte – Kapital sind fast bedeutungslos, wenn nicht auch zusätzliches Kapital wieder zu überdurchschnittlichen Renditen investiert werden kann. Renditen auf bestehendes Kapital, ob hoch oder niedrig, sind bereits im aktuellen Betriebsgewinn eines Unternehmens enthalten. In einem statischen Szenario richtet sich die Rendite für Aktionäre nach der Gewinnrendite, genauer gesagt nach der freien Cashflow-Rendite: Wenn wir für eine bestimmte Gewinnsumme weniger bezahlen müssen, entspricht das einer höheren Rendite. Ob dieser Gewinn durch den Einsatz der Summe x an Kapital erreicht wurde oder mit der Hälfte davon, ist in diesem Fall irrelevant. Ohne Berücksichtigung von Reinvestitionen hängt die Anlegerrendite allein davon ab, ob das Management Barmittel an die Aktionäre ausschüttet oder ob es darauf besteht, sie trotz Mangel an Projekten mit hoher Rendite ins Unternehmen zu reinvestieren.

In einem Szenario mit attraktiven Reinvestitionsmöglichkeiten dagegen wird die Rendite auf das bestehende Kapital relevant, denn meist korreliert sie mit der von zusätzlichen Investitionen. Für die Art von Unternehmen, die durch die Greenblatt-Methode ausgewählt wurden, ist der reinvestierbare Anteil des freien Cashflow damit fast noch wichtiger als die erwartete Rendite – die ist bei Magische-Formel-Aktien meist so hoch, dass der reinvestierbare Cashflow-Anteil tendenziell sehr niedrig ist. Wenn er jedoch höher liegt, können wenig kapitalintensive Unternehmen explosives Wachstum bei Umsatz, Gewinn und freiem Cashflow verzeichnen.

Welche Reinvestitionsmöglichkeiten ein Unternehmen hat, ist ausgesprochen schwierig abzuschätzen. Josh Tarasoff hat sich zu diesem Thema geäußert: »Damit es erhebliche Reinvestitionsmöglichkeiten gibt, muss Potenzial für langfristiges Volumenwachstum vorhanden sein. Wünschenswert ist also ein im Vergleich zum aktuellen Umsatz großer Zielmarkt. Um eine hohe Kapitalrendite zu behalten, sind Preissetzungsmacht, eine starke Wettbewerbsposition und attraktive Wirtschaftlichkeit hinsichtlich Margen und Kapitalumschlag erforderlich.«[71] Professor Max Otte, Leiter des IFVE Instituts für Vermögensentwicklung, fügt hinzu: »Wenn man sich mit markenstarken Unternehmen beschäftigt, muss man sich unbedingt ihre Wachstumsdynamik ansehen: Kann das Unternehmen ohne viel Kapital wachsen? Wird das Wachstum in seiner Nische dauerhaft oder zu verteidigen sein? Oft hängt das stark mit regionalen Marktanteilen oder dem Marktanteil in einem kleinen Produktbereich mit stabilen Kundenpräferenzen zusammen.«[72]

Wie gut sind die Managementpraktiken bei der Kapitalallokation?

Die meisten Unternehmen mit geringer Kapitalintensität können wie erwähnt nur einen bescheidenen Anteil ihres Cashflow reinvestieren. Für die Gesamtrendite, mit der Aktionäre rechnen können, spielt es deshalb eine große Rolle, was mit dem Rest der freien Mittel geschieht. Im Fall von Magische-Formel-Aktien, die per Definition billiger sind als andere Unternehmen ähnlicher Qualität, kann das Management den Wert pro Aktie meist steigern, indem es auf dem offenen Markt Aktien zurückkauft.

Dividenden sind eine weitere sinnvolle Option, wobei auch die steuerliche Behandlung mit darüber bestimmt, wie attraktiv sie für Aktionäre letztlich sind.

Übernahmen sind üblicherweise eine weniger günstige Verwendung für überschüssiges Kapital, denn die Zielunternehmen werden dafür mindestens einen fairen Preis verlangen. Allgemein ist mir deshalb lieber, wenn Greenblatt-Kandidaten nicht benötigte Barmittel eher für Rückkäufe nutzen als für Fusionen und Übernahmen. Und zuletzt werden die meisten Managementteams versucht sein, mehr in das Unternehmen zu reinvestieren, als sich durch attraktive Renditen rechtfertigen lässt. Für außenstehende Anleger ist es zwar schwierig, in Echtzeit zu beurteilen, ob die Reinvestitionshöhe bei einem Unternehmen angemessen ist. Doch Versuche des Managements, in neue Geschäftsfelder zu expandieren oder neue Produktkategorien auf den Markt zu bringen, können Warnzeichen sein: Möglicherweise ist das Unternehmen dabei, sich in potenziell hoch riskante Projekte mit niedriger Rendite zu verwickeln.

Gibt es Ausschlussfaktoren?

Meistens ist es viel leichter, ein Konzept mit Schwächen zu entlarven, als selbst ein überzeugenderes zu entwickeln. Ähnlich ist es einfacher, unattraktive Anlagekandidaten auszusortieren, als genau die richtigen zu finden. Ich halte es deshalb für sinnvoll, jede Liste von Kandidaten nach Greenblatt durch einen mehrstufigen Ausschlussprozess zu verkürzen, bevor man sich intensiv mit der Suche nach den überzeugendsten Unternehmen unter den verbleibenden Kandidaten beschäftigt.

Die folgenden Punkte können einen Prozess zur Bewertung von Magische-Formel-Ideen in dieser Hinsicht ergänzen:

- *Pro-forma-Anpassungen:* Ich schließe Unternehmen aus, die es nicht auf die Liste geschafft hätten, wenn ihre Finanzberichte so bereinigt wären, dass sie ihre wahre operative Performance zeigen. Dies gilt etwa für Unternehmen, die zuletzt Einmaleffekte verzeichneten oder gerade eine strategische Transaktion hinter sich haben. Im zweiten

Fall lassen die gemeldeten Zahlen möglicherweise nicht korrekt die Pro-forma-Performance des fusionierten Unternehmens erkennen.

- *Reinvestition von Kapital:* Unternehmen, die fast keine Möglichkeiten zur Reinvestition von Kapital mit hohen Renditen haben, vermeide ich ebenfalls. Meistens handelt es sich dabei um Unternehmen in langfristig schrumpfenden Branchen, etwa Produzenten von Papier-Scheckheften oder Zeitungsverlage.

- *Bedrohungen für die wichtigste Umsatzquelle:* Unternehmen, die von einem bestimmten Kunden oder Vertrag abhängig sind, vermeide ich, wenn eine reale Gefahr zu bestehen scheint, dass dieser verloren geht. Denkbar ist eine solche Situation etwa, wenn ein großer Kunde Ziel einer Übernahme wird, wenn ein großer Vertrag neu ausgeschrieben wird oder wenn ein wichtiges Patent ausläuft.

- *Zyklischer Charakter:* Ich vermeide kapitalintensive Unternehmen, die nur bei einem zyklischen Aufschwung in ihrer Branche hohe Kapitalrenditen erreichen.

- *Modeerscheinungen:* Ich vermeide Unternehmen mit Produkten oder Dienstleistungen, die mit einiger Wahrscheinlichkeit nur eine Modeerscheinung sind. Während sie noch aktuell sind, mag das schwer zu beurteilen sein. Doch wenn ich überrascht bin, wie schnell sich ein Konzept oder eine Mode verbreitet, oder wenn ich das Gefühl habe, dass ein Produkt entweder die Welt übernimmt oder irgendwann verschwinden wird, merke ich auf.

- *Insiderverkäufe:* Ich vermeide Unternehmen, bei denen es zuletzt umfangreiche Aktienverkäufe durch Insider gab, vor allem wenn sie ungefähr zum aktuellen Börsenkurs oder darunter erfolgt sind. Dieses Kriterium hat mit der Systematik der magischen Formel nichts zu tun, sodass Greenblatt-Puristen es außer Acht lassen sollten. Ich aber kann mich einfach nicht mit einer Aktie anfreunden, die von den Personen abgestoßen wird, die sie am besten kennen sollten.

- *Interessenkonflikte:* Ich vermeide Unternehmen, bei denen es bedeutende Interessenkonflikte für den CEO oder Corporate-Governance-Verstöße gibt. Auch dieses Kriterium hängt nicht direkt mit der magischen Formel zusammen. Meine Anlagephilosophie verbietet mir jedoch Investitionen in Unternehmen, bei denen ich den Insidern nicht trauen kann.

- *Wertversprechen:* Ich vermeide Unternehmen, die ihren Kunden nur ein fragwürdiges Wertversprechen zu bieten haben. In meinen Augen ist es für dauerhafte Wettbewerbsvorteile zwingend erforderlich, dass ein Produkt oder eine Dienstleistung echten Wert für die Kunden bedeutet. Tabak, teure kurzfristige Kredite, Fonds mit hohen Gebühren und die meisten Anlage-Newsletter zähle ich nicht dazu. Beim Ausschluss von Unternehmen nach diesem Kriterium sollten Sie auf Produkte oder Dienstleistungen achten, die sich durch unglaubwürdige Marketingbehauptungen (»Wie ich 1000 Prozent in 10 Tagen machte«) auszeichnen oder ohne massive Vermarktung bei uninformierten Zielgruppen keine Chance hätten.

- *Viele Übernahmen:* Ich vermeide Unternehmen, die ihr Wachstum mit Übernahmen vorantreiben und somit erhebliche Integrationsrisiken aufweisen. Außerdem behalte ich im Hinterkopf, dass Magische-Formel-Unternehmen eigentlich ihre eigenen Aktien interessanter finden sollten als mögliche Übernahmekandidaten.

Zusammenfassung

Die zehn wichtigsten Punkte aus diesem Kapitel:

1. Der Rat, gute Unternehmen nur zu kaufen, wenn sie billig sind, klingt zunächst fast banal. Doch in seinem Buch *The Little Book That Beats the Market* nennt Joel Greenblatt nicht nur Definitionen für *gut* und *billig*, sondern liefert auch ein Modell für konkrete Handlungsempfehlungen. Dadurch ist es von unschätzbarem Wert für jeden, der mehr Rendite erzielen möchte als im Marktdurchschnitt.

2. Gemäß der magischen Formel ist ein Unternehmen umso besser, je höher die Rendite auf sein eingesetztes Kapital ausfällt. Das eingesetzte Kapital wird in den meisten Fällen als Nettoumlaufvermögen zuzüglich der Nettosachanlagen berechnet.
3. Für das Kriterium »billig« verwendet Greenblatt das Verhältnis von Betriebsgewinn zu Unternehmenswert. Dies passt gut dazu, dass er das Kriterium »gut« anhand des Verhältnisses von Betriebsgewinn zu eingesetztem Kapital bestimmt: In beiden Fällen werden die Folgen von unterschiedlichen Verschuldungsgraden und Steuersätzen eliminiert.
4. Theoretisch müsste die historisch überdurchschnittliche Performance von Greenblatts Methode dazu führen, dass Anleger sich ihr in Massen zuwenden – wodurch die von ihr erwarteten Vorteile verschwinden würden. In der Praxis aber sprechen mehrere Punkte dafür, dass die magische Formel auch dauerhaft überdurchschnittliche Ergebnisse liefern kann.
5. Allein auf einer Magische-Formel-Rangliste beruhende Long-Short-Portfolios würden unattraktive risikobereinigte Renditen liefern. Ebenso könnten reine Long-Portfolios auf dieser Basis eine verheerende Volatilität aufweisen, wenn sie aus nur sehr wenigen Unternehmen an der Spitze der Rangliste bestehen.
6. Der Markt macht relativ konsistent zwei Arten von Fehlern: Er überschätzt Unternehmen mit hohen Renditen, die sich aus explosiven, aber letztlich nur vorübergehenden Trends oder Moden ergeben. Auf der anderen Seite werden unmodische Qualitätsunternehmen mit dauerhaften Möglichkeiten für Reinvestitionen mit hoher Rendite am Markt oft unterbewertet.
7. Eine der wichtigsten Anpassungen, die ich an der ursprünglichen magischen Formel gern vornehme, ist die Verwendung von zukunftsgerichteten Daten für die Berechnung der Gewinnrendite. Bei der Geldanlage kommt es auf die Zukunft an. Historische Daten haben zwar den Vorteil, dass sie sicher sind, doch zukunftsgerichtete sind relevanter.
8. Wenn es möglich ist, einen Magische-Formel-Filter auf eine Datenbank anzuwenden, in der Aktien von innerhalb wie außerhalb der USA enthalten sind, dürfte die größere Auswahl die zu erwartende Performance erhöhen.

9. Statt die Positionen in den zwei Ranglisten nach der magischen Formel einfach linear zusammenzurechnen, kann es sinnvoll sein, einen willkürlichen Schwellenwert festzulegen, ab dem alle Unternehmen hinsichtlich der Kapitalrendite als gleichrangig gelten. Damit bekommt der Faktor der günstigen Bewertung bei diesen Unternehmen ein höheres Gewicht.
10. Hohe Renditen auf das bestehende – also bereits im Unternehmen eingesetzte – Kapital sind fast irrelevant, wenn es an Möglichkeiten fehlt, auch neues Kapital zu überdurchschnittlichen Renditen zu investieren. Die Renditen auf vorhandenes Kapital, ob hoch oder niedrig, sind bereits im Betriebsgewinn eines Unternehmen enthalten.

Kapitel 5: Jockey-Aktien

Geld verdienen mit hervorragenden Managern

Die Bedeutung von gutem Management hängt davon ab, um welche Art von Markt es geht. Wer für einen Einzelhändler, eine Versicherung, einen Rohstoffproduzenten oder eine Bank arbeitet, kann enorm viel dazu beitragen, ob das Unternehmen hervorragend oder gut ist. Wer dagegen ein Unternehmen leitet, das bereits klare Wettbewerbsvorteile hat, ist eher ein Verwalter. Sein Job ist dann, nichts zu vermasseln. Sein Job ist es, auf keinen Fall New Coke auf den Markt zu bringen.[73]

Pat Dorsey

Wenn es um die sogenannten Jockey-Aktien geht, darf man auf keinen Fall die Aussagen und Erfahrungen von Warren Buffett zu diesem Thema ignorieren. Mitte der 1960er-Jahre übernahm Buffett die Kontrolle über Berkshire Hathaway, ein Unternehmen, das damals als ausgesprochen schwaches Pferd anzusehen war. Durch geschickte Kapitalallokation machte Buffett daraus einen Renner – und investierte auf diesem Weg mit Erfolg auch in viele andere Pferde und ihre Jockeys. Im Lauf der Zeit überarbeitete er seine Strategie immer weiter und gelangte zu einer durchaus überraschenden Schlussfolgerung, wenn man seine klar positive eigene Erfahrung bei Berkshire Hathaway bedenkt.

Buffett ist weithin bekannt dafür, dass er nach guten Managementteams sucht. Manchmal aber übersehen Anleger die Feinheiten seiner Haltung gegenüber angestellten Managern. Das wichtigste Ziel für Buffett ist, in hervorragende Unternehmen zu investieren, nicht in hervorragende Manager. Wäre das anders, hätte er wohl nicht diese berühmten Worte geäußert: »Wenn ein Management mit einem brillanten Ruf auf ein Unternehmen trifft, das im Ruf schlechter Wirtschaftlichkeit steht, bleibt meist nur der Ruf des Unternehmens intakt.« Pat Dorsey, President von Sanibel Captiva Investment Advisers, hat dazu ein weiteres Buffett-Zitat parat: »Gute Jockeys reiten gut auf guten Pferden, aber nicht auf abgehalfterten Gäulen.«[74] Jake Rosser von Coho Capital schließt sich dem an und lässt uns an einer Beobachtung teilhaben, die gut zur Erfolgsgeschichte von Buffett als Chairman von Berkshire Hathaway passt: »Ein hervorragendes Managementteam mit besonderen Fähigkeiten bei der Kapitalallokation kann selbst in unattraktiven Branchen wirtschaftliche Erfolge erreichen. Ein Beispiel dafür ist Wilbur Ross im Bereich Stahl und Kohleproduktion. Ein weiteres Beispiel sind die Managementteams von Markel und Aspen Insurance.«[75]

In diesem Kapitel untersuche ich die vielen Feinheiten, die Managementqualität zu einem entscheidenden Faktor bei Anlageentscheidungen machen können. Mit der Frage, ob besseres Management wünschenswert ist, halte ich mich nicht lange auf – natürlich ist das so. Stattdessen konzentriere ich mich auf die Zielkonflikte, mit denen es Anleger in der echten, schwierigen Welt der Geldanlage zu tun bekommen. Zum Beispiel kann sich die Frage stellen, ob das Management eher das laufende Geschäft gut steuern oder eher gut darin sein sollte, überschüssiges Kapital richtig einzusetzen. Weitere Fragen betreffen Anreize für das Management, die Qualität des Geschäfts und, natürlich, die Beurteilung durch den Markt, zu erkennen am Börsenkurs. Wie können wir als Anleger entscheiden, welche Kompromisse akzeptabel sind und welche nicht?

Wie der Ansatz funktioniert

Unternehmenslenker können sich hauptsächlich auf zwei Arten hervortun: durch Wertschaffung im laufenden Geschäft und durch intelligente Kapitalallokation. Wenn durchschnittliche Anleger an gutes Management denken, kommt ihnen meist nur der erste Aspekt in den Sinn, also die Wertschaffung. Steve Jobs war vielleicht das ultimative Beispiel für einen CEO, der in dieser Hinsicht extrem erfolgreich war. Sein Geschick bei der Kapitalallokation dagegen lässt sich schlecht beurteilen, weil er diesen Prozess nicht zu Ende führen konnte: Apple hat während Jobs' letzter Amtszeit zig Milliarden Dollar an Barreserven gesammelt, aber wir wissen nicht, was Jobs damit gemacht hätte. Hätte er das Geld für eine geschickte Übernahme eingesetzt oder für eine fehlgeleitete? Hätte er Aktien zurückgekauft und hätte er das zu einem günstigen Preis getan oder zu einem Aufschlag auf ihren fairen Wert?

Ebenfalls unterscheiden müssen wir zwischen der geschäftlichen Entwicklung und dem Aktienkurs von Unternehmen. Fast selbstverständlich darf man davon ausgehen, dass besseres Management zu mehr Geschäftserfolg führt. Ob das jedoch gleichzeitig auch eine überdurchschnittliche Entwicklung der Aktien bedeutet, hängt nicht nur von den Aktivitäten des Managements ab, sondern auch davon, wie hoch die Aktien zum Zeitpunkt des Einstiegs am Markt bewertet waren. Salesforce.com zum Beispiel hatte im Jahr 2012 ein hervorragendes Management, was eine überdurchschnittliche Geschäftsentwicklung erwarten ließ. Eine Investition in die Aktie aber versprach keineswegs mit Sicherheit höhere Gewinne als mit anderen Software-Unternehmen, denn Salesforce-Aktien wurden bereits mit einem hohen Aufschlag zum Durchschnitt der Vergleichsgruppe gehandelt.

Anleger, die exzellente Manager finden und auf die entsprechende Belohnung an der Börse hoffen, werden also vielleicht enttäuscht, wenn andere Marktteilnehmer dieselben Manager entdeckt haben. Der Markt hat eine gewisse Neigung, manche Führungspersönlichkeiten zu vergöttern, sodass die Aktien ihrer Unternehmen in schwindelerregende Höhen steigen; jeder, der auf diesem Niveau neu einsteigt, muss dann mit einer unterdurchschnittlichen Performance rechnen. Das Ziel für uns als Anleger sollte deshalb eher sein, Manager zu finden, die selbst unterschätzt werden.

Erfahrene Value-Anleger werden bereits wissen, dass solche Manager nicht nur gut bei Geschäftsführung und Kapitalallokation sind, sondern auch eher ruhig und nicht an Selbstvermarktung interessiert. »Bescheidenheit und Zurückhaltung sind nach unseren Erfahrungen wichtige Eigenschaften für die Bewertung von Managementteams«, sagt John Lambert.[76] Wirklich gute CEOs sind meist der Ansicht, dass ihre Ergebnisse für sich selbst sprechen und so konservativ berechnet werden sollten wie möglich. In den Augen solcher Führungskräfte sind Spielräume bei der Bilanzierung – wenn überhaupt – ausschließlich dafür da, den aktuellen Gewinn möglichst niedrig aussehen zu lassen, damit die Steuerlast sinkt. Noch einmal Lambert: »Es gibt hier keine eindeutigen schnellen Regeln, aber wir sind eher skeptisch bei Managern, die übermäßig selbstbewusst wirken oder den Aktienkurs wichtiger zu finden scheinen als das eigentliche Geschäft.«[77]

Es besteht also durchaus die Gefahr, dass manche Unternehmen mit hervorragendem Management überbewertet sind, weil sich der Markt in sie verliebt hat. Trotzdem zahlt es sich für Anleger meist aus, ihr Kapital in gut geführte Unternehmen zu investieren. Denn wenn man überlegt, dass die langfristigen Aktienrenditen tendenziell im mittleren einstelligen Bereich liegen, wird leicht klar, dass sie sich bei schlechtem Management rasch auch Richtung null – oder auch darunter – bewegen können. Als *schlecht* möchte ich in diesem Zusammenhang nicht nur unfähige Manager und Board-Mitglieder verstanden wissen. Ich meine damit auch solche, die Shareholder Value zerstören, indem sie exzessive Vergütungen in Anspruch nehmen oder Akquisitionen durchsetzen, die allein dem Ziel dienen, sich ein Firmenimperium aufzubauen.

Wenn man von realen Aktienrenditen im mittleren einstelligen Bereich ausgeht, dürfte man die wenigen Prozentpunkte an zusätzlichem Wertpotenzial sehr zu schätzen wissen, die sich durch maßvolle Managervergütungen und wertmaximierende Kapitalallokation ergeben. Manchmal ist die Rendite durch eine aktionärsfreundliche Kapitalallokation sogar viel höher als ein paar Prozentpunkte, vor allem in Zeiten sehr volatiler Märkte. Wenn die Aktienkurse wild um den fairen Wert der entsprechenden Unternehmen schwanken, entsteht für Managementteams eine hervorragende Gelegenheit, durch Aktienrückkäufe zum richtigen Zeitpunkt Wert zu schaffen. In solchen Fällen ist das Timing gar nicht so schwierig, wie man annehmen könnte. Denn kluge Manager fragen nicht, wann der

Kursrückgang ein Ende findet. Ihnen reicht es, zu wissen, dass der Markt übermäßig pessimistisch ist und ihr Unternehmen deshalb deutlich unterbewertet.

Nehmen wir das Beispiel von Henry Singleton gegen Ende seiner Zeit bei der früheren Mikroelektronikfirma Teledyne, aus der er ein Industriekonglomerat gemacht hatte. Selbst bei durchschnittlicher Kapitalallokation wäre Teledyne wahrscheinlich eine gute Geldanlage gewesen. Doch Singleton war ausgesprochen aggressiv darin, Aktien zurückzukaufen, wann immer der Markt Schwäche zeigte – und für die Aktionäre bedeutete das Renditen weit über dem Marktdurchschnitt.[78] Das Gleiche zu tun wie Singleton ist schwierig, selbst für Führungskräfte, die ihr Unternehmen genauestens kennen und seinen inneren Wert deshalb eigentlich besser beurteilen können als außenstehende Aktionäre. Denn auch sie sind nur Menschen und können genauso ängstlich werden wie die Anleger – und zwar meist auch genau zur gleichen Zeit. So gesehen ist es nicht überraschend, dass die Zahl der Fusionen und Übernahmen meist ausgerechnet dann am niedrigsten ist, wenn auch die Preise der Zielunternehmen am Boden liegen. Wenn dagegen begeisterte Anleger die Aktienbewertungen immer weiter steigen lassen, finden Führungskräfte oft plausibel klingende Gründe dafür, bei Übernahmen trotzdem noch Aufschläge auf den Börsenpreis zu zahlen.

Wer dem Jockey-Prinzip skeptisch gegenübersteht, sollte vielleicht einen genaueren Blick auf die Beispiele Berkshire Hathaway, Fairfax Financial und Leucadia National werfen. Berkshire etwa begann als Textilunternehmen mit schrecklicher Wirtschaftlichkeit und schrecklichen Aussichten für künftige Wertschaffung, doch seine Aktionäre wurden reich belohnt. Berkshire, Fairfax und Leucadia haben es geschafft, Kapital mit beeindruckender Geschwindigkeit zu vermehren; dahinter stand das Geschick ihrer Manager bei der Kapitalallokation und eine klare Aktionärsorientierung. Anders als manche Statistiker vielleicht behaupten würden, lässt sich an Managern wie Warren Buffett bei Berkshire, Prem Watsa bei Fairfax oder Ian Cummings und Joe Steinberg bei Leucadia nicht einfach nur erkennen, dass bei einer Normalverteilung eben immer auch Extremwerte auftreten: In diesen Fällen gibt es gute Gründe dafür, dass sie so weit überdurchschnittlich erfolgreich waren.

Buffett zum Beispiel wurde fast mit Sicherheit nicht per Zufall, sondern mit System zum statistischen Ausreißer. Es wäre durchaus denkbar, dass viele andere Manager seine aktionärsfreundliche Politik der Kapitalallokation übernehmen und auf diese Weise ähnlich viel Wert schaffen wie er. Zu ignorieren scheinen Statistiker die Tatsache, dass sich die gesamte Normalverteilungskurve für Managementqualität weiter nach rechts bewegen könnte, wenn mehr Manager Buffett nacheifern würden. Ähnlich sieht es bei dem nur teilweise richtigen Glauben vieler Anleger aus, Investieren an der Börse sei ein Nullsummenspiel: Zwar kann tatsächlich nicht jeder überdurchschnittliche Renditen erzielen; doch wie hoch die durchschnittliche Rendite ist, lässt sich sehr wohl beeinflussen. Würden Anleger durchgängig völlig falsche Entscheidungen treffen, indem sie zum Beispiel nur in Geld verbrennende Internetfirmen investieren, gäbe es relativ gesehen genauso viele, die unter und über dem Durchschnitt liegen, wie unter heutigen Bedingungen – aber die Durchschnittsrendite wäre eben deutlich niedriger. So wie also jede einzelne wirtschaftlich sinnvolle Anlageentscheidung die durchschnittliche Marktrendite ein winzig kleines bisschen steigen lässt, so kann auch der Durchschnitt aller CEO-Leistungen etwas zulegen, wenn ein CEO Shareholder Value nicht vernichtet, sondern schafft.

Investieren in Jockeys: Richtiges Vorgehen und häufige Fehler

Geldanlage ist mindestens so sehr eine Kunst wie eine Wissenschaft. Vielleicht ist genau das der Grund dafür, dass es so wenige Geldmanager auf die Forbes-Liste der Superreichen schaffen, weil sie eine bessere Methode zur Berechnung von abgezinsten Cashflows gefunden haben. Manche Anleger aber sind durchaus sehr reich geworden, weil sie das langfristige Potenzial von Unternehmen oder einem CEO korrekt erkannt haben. Diese einfache Wahrheit mag für viele zunächst unbefriedigend klingen, denn sie verrät wenig darüber, wie das Erfolgsrezept dafür aussieht. Denn schon bei der Beurteilung von Unternehmen spielen viele weiche Faktoren eine Rolle und bei Menschen dürfte es erst recht so sein. Für die Beurteilung von Unternehmen stehen zumindest einige Werkzeuge von Branchenexperten zur

Verfügung. Aber wie sollen wir die Leute beurteilen, die diese Unternehmen leiten?

Der Schein kann trügen

»Nicht in unserer Zeit, nicht in der unserer Väter und auch nicht in der unserer Großväter hat es ein solches gesellschaftliches Debakel je gegeben. Er hatte keinerlei Anlass, sich für mehr Macht, mehr Geld oder mehr gesellschaftlichen Status zu übernehmen. Er hatte alles.« Mit diesen Worten kommentierten die *New York Daily News* im Jahr 1938 den skandalösen Fall von Richard Whitney, dem früheren Leiter der New York Stock Exchange, der kurz nach Einrichtung der Börsenaufsicht SEC wegen Betrugsvorwürfen zurücktreten musste.[79] Fast 70 Jahre später musste mit Richard Grasso erneut der Chef der New York Stock Exchange unter skandalösen Umständen seinen Posten räumen. Die Zeiten ändern sich – die menschliche Natur offenbar nicht.

Die Qualität von Managern lässt sich nicht anhand eines einzelnen Kriteriums beurteilen. Jeff Skilling von Enron hatte in Harvard studiert. Maurice Greenberg von AIG schuf eines der wertvollsten Unternehmen der Welt. Bernie Ebbers von WorldCom trat mit Erfolg gegen riesige Konkurrenten wie AT&T an. Angelo Mozilo von Countrywide Financial war ein Pionier mit Finanzprodukten, die den Neid von großen Banken weckten. Richard Fuld von Lehman Brothers schaffte es bis ganz an die Spitze des Wall-Street-Establishments. Bevor ihre Unternehmen durch Betrug oder schlechtes Management zusammenbrachen, hielten viele Journalisten, Analysten und Anleger all diese Männer für herausragende Führungskräfte. Doch wie man sieht, ist weder ein makelloser Lebenslauf noch scheinbarer Erfolg eine Garantie für das Fortbestehen eines Unternehmens oder auch nur für persönliche Integrität.

Einfacher wird die Beurteilung eines Topmanagers, wenn er schon lange in seiner aktuellen Position arbeitet, doch das ist nur bei wenigen CEOs der Fall. Dazu John Lambert: »Eine Erfolgsgeschichte von guten Leistungen in direkt vergleichbaren Bereichen ist offensichtlich hilfreich. Häufiger allerdings haben wir es mit neuen Managementteams zu tun, deren

Vorgänger operativ oder strategisch versagt haben. Aus diesem Grund kommt es entscheidend darauf an, die Fähigkeiten und die Richtung von neuen Teams richtig einschätzen zu können.«[80]

Manchmal gibt es durchaus Hinweise darauf, dass ein Managementteam übermäßig für sich selbst wirbt oder Bilanzierungsspielräume zu aggressiv nutzt – doch die werden von Anlegern gern ignoriert. Diese Milde erklärt sich durch die Hoffnung, derartige Teams würden zumindest kurzfristig überdurchschnittliche Ergebnisse liefern. Erfolgreiche Anleger aber raten von einem solchen Kompromiss meist ab und bezeichnen die Integrität des Managements als entscheidenden Faktor. Thomas Gayner zum Beispiel, Chief Investment Officer der Markel Corporation, schließt kategorisch aus, Verfehlungen des Managements zu ignorieren, nur weil es eine hohe Anlagerendite verspricht: »Ein Bereich, in dem ich keinerlei Kompromisse mache, ist Integrität. Natürlich liege ich mit meinen Beurteilungen nicht immer richtig. Aber niemals werde ich wissentlich Menschen Geld anvertrauen, von deren Integrität ich nicht überzeugt bin. Selbst wenn jemand alles andere richtig macht, kann ihn der Faktor Integrität aus dem Rennen werfen. Mein Vater hat immer gesagt: ›Mit einem schlechten Menschen kann man keine guten Geschäfte machen.‹ Und er hatte recht.«[81] Mark O'Friel, Managing Partner von MOF Capital, fügt hinzu: »Wenn das Management eines Anlageziels vertrauenswürdig ist und ähnliche Werte hat wie der Anleger, lohnt sich eine nähere Beschäftigung. Ansonsten ist es am besten, sich fernzuhalten – es sei denn, man hat die Möglichkeit, das Management auszuwechseln.«[82]

Der Faktor Vergütung

Charles Mungers Rat, Dinge aus einer umgekehrten Perspektive zu betrachten, ist auch bei der Beschäftigung mit Managern hilfreich. Statt zu versuchen, die besten Jockeys zu finden, kann man sich also darauf konzentrieren, die Falschspieler zu entlarven, selbst wenn sie in der Wirtschaft großes Ansehen genießen. Ein Lackmustest ist zum Beispiel die Vergütung: Schnappt sich das Management verfügbares Geld, unabhängig von der Geschäftsentwicklung, oder ist seine Bezahlung eng am Erfolg orientiert? Falls das so ist, sind die Kriterien dafür strikt am Shareholder

Value ausgerichtet oder lassen sie sich auch mit dem Aufbau eines wertvernichtenden Firmenimperiums erfüllen? Eine Zunahme des Buchwerts pro Aktie entspricht meist besser den Interessen von Aktionären als Wachstum beim Gewinn vor Steuern, Zinsen und Abschreibungen, das sich auch mittels höherer Verschuldung erreichen lässt. »Wir mögen Unternehmen mit anspruchsvollen Zielen für ihre Bonusprogramme, die tatsächlich keine Boni zahlen, wenn die Ziele nicht erreicht werden«, sagt Lisa Rapuano, Portfoliomanagerin bei Lane Five Capital Management.[83] Eine Möglichkeit, die Vergütungskriterien an den Interessen der Aktionäre auszurichten, sind grundsätzlich Bonuszahlungen, die von der Aktienkursentwicklung über mehrere Jahre abhängen. Doch auch hier gibt es bedeutende Unterschiede im Detail: Spitzenmanager können entweder auf jeden Fall belohnt werden, wenn die Aktie ihres Unternehmens steigt, oder nur dann, wenn sie stärker steigt als ein Vergleichsindex. In den 1980er- und 1990er-Jahren wurden viele CEOs einfach nur deswegen reich, weil sie zur richtigen Zeit am richtigen Ort waren: mitten im Bullenmarkt an der Spitze eines hochwertigen Unternehmens.

Die Vergütungsstruktur zählt zu den wichtigsten Punkten bei der Bewertung der Frage, ob die Interessen von Managern und Aktionären übereinstimmen. Doch auch der Aktienbesitz des Managements sollte in dieser Hinsicht beachtet werden: Im Idealfall hält der CEO Aktien (nicht Optionen) seines Unternehmens mindestens im Wert seines Bargehalts über mehrere Jahre – alles andere lässt befürchten, dass er eher sein Vergütungspaket als den Wert pro Aktie maximieren wird. Pavel Begun, Managing Partner von 3G Capital Management, spricht sich in diesem Zusammenhang dafür aus, keine bestimmte Mindestsumme an Aktienbesitz zu verlangen. Auf jeden Fall aber solle die Beteiligung eines CEO an seinem Unternehmen »einen großen Anteil seines persönlichen Vermögens ausmachen«.[84]

Auf die Einstellung achten

Auch die Einstellung des Managements gegenüber seinen Aktionären spielt eine wichtige Rolle. Zunächst klingt das so sehr nach einem weichen Kriterium, dass man meinen könnte, es sei unmöglich zu beurteilen.

Jedoch lassen mehrere andere Faktoren Rückschlüsse auf die Haltung des CEO gegenüber den Eigentümern seines Unternehmens zu: Ist seine Kommunikation mit den Aktionären offen und ehrlich? Oder scheint sie eher von Öffentlichkeitsarbeitern vorformuliert und dann von Juristen überarbeitet worden zu sein? Die Jahresbriefe von Warren Buffett oder James Dimon von J.P. Morgan sind Musterbeispiele für gute schriftliche Kommunikation, denn sie informieren unverblümt über die Unternehmensentwicklung im zurückliegenden Jahr.

Viele börsennotierte Unternehmen richten regelmäßige Telefonkonferenzen zu den neuesten Geschäftszahlen aus. Bei solchen Gelegenheiten finde ich es aufschlussreich, das Verhalten des Managements während der Fragerunde zu beobachten: Werden Fragen ausführlich beantwortet oder beschränken sich die Manager auf positive Faktoren, während sie schwierige Punkte schönfärben? Antworten sie prompt oder suchen sie erst nach passenden Antworten, während sie mit Floskeln wie »Ich würde dazu sagen, dass ...« oder »Ich bin nicht sicher, ob wir dazu etwas sagen können ...« Zeit zu gewinnen versuchen? Dazu Jake Rosser: »Die Analyse der Kommunikation von Managern kann sich sehr lohnen. Der Umgang des Managements mit der wichtigsten Interessengruppe ermöglicht Einblicke in seinen Charakter. Wir mögen Manager, die halten, was sie versprechen, und die offen und ehrlich in Bezug auf ihre eigenen Probleme und Fehler sind. Managementteams, die aufrichtig sind und die Schuld für Schwächen des Unternehmens nicht bei anderen suchen, schaffen mit der Zeit meist mehr Wert als Selbstvermarkter.«[85]

Auch wenn es einen Zielkonflikt zwischen guten kurzfristigen Ergebnissen und langfristiger Performance gibt, lässt sich die Einstellung des Managements erkennen. Pavel Begun nennt in diesem Zusammenhang das Beispiel von Simpson Manufacturing, einem Hersteller von Verbindungselementen für Gebäude:

> *Der Hauptvorteil in diesem Geschäft ist der Ruf einer guten Qualität der Produkte, denn die sind für die Stabilität ganzer Gebäude verantwortlich. Als die Große Rezession begann, stand das Management vor einer Entscheidung: Es hätte beschließen können, die Gewinnmarge stabil zu halten, indem weniger hochwertige Verbinder aus einer anderen Stahlart*

produziert und die Ausgaben für Forschung und Entwicklung gekürzt werden. Das hätte geholfen, kurzfristig die Finanzzahlen zu erreichen, die der Wall Street besser gefallen hätten. Aber das Management entschied sich anders: Es sagte, es kommt nicht darauf an, was kurzfristig passiert. Denn die Realität sieht so aus, dass unser Unternehmen nur dann langfristig wertvoll sein kann, wenn die Produkte von hervorragender Qualität sind – und wir betreiben genug Forschung und Entwicklung, um sie sogar noch besser zu machen. Daran erkennt man die Mentalität des Managements. Wir wollen Leute, die sich auf den langfristigen Wert des Unternehmens konzentrieren statt auf die kurzfristige Finanzentwicklung.[86]

Natürlich versuchen auch schwache Managementteams häufig, schlechte Zahlen zu rechtfertigen, indem sie behaupten, in den langfristigen Erfolg investiert zu haben. Deshalb kommt es entscheidend auf die Zusammenhänge an, wenn man herausfinden möchte, ob das Management tatsächlich an die Zukunft denkt oder es einfach nicht geschafft hat, die erwarteten Ergebnisse zu erreichen.

Eine Frage der Kontrolle

Ein weiterer wichtiger Punkt ist die Zusammensetzung des Board of Directors, das die Aufgabe hat, die Vergütungen festzulegen und den CEO einzustellen oder zu entlassen. Hier stellt sich die Frage, wie unabhängig und aktionärsorientiert die Mitglieder dieses Aufsichtsgremiums sind. Getrost vergessen können Sie dabei die Unabhängigkeitskriterien der großen Beratungsfirmen für Aktionäre – manche von ihnen bewerteten Berkshire Hathaway schlecht und rieten sogar davon ab, Warren Buffett in das Board von Coca-Cola zu wählen. Eine vernünftige Analyse der Boards konzentriert sich auf zwei einfache Fragen: Profitieren die Mitglieder finanziell gesehen eher durch Aktienbesitz am Unternehmen oder durch Honorare für die Teilnahme an Board-Sitzungen und mögliche Geschäfte mit nahestehenden Parteien? Und: Wäre das Board, wenn nötig, tatsächlich bereit, dem CEO zu widersprechen oder ihm sogar zu kündigen?

Die Ökonomen Eugene Fama und Michael Jensen haben zu diesem Thema etwas akademisch erklärt: »Ohne Trennung von Entscheidungsmanagement und Entscheidungskontrolle sind die übrigen Beteiligten kaum vor opportunistischem Handeln der mit Entscheidungen beauftragten Personen geschützt. Dies verringert den Wert der unbeschränkten übrigen Ansprüche.« Eine Lösung für das Problem des eigennützigen Agierens von Managern kann in ihren Augen zumindest theoretisch in der Einrichtung eines Board of Directors liegen:

Die Spitze eines Systems zur Entscheidungskontrolle in großen wie kleinen Organisationen, in denen die mit Entscheidungen beauftragten Personen die finanziellen Auswirkungen ihrer Entscheidungen zum großen Teil nicht selbst tragen müssen, bildet meist eine Form eines Board of Directors. Diese Boards haben stets die Kompetenz, die obersten Entscheidungsmanager einzustellen, zu entlassen und ihre Vergütung festzulegen sowie wichtige Entscheidungen zu genehmigen und zu überprüfen. Die Ausübung dieser obersten Rechte zur Entscheidungskontrolle durch eine Gruppe (das Board) trägt dazu bei, dass die Trennung von Entscheidungsmanagement und Entscheidungskontrolle (also die Abwesenheit eines unternehmerischen Alleinentscheiders) selbst an der Spitze von Organisationen gewährleistet ist.[87]

Bei einer Konferenz zum Thema Übernahmen im Jahr 1985 äußerte sich Warren Buffett in Bezug auf die Unabhängigkeit von Boards grundsätzlich skeptisch. Er sprach sich dafür aus, dass die Entscheidungsbefugnis über Fusionen und Übernahmen bei den Aktionären liegen solle. Dabei ging er so weit, das Board als Teil des Managements zu sehen statt als Vertreter der Aktionäre. Laut Buffett sollte das Recht, ein unerbetenes Übernahmeangebot anzunehmen oder abzulehnen, nicht etwa beim Management liegen:

Irgendjemand muss dafür zuständig sein, die Entscheidung über den Verkauf eines Unternehmens zu treffen – die Aktionäre, das Management, die Regierung oder eine Mischung aus allem. Sie werden bemerken, dass ich das Board of Directors nicht einzeln erwähnt habe. Denn meiner Erfahrung nach stimmt das Board in der überwältigenden Mehrzahl der Fälle (Ausnahmen gibt es) dem zu, was das Management will. Also zähle ich es zum Management. Und das Management wird sich einem Verkauf meist widersetzen, egal wie attraktiv der angebotene Preis ist. Es wird alle möglichen gewählt klingenden Gegenargumente vorbringen, unterstützt von Meinungen von Investmentbankern und Rechtsanwälten. Doch wenn man den Managern ein Wahrheitsserum verabreichen könnte, wird man feststellen, dass sie – genau wie Sie oder ich selbst auch – sich nicht gerne von etwas trennen, egal wie attraktiv das Angebot für die Eigentümer sein mag. Ihre persönliche Gleichung ist schlicht eine ganz andere als die der Eigentümer. Wenn sie die Schlüssel für den Laden behalten können, werden sie das normalerweise auch tun.[88]

Ähnlich äußert sich Lisa Rapuano: »Wir analysieren die Boards recht aggressiv. Wir wollen wissen, ob die Mitglieder Günstlinge sind oder tatsächlich qualifiziert und ob sie früher vielleicht für weniger überzeugende Unternehmen gearbeitet haben.«[89] Aber egal welche Methode für die Beurteilung von Boards Sie letztlich wählen, immer sollte sie den folgenden Lackmustest bestehen: Würde sie zu einer schlechten Bewertung für das Board von Enron führen und zu einer guten für das von Berkshire Hathaway?

Manche Insider gehen so weit, dass sie zu einer Giftpille greifen und dreist einen Schutzmechanismus für ihren eigenen Job einführen, den sie dann irreführend als Aktionärsrechteplan bezeichnen. Dabei dienen solche Giftpillen meist nur dazu, das Management zulasten der Aktionäre abzusichern. Sie machen es für Investoren oder strategische Interessen prohibitiv teuer, ohne vorherige Zustimmung des Managements mehr als einen bestimmten Anteil eines Unternehmens zu übernehmen. Also kommt bei einem Übernahmeversuch das Board ins Spiel – und wenn dessen Mitglieder überlegen, ob sie zustimmen sollten oder nicht, denken sie dabei gewiss mindestens so sehr an die finanziellen Folgen für sich selbst wie an die für die Aktionäre. Damit stärken Giftpillen die Position von Managern bei Verhandlungen über Bonuszahlungen für die Transaktion und die Frage, ob sie anschließend ihren Job behalten. Das Ergebnis ist entweder eine entsprechende Verringerung des Werts für die Aktionäre oder das Scheitern einer Transaktion, die vorteilhaft für sie gewesen wäre.

Seltene Situationen wie Kampfabstimmungen können oft ebenfalls viel über die Haltung des Topmanagements verraten. Michael Eisner etwa tat als CEO einiges dafür, die Berufung von Roy Disney in das Board der

Walt Disney Company zu verhindern; Aktionäre hätten damals aufmerken sollen. Und auch als Carly Fiorina keine Kosten für die Aktionäre scheute, um den Widerstand von Walter Hewlett gegen die Fusion von Hewlett-Packard mit Compaq zu brechen, hätte man erkennen können, was für eine Art CEO Fiorina war – und wohl bleiben würde. CEOs, die alles dafür tun, konstruktive Kritik durch große Aktionäre zu verhindern, zeigen eine Einstellung, die im Eckbüro der Führungsetage nur selten am richtigen Platz ist.

Im Jahr 2004 beschrieb Gretchen Morgenson in der *New York Times* eine bis dahin unerkannte, vom Board nicht verhinderte Ausplünderung von Aktionärsvermögen: John Shalam, CEO von Audiovox, ließ sich eine Regelung genehmigen, wonach der Verkauf einer Audiovox-Geschäftseinheit einen »Kontrollwechsel« bei dem Unternehmen bedeutete; das wiederum war die Bedingung für die Auszahlung von 1,9 Millionen Dollar an den CEO und einen weiteren Manager, Philip Christopher als Executive Vice President der verkauften Einheit. Doch damit war die Kreativität der beiden Führungskräfte – und die Duldsamkeit des Board – noch nicht erschöpft: Mit Erfolg argumentierte Christopher, Audiovox müsse ihm weitere 16 Millionen Dollar zahlen für »privat gehaltene immaterielle Vermögenswerte« wie »persönliche Kontakte sowie persönliche und berufliche Beziehungen zu Lieferanten, Kunden, Auftragnehmern, Finanzierern, Beschäftigten und früheren Beschäftigten«. Dazu Morgenson: »Viele Jahre über wurde Christopher für die Leitung der Funktechnik-Einheit großzügig bezahlt. Teil dieses Jobs war es, professionelle Kontakte aufzubauen. Doch wie die Audiovox-Aktionäre erst durch den Verkauf seiner Einheit erfuhren, war der Wert dieser Kontakte offenbar die ganze Zeit über bei ihm selbst aufgelaufen, nicht etwa beim Unternehmen oder seinen Eigentümern.«[90]

Thomas Gayner verweist auf einen weiteren Test für das Management, der ansonsten gern übersehen wird – Verschuldung: »Einer der großen Anleger, von dem ich zu lernen versucht habe, ist Shelby Davis, Gründer von Davis Selected Advisers. Der sagte, bei Unternehmen mit geringen oder ganz ohne Schulden gebe es fast nie Fälle von Betrug. Wenn ein schlechter Mensch Geld stehlen möchte, versucht er natürlich, so viel wie möglich davon zu bekommen. Meist bedeutet das, dass solche Leute zusätzlich zum Eigenkapital auch möglichst hohe Schulden aufnehmen, um ihre Beute zu vergrößern. Sich von übertriebener Verschuldung fernzuhalten löst also viele Probleme.« Andererseits muss ich hier an die vielen chinesischen Unternehmen erinnern, die über umgekehrte Fusionen an die US-Börse gegangen sind. Einige davon schienen hohe Barbestände und fast keine Schulden zu haben. Doch die Barmittel wurden oft übertrieben hoch ausgewiesen und das operative Geschäft hatte Schwächen oder existierte gar nicht. Dieser Umstand könnte erklären, warum diese Unternehmen keine Schulden hatten: Im Rahmen der Kreditprüfung hätte ein aufmerksamer Banker den Betrug leicht bemerken können. Chinesische Betrugsunternehmen meldeten routinemäßig unterschiedliche Daten an die SEC und die chinesischen Steuerbehörden. Doch beide Zahlenwerke sind öffentlich, sodass es keinen Sherlock Holmes gebraucht hätte, um hier misstrauisch zu werden.

Von echten Betrugsfällen abgesehen, ergeben sich Risiken in Zusammenhang mit dem Management eines Unternehmens oft daraus, dass die Interessen der Führungskräfte nicht mit denen der Aktionäre übereinstimmen. Beide Gruppen wollen ihre finanziellen Vorteile maximieren, doch das kann problematisch sein, weil ihre Ziele nur zum Teil identisch sind. Aktionäre wie Manager freuen sich normalerweise, wenn die Aktie steigt. Doch wenn Manager die Wahl haben, ob sie den Aktienwert oder ihr eigenes Vermögen steigern, werden sich nur wenige für die Aktien entscheiden. »Buffett spricht vom ›institutionellen Imperativ‹ und den Verhaltensweisen, die sich daraus ergeben. Eine der zentralen Herausforderungen für jede große Institution oder Organisation ist der Umgang mit dem Principal-Agent-Konflikt. Hinter dem beliebten Sprichwort ›den Bock zum Gärtner machen‹ steckt die Befürchtung, dass die angestellten Agenten mit der Zeit die Interessen der Principals als Eigentümer vergessen«, schreibt Thomas Gayner. Im Allgemeinen verfügten die Agents zudem über die besseren Möglichkeiten und neigten auch dazu, sie zu missbrauchen.

Der Autor Fred Schwed Jr. fasste das Agenten-Problem, das sich durch die Leitung von Unternehmen durch angestellte Manager ergibt, so zusammen:

Die meisten Manager glauben, dass sie im Geschäft sind, um Geld zu verdienen, und dass es ihnen wirklich vor allem darum geht. Sehr häufig aber machen sie sich selbst damit etwas vor. Es gibt so viele andere Sachen, die viel attraktiver sind – ein tolles Produkt herstellen oder eine bemerkenswerte Dienstleistung abliefern, Arbeitsplätze schaffen, eine Branche umkrempeln, berühmt werden oder sich zumindest Gesprächsstoff für die abendliche Unterhaltung verschaffen. Ich habe schon Manager gesehen, denen es hauptsächlich darum ging, ihren Konkurrenten zu beweisen, dass sie selbst sehr schlau und die Konkurrenten verdammte Idioten sind – damit kann man sich zwar eine gewisse Befriedigung verschaffen, aber absolut kein Geld verdienen. Ein paar Mal habe ich sogar Manager gesehen, die vor allem daran interessiert waren, ihren Partnern zu beweisen, wie gut sie sind.[91]

Nicht alle Situationen sind gleich

Entscheidungen über Kapitalallokation, die zu einer bestimmten Zeit optimal für ein Unternehmen waren, können unter anderen Umständen ungünstig sein. Manchmal reagieren Anleger reflexhaft und verlangen dogmatisch, Aktienrückkäufe sollten bei der Kapitalallokation stets oberste Priorität haben. Aus ihrer eigenen Sicht mag das sogar rational erscheinen, denn meist werden Anleger deshalb zum Aktionär und bleiben es, weil sie die Unterbewertung einer Aktie erkannt zu haben glauben. Aktienrückkäufe durch das Unternehmen erscheinen ihnen deshalb sinnvoll. Doch leider können sich auch Anleger bei ihren Kaufentscheidungen irren – und damit auch in Bezug auf die Frage, ob Rückkäufe in einer bestimmten Situation tatsächlich ratsam wären.

Geschickte CEOs haben hier die Möglichkeit, Aktionäre vor einer übermäßig optimistischen Einschätzung des Aktienwerts zu schützen. Wenn das Management zu viel bezahlt oder sich dafür so sehr verschuldet, dass das Eigenkapital bei einem Abschwung in Gefahr geraten könnte, bedeuten Aktienrückkäufe eine Wertvernichtung. Ebenso schaffen sie manchmal weniger zusätzlichen Wert, als durch eine Reinvestition des Kapitals in ein wachsendes Geschäft mit attraktiven Kapitalrenditen möglich wäre. Lisa Rapuano fasst ihre Präferenzen in dieser Hinsicht so zusammen: »Wir mögen Unternehmen, die Aktien zurückkaufen, wenn die Aktie niedrig steht, die darauf verzichten, wenn die Aktie hoch steht, und die Sonderdividenden ausschütten, wenn es für das Geld keine Verwendungsmöglichkeiten mit hoher Rendite gibt. Wir mögen Unternehmen, die auf Akquisitionen, Filialeröffnungen und anderen Kapitaleinsatz verzichten, wenn der Preis dafür in ihren Augen zu hoch ist.«[92]

Bei der Beurteilung der Disziplin von Unternehmensführungen bei der Kapitalallokation sollte man zwischen zwei Arten von Situationen unterscheiden, rät Simon Denison-Smith, Anlagemanager bei Metropolis Capital:

> *Disziplin kann sich auf verschiedene Arten zeigen. Die reinste Variante (und die mit dem geringsten Risiko) besteht darin, ein Geschäftsmodell mit deutlichem organischen Wachstumspotenzial zu finden, bei dem eine hohe Rendite auf das zur Realisierung dieses Potenzials erforderliche Kapital zu erwarten ist und das Management für Wachstum keine anderen Märkte erschließen muss. Solche Unternehmen sind allerdings selten zu einem vernünftigen Preis zu finden. Anders sieht es bei Unternehmen in stagnierenden oder leicht schrumpfenden Märkten aus. Meistens ist es für die Aktionäre in solchen Fällen am besten, wenn die Unternehmen die dominante Stellung in ihrer Nische behalten (und vielleicht noch ausbauen), so viel liquide Mittel wie möglich generieren und jegliches Kapital, das für ihre Strategie nicht erforderlich ist, über Dividenden und Rückkäufe an die Eigentümer zurückgeben.*[93]

Denison-Smith differenziert also zwischen wachsenden Unternehmen und stagnierenden oder schrumpfenden. Dies ist als Hinweis darauf zu verstehen, dass es auch bei Jockey-Aktien immer auf die speziellen Umstände ankommt: Vor allem im zweiten Fall hat eine aktionärsfreundliche Kapitalallokation große Bedeutung für die Anleger. Die meisten CEOs neigen automatisch dazu, Kapital in das Unternehmen zu reinvestieren. In einem Wachstumsumfeld ist das meist auch für Aktionäre das richtige Vorgehen. Bei einem stagnierenden oder schrumpfenden Unternehmen aber birgt es die Gefahr einer Fehlallokation von Kapital, weil das Management trotz der widrigen Umstände noch in Wachstum investiert. Die Spitzen von nicht wachsenden Unternehmen sollten sich keine Illusionen darüber machen, was aus Aktionärssicht besser wäre, und dann entsprechend handeln. In der Praxis aber ist es schon schwierig genug, einen CEO zu finden, der zugibt, dass es keinen Sinn hätte, weiteres Kapital in sein Unternehmen zu investieren. Und ein CEO, der das Unternehmen darüber hinaus tatsächlich auf einem stetigen Schrumpfungskurs hält und währenddessen die Ausschüttungen an die Aktionäre maximiert, ist eine echte Rarität. Aus diesem Grund achte ich gerade bei nicht mehr wachsenden Unternehmen sehr genau darauf, was ihre Manager sagen, was sie tun und wie die Anreize für sie gestaltet sind.

Auch in finanziellen Notlagen oder Wirtschaftskrisen kommt es oft entscheidend auf das Management an. Wenige Unternehmen sind von so hoher Qualität, dass sie selbst bei einem Nachfrageeinbruch oder einer Kreditklemme noch zu großzügig mit Kapital ausgestattet wären. Ob aus finanziellen Zwängen heraus oder weil sie ein Finanzpolster aufbauen wollen: Viele Managementteams sind ausgerechnet dann besonders empfänglich für Angebote zur Aufnahme neuen Eigenkapitals, wenn diese für die bestehenden Aktionäre wegen des Krisenumfelds am ungünstigsten sind. CEOs, die selbst eine große Beteiligung halten, dürften eher geneigt sein, alle Alternativen zu prüfen, bevor sie eine Verwässerung des Eigenkapitals hinnehmen. Das unterscheidet sie von anderen Führungskräften, deren Hauptsorge eine PR-Firma vielleicht als »ein Liquiditätspolster anlegen, um weiterhin im besten Interesse unserer Kunden, Lieferanten und anderer Gruppen agieren zu können« beschreiben würde. Wenn eine Kapitalerhöhung unvermeidlich ist, würde ein aktionärsfreundlicher CEO sie vielleicht zumindest eher über Bezugsrechte für die bestehenden Aktionäre realisieren als über die Zuführung gänzlich neuen Kapitals.

Filterkriterien für die Suche nach Jockey-Aktien

In einer idealen Welt könnten Anleger das gesamte Universum börsennotierter Unternehmen nach den fähigsten Managern und der besten Übereinstimmung bei den Interessen von Management und Aktionären absuchen. Das ist natürlich nicht so einfach. Stellen Sie sich vor, Sie würden versuchen, sich von Ihrer Screening-Software eine Liste mit dem obersten

Prozent aller Unternehmen hinsichtlich der Interessenübereinstimmung oder der Aktionärsfreundlichkeit ausgeben zu lassen.

Leider existiert eine solche Screening-Software nicht, denn Faktoren wie Aktionärsfreundlichkeit, Übereinstimmung der Interessen von Management und Aktionären sowie die Fähigkeit von Managern, ein Unternehmen gut zu führen, setzen sich nicht nur aus vielen Einzelvariablen zusammen, sondern erfordern auch ein gewisses Urteilsvermögen. Ein direktes Filtern nach Jockey-Aktien ist also nicht möglich. Doch mit den richtigen Kriterien kann man Unternehmen mit gutem Management zumindest näher kommen, sowohl hinsichtlich der Fähigkeiten als auch in Bezug auf die Übereinstimmung der Interessen.

Fähigkeiten des Managements

Die folgenden Indikatoren für die Fähigkeiten des Managements sind meiner Erfahrung nach besonders hilfreich: Rendite auf das eingesetzte Kapital, Zunahme des eingesetzten Kapitals (pro Aktie), Margenprofil, Umschlagsgeschwindigkeit der Aktiva und Investitionsentwicklung.

INDIKATOR 1: RENDITE AUF DAS EINGESETZTE KAPITAL. Eines der wichtigsten Ziele angestellter Manager sollte sein, die Differenz zwischen den Kapitalkosten und der Rendite auf dieses Kapital zu vergrößern. Das Konzept des Economic Value Added beruht auf zwei miteinander zusammenhängenden Tatsachen: Für Anleger gibt es alternative Verwendungsmöglichkeiten für ihr Kapital und riskantere Unternehmen müssen tendenziell höhere Kapitalrenditen versprechen. Der zweite Punkt leuchtet unmittelbar ein; trotzdem ist es enorm schwierig, ihn in einem vernünftigen Ansatz für die Geldanlage zu berücksichtigen. Hier auf die Höhe der Kapitalkosten unterschiedlicher Unternehmen zu achten ist nur selten ein wichtiger Erfolgsfaktor. Einige der erfolgreichsten Anleger überhaupt nehmen für so gut wie alle Unternehmen identische Kapitalkosten an und konzentrieren sich stattdessen auf andere Werttreiber. Warren Buffett etwa verwendet einen pauschalen Diskontierungssatz von 10 Prozent, um den Gegenwartswert der Cashflows von Unternehmen zu bestimmen. Wenn in zwei Fällen in etwa derselbe Gegenwartswert herauskommt, geht es im nächsten Schritt darum, bei welchem davon die Cashflows eher stabil bleiben dürften.

Wenn man von 10 Prozent als Standardkosten für Kapital ausgeht, kann die damit erzielte Rendite ins Zentrum der Aufmerksamkeit rücken. Berechnen lässt sie sich mit vielen unterschiedlichen Methoden, von denen jede ihren speziellen Nutzen hat. Die Rendite auf das (materielle) Eigenkapital zum Beispiel zeigt am genauesten, welchen Ertrag ein Unternehmen für die Aktionäre erwirtschaftet – einschließlich der positiven Wirkung von Verschuldung. Über den Verschuldungsgrad selbst aber sagt diese Kennzahl nichts aus, was unternehmensübergreifende Vergleiche und Risikoabschätzungen erschwert.

Ein Wert mit mehr Aussagekraft ist in dieser Hinsicht die Gesamtkapitalrendite, die aber wiederum eigene Schwächen hat. So verrät sie wenig über den Wert von Unternehmen, die für ihren Gewinn eine große Kapitalbasis benötigen. Vertriebsfirmen zum Beispiel halten relativ zu ihrem Eigenkapital oft hohe Lagerbestände; dadurch kann der Eindruck entstehen, sie hätten eine niedrige Gesamtkapitalrendite und eine hohe Eigenkapitalrendite. Ähnliche Überlegungen gelten für Banken mit hohem ausstehenden Kreditvolumen.

Ich konzentriere mich deshalb zumeist auf die Rendite auf das eingesetzte Kapital, berechnet als Betriebsgewinn geteilt durch das für den Geschäftsbetrieb tatsächlich benötigte Kapital. Letzteres entspricht in etwa den Sachanlagen, zuzüglich der kurzfristigen Nichtfinanz-Aktiva und abzüglich der kurzfristigen Nichtfinanz-Verbindlichkeiten. Der tatsächliche Wert des eingesetzten Kapitals lässt sich auf dieser Grundlage ermitteln, indem man auf dem gesunden Menschenverstand beruhende Anpassungen daran vornimmt. Wenn ein Unternehmen für seinen Betrieb zum Beispiel immer eine gewisse Mindestliquidität benötigt, sollte diese zum eingesetzten Kapital hinzugerechnet werden. Wenn ein anderes Unternehmen über Immobilien verfügt, die es für sein Kerngeschäft nicht braucht, sollte deren geschätzter Wert vom eingesetzten Kapital abgezogen werden. Dies ist ähnlich wie beim Konzept des Unternehmenswertes, den viele Anleger strikt als Summe von Börsenwert der Aktien und Nettoschulden berechnen. Auch hier sind jedoch sinnvolle Anpassungen möglich, zum Beispiel wenn hohe Liquidität de facto nicht verfügbar ist, weil sie auf saisonal erhöhten Anzahlungen oder Vorauszahlungen beruht.

Beim Versuch, einen Zusammenhang zwischen Kapitalrendite und den Fähigkeiten des Managements herzustellen, ist es hilfreich, nicht nur die absolute Höhe der Rendite zu betrachten, sondern auch weitere Aspekte: Wie sieht die Rendite auf das eingesetzte Kapital im Vergleich zum Durchschnitt bei ähnlichen Unternehmen aus? Wie ist die Rendite im Vergleich zum historischen Durchschnitt beim selben Unternehmen, insbesondere in der Zeit, bevor das aktuelle Management die Leitung übernommen hat? Wie hat sich die Differenz zwischen den Renditen des Unternehmens und denjenigen von vergleichbaren Unternehmen im Zeitverlauf entwickelt?

INDIKATOR 2: ZUNAHME DES EINGESETZTEN KAPITALS (PRO AKTIE). Auf den ersten Blick mag es wenig sinnvoll erscheinen, die Qualität von Managern anhand des Wachstums der Kapitalbasis ihrer Unternehmen zu beurteilen. Tatsächlich gibt es hier wichtige Einschränkungen, denn nur zu leicht können Manager die Kapitalbasis vergrößern, ohne dadurch Wert für die Aktionäre zu schaffen. Möglich sind zum Beispiel wertvernichtende Übernahmen oder es verbleibt Kapital im Unternehmen, das lieber ausgeschüttet oder für Aktienrückkäufe verwendet werden sollte.

Die Zunahme des eingesetzten Kapitals betrachte ich deshalb nur zusammen mit seiner Rendite. Soweit diese akzeptabel hoch ist, kann das Management mehr Wert schaffen, indem es das Kapital nicht konstant hält, sondern organisch wachsen lässt. Anders sieht es zum Beispiel bei Zeitungsverlagen aus: Aufgrund ihrer geringen Kapitalintensität mögen sie hohe Renditen erzielen, doch wegen des Mangels an Reinvestitionsmöglichkeiten sind sie relativ unattraktiv. Diese Logik gilt auch für alle anderen Managementteams, die es nicht schaffen, Kapital zu attraktiven Renditen zu reinvestieren. Gute Manager dagegen werden lukrative Möglichkeiten dafür finden, sodass sich das einstellt, was meist als organisches Wachstum und Erhöhung des Marktanteils begrüßt wird.

Trotzdem lässt sich Managementqualität nicht allein anhand der Rendite auf das eingesetzte Kapital beurteilen. Um das zu verstehen, hilft ein hypothetisches Unternehmen, bei dem die Rendite steigt, das eingesetzte Kapital jedoch abnimmt. Wenn dieses Unternehmen viel Kapital an seine Aktionäre zurückgibt, kann das Ergebnis für diese noch akzeptabel sein. Wahrscheinlicher aber ist, dass im Zuge der Kapitalverringerung auch der Wert des Unternehmens gesunken ist. Einer der Hauptgründe für die Übernahme von Burlington Northern durch Berkshire Hathaway war vielleicht die Tatsache, dass die Eisenbahngesellschaft große Mengen an Kapital sinnvoll einsetzen und dieses Volumen mit der Zeit noch steigern konnte. Die Kombination aus hoher Kapitalintensität und bescheidenen Kapitalrenditen scheint für Buffett interessanter gewesen zu sein als eine hohe Rendite auf eine kleinere Basis an eingesetztem Kapital.

INDIKATOR 3: MARGENPROFIL. Die Brutto- und operativen Margen können sich je nach Branche erheblich unterscheiden. Es existiert zwar eine Korrelation zwischen Margen und Kapitalrenditen, aber nicht unbedingt ein Kausalzusammenhang. Walmart etwa erwirtschaftet trotz einer Nettomarge im niedrigen einstelligen Bereich hohe Kapitalrenditen. Möglich ist das, weil im Zähler dieser Berechnung nicht die Marge steht, sondern der Gewinn – und bei Walmart ist der Gewinn relativ zum eingesetzten Kapital hoch, weil dort ein enorm hohes Volumen an Transaktionen zu niedrigen Margen abgewickelt wird. Dadurch ergibt sich ein große Umschlagshäufigkeit des Kapitals, das hauptsächlich aus Lagerbeständen besteht. Sehr vereinfacht ausgedrückt: Je schneller ein Lebensmittelhändler seine Lager leert und wieder auffüllt, desto mehr Gewinn erzielt er und desto höher ist seine Kapitalrendite.

Bei der Suche nach guten Managementteams ist es wenig sinnvoll, nach bestimmten absoluten Werten für Brutto-, Betriebs-, Vorsteuer- oder Nettomarge zu filtern. Wenn alles andere gleich ist, mögen höhere Margen besser sein, aber über die Managementqualität sagen sie nichts aus. Diese lässt sich nur beurteilen, indem wir das Margenprofil eines Unternehmens sowohl mit dem Durchschnitt ausgewählter anderer Unternehmen vergleichen als auch mit den früheren Werten bei dem untersuchten Unternehmen selbst.

Doch auch beim Vergleich von Margen über mehrere Unternehmen hinweg ist Vorsicht geboten. Manchmal behandeln Unternehmen derselben

Branche dieselben Faktoren unterschiedlich; so können bestimmte Ausgaben entweder als Kosten des Verkaufs oder als Betriebskosten verbucht werden. Für Vergleiche sind die operativen Margen meist aussagekräftiger als die Bruttomargen. Eine weitere Komplikation ergibt sich durch sogenannte Sondereinflüsse: Manche Unternehmen melden für die meisten Perioden hohe Brutto- oder operative Margen, nur um dann später hohe Wertberichtigungen vorzunehmen. Beispielsweise könnte man glauben, ein Halbleiterhersteller, der höhere Bruttomargen meldet als die Konkurrenz, sei auch besser geführt. Wenn er jedoch anschließend eine Abschreibung auf seinen Lagerbestand verkündet, lässt sich der Schluss ziehen, dass die wahre Bruttomarge von vornherein niedriger war. Jegliche Hoffnung auf überdurchschnittliche Fähigkeiten des Managements war hier also ohne Grundlage.

INDIKATOR 4: KAPITALUMSCHLAG. Daten zur Umschlagshäufigkeit des Kapitals lassen die Kapitaleffizienz eines Unternehmens erkennen. Anhand dieses Wertes lassen sich mehrere gute Fragen beantworten, zum Beispiel die, wie schnell die Ware aus den Regalen gekauft wird. Werfen wir zur Erläuterung einen Blick auf die Angaben in Tabelle 5.1, entnommen einer Gewinnpräsentation von Dell.[94] Der sogenannte Geldumschlag zeigt, nach wie vielen Tagen ein Verkauf bei Dell cash-wirksam wird. In den meisten Unternehmen ist dieser Wert positiv – bis das Geld auf dem Firmenkonto ist, vergehen also einige Tage. Im Fall von Dell aber liegt der Wert unter null, weil das Unternehmen seine Zulieferer länger auf ihr Geld warten lässt, als die Ware auf Lager liegt, und es selbst auf den Geldeingang vom Käufer warten muss.

	Q3 12	Q4 12	Q1 13	Q2 13	Q3 13
Forderungslaufzeit	42	42	43	46	45
Lagerdauer	11	11	12	13	11
Verbindlichkeitenlaufzeit	84	89	87	89	88
Geldumschlag	–31	–36	–32	–30	–32

Geldumschlag = Forderungslaufzeit + Lagerdauer – Verbindlichkeitenlaufzeit

Tabelle 5.1: Geldumschlagsrechnung von Dell Inc. Quelle: Dell Inc., *The Manual of Ideas*

Dass der Geldumschlag bei Dell negativ ist, spricht für seine Managementqualität. Wenn es allerdings lange Zeit dabei bleibt, kann man sich durchaus die Frage stellen, ob das bessere Abschneiden als die Konkurrenz tatsächlich besserem Management geschuldet ist oder nicht doch eher einem einzigartigen Geschäftsmodell. Dell war vor einigen Jahren das erste Unternehmen, das Computer nach dem Prinzip »built to order« verkaufte, sie also erst dann zusammenbaute, wenn sie bereits bestellt waren. Ein Geldumschlag wie in Tabelle 5.1 war vor diesem Hintergrund zu erwarten. Daraus die Schlussfolgerung zu ziehen, der Dell-CEO sei besser als der eines Konkurrenten mit schwächerem Geldumschlag, wäre jedoch voreilig. Stattdessen sollte ein neuer CEO daran gemessen werden, wie sich der Geldumschlag bei Dell in seiner Amtszeit entwickelt. Selbst dann allerdings kann dieser Wert noch aus Gründen sinken oder steigen, die mit den Fähigkeiten des CEO nichts zu tun haben. So könnte der Geldumschlag auch dann weniger günstig aussehen, wenn das Management versucht, auf andere Weise den Shareholder Value zu steigern.

INDIKATOR 5: INVESTITIONSENTWICKLUNG. Eines der wichtigsten Ziele für viele Manager ist, dass ihr Unternehmen fortgeführt wird. Verfügbare Mittel stecken sie fast automatisch eher in Investitionen und Akquisitionen als in Dividenden oder Aktienrückkäufe. Investitionen sind zwar eine Entscheidung zur Kapitalallokation, doch sie erlauben auch Einblicke in die Fähigkeiten des Managements im operativen Geschäft. Das gilt besonders dann, wenn es möglich ist, bei der Analyse zwischen Wartungs- und Wachstumsinvestitionen zu unterscheiden.

In manchen Branchen gibt es hohen Reinvestitionsbedarf, weil ohne Investitionen die Wettbewerbsfähigkeit leidet. Etwa bei Telekom-Dienstleistern: Hier sind viele der größten Anbieter auf GAAP-Basis sehr profitabel, doch unter Berücksichtigung der Investitionen lässt ihr Cashflow einiges zu wünschen übrig. In solchen Branchen würde ein besonders gutes Management vielleicht Möglichkeiten finden, die Investitionen zu begrenzen und trotzdem nicht die Wettbewerbsfähigkeit zu verlieren.

Um Daten zur Höhe der Investitionen für die Analyse der Managementqualität zu nutzen, filtere ich nach der Zunahme der Investitionen im Verhältnis zum Umsatzwachstum sowie nach dem Investitionswachstum relativ zu den Abschreibungen. Wenn ein Unternehmen es schafft, die Investitionen unter den Abschreibungen zu halten, kann sein freier Cashflow über dem Nettogewinn liegen, was möglicherweise eine höhere Bewertung für den gemeldeten Gewinn rechtfertigt.

Anreize für das Management

Wie wichtig die richtigen Anreize für Manager sind, ist weithin bekannt, unter anderem durch akademische Untersuchungen und die Lehren von Robert Cialdini und Charles Munger. Unternehmen mögen ambitionierte Mission Statements veröffentlichen und ihren Beschäftigten anspruchsvolle Ziele vorgeben, doch stärker reagieren Menschen auf direkte Anreize. Im Zusammenhang mit Unternehmen sind diese Anreize meist finanzieller Natur, doch auch Reputation und Karrierechancen können ein Ansporn sein. So ist der jährliche Brief von Buffett zu einem mächtigen Werkzeug für das öffentliche Loben der Leistungen von Managern geworden, die sich nicht nur von Geld motivieren lassen. Für viele der Topmanager bei Berkshire Hathaway liegt die eigentliche Belohnung darin, sich das Vertrauen von Buffett zu erarbeiten und es zu behalten.

INDIKATOR 1: AKTIENBESITZ. Vielleicht der beste Indikator dafür, wie gut die Anreize in einem Unternehmen zu den Interessen der Aktionäre passen, ist der Aktienbesitz seiner Führungskräfte. Wenn der CEO deutlich mehr persönliches Vermögen in eigenen Aktien hält, als er pro Jahr an Gehalt bekommt, wird er vielleicht nicht nur als Manager agieren, sondern auch als Aktionär. Daniel Gladiš nennt den Aspekt der Anreize als einen der wichtigsten Gründe für Investitionen in Familienunternehmen: »Wenn eine Familie die Hälfte oder drei Viertel ihres Vermögens in dieses eine Unternehmen investiert hat, wird sie wahrscheinlich sorgfältiger damit umgehen als ein gemietetes Management, das kommt und nach drei oder vier Jahren wieder geht.«[95]

Meine Erfahrung ist: Wenn der CEO so viele normale Aktien – Aktienoptionen lasse ich außer Acht – besitzt, dass ihr Börsenwert sechs- oder siebenmal so hoch ist wie sein jährliches Gesamtgehalt, wird er bei Entscheidungen eher wie ein Eigentümer handeln als wie ein Angestellter. Leider aber gibt es nur in wenigen Aktien-Screenern Daten zur Gesamtvergütung des CEO, sodass es ohne Umwege nicht möglich ist, nach dem Verhältnis von Aktienbesitz zu jährlicher Bezahlung zu filtern.

Als grobe Annäherung könnte man ein Jahresgehalt von 1 Million Dollar annehmen; nach meiner Faustregel wäre das Screening-Kriterium für den CEO dann mindestens 7 Millionen Dollar an Aktienbesitz. Diesen absoluten Wert kann man in einen Prozentanteil am Unternehmen umrechnen, der dann die Grundlage für einen mechanischen Filter bildet. Bei einem Unternehmen mit einer Marktkapitalisierung von 350 Millionen Dollar zum Beispiel müsste der CEO mindestens 2 Prozent der Aktien besitzen. Auch hier sind möglicherweise Kompromisse nötig, weil die meisten Aktien-Screener nur Daten zur Gesamtbeteiligung aller Insider zusammen bereithalten. Wenn wir trotzdem mit dem Mindestwert von 2 Prozent arbeiten, würde das einen niedrigen Schwellenwert für den CEO allein bedeuten. Deshalb kann es in diesem Beispiel besser sein, das Filterkriterium von 2 Prozent auf 3 Prozent Insiderbeteiligung zu verschärfen.

Manchmal filtern Anleger auch nach einer Insiderbeteiligung von mindestens 10 Prozent – in der Hoffnung, ein so hoher Wert werde eine bessere Liste von Anlagekandidaten auswerfen. In diesem Zusammenhang muss man aber zwei Fragen beantworten: Wie lang soll unsere Liste von Anlagemöglichkeiten werden? Und sind wir bereit, unsere Suche auf Small-Cap-Unternehmen zu konzentrieren? Letzteres ist fast zwingend erforderlich, wenn wir auf mindestens 10 Prozent Insiderbesitz bestehen, denn die Führungskräfte und Board-Mitglieder in großen börsennotierten Unternehmen halten nur selten mehr als 10 Prozent aller Aktien. Alternativ kann man deshalb nach Unternehmen filtern, bei denen die prozentuale Insiderbeteiligung höher ist als 1 Milliarde Dollar geteilt durch die Marktkapitalisierung. Damit müsste das Management bei einem Unternehmen mit einem Börsenwert von 100 Millionen Dollar also einen Anteil von mindestens 10 Prozent haben, bei einem Börsenwert von 1 Milliarde Dollar mindestens 1 Prozent und bei einem Börsenwert von 10 Milliarden Dollar mindestens 0,1 Prozent. Um die Liste der Kandidaten zu verkürzen, kann man den Zähler auch von 1 Milliarde auf 2 Milliarden Dollar oder sogar 5 Milliarden Dollar erhöhen. Je höher wir ihn wählen, desto mehr kleinere Unternehmen fallen aber aus der Betrachtung.

INDIKATOR 2: INSIDERKÄUFE. Die Käufe und Verkäufe von Aktien durch die Manager und Board-Mitglieder von Unternehmen werden von vielen Informationsdiensten erfasst. In den USA müssen solche Transaktionen mit geringer Zeitverzögerung an die SEC gemeldet werden. In anderen Ländern gibt es recht unterschiedliche Meldepflichten, doch auch hier sind Informationen zur Insideraktivität meist auf den Websites von Unternehmen, Börsen oder Aufsichtsbehörden zu finden. Meist nutzen Anleger sie als Timing-Signal für den eigenen Einstieg oder Ausstieg bei einer Aktie. Die Überlegung dahinter: Käufe oder Verkäufe durch Manager könnten auf wichtige Ereignisse in nicht allzu ferner Zukunft hinweisen.

Insidergeschäfte dürften tatsächlich vor allem kurzfristig Aussagekraft haben. Allerdings haben sie auch eine gewisse Bedeutung im Zusammenhang mit den Anreizen für Manager. Der sogenannte Rezenzeffekt kann dafür sorgen, dass Führungskräfte ihren jüngsten Entscheidungen – einschließlich des Aktienkaufs – überproportionales Gewicht beimessen. Und selbst wenn die jüngsten Käufe den Gesamtbesitz des CEO nicht signifikant erhöhen, könnte seine bewusste Entscheidung, eigenes Geld zu investieren, indirekt dafür sorgen, dass er emotional an die Interessen der Aktionäre gebunden ist. Bei vielen Führungskräften ergibt sich der Großteil ihres Aktienbesitzes aus Zuteilungen und der Ausübung von Optionen, was manche als Spielen auf Kosten des Hauses verstehen könnten. Wenn CEOs aber ihr eigenes Kapital – also Geld, das sie auch anderswo anlegen oder ausgeben könnten – in ihr Unternehmen investieren, ist das als klare Entscheidung zugunsten der Aktie zu verstehen.

Je nachdem, mit welchem Aktien-Screener man arbeitet, sind Aktienbesitz und Kaufaktivität die einzigen quantitativen Möglichkeiten zur Klärung der Frage, wie gut die Interessen von Management und Aktionären übereinstimmen. Weitere interessante Faktoren wären die Bedingungen für die Vergütungspakete des Managements, die Board-Mitgliedschaft eines großen Aktionärs, der nicht zum Management gehört, und die Frage, ob es eine realistische Übernahmemöglichkeit gibt, falls es dem Management nicht gelingt, Aktienwert zu schaffen.

Fähigkeiten bei der Kapitalallokation

Extreme Fälle hinsichtlich der Fähigkeit von Managern zur Kapitalallokation sind leicht zu entdecken. Wenn ein CEO ein Unternehmen seit Jahrzehnten leitet, kann schon ein Blick auf den langfristigen Aktienkurs helfen. Nehmen wir die langfristige Wertschaffung bei Unternehmen wie Berkshire Hathaway, Fairfax Financial oder Markel Corporation. Nur geradezu zynische Anleger würden nicht sofort zu dem Schluss kommen, dass Warren Buffett, Prem Watsa oder Thomas Gayner bei der Kapitalallokation besonders gut sind. Dass jeder dieser drei Männer eine Anlagephilosophie formuliert hat, die auch wirtschaftlich sinnvoll klingt, spricht ebenfalls für sie. Denn manchmal stoße ich auf Führungskräfte, die zunächst hervorragende Kapitalallokatoren zu sein scheinen, dann aber scheitern, wenn sich die Umstände verändern. Denken wir etwa an Angelo Mozilo von Countrywide Financial oder sogar Hank Greenberg von AIG.

Zwischen solchen Extremen guter und schlechter Kapitalallokation liegt eine Welt der Mittelmäßigkeit, in der Manager Kapital oft quasiautomatisch in das bestehende Geschäft reinvestieren und sich für Alternativen kaum interessieren. Amit Wadhwaney, Gründungsmanager des Third Avenue International Value Fonds, nennt als Beispiel ein japanisches Unternehmen, das »alles richtig gemacht hat außer einer der wichtigsten Sachen überhaupt. Mitsui Fudōsan ist ein beeindruckendes Immobilienunternehmen. Der Haken daran ist folgender: In Japan liegen die Kapitalisierungsraten von Neubauten bei etwa 5 Prozent. Gleichzeitig kann man Aktien zu hohen einstelligen Werten zurückkaufen, vielleicht 9 bis 10 Prozent. In meinen Augen braucht man nicht viel Fantasie, um auf diese Idee zu kommen. Doch seit mehreren Jahren bekommen wir Besuche vom Management und genauso lange fragen wir es schon, warum das nicht gemacht wird. Und dann heißt es immer: ›Nein, nein, nein, wir müssen dafür sorgen, dass das Unternehmen wächst!‹«[96]

Als Anleger suchen wir nach Möglichkeiten, aus dem Universum aller börsennotierten Unternehmen diejenigen herauszufiltern, die von geschickten Kapitalallokatoren geleitet werden. Kein quantitatives Screening wird in dieser Hinsicht perfekt sein, aber mit den folgenden Ansätzen sollten sich Listen von Unternehmen zusammenstellen lassen, die für weitere Untersuchungen infrage kommen.

INDIKATOR 1: AKTIENRÜCKKÄUFE. Wenn Unternehmen ihre eigenen Aktien zu einem Kurs unter dem inneren Wert zurückkaufen, nimmt dieser innere Wert, gerechnet pro Aktie, zu. Wenn man zudem bedenkt, dass Anleger meist Aktien kaufen, die sie selbst für unterbewertet halten, ist wenig verwunderlich, dass der Ruf nach Rückkäufen in letzter Zeit immer lauter zu vernehmen ist. Anleger wählen demnach von sich aus tendenziell Unternehmen aus, von denen sie Aktienrückkäufe erwarten. Die sind allerdings keine Patentlösung, denn sie bedeuten nicht automatisch auch einen höheren Eigenkapitalwert pro Aktie. Ich suche vor allem nach Unternehmen, bei denen es einen inversen Zusammenhang zwischen Rückkaufaktivität und Aktienkurs gibt: Wenn der Kurs fällt, soll das Management aggressiver Aktien zurückkaufen als bei steigendem Kurs. Leider aber verhalten sich viele CEO hier genau wie der Rest des Marktes: Im Boom werden sie übermütig und am Boden verzweifelt. Ein Beleg für dieses Phänomen ist die immer geringere Rückkaufaktivität bei Apollo Group und ITT Educational Services im Zuge sinkender Aktienkurse im Jahr 2012.

Die meisten Werkzeuge zum Aktien-Screening enthalten auch Zeitreihendaten für die Zahl der umlaufenden Aktien, sodass man auch dann die Rückkaufaktivität erkennen kann, wenn keine direkten Angaben dazu vorhanden sind. Ein guter Indikator für den Umfang der Rückkäufe ist meist der Rückgang bei der Zahl der in Umlauf befindlichen Stammaktien. Wenn man sich die Quartalsdaten über mehrere Jahre ansieht, kann man vielleicht Einblicke über den Zusammenhang zwischen Rückkaufaktivität und Aktienkurs gewinnen; ebenso sind möglicherweise Zeiten mit besonders aggressiven Rückkäufen zu erkennen. Im Rückblick lässt sich auf dieser Grundlage vielleicht beurteilen, ob das Unternehmen für die eigenen Aktien zu viel bezahlt hat, jedenfalls nach der anschließenden Beurteilung durch den Markt.

Eine letzte wichtige Einschränkung dazu: Man sollte nicht erwarten, dass CEOs bei Rückkäufen den absoluten Tiefpunkt erwischen. Sie schaffen immer dann Wert, wenn sie Aktien unter ihrem fairen Wert kaufen, selbst wenn der Aktienkurs anschließend noch weiter sinkt. Weil ich mir nicht zutraue, den inneren Wert eines Unternehmens zu beliebigen Zeitpunkten in der Vergangenheit korrekt abzuschätzen, benutze ich als Annäherung dafür den Börsenpreis. Dem muss man allerdings etwas Zeit lassen: Meiner Erfahrung nach kann man frühestens nach zwei oder drei Jahren anhand des dann aktuellen Aktienkurses beurteilen, ob ein Aktienrückkauf eine weise Entscheidung war oder nicht.

INDIKATOR 2: DIVIDENDEN. Studierte Ökonomen erinnern sich vielleicht noch an das Modigliani-Miller-Theorem. Eine seiner Aussagen ist, dass Dividenden, wenn man steuerliche Aspekte außer Acht lässt, keine Rolle spielen. Der für seine unbeabsichtigt weisen Sprüche bekannte US-Baseballspieler Yogi Berra würde das vielleicht ähnlich sehen – von ihm stammt schließlich die Aussage: »In der Theorie gibt es keinen Unterschied zwischen Theorie und Praxis. In der Praxis schon.« Franco Modigliani und Merton Miller haben, bevor sie ihr mathematisch einwandfreies Theorem formulierten, wahrscheinlich nicht mit Führungskräften in echten Unternehmen gesprochen. Die nämlich haben eine gewisse Neigung, Geld auszugeben, das ihnen zur Verfügung steht. Wenn Kapital im Unternehmen bleibt, statt als Dividende ausgeschüttet zu werden, führt das in manchen Fällen nur zu einer Erhöhung der allgemeinen Verwaltungskosten – ohne entsprechende Steigerung des Umsatzes.

Ebenfalls anders als in der Theorie hat es in der Praxis zudem schon mehr als eine wertvernichtende Akquisition gegeben, umgesetzt von Managementteams mit zu viel Geld in der Hand. Dabei handelte es sich nicht etwa um sauber durchgerechnete Transaktionen, die später doch Probleme machten – ein rationaler Beobachter hätte sie von vornherein als nicht sinnvoll erkennen können. Ich erinnere mich noch an zwei solcher Fälle, die mir fast körperliche Schmerzen bereiteten: Einmal, als das hochgelobte Managementteam von Hewlett-Packard beschloss, Milliarden an Aktionärskapital für Compaq auszugeben; beim zweiten Mal, ein paar Jahre später, wollte HP auch noch unbedingt ein Software-Unternehmen namens Autonomy haben.

Durch Dividenden gelangt nicht nur ein Teil des freien Kapitals aus der Hand der Unternehmensführung in die der Anleger, sodass diese selbst über seine Verwendung entscheiden können: Ausschüttungen haben auch auf andere Weise eine disziplinierende Wirkung auf das Management. Regelmäßige Dividendenzahlungen, auch in rein elektronischer Form, erinnern Führung und Board-Mitglieder daran, wer die wahren Eigentümer des Unternehmens sind. Wenn ein Unternehmen Dividenden zahlt, wird dem Board klar vor Augen geführt, dass unterschiedliche Möglichkeiten zur Kapitalallokation zur Verfügung stehen – weiter am Glücksrad zu drehen ist plötzlich nicht mehr die einzige Option. Wenn das Management keine überzeugenden Möglichkeiten zur Reinvestition findet, kann es stattdessen Geld an die Aktionäre zurückgeben, die es dann selbst produktiven Verwendungen zuführen.

Nach dem Screening: Eine Visitenkartensammlung hervorragender Manager aufbauen

An der Spitze ist es einsam. Echte Exzellenz ist unter angestellten Managern ungeachtet ihrer beeindruckenden Lebensläufe nur selten zu finden. Manager sind das Produkt ihrer Zeit und ihres Umfelds und seit einiger Zeit ist Konformität in Vorstandsetagen und Board-Sitzungssälen ein wichtiger Faktor. Auf jeden Steve Jobs können tausend John Sculleys kommen, der Apple zwischendurch an den Rand des Abgrunds führte. Dies gilt schon in Bezug auf Führungsqualität im operativen Geschäft, erst recht aber für Kapitalallokation. Viele Absolventen von Business Schools wollen hervorragende operative Führungskräfte werden, aber nur wenige hervorragende Kapitalallokatoren. Gute operative Führung wird assoziiert mit: auf dem Markt gewinnen, Konkurrenten Anteile abjagen, innovative Produkte herausbringen, die besten Talente für sich gewinnen und das Unternehmen wachsen lassen. Kein Wunder also, dass viele CEOs lieber über Marktanteile oder Umsatzwachstum sprechen als über Kapitalrenditen oder Zunahmen beim Eigenkapitalwert pro Aktie. Als herausragende Führungspersönlichkeit kann ein CEO praktisch über Nacht bekannt werden – ein bahnbrechendes Produkt oder eine große Akquisition reichen manchmal schon aus. Bis dagegen die Wirkung überragender Kapitalallokation erkennbar wird, dauert es seine Zeit. Einer der besten Kapitalallokatoren des 20. Jahrhunderts etwa war Henry Singleton von Teledyne. So bekannt wie Michael Eisner von Disney oder Jack Welch bei GE wurde er nie. Langjährige Teledyne-Aktionäre würden jedoch sofort erkennen, wer von den drei Managern der wahre Held ist.

Ich unterscheide also zwischen operativer Führungsqualität und guter Kapitalallokation, sodass ich zwei Listen mit hervorragenden Managern führe – wobei die mit den operativ guten deutlich länger ist. Nur wenige Namen schaffen es auf beide Listen gleichzeitig. Allerdings sind gute Kapitalallokatoren nur selten wirklich schlecht im operativen Geschäft. Wenn ihnen etwas vorgeworfen wird, dann nur ihre Obsession für die Kapitalrendite, wegen der sie operativen Einheiten manchmal benötigtes Geld vorenthalten. Der berühmteste Fall ist hier wieder einmal Warren Buffett. Aus Berkshire Hathaway machte er eine Zinseszinsmaschine aus vielen Einzelunternehmen, das ursprüngliche Textilgeschäft aber geriet in Vergessenheit. Ein neueres Beispiel kommt von Edward Lampert von der Sears Holding: Ihm wurde vorgeworfen, das Einzelhandelsgeschäft ausgehungert zu haben, indem er den Lagerbestand gering hielt und die Ausgaben für die Filialen minimierte. Er legte mehr Wert auf eine solide Kapitalallokation – und zwar zu Recht.

Die Zusammenstellung einer Liste hervorragender Kapitalallokatoren ist ein kontinuierlicher Prozess von Entdeckung und Auswahl. Manager kommen und gehen und scheinbar besonders gute stellen sich mit der Zeit manchmal als doch nicht so gut heraus. Trotzdem denke ich, dass das Anlegen einer solchen Visitenkartensammlung den Zeitaufwand wert ist. Dabei konzentriere ich mich eher auf die Liste der Kapitalallokatoren, aus dem einfachen Grund, dass die Unternehmen der operativ Besten nur selten günstige Einstiegsmöglichkeiten bieten. Denn Unternehmen, deren Chefs in der Wirtschaftspresse gelobt werden, sind meist auch bei Anlegern beliebt, sodass die meisten davon zumindest fair bewertet sind. Hervorragende Kapitalallokatoren dagegen arbeiten entweder weitgehend im Verborgenen oder werden in den Medien sogar wenig schmeichelhaft dargestellt. Denken Sie nur an die oft sehr kritischen Artikel über die Bemühungen von Edward Lampert, den Shareholder Value bei Sears zu steigern.

Wer Aktien eines bestimmten Unternehmens hält, kann die Neigungen seines Managements bei der Kapitalallokation besonders gut kennenlernen. Als Aktionär hat man bestimmte Erwartungen oder überlegt sich, wie die künftige Entwicklung idealerweise aussehen würde – vielleicht hofft man auf eine Dividendenerhöhung oder Aktienrückkäufe. Auf dieser Basis können wir Entscheidungen des Managements sozusagen in Echtzeit bewerten. Diejenigen Manager, die am ehesten das tun, was wir als informierte Aktionäre von ihnen erwarten, verdienen möglicherweise einen Platz auf der Liste der guten Kapitalallokatoren. Leider allerdings zeigt die Erfahrung, dass sich eine Liste mit in dieser Hinsicht schwachen Managern viel leichter füllen ließe. Allein auf der Grundlage persönlicher Erfahrungen eine aussagekräftige Liste der Könner zusammenzubekommen könnte deshalb ein ganzes Leben lang dauern – und wenn es so weit ist, ist sie wegen Wechseln im Management vielleicht schon wieder überholt. Aus diesem Grund sollte man auch das Wissen von Anlegerkollegen nutzen. *Kollegen* ist in diesem Zusammenhang genau das richtige Wort, denn nur ähnlich denkende Anleger dürften Geschick bei der Kapitalallokation so ähnlich bewerten wie wir selbst.

Ich selbst benutze bei der Zusammenstellung meiner Liste besonders guter Kapitalallokatoren die folgenden Quellen:

- *13F-HR-Meldungen von ähnlich denkenden Anlegern* (sec.gov): Viele bekannte Value-Anleger haben eine deutliche Präferenz für Unternehmen mit aktionärsfreundlichen Managern erkennen lassen. Für die regelmäßigen Ausgaben von *The Manual of Ideas* beobachten wir die quartalsweisen SEC-Meldungen von mehr als 50 angesehenen, value-orientierten Anlagegesellschaften, darunter Berkshire Hathaway, Fairfax Financial, Markel Corporation, Leucadia National und Fairholme Capital Management. Die Portfolios dieser Firmen sind voll mit Unternehmen, deren Manager überdurchschnittliche Erfolge bei der Kapitalallokation vorweisen können. Manchmal allerdings kaufen sie auch Aktien eines Unternehmens, bei dem ein anderer Anleger eine große Position aufgebaut hat, um Druck auf das schwache Management auszuüben. Solche Ausnahmen zeigen, wie wichtig es ist, stets auch eigene intensive Recherchen vorzunehmen, selbst wenn der Hinweis auf einen bestimmten CEO von einem Superanleger stammt.

- *Corner of Berkshire & Fairfax* (cornerofberkshireandfairfax.ca): Ein Online-Diskussionsforum, das mehrere Jahre lang von Sanjeev Parsad moderiert wurde, dem Chairman und President von Corner Market Capital. Beim Austausch mit ähnlich denkenden Anlegern kann man hier viel über Unternehmen erfahren, die durch gute Kapitalallokation den Wert für Aktionäre maximieren.

- *Value Investors Club* (valueinvestorsclub.com): In dieser Anleger-Community nur für Mitglieder werden regelmäßig die Anreize, Interessenkonflikte und Aktivitäten von CEOs und Board-Mitgliedern diskutiert. Nichtmitglieder können ein kostenloses Konto einrichten, das einen zeitverzögerten Zugriff auf die Inhalte erlaubt.

- *Interviews mit ähnlich denkenden Anlegern* (manualofideas.com, valueconferences.com, greatinvestors.tv): Gespräche mit originell denkenden Fondsmanagern liefern oft wertvolle Informationen über gute Kapitalallokatoren oder Möglichkeiten, sie zu finden.

Tabelle 5.2 zeigt (in alphabetischer Reihenfolge) einige Manager, die in einer Liste mit hervorragenden Kapitalallokatoren vermutlich gut aufgehoben wären.

Die richtigen Fragen zum Management stellen

Früher konnten sich institutionelle Anleger schlicht dadurch einen Vorteil verschaffen, dass sie sich mit den CEOs von börsennotierten Unternehmen zusammensetzten und sich nach dem Geschäftsverlauf erkundigten. Wenn Anleger seit Langem in Kontakt mit Führungskräften standen, konnte bei solchen Treffen viel gesagt werden, das nicht die enge Definition von Insiderinformationen erfüllte, aber trotzdem einen Vorsprung bedeutete. Manchmal mussten die Anleger dazu mehrere einzelne Informationshappen vom Management in einen Zusammenhang bringen und richtig interpretieren, um wichtige Erkenntnisse zu gewinnen. In anderen Fällen ließen die Manager auch durch ihre Körpersprache viel erkennen, vor allem wenn die Anleger diese Zeichen aufgrund vieler früherer Treffen in den richtigen Kontext stellen konnten.

Durch Regulation FD (FD steht für Full Disclosure, also vollständige Offenlegung) hat sich der Charakter der Kommunikation zwischen Management und Anlegern in den USA grundlegend verändert. Seit es die Vorschrift gibt, ist es für Unternehmen nicht mehr zulässig, neue Informationen selektiv zu verbreiten. Zwar versuchen Anleger immer noch, Neuigkeiten von Führungskräften zu erfahren und ihre Körpersprache zu deuten. Insgesamt aber ist es deutlich schwieriger geworden, sich durch persönliche Treffen einen Informationsvorsprung zu verschaffen. Zunehmend dienen sie deshalb nur noch der Beurteilung, wie gut ein Management sein Metier beherrscht, wie offen es kommuniziert und wie es über Kapitalallokation denkt. Auf diese Weise können Anleger von Treffen mit Managern immer noch profitieren.

Manche Anleger legen jedoch wenig Wert darauf und einige erfolgreiche Fondsmanager verzichten aus grundsätzlichen Erwägungen sogar ganz. Tatsächlich besteht die Gefahr, dass es durch derartige Treffen zu einer sogenannten Stichprobenverzerrung kommt: Weil Anleger nur eine begrenzte Zahl von Unternehmensvertretern physisch treffen können, fallen vielleicht andere weg, bei denen sich ein Besuch ebenfalls gelohnt hätte. Ein Treffen kann zwar auch zum Ausschluss eines Anlagekandidaten führen, wahrscheinlicher aber ist, dass besuchte Unternehmen tendenziell besser bewertet werden als solche, für die keine Zeit war. Manche Anleger haben zudem die berechtigte Sorge, sie könnten sich von einem wortgewandten CEO unangemessen beeinflussen lassen – dabei hat sein Verkaufsgeschick vermutlich wenig mit den wahren Aussichten für das Unternehmen zu tun. Manager schaffen es meist nicht deshalb an die Spitze, weil sie ihr Wirken auf besonders ausgewogene Weise darstellen. Eher werden sie zum CEO, weil sie eine positive Vision für das Unternehmen haben und gut darin sind, andere für diese Vision zu begeistern. Meist verfügen sie auch über eine überdurchschnittliche Sozialkompetenz – eine gute Voraussetzung für Überzeugungsgeschick, aber nicht unbedingt für objektive Informationen.

Anleger, die auf Treffen mit Managementteams verzichten, konzentrieren sich meist auf offizielle Mitteilungen der Unternehmen, um sich über Historie, Anreize und Ankündigungen des Managements zu informieren. Auf die Zukunft gerichtete Einschätzungen sind stets spekulativ. Doch wer

Name	Unternehmen	Geburts-jahr	Eintritt ins Unternehmen	An der Spitze seit	Aktienkurs bei Einstieg	Aktienkurs bei Aufstieg an die Spitze	Aktueller Aktienkurs
Michael Ashner	Winthrop Realty	1953	2003	2004	2,16 $	2,76 $	12,34 $
Raymond Barrette	White Mountains	1951	1997	2007	117,64 $	579,70 $	567,34 $
Warren Buffett	Berkshire Hathaway	1930	1965	1965	18 $	18 $	152.000 $
Patrick Byrne	Overstock.com	1962	1999	1999	13,03 $	13,03 $	12,52 $
Ian Cumming	Leucadia National	1941	1978	1978	0,05 $	0,05 $	28,16 $
David Einhorn	Greenlight Capital Re	1968	2004	2004	24,03 $	24,03 $	24,78 $
Charlie Ergen	EchoStar	1953	1980	1980	18,83 $	18,83 $	38,36 $
Bruce Flatt	Brookfield Asset Management	1966	1990	2002	10,45 $	19,65 $	37,80 $
Martin Franklin	Jarden Corporation	1965	2001	2001	2,44 $	2,44 $	59,66 $
Thomas Gayner	Markel Corporation	1962	2001	2010	164,75 $	345,55 $	491,79 $
Weston Hicks	Alleghany Corporation	1957	2002	2004	180,50 $	285,25 $	377,33 $
Edward Lampert	Sears Holdings	1962	2005	2005	132,52$	132,52 $	47,19 $
John Malone	Liberty Media	1941	1990	1990	k.A.	k.A.	107,14 $
Joe Steinberg	Leucadia National	1944	1978	1979	0,03 $	0,04 $	28,16 $
Kenneth Peak	Contango Oil & Gas	1945	1999	1999	1,50 $	1,50 $	41,70 $

Michael Smith	MFC Industrial	1948	1986	2010	11,75 $	13,15 $	10,07 $
William Stiritz	Post Holdings	1934	2012	2012	26,89 $	26,89 $	38,29 $
James Tisch	Loews	1953	1986	1999	4,56 $	16,32 $	43,68 $
Jeffery Tonken	Birchcliff Energy	1957	2004	2004	0,30 $	0,30 $	7,67 $
Kyle Washington	Seaspan	1970	1994	2005	21,30 $	21,30 $	19,33 $
Prem Watsa	Fairfax Financial	1950	1985	1985	3,25 $	3,25 $	393,50 $

Tabelle 5.2: Ausgewählte gute Manager in börsennotiertern Unternehmen
Quelle: SEC-Meldungen, andere öffentlich zugängliche Quellen, Analysen von *The Manual of Ideas*

Internationale Manager, die nicht in der Tabelle enthalten sind: Bernard Arnault von LVMH (an der Spitze seit 1989), Albert Frère von Parsega (1981), Guangchang Guo von Fosun International (1992), Brian Joffe von Bidvest Group (1988), Li Ka-shing von Cheung Kong (1950), Stanley Ma von MTY Food Group (1979) und Larry Rossy von Dollarama (1973).
Hinweis: Stand für den aktuellen Aktienkurs ist der 22. Februar 2013. Berkshire Hathaway: Warren Buffett wurde im Jahr 1970 zum Chairman; die effektive Kontrolle übernahm er schon 1965, als er auch ins Board berufen wurde. Der angegebene Aktienkurs von 18$ ist der Schlusskurs am 10. Mai 1965, als Buffett die Kontrolle übernahm (Quelle: http://brkticker.com/brk-chap1.html). Overstock.com: historischer Aktienkurs vom Börsengang im Mai 2002. Greenlight Capital Re: historischer Aktienkurs vom IPO im Mai 2007. EchoStar: historischer Aktienkurs vom Börsengang im Dezember 2007. Sears Holding: historischer Aktienkurs vom 24. März 2005, dem Abschlussdatum für die Fusion von Kmart Holding Corporation und Sears, Roebuck and Co. Liberty Media: Aufgrund zahlreicher Restrukturierungen haben die historischen Aktienkurse keine Aussagekraft. Seaspan: historischer Aktienkurs vom Börsengang im August 2005.

viele Managementteams analysiert und einen längeren Zeitraum über im Auge behält, kann die eigene Treffsicherheit erhöhen. Früheres Verhalten und die vorhandenen Anreize können viel darüber verraten, welchen Weg ein Team bezüglich Reinvestition von Kapital, Aktienrückkäufen und Dividenden am ehesten einschlagen dürfte.

Den bisherigen Erfolg eines CEO zu bewerten ist oft schwieriger, als man denken könnte, denn Manager operieren nicht im luftleeren Raum. Die meisten Unternehmen gab es schon viele Jahre, bevor der aktuelle Chef ins Haus kam, und bei seiner Berufung befanden sie sich auf einem bestimmten Entwicklungspfad. Selbst während der Amtszeit eines CEO können viele externe Faktoren das Schicksal des jeweiligen Unternehmens beeinflussen – zum Guten oder zum Schlechten. Nur selten ist die Lage für Anleger so eindeutig wie hinsichtlich des Wertes von Steve Jobs für Apple. Deutlich häufiger haben sie es mit CEOs wie Jeffrey Immelt bei General Electric oder Muhtar Kent bei Coca-Cola zu tun. Bei diesen handelt es sich um durchaus fähige Führungskräfte, aber ihr Einfluss auf die von ihnen geführten Riesenkonzerne ist nicht unbedingt so groß wie der ihrer Vorgänger Jack Welch und Roberto Goizueta. Im Fall von Immelt zum Beispiel müsste man vielleicht Kapitalrendite, Marktposition und Aktienkursentwicklung von GE mit den entsprechenden Werten bei ähnlichen Unternehmen vergleichen. Hilfreich bei dieser Analyse wäre zudem, GE in seine wichtigsten Teile zu zerlegen. Denn die Finanzkrise 2008 hatte auf GE Capital ganz andere Auswirkungen als auf andere Einheiten wie GE Aviation.

Wenn die bisherige Erfolgsbilanz des Managements die eine Seite der Medaille ist, dann sind die Anreize die zweite. Deren Bedeutung lässt sich kaum überschätzen. Charles Munger etwa warnt: »Denken Sie nie und unter keinen Umständen an etwas anderes, wenn Sie eigentlich an die Macht der Anreize denken sollten.« Jeder, außer vielleicht ausgesprochen gutgläubige Idealisten, weiß, dass Menschen auf Anreize reagieren. Dass der Kapitalismus funktioniert und der Kommunismus versagt hat, lag hauptsächlich an Anreizen. Als Anleger wollen wir, dass die Agents (Manager in Unternehmen) im Interesse der Principals (Eigentümer) handeln. In Kapitalgesellschaften mit einer Trennung zwischen Eigentum und Führung besteht stets ein gewisser Interessenkonflikt zwischen diesen beiden

Gruppen, in der Wissenschaft bezeichnet als Principal-Agent-Problem. Um es im Griff zu behalten, lassen Aktionäre über das Board of Directors bestimmte Anreize etablieren. Allerdings finden die meisten CEOs Möglichkeiten, Einfluss auf ihr Board auszuüben, sodass sie ihre Anreize zumindest teilweise selbst festlegen. Was dabei herauskommt, verrät viel darüber, wie ein CEO über Anleger denkt und ob er zuversichtlich ist, in seinem Unternehmen Positives bewirken zu können. Mit das Konstruktivste, was ein neu berufener CEO tun kann, ist der Kauf eines großen Aktienpakets mit seinem eigenen Geld. Ein solcher Schritt signalisiert nicht nur Optimismus in Bezug auf die Zukunft des Unternehmens, sondern sorgt auch dafür, dass der CEO die Rolle von Principal und Agent gleichzeitig spielt.

Eine subjektive Beurteilung des Managements in einem persönlichen Treffen kann durchaus von Wert für den Anlageprozess sein – vorausgesetzt, der Anleger ist sich möglicher Verzerrungen bewusst und kann davon ausgehen, dass dieses Bewusstsein ausreicht, um ihren Einfluss auszuschalten. Dasselbe Bewusstsein kann Anlegern schon bei der Vorbereitung auf ein Treffen mit Managern helfen: Auf diese Weise können sie verhindern, dass sich das Gespräch auf Themen konzentriert, bei denen der CEO überzeugend klingen kann, während der Anleger selbst eher unsicher ist. Stellen wir uns vor, ein technisch nicht gut informierter Aktionär würde John Chambers, den CEO von Cisco Systems, fragen, wie die Cisco-Produkte im Vergleich zum Konkurrenten Juniper Networks abschneiden. Chambers könnte beinahe antworten, was er wollte – der Anleger könnte den Wahrheitsgehalt kaum überprüfen. Wenn er dagegen nach den Planungen für den freien Cashflow in den nächsten zwölf Monaten fragt, hat er eher eine gute Basis dafür, die Antwort kritisch zu hinterfragen.

Brian Bares, Chief Executive Officer von Bares Capital und Autor des Buches *The Small-Cap Advantage*, hat im Lauf der Jahre einige Hundert Topmanager getroffen. Bei diesen Gesprächen spricht er ein breites Themenfeld an und bedenkt dabei stets mögliche Verzerrungen bei sich selbst:

> *Meistens lassen sich herausragende Managementtalente durchaus entdecken. Die Erfahrung lehrt uns aber auch, dass ihre Persönlichkeiten sehr*

unterschiedlich sind. Wir achten deshalb sehr darauf, dass Sympathie und andere Eigenschaften unsere Einschätzung der Qualität als Manager nicht verzerren. Unser Fokus bei diesen Gesprächen liegt darauf, mehr über das Unternehmen, seine Produkte und die Wettbewerbsdynamik zu erfahren. Wenn wir das Gefühl haben, das Geschäft verstanden zu haben, sprechen wir das Thema Anreize an und inwieweit das Management seine bisherigen Ankündigungen umgesetzt hat. Außerdem konzentrieren wir uns gern auf Fragen der Kapitalallokation: Wird Kapital intern investiert oder eher für Akquisitionen ausgegeben? Oft ist es sehr aufschlussreich, das Management zu fragen, wie sein Board über die Entscheidung zwischen Dividenden oder Aktienrückkäufen denkt.[97]

Nick Kirrage, Manager beim Schroders-Fonds Specialist Value UK Equities, hält die folgenden Fragen für am wichtigsten: »Wie entscheiden Sie über die Allokation von Kapital? Wenn ich Ihnen morgen einen Scheck über 1 Milliarde Pfund, 10 Millionen Pfund oder 1 Million Pfund gäbe, was würden Sie damit tun? Wie würden Sie entscheiden, was damit zu tun wäre?«[98]

Außer vorab die richtigen Schwerpunkte für Gespräche festzulegen, sollten Anleger auch überlegen, welche Treffen mit Managern am ehesten zusätzliche, besondere Erkenntnisse versprechen. Mit Jeffrey Immelt dürften in den letzten Jahren Hunderte von Fondsmanagern und Analysten gesprochen haben, ob einzeln oder in kleinen Analystenveranstaltungen. Dass ein persönliches Gespräch mit Immelt irgendeine Information über ihn selbst oder über GE hervorbringt, die der Markt noch nicht kennt, ist deshalb unwahrscheinlich. Ein Treffen mit dem CEO eines kleinen Unternehmens dagegen kann durchaus zu einem besser differenzierten Blick beitragen, ungeachtet von Regulation FD.

Ori Eyal, Portfoliomanager bei Emerging Value Capital Management, berichtet von eigenen Erfahrungen in Bezug auf den Wert einer differenzierten Betrachtung. Sehr beeindruckt zeigt er sich von der Art und Weise, wie der Superanleger Guy Spier von Aquamarine Capital versucht, von persönlichen Treffen mit Managern zu profitieren:

Einmal waren Guy und ich zusammen in Israel, um dort 15 bis dahin kaum bekannte Unternehmen zu besuchen und zu analysieren. In manchen Fällen waren wir wahrscheinlich die ersten Anleger aus dem Ausland, die je dort waren. Zu sehen, wie Guy mit den Managementteams der Unternehmen umging, war für mich ein Schlüsselerlebnis. Er ist in der Lage, zu jeder Person im Raum schnell eine Beziehung herzustellen und auf die wichtigsten Fragen für das jeweilige Unternehmen zu sprechen zu kommen. Wenn das Treffen vorbei ist, versteht Guy das Geschäft meist schon besser als das Managementteam selbst. Und intuitiv versteht er auch die Menschen, die das Unternehmen leiten, ihre Motivation und ihr wahrscheinliches Verhalten in der Zukunft.[99]

Die meisten Anleger nutzen für ihren Anlageprozess beides: öffentlich verfügbare objektive Informationen ebenso wie ihre subjektiven Eindrücke von Treffen mit dem Management. Dazu Paul Johnson, Portfoliomanager bei Nicusa Capital: »Wir investieren nur selten in Unternehmen, wenn wir nicht eine gute Beziehung zum Management aufbauen und uns mit ihm nicht auf eine gemeinsame Vorstellung von guter Corporate Governance verständigen können.«[100] Nachahmenswert erscheint auch das Vorgehen von Lisa Rapuano, die beim Vereinbaren von Treffen im Rahmen des Evaluierungsprozesses für Anlageideen auf die richtige Reihenfolge achtet: »Vom Management kann man sehr viel erfahren, wenn man es erst trifft, nachdem man bereits die Finanzdaten analysiert hat.«[101] Denn eine vorherige Beschäftigung mit objektiven Daten könne Anlegern dabei helfen, die Verkaufskünste eines in Wahrheit schlechten CEO zu durchschauen:

Manager, die Shareholder Value wirklich verstehen, schaffen ihn mit der Zeit meist auch – egal ob sie das Richtige darüber sagen oder nicht. Einer der absolut schlechtesten CEOs, den ich je getroffen habe, sprach sehr überzeugend von Kapitalrenditen, freien Cashflows und Aktionärsfreundlichkeit. Aber wenn man sich die Daten ansah, zeigte sich, dass das Unternehmen kaum je auch nur seine Kapitalkosten verdient hatte, dass es dumme, teure und wertvernichtende Akquisitionen getätigt hatte, dass es ein furchtbares Board hatte, das alles nur abnickte, sowie Vergütungsregeln, die den CEO und seine Helfer reicher machten, egal ob sie gute Arbeit leisteten oder nicht. Doch wenn man diesen CEO persönlich traf, bekam man das Gefühl, dass bei den Prozessen im Unternehmen alles bestens sei. Was ich damit sagen will: Messen Sie das Management an seinen Taten, nicht an seinen Worten. Gute Rendite, intelligente Kapitalallokation und vernünftige, an Zielen orientierte Vergütung sind die Eckpfeiler dafür.[102]

Zusammenfassung

Die zehn wichtigsten Punkte aus diesem Kapitel

1. Unternehmenschefs können sich auf zwei unterschiedliche Arten hervortun: mit Wertschöpfung im operativen Geschäft und mit intelligenter Kapitalallokation.
2. Wichtig ist eine Unterscheidung zwischen der geschäftlichen Entwicklung und der des Aktienkurses. Dass besseres Management zu besseren geschäftlichen Ergebnissen führt, sollte sich von selbst verstehen. Ob es auch eine überdurchschnittliche Kursentwicklung bedeutet, hängt jedoch nicht nur vom Handeln des Managements ab, sondern auch vom Börsenkurs einer Aktie zum Zeitpunkt des Einstiegs.
3. Charles Mungers guter Rat, Probleme aus einer umgekehrten Perspektive zu betrachten, ist auch bei der Analyse von Managern sehr hilfreich: Statt zu versuchen, die besten Jockeys von allen zu finden, kann man sich zunächst darauf konzentrieren, die schlechtesten auszusortieren, selbst wenn sie in Wirtschaftskreisen sehr angesehen sind. Ein entscheidender Test dafür ist Höhe und Art ihrer Vergütung.
4. Mehrere Faktoren lassen direkte Rückschlüsse auf die Haltung eines CEO gegenüber den Eigentümern seines Unternehmens zu. Ist seine Kommunikation mit Aktionären offen und ehrlich? Wie sieht die Zusammensetzung des Board of Directors aus? Was verrät der Verschuldungsgrad über das Management?
5. Kriterien wie Aktionärsfreundlichkeit, Übereinstimmung von Interessen und die Fähigkeit, ein Unternehmen zu führen, hängen nicht nur von mehreren Einzelvariablen ab, sondern auch von einer subjektiven Beurteilung. Ein rein quantitatives Screening nach Jockey-Aktien ist deshalb nicht möglich. Es hilft jedoch dabei, Unternehmen mit gutem Management zumindest einen Schritt näher zu kommen.

6. Für das Filtern nach Unternehmen mit guter Übereinstimmung der Interessen von Management und Aktionären eignen sich zwei leicht verfügbare Indikatoren: Aktienbesitz und Kaufaktivität von Insidern.
7. Zwischen den Extremen exzellenter und schwacher Kapitalallokation liegt eine Welt der Mittelmäßigkeit. In dieser neigen Manager oft dazu, fast automatisch eine Reinvestition von verfügbarem Kapital zu beschließen und Alternativen kaum zu beachten.
8. Die Zusammenstellung einer Liste hervorragender Kapitalallokatoren ist ein kontinuierlicher Prozess von Entdeckung und Auswahl. Angestellte Manager kommen und gehen und scheinbar gute können sich nach einigen Jahren als deutlich weniger gut herausstellen.
9. Subjektive Einschätzungen über das Management, gewonnen in persönlichen Treffen, können von Wert für den Anlageprozess sein – vorausgesetzt, der Anleger ist sich möglicher Verzerrungen bewusst und kann davon ausgehen, dass dieses Bewusstsein ihre Folgen ausschalten wird.
10. Für Treffen mit Managern sollten Anleger nicht nur die richtigen Themenschwerpunkte setzen. Sie sollten auch vor allem solche Treffen wahrnehmen, die zusätzliche, besondere Einblicke versprechen.

Kapitel 6: Den Besten folgen

Chancen in den Portfolios von Superanlegern entdecken

> Versuche nicht, ein Mensch des Erfolgs zu sein, sondern ein Mensch von Wert.
>
> Albert Einstein

Haben Sie schon mal in Aktien eines Unternehmen investiert, nur weil ein berühmter Anleger das Gleiche getan hat, oder waren Sie je in Versuchung, das zu tun? Falls Ihre Antwort auf diese Frage »ja« lautet, sind Sie damit weder allein noch auf der falschen Fährte. Seit es Geldanlageprofis gibt, die in den Medien eine Art Superstar-Status erreicht haben, gibt es auch Anleger, die jeden ihrer Schritte nachzuahmen versuchen.

Eine der besten Ratschläge für Geldanlage lautet in etwa so: »Machen Sie Ihre eigene Arbeit und vertrauen Sie nicht auf Tipps von anderen.« Trotzdem kann es sowohl intelligent als auch profitabel sein, dem Beispiel von sogenannten Superanlegern zu folgen, wenn man es richtig anstellt. Denn schließlich haben sich die meisten von ihnen diesen Status verdient, indem sie über lange Zeiträume überlegene Anlageerfolge erreicht haben. Warren Buffett widerspricht der theoretischen Vorstellung effizienter Märkte wohl deutlicher als jeder andere. Wenn er eine Aktie kauft, liegt dann die Wahrscheinlichkeit dafür, dass sie anschließend stärker steigt als der Markt, wirklich nur bei 50:50? Für Anleger, die bei der

Ideengenerierung die Aktivität von besonders erfolgreichen Experten nutzen, gibt es einiges zu holen. Erfolg ist dadurch nicht garantiert, aber er wird wahrscheinlicher.

Superanleger heißen nicht umsonst Superanleger

Für dieses Buch habe ich Interviews mit mehr als 100 Anlagemanagern geführt. Dabei fiel mir Folgendes auf: Die Besten von ihnen haben nicht nur überlegene langfristige Anlageerfolge gemeinsam, sondern tendenziell auch eine Reihe von weiteren Eigenschaften: klares Denken, deutliche Kommunikation, erkennbare Leidenschaft für Geldanlage und eine überraschend bescheidene Einstellung gegenüber Erfolg. Warren Buffett schreibt seinen eigenen Erfolg letztlich der »Eierstock-Lotterie« zu, einem glücklichen Zufall, für den er selbst absolut keine Rolle spiele. Ohne Zweifel weiß er, welche Fähigkeiten er hat und wie entschlossen man sein muss, um selbst bis ins reife Alter von über 80 Jahren immer weiter an sich zu arbeiten. Allerdings kennt er sicher auch die Gefahren der Selbstüberschätzung, die schon bei vielen Beinahe-Superanlegern zum Absturz geführt hat.

Bei einem Treffen mit Guy Spier von Aquamarine Fund in seinem Büro in Zürich wurde mir schnell klar, warum er sich seit dem Start seines Fonds im Jahr 1997 so großen Erfolgs erfreut. Ganz ohne Selbstlob, wie man es von überdurchschnittlichen Hedgefondsmanagern kennt, schreibt Spier seinen Erfolg den Lehren von Warren Buffett und Mohnish Pabrai, einem weiteren Superanleger in der Tradition des Value-Investing, zu. Ein paar Jahre zuvor hatten Spier und Pabrai zusammen für ein Charity-Mittagessen mit Buffett geboten. Mit ihrem Einsatz von 650.000 Dollar, der an die von Buffett persönlich ausgesuchte Organisation Glide Foundation in San Francisco ging, wollten sie ihre Dankbarkeit ausdrücken. Als ich Spier fragte, warum er seinen Erfolg so bereitwillig auf andere zurückführt, erklärte er: Sein Vater habe ihm einmal gesagt, dass es uns selbst nie kleiner erscheinen lässt, wenn wir jemand anders herausheben. Tatsächlich machen wir uns damit sogar eher etwas größer.

Eine weitere auffällige Eigenschaft war seine Bereitschaft zu der Antwort »Das weiß ich nicht«. Stellen Sie sich vor, Sie hätten einem Ökonomen oder Anlageexperten während der europäischen Staatsschuldenkrise 2011 die folgende Frage gestellt: »Draußen ist es heute sehr schön, aber in Europa stimmt etwas nicht. Was ist da los?« Solch eine offene Frage führt sonst meist zu einer Antwort, die das tiefe Wissen des Experten zeigt. Spiers Antwort aber lautete: »Wenn Leute wie Sie und ich genau wüssten, was passiert, könnten wir wahrscheinlich deutlich besser investieren.«[103] Indem er die undurchdringliche Komplexität der europäischen Schuldensituation anerkannte, verschaffte sich Spier als Anleger eine bessere Position. Statt sich selbst einzureden, er könne das letztliche Ergebnis der Krise voraussagen, zwang er sich auf diese Weise dazu, Anlagemöglichkeiten zu identifizieren, die sich in einer Reihe unterschiedlicher Szenarien gut entwickeln dürften. Vergleichen wir das mit dem Ansatz von Anlagemanagern, die sich bemüßigt fühlten, das wahrscheinliche Ergebnis einer Krise zu erraten, um ihre Portfolios nur darauf auszurichten. Wenn es dann anders kommt, müssen sie mit massiven Verlusten rechnen.

Als letzten Punkt zeigte Spier eine Begeisterung für Geldanlage, die schon Buffett mit seinem Satz »Im Tanzschritt zur Arbeit gehen« erkennen ließ. Spier bezeichnet sich gern als einen der glücklichsten Menschen, die er kennt. Der Grund dafür ist nicht etwa, dass er eine erfolgreiche Vermögensverwaltung mit hohem Anlagevolumen aufgebaut hat. Stattdessen freut er sich darüber, sein Leben so gestaltet zu haben, dass er seiner Leidenschaft für Geldanlage konsequent nachgehen konnte – ohne Ablenkungen durch ständige Marketingtreffen, schwierige Beziehungen zu Unternehmenschefs oder das Bezirzen anspruchsvoller Kunden. Interessenten, die nicht gut zu seiner value-orientierten, langfristigen Anlagephilosophie zu passen scheinen, lehnt er häufig ab. In einer Rezension von Youngme Moons Buch *Different* schreibt Spier:

> *Eine der einfachsten Botschaften, die ich dem Buch entnommen habe, ist, dass man großen geschäftlichen Erfolg haben kann, wenn man strategisch entscheidet, »nein« zum Kunden zu sagen. Twitter zum Beispiel lässt maximal 140 Zeichen pro Beitrag zu. Wenn jemand mehr schreiben will, muss er einen anderen Dienst nehmen – Facebook, LinkedIn oder einen Blog. Wenn es um den Kauf fertig zusammengebauter Möbel geht,*

sagt auch Ikea »nein«. Indem sie das gegenüber der großen Mehrheit tun, stellen solche Unternehmen sicher, dass sie nur solche Kunden haben, die genau das konkrete Angebot wollen und schätzen, auf das auch das Unternehmen ausgelegt ist.[104]

Superanleger wie Buffett, Pabrai oder Spier sind die Ersten, die auch Misserfolge erwähnen und Anleger davor warnen, ihnen blind zu folgen. Trotzdem sollte die Beschäftigung mit ihren Entscheidungen Teil des Prozesses zur Ideenfindung jedes ernsthaften Anlegers sein. Das Prinzip »Das kommt aber nicht von uns« hat in der Geldanlage nichts zu suchen. Schließlich lassen sich Anlageideen nicht urheberrechtlich schützen, und wer die Transaktionen von anderen kopiert, muss keine Lizenzgebühren dafür bezahlen. Manchmal sind die besten Sachen im Leben – und bei der Geldanlage – also tatsächlich kostenlos.

Wie Superanleger echten Wert für Unternehmen schaffen

Marktteilnehmer, die Aktien nur als wackelige Linien auf einem Computerbildschirm verstehen, übersehen oft eine wichtige Tatsache: Manche Anleger sind nicht nur daran interessiert, vorauszusagen, in welche Richtung sich ein bestimmter Aktienkurs bewegen wird. Stattdessen verstehen sie sich als das, was sie rechtlich gesehen tatsächlich sind: Miteigentümer eines realen Unternehmens. Als Miteigentümer beschäftigen Anleger angestellte Manager. Wenn ein CEO Kapital für teure Akquisitionen verschwendet oder in ein sterbendes Geschäft reinvestiert, haben die Aktionäre jedes Recht dazu, ihre Meinung zu dieser Art der Kapitalallokation kundzutun. Wenn das Board of Directors darauf nicht reagiert, können sie in einer Kampfabstimmung versuchen, eigene Vorschläge für neue Mitglieder durchzusetzen. Wenn sie damit Erfolg haben, können sie beschließen, den CEO hinauswerfen zu lassen, oder ihn zwingen, Kapital auf stärker wertschaffende Weise einzusetzen.

Auch die meisten Superanleger verstehen sich als Arbeitgeber des Managements. Meist sind sie nicht zurückhaltend dabei, ihre Meinung darüber zu äußern, wie bestehender Aktienwert gehoben oder neuer Wert geschaffen werden könnte. So können Aktionäre beim Management auf den

Rückkauf unterbewerteter Aktien, auf die Zahlung einer Dividende oder auf den Verzicht auf wertvernichtende Übernahmen drängen, die lediglich dem Aufbau eines Firmenimperiums dienen. Aktivistische Anleger wie Bill Ackman oder Carl Icahn sind weithin bekannt. Viele Superanleger aber arbeiten lieber hinter den Kulissen und drängen das Management von dort aus eher unauffällig dazu, das Richtige zu tun.

Bekannte Beispiele für Superanleger, die ihren Status als Miteigentümer genutzt haben, um Unternehmen zu besseren Entscheidungen bezüglich der Kapitalallokation zu verhelfen, sind Warren Buffett bei der Washington Post Company, Edward Lampert bei AutoZone oder Ted Weschler bei WSFS Financial. In jüngerer Vergangenheit hat sich zudem Bill Ackman konstruktiv bei J.C. Penney eingebracht und der kanadische Superanleger Prem Watsa wurde in das Board von Research in Motion berufen.

Sind Sie schnell genug, um einem Superanleger zu folgen?

Selbst wenn man davon ausgeht, dass Superanleger den Markt wohl schlagen werden, ist noch nicht klar, dass man auch als Nachahmer eine überdurchschnittliche Performance erreichen kann. Denn wenn nach dem Bekanntwerden einer neuen Superanleger-Position zu viele andere Anleger ebenfalls einsteigen, ist man selbst vielleicht nicht schnell genug, sodass der Preis schon deutlich weniger attraktiv ist. Zudem können sich die guten Ergebnisse eines Superanlegers dadurch erklären, dass er zu einem bestimmten Zeitpunkt auf eine bestimmte Weise gehandelt hat. Wenn bei Nachahmern bei jeder seiner Transaktionen eine gewisse Zeitverzögerung hinzukommt, sind die Gewinnchancen vielleicht gar nicht mehr so gut.

Soweit die Theorie. In der Praxis aber zeigt sich, dass der Kurs einer Aktie nach der Meldung vom Kauf durch einen Superanleger nur selten deutlich oder dauerhaft steigt. Das auffälligste Beispiel dafür sind Käufe durch Berkshire Hathaway: Trotz Buffetts langer Erfolgsgeschichte gibt es bei von Berkshire gekauften Aktien keine rasche Neubewertung. Eine Studie von Gerald S. Martin von der American University und John Puthenpurackal von der University of Nevada aus dem Jahr 2008 kam zu dem

Ergebnis: »Der Markt scheint auf Nachrichten über eine Aktieninvestition von Berkshire Hathaway wenig zu reagieren. Ein hypothetisches Portfolio, das die Berkshire-Entscheidungen jeweils am Beginn des auf die Veröffentlichung folgenden Monats nachvollzieht, erbringt immer noch signifikante Überrenditen von 10,75 Prozent gegenüber dem Index S&P 500.« Im selben Zeitraum wie dem in der Studie untersuchten legte das reale Portfolio von Berkshire Hathaway 11,14 Prozent stärker zu als der S&P 500. Damit scheint die Schlussfolgerung gerechtfertigt, dass der Nachteil einer gewissen Zeitverzögerung beim Kopieren der Entscheidungen von Buffett im Vergleich zu den dadurch ermöglichten Performancevorteilen zu vernachlässigen ist. Bei anderen Superanlegern werden die konkreten Zahlen etwas anders aussehen. Doch die Daten zu Berkshire Hathaway lassen vermuten, dass sich mit dem Kopieren von Superanlegern durchaus relativ risikolos Geld verdienen lässt.

Superanlegern folgen: Richtiges Vorgehen und häufige Fehler

Eine der Gefahren beim Kopieren von Superanlegern liegt in unserer Neigung, sie zu Helden zu erheben. Superanleger sind weder Helden noch unfehlbar. Genau die Idee, die wir zu kopieren beschließen, kann die einzige Aktie im Portfolio eines Superanlegers betreffen, die vollständig abgeschrieben werden muss. Als Folge davon ist es wahrscheinlich nur dann vernünftig, nach Rosinen im Portfolio eines Superanlegers zu suchen, wenn die daraus hervorgehenden Ideen auch unseren normalen Bewertungsprozess überstehen. Wer auf der anderen Seite lieber passiv das gesamte Portfolio eines Superanlegers nachkaufen möchte, tut wahrscheinlich besser daran, einen Teil seines Kapitals direkt bei ihm zu investieren.

Wenn es schwierig wird: Sind Sie wirklich überzeugt?

Viele Anleger mussten die schmerzhafte Erfahrung machen, dass das Ergebnis oft unbefriedigend ist, wenn man sich zur Begründung einer Investition auf die Arbeit von anderen verlässt. Das Problem dabei liegt nicht nur darin, dass alle Anleger Fehler machen: Wenn wir nicht selbst Nachforschungen betrieben haben, die uns eine gewisse Überzeugung geben, fällt es uns schwerer, an einer Entscheidung festzuhalten. Die wenigsten Aktien fangen sofort nach dem Kauf an zu steigen. Als Folge davon kommt es für befriedigende Ergebnisse oft darauf an, auch in schwierigen Zeiten investiert zu bleiben. Sinkt der Kurs einer Aktie, so fallen uns plötzlich alle möglichen plausibel klingenden Gründe dafür ein, dass sie dauerhaft auf niedrigem Niveau bleiben oder noch weiter absteigen wird. Ohne festes Wissen über die Robustheit der anfänglichen Entscheidung zum Einstieg kann es deshalb leicht passieren, dass wir genau zum ungünstigsten Zeitpunkt verkaufen.

Die Bedeutung von Kontext: Warum, nicht nur was

Manche Käufe von Superanlegern sind vom Kontext und der Argumentation her leicht zu verstehen; andere aber können aus Gründen erfolgen, die ein Kopieren nicht ratsam erscheinen lassen. Der Kauf von Aktien der Bank of America durch Mohnish Pabrai beruhte wahrscheinlich auf seiner Ansicht, dass sie unterbewertet waren und mit der Zeit zulegen würden, wenn andere Anleger die Finanzstärke und Ertragskraft der Bank erkennen. Wenn dagegen der Manager eines Multistrategie-Hedgefonds bei der Bank of America zugegriffen hätte, hätte das nicht unbedingt bedeutet, dass er von der Aktie wirklich angetan ist. Denn er hätte möglicherweise auch Derivate zur Bank of America im Portfolio oder eine Short-Position in einer anderen Großbank gehabt und wollte mit dem Aktienkauf vielleicht nur sein Auszahlungsprofil etwas verändern.

Nehmen wir das folgende Extremszenario eines Superanlegers, der eine Unternehmensanleihe im Portfolio hat, aber trotzdem zur Wertvernichtung bei dieser Anleihe beiträgt. Angenommen, er gibt 10 Millionen Dollar für die Anleihe von Unternehmen X aus, das sehr zyklisch ist und gerade eine der Bedingungen für die Anleihe verletzt hat. Um ein schädliches Insolvenzverfahren zu vermeiden, müssten die Anleger zustimmen, diese Bedingung vorübergehend aufzuheben. Die meisten Anleiheinhaber würden ihre Zustimmung in einem solchen Fall nicht verweigern, vielleicht im Tausch gegen höhere Zinsen oder, wenn das

Unternehmen in ernsteren Schwierigkeiten steckt, gegen Bezugsrechte für seine Aktien.

Einen Anreiz dafür, das Unternehmen in die Insolvenz geraten zu lassen, hätten Anleihebesitzer jedenfalls nicht – es sei denn, sie hätten heimlich auch Credit Default Swaps (CDS) gekauft, im Prinzip preisgünstige Versicherungen, die bei bestimmten Ereignissen wie einer Insolvenz eine Zahlung leisten. Vielleicht hat ein Anleger sogar erst dann CDS gekauft, als die Verletzung der Anleihebedingungen bereits bekannt ist. Dadurch kann der CDS-Preis schon etwas gestiegen sein. Aber das muss den Anleger nicht abschrecken, wenn sich der Kurs noch einmal verzehnfachen könnte, falls das Unternehmen tatsächlich Insolvenz anmeldet.

Das Interessante an dieser hypothetischen Situation ist, dass der CDS-Käufer hier die Möglichkeit hat, Unternehmen X in die Insolvenz zu schicken, indem er sich weigert, die Verletzung der Anleihebedingung zu akzeptieren. Selbst wenn er bei einer Insolvenz mit der Anleihe 10 Millionen Dollar verliert, kann er mit dem CDS vielleicht 100 Millionen Dollar verdienen. Das sind keine schlechten Aussichten – und sie scheinen auch vollkommen legal zu sein. Dass der Anleihebesitzer sozusagen Insiderinformationen darüber besitzt, wie er selbst auf die Verletzung der Bedingung reagieren wird, spielt dabei keine Rolle: Die Börsenaufsicht interessiert sich nicht dafür. Ebenfalls unerheblich ist die Tatsache, dass der Anleger mit seinem Verhalten andere Anleihe- und Aktienbesitzer schädigen könnte – er selbst ist ja früh genug draußen. Und auch dass das Unternehmen durch das Insolvenzverfahren beschädigt wird und Mitarbeiter entlassen werden, ist für ihn uninteressant. Der Anleger achtet einzig und allein darauf, dass er mit einer Investition von 10 Millionen Dollar in die Anleihe die Möglichkeit geschaffen hat, 100 Millionen Dollar mit den CDS zu verdienen.

Ein ähnliches Szenario könnte es bei den Insolvenzanmeldungen von AbitibiBowater und General Motors im April und Juni 2009 tatsächlich gegeben haben. Beide Unternehmen wären vielleicht ohnehin pleitegegangen, insbesondere GM. Doch das ist nicht entscheidend. Möglicherweise waren manche Besitzer von AbitibiBowater- und GM-Anleihen an den Insolvenzen interessiert, weil sie nebenbei Positionen mit deutlich höheren

Gewinnmöglichkeiten als bei den Anleihen hielten. Diese Anleger hätten beide Unternehmen vielleicht selbst dann in die Insolvenz geschickt, wenn die anderen Anleihebesitzer lieber einer Kompromisslösung zugestimmt hätten. Aber stellen Sie sich einfach vor, Sie wären den Käufern von Anleihen (und CDS) von AbitibiBowater und GM gefolgt, indem Sie nur die Anleihen kauften – nur um später festzustellen, dass Ihre Vorbilder nie wirklich vorhatten, ihr Geld direkt mit den Anleihen zu verdienen.

Die obigen Beispiele zeigen vielleicht etwas überdeutlich, dass es zumindest heikel sein kann, dem Vorbild bestimmter Anleger zu folgen. Doch weniger krasse Fälle von Verwirrung durch die Börsenmeldungen von institutionellen Anlegern gibt es reichlich. So investieren viele Anleger im Aktienbereich in Makrothemen oder bestimmte politische Entwicklungen. Dazu kaufen sie vielleicht einen Korb von Aktien, der zu ihrer grundlegenden These passt – und sind deshalb sehr überzeugt von dem Korb als Ganzes, weniger aber von jeder einzelnen Aktie darin. Für einen Beobachter wäre es also ein Fehler, solche Korb-Käufe als Bestätigung für den Wert der darin enthaltenen Aktien zu verstehen. Dies ist einer der Gründe dafür, warum das Nachverfolgen der Aktienkäufe von makro-orientierten Anlegern wie George Soros möglicherweise weniger nützlich für die Ideengenerierung ist als die Beschäftigung mit den Käufen eines fundamental-orientierten Anlegers wie Warren Buffett.

Eine weitere häufige Quelle von Fehlsignalen in Zusammenhang mit Portfoliomeldungen ist die Tendenz vieler Anlagemanager, nah an einem Index zu bleiben, also den für sie relevanten Vergleichsindex fast exakt nachzubilden. Solche Manager weichen nur so weit von diesen Benchmarks ab, dass eine leicht überdurchschnittliche Performance möglich ist, eine klar unterdurchschnittliche aber möglichst vermieden wird. Bezeichnet wird dieses Verhalten als *Closet Indexing* (heimliches Indexieren), was sehr passend ist, weil die Manager nur ungern zugeben, dass sie sehr nah an ihrer Benchmark bleiben. Denn dann könnten ihre Kunden ja gleich einen billigeren Indexfonds nehmen.

In seinem Buch *Simple But Not Easy* erzählt Richard Oldfield die Geschichte eines britischen Pensionsfonds, bei dem intern ein Höchstgewicht von 5 Prozent für Einzelaktien vorgeschrieben war. Nach der Übernahme von

Mannesmann durch Vodafone im Jahr 2000 machte Vodafone jedoch 14 Prozent des wichtigen Benchmark-Index FTSE 100 aus. Der Anlagemanager des Pensionsfonds bewertete die Aussichten für Vodafone-Aktien zwar durchaus vorsichtig, trotzdem bat er das Anlagekomitee, die Höchstgrenze von 5 Prozent aufzuheben, damit er den Anteil von Vodafone-Aktien zumindest auf 12 Prozent erhöhen konnte, etwas weniger also als in der Benchmark. Ein Außenstehender, der die anschließenden Zukäufe durch den Fondsmanager gesehen hätte, wäre dadurch vielleicht zu dem Fehlschluss gekommen, dass er damit eine klare Überzeugung für gute Aussichten der Vodafone-Aktien zum Ausdruck brachte.[105]

Filterkriterien für die Suche nach Unternehmen in den Portfolios von Superanlegern

Die automatische Suche nach Superanleger-Aktien ist nicht so einfach wie das Screening nach Aktien, die gemessen an bestimmten quantitativen Kriterien billig erscheinen. Traditionellen Datenbanken mangelt es an Möglichkeiten, nach bestimmten Anlegern oder Anlegergruppen zu filtern. Also müssen wir ein bisschen kreativ werden, wenn wir einen effizienten Prozess für das Nachverfolgen der Kauf- und Verkaufsaktivität ausgewählter Anleger entwickeln wollen.

Wem folgen, wen ignorieren?

Der erste Schritt beim Aufbau eines Systems zur Beobachtung von Superanlegern besteht natürlich in der Auswahl der richtigen Anleger. Für diese Festlegung spielen mehrere Faktoren eine Rolle, unter anderem der Konzentrationsgrad im jeweiligen Portfolio, die durchschnittliche Umschlagsgeschwindigkeit, die Neigung zur Arbeit mit Leerverkäufen und der Grad der Übereinstimmung zwischen dem eigenen Anlageansatz und dem des jeweiligen Superanlegers.

Je konzentrierter ein Portfolio ist, desto mehr Bedeutung haben seine Einzelpositionen. Anleger mit hochgradig konzentrierten Portfolios sind meist sehr überzeugt von jeder einzelnen darin enthaltenen Aktie. Manager mit breit diversifizierten Portfolios dagegen nehmen manche Aktien vielleicht nur aufgrund quantitativer Kriterien auf oder weil sie eine Positionierung zu bestimmten Makrotrends erreichen wollen, etwa Wachstum der Schwellenländer, alternde Bevölkerungen oder steigende Inflation. Ein Superanleger mit einem stark konzentrierten Portfolio wird zudem weniger bereit sein, schlechte Entscheidungen des Managements zur Kapitalallokation oder Verstöße des Board gegen seine Treuepflichten hinzunehmen. Wenn der Kurs einer Aktie aufgrund bestimmter Maßnahmen der Insider sinkt, dürfte ein Anleger mit hoher Beteiligung eher aggressiv im Interesse der Aktionäre dagegen vorgehen als ein anderer, für den das Unternehmen nur einen kleinen Bruchteil des Gesamtportfolios ausmacht.

Auch die Umschlagsgeschwindigkeit ist ein wichtiger Punkt, denn als außenstehende Beobachter werden wir nur mit Verzögerung über die Kauf- und Verkaufsaktivitäten anderer Anleger informiert. Je höher die Umschlagsgeschwindigkeit im Portfolio eines Superanlegers, desto höher ist also die Wahrscheinlichkeit dafür, dass er bei einer Aktie schon wieder ans Verkaufen denkt, wenn wir gerade einen Kauf erwägen. Einer der erfolgreichsten unter den sogenannten Quant-Fonds ist zum Beispiel Renaissance Capital. Nach seinen Meldungen an die SEC zu urteilen, wäre jedoch jeder Versuch, ihm zu folgen, zum Scheitern verurteilt. Denn der Fonds nutzt häufig kleine kurzfristige Diskrepanzen bei den Preisen von Wertpapieren. Ein quartalsweiser Überblick über die Portfoliopositionen von Renaissance wäre also wenig hilfreich, selbst wenn er bei der Veröffentlichung absolut aktuell wäre. Rechnet man noch die Meldefrist von 45 Tagen hinzu, erkennt man sofort, dass die 13F-HR-Meldungen dieses Fonds für Außenstehende völlig nutzlos sind.

Eine mit der Umschlagsgeschwindigkeit verwandte Überlegung betrifft die Bereitschaft von Superanlegern, an schlecht laufenden Aktien festzuhalten. Anleger wie die Milliardäre Paul Tudor Jones oder Bruce Kovner dürften schlecht laufende Positionen mit einem möglichst geringen Verlust rasch wieder schließen. Anleger wie Bruce Berkowitz oder Prem Watsa dagegen würden nach einem Kursverlust wohl eher noch nachkaufen. Vertreter der ersten Gruppe neigen also dazu, eher viele Aktien zu kaufen und sie schnell wieder abzustoßen, wenn der Markt nicht rasch in ihre Richtung tendiert; die der zweiten engagieren sich in Unternehmen, bei denen sie wahrscheinlich weiteres Geld investieren, wenn die Aktie noch billiger wird. Beide Anlagestrategien können funktionieren, wenn sie gut umgesetzt werden. Für außenstehende Anleger dürfte es aber einfacher sein, solchen Superanlegern zu folgen, die ihre Positionen bei fallenden Kursen noch aufstocken.

Die Neigung eines Superanlegers zur Arbeit mit Leerverkäufen kann ebenfalls bei der Überlegung helfen, ob man dessen Portfolioentscheidungen im Blick behalten sollte oder nicht. Denn als außenstehender Anleger sieht man oft nur eine Seite der Geschichte. Wenn ein Superanleger auf Leerverkäufe grundsätzlich verzichtet, können wir davon ausgehen, dass seine Long-Positionen klare und vollständige Informationen über seine Einschätzungen liefern. Wenn er dagegen auch intensiv mit Leerverkäufen arbeitet, bedeutet eine Long-Position nicht mehr unbedingt eine klare Unterstützung für die Aktie. Stattdessen könnte der Kauf von Unternehmen K auch nur auf der Einschätzung des Managers beruhen, dass sich K besser entwickeln wird als Unternehmen L, in dem er eine Short-Position hat. Solche Paar-Trades erfolgreicher Anleger zu kopieren ist so gut wie unmöglich, denn Short-Positionen müssen nicht an die SEC gemeldet werden. Mit anderen Worten: Wenn man das gemeldete Portfolio eines Anlegers durchgeht, der auch mit Leerverkäufen arbeitet, kann man nicht sicher sein, ob hinter den Long-Positionen wirklich Überzeugung hinsichtlich der Chancen für diese Unternehmen steht oder ob es sich dabei nur um die eine Seite eines Paar-Trades handelt. Ähnlich können auch Anleger, die bestimmte Strategien der Risiko-Arbitrage anwenden, aus Gründen Long-Positionen eingehen, die mit der langfristigen Attraktivität der gekauften Aktien wenig zu tun haben.

Das vielleicht wichtigste Kriterium für die Entscheidung, wie genau man einen bestimmten Superanleger beobachten sollte, ist die Übereinstimmung zwischen dem eigenen Anlageansatz und dem des potenziellen Vorbildes. Für einen Daytrader etwa ist es wenig sinnvoll, die Aktivität von Warren Buffett nachzuverfolgen, ebenso wie es sich für einen value-orientierten Anleger nicht lohnt, die Transaktionen des Traders James Cramer im Auge zu behalten. Letztlich gilt unabhängig davon, welche Idee wir von einem Superanleger letztlich übernehmen: Wir sollten sie uns nicht weniger zu unserer eigenen machen, als wenn wir die Idee durch ein quantitatives Screening oder in einem Zeitungsartikel gefunden hätten. Und wir werden die Anlageüberlegungen eines Superanlegers viel eher verstehen und ihnen zustimmen können, wenn wir auch seinen grundlegenden Ansatz verstehen und teilen.

Die Superanleger aus Buffett-Stadt

Im Jahr 1984 hielt Warren Buffett, ein ehemaliger Student von Benjamin Graham, an seiner Alma Mater, der Columbia Business School, eine Rede zum 50. Jahrestag der Erstveröffentlichung von *Security Analysis*, dem Buch von Graham und Dodd. Zugleich erschien im Columbia-Magazin *Hermes* ein Artikel von Buffett unter dem Titel »The Superinvestors of Graham-and-Doddsville« (Die Superanleger aus Graham-und-Dodd-Stadt). Er zeigte Tabellen mit der langfristigen Performance von sieben Anlagegesellschaften, die von Anhängern Grahams betrieben wurden: Walter J. Schloss, Tweedy Browne, Buffett Partnership, Sequoia Fund, die Partnership von Charles Munger, Pacific Partners von Rick Guerin und Perlmeter Investments.[106] Die Auswahl dieser sieben Personen erfolgte nicht etwa rückblickend: Buffett hatte schon mindestens 15 Jahre zuvor prognostiziert, dass sie vermutlich besser sein würden als der Markt. Dass sie das tatsächlich schafften, war ein Problem für die Hypothese der effizienten Märkte. Denn die Superanleger aus Graham-und-Dodd-Stadt hatten alle denselben Hintergrund: die Lehren von Benjamin Graham.

Heute wäre es wahrscheinlich angemessener, von den Superanlegern aus Buffett-Stadt zu sprechen – Fondsmanager, deren intellektuelle Prägung sich hauptsächlich zu den Lehren von Warren Buffett zurückverfolgen lässt. Zu entnehmen sind diese heute noch seinen eloquenten Jahresbriefen, seinen Gesprächen mit Studenten an Business Schools und den Hauptversammlungen von Berkshire Hathaway in Omaha. Viele der Buffett-Schüler haben sich von der Fokussierung auf äußerst billige, aber potenziell schwache Unternehmen im Stil von Graham wegbewegt zu überlegenen Unternehmen, die zu fairen Preisen zu haben sind, wie es Buffett inzwischen ebenfalls bevorzugt. Letztere zeichnen sich durch hohe Kapitalrenditen, Möglichkeiten zur Reinvestition von Kapital zu hohen Renditen und nachhaltige Wettbewerbsvorteile aus.

Zwar versuchen die Medien immer wieder, den nächsten Warren Buffett auszurufen, doch selbst bei Berkshire Hathaway dürfte es in der Zeit nach Buffett mindestens zwei Anlagemanager mit letzter Entscheidungskompetenz geben. Anleger sollten sich also nicht damit abmühen, den nächsten Buffett zu finden. Stattdessen bietet es sich an, ein Portfolio mit ungefähr zwölf unterschiedlichen Superanlegern aus Buffett-Stadt zusammenzustellen und deren Transaktionen zu beobachten. Auf diese Weise bekommen Sie gute Einblicke in Anlageideen, die Buffetts Kriterien hoher Qualität zu einem attraktiven Preis erfüllen. Beim Anlegen der Liste kann es sich lohnen, die folgenden Anleger (aufgeführt in alphabetischer Reihenfolge) zu berücksichtigen. Einige von ihnen sind sehr bekannt, andere dagegen halten sich im Hintergrund.

- **Bill Ackman, Pershing Square Capital Management.** Ackman ist ein aktivistischer Anleger mit Value-Orientierung. Er verwaltet ein konzentriertes Portfolio, bei dem die zehn größten Positionen die überwältigende Mehrheit der gekauften Aktien ausmachen. Schon bevor die Kreditklemme zu einer schweren Krise der Gesamtwirtschaft wurde, argumentierte Ackman entschlossen, die Kreditversicherer MBIA and AMBAC seien überbewertet und fundamental deutlich stärker in Schwierigkeiten, als der Markt damals erkannte.

- **François Badelon, Amiral Gestion.** Der französische Superanleger François Badelon, Manager des Fonds Sextant PEA bei Amiral Gestion in Paris, setzt Grundsätze des Value-Investing mit Erfolg in Bereichen ein, die US-Fondsmanagern zumeist entgehen. Besonderen Wert legt Badelon auf ein gutes Management, das er als »unverzichtbaren Aktivposten für jedes mittelgroße Unternehmen« bezeichnet. Über die Entstehung seiner Anlagefirma berichtet er: »Ich habe Sextant PEA im Januar 2002 mit Unterstützung von Didier Le Ménestrel aufgelegt, dem Manager des berühmten Agressor-Fonds.«[107]

- **Brian Bares, Bares Capital Management.** Bares begann im Jahr 2000 mit seiner eigenen Firma, mit der er sich auf börsennotierte Unternehmen im Mikro-Cap-Bereich konzentrierte. 2001 legte er eine Small-Cap-Strategie für institutionelle Anleger auf, derzeit werden zwei value-orientierte Strategien verwaltet. Bares Capital Management ist eine Ausnahme in der Welt der institutionellen Vermögensverwaltung, denn das Unternehmen hält sich an seine Strategie, zugunsten besserer Anlageperformance das Wachstum des verwalteten Vermögens zu begrenzen. Bares ist Autor des Buchs *The Small-Cap Advantage*.

- **Bruce Berkowitz, Fairholme Capital Management.** In der Zeit von 2000 bis 2010 war Berkowitz einer der erfolgreichsten Value-Anleger überhaupt. Er folgt einem Contrarian-Ansatz und bevorzugt Unternehmen mit starken freien Cashflows sowie solche mit stark unterbewerteten Aktiva. Sein Fairholme Fund verwaltet ein konzentriertes Portfolio aus Aktien, von denen die Fondsmanager sehr überzeugt sind.

- **David Einhorn, Greenlight Capital.** Einhorn ist der Gründer von Greenlight, einer value-orientierten und stark research-basierten Anlagefirma mit langfristig überdurchschnittlichem Anlageerfolg. Seit dem Start im Jahr 1996 berichtet Greenlight eine jährliche Durchschnittsrendite von 20 Prozent, Gebühren und andere Kosten bereits abgerechnet. Einhorn hat das Buch *Fooling Some of the People All of the Time* geschrieben.

- **Thomas Gayner, Markel Corporation.** Gayner ist seit 1990 President von Markel Gayner Asset Management und seit 2004 CIO der Markel Corporation, einer Holdinggesellschaft für Sach- und Unfallversicherungen mit Sitz im US-Bundesstaat Virginia. Im Namen der Markel-Aktionäre verwaltet Gayner diszipliniert das Kapital, und sein langfristiger Anlageerfolg gehört zu den besten der Branche.

- **Joel Greenblatt, Gotham Asset Management.** Im Jahr 1985 begann Greenblatt mit der Verwaltung von externem Kapital – und wurde in Fachkreisen dann schnell berühmt, weil er die nächsten zehn Jahre über eine jährliche Rendite von 50 Prozent erreichte. Seine erfolgreiche Karriere im Bereich Geldanlage geht noch weiter, unter anderem über sein Engagement bei Formula Investing, das Anlagestrategien auf der Basis von Greenblatts Konzept der magischen Formel anbietet. Vorgestellt hat er sie in *The Little Book That Beats the Market.*

- **Mason Hawkins, Southeastern Asset Management.** Hawkins ist Chairman und CEO von Southeastern Asset Management, einem von ihm selbst im Jahr 1975 gegründeten Unternehmen. Southeastern ist der Anlageberater für die value-orientierten Publikumsfonds von Longleaf Partners.

- **Edward Lampert, ESL Investments.** Lampert ist ein Value-Anleger, der unter der Leitung des späteren US-Finanzministers Robert Rubin am Arbitrage-Desk von Goldman Sachs begonnen hat. 1988 verließ er Goldman Sachs, um ESL zu gründen, und erhielt dabei Unterstützung von dem texanischen Investor Richard Rainwater. Viele Jahre über erreichte Lampert bei ESL Jahresrenditen von mehr als 20 Prozent. Seine größte und in den Medien stark beachtete Transaktion war die Übernahme von Kmart während des Insolvenzverfahrens im Jahr 2002. Zwei Jahre später organisierte Lampert die Fusion von Kmart mit Sears. Er ist Chairman und Chief Capital Allocator des fusionierten Unternehmens, das als Sears Holdings firmiert. Außerdem verwaltet Lampert weiterhin ein konzentriertes Portfolio bei ESL.

- **John Lewis, Osmium Partners.** John Lewis gründete seine Firma Osmium im Jahr 2002. Mit Investitionen in Small- und Mikro-Cap-Aktien erreicht er dort überdurchschnittliche Anlageerfolge. Dabei konzentriert sich Lewis auf hochwertige Unternehmen in wenig beachteten und unterbewerteten Marktsegmenten. Außerdem nimmt er häufig Einfluss auf die Managementteams von Unternehmen, sich stärker um die Schaffung von Shareholder Value zu bemühen.

- **Mohnish Pabrai, Pabrai Investment Funds.** Pabrai verwaltet value-orientierte Investment Partnerships mit einer Gebührenstruktur ähnlich wie bei den früheren Partnerships von Warren Buffett (keine Managementgebühr, 25 Prozent Performancegebühr ab einer jährlichen

Mindestperformance von 6 Prozent). Pabrai-Fonds schneiden seit Langem besser ab als der Index S&P 500. Der Ansatz von Pabrai basiert auf den Prinzipien von Graham, Buffett und Greenblatt.

- **Francisco García Paramés und Álvaro Guzmán de Lázaro Mateos, Bestinver.** Die beiden spanischen Value-Anleger gehören zu den besten Langfristinvestoren Europas. In den Worten von Paramés: »Jedes unterbewertete Unternehmen mit einem guten Geschäft, Vorteilen gegenüber seinen Konkurrenten, einem guten Managementteam und transparenten Informationen kommt für uns infrage.«[108]

- **Chuck Royce, Royce Funds.** Royce ist ein Pionier im Bereich Value-Investing bei Small Caps. Dank ihres auf intensiven Recherchen beruhenden Value-Ansatzes zeigen Royce-Fonds seit Langem eine überdurchschnittliche Performance.

- **Guy Spier, Aquamarine Capital.** Der Fonds von Spier hat sich seit seiner Auflegung im Jahr 1997 besser entwickelt als die Marktindizes. Die Inspiration für den Aquamarine-Fonds kam von den ursprünglichen Buffett-Partnerships aus den 1950er-Jahren; auch die Gebührenstruktur ist ähnlich. Spier sucht nach fundamental starken Aktien, die zu so niedrigen Kursen gehandelt werden, dass sie eine große Sicherheitsmarge bieten.

Nachrichten und Börsenmeldungen nach Aktivitäten von Superanlegern durchsuchen

Auf den folgenden Seiten nenne ich in alphabetischer Reihenfolge einige der von mir am höchsten geschätzten Superanleger. Jeden von ihnen habe ich nur einer Kategorie zugeteilt, wobei die meisten aber in deutlich mehr als eine Gruppe passen würden. Ebenfalls angegeben ist der Central Index Key (CIK), über den Sie Meldungen dieser Anleger an die SEC finden können. Dazu müssen Sie die Website www.sec.gov aufrufen und dort die Suche nach CIK-Nummer benutzen.

Large-Cap-Value: Die zehn wichtigsten Superanleger

1. Bill Ackman, Pershing Square Capital Management, CIK 0001336528
2. Warren Buffett, Berkshire Hathaway, CIK 0001067983
3. Tom Gayner, Markel Corporation, CIK 0001096343
4. Tony Guerrerio und David Rolfe, Wedgewood Partners, CIK 0000859804
5. Mason Hawkins, Southeastern Asset Management, CIK 0000807985
6. Sandy Nairn, Edinburgh Partners, CIK 0001313926
7. John Paulson, Paulson & Co., CIK 0001035674
8. Prem Watsa, Fairfax Financial Holdings, CIK 0000915191
9. Wally Weitz, Wallace R. Weitz & Company, CIK 0000883965
10. David Winters, Wintergreen Advisers, CIK 0001360079

Mid-Cap-Value: Die zehn wichtigsten Superanleger

1. Richard Breeden, Breeden Capital Management, CIK 0001376259
2. Charles de Vaulx, International Value Advisers, CIK 0001456417
3. David Einhorn, Greenlight Capital, CIK 0001079114
4. Edward Lampert, ESL Investments, CIK 0000860585
5. Daniel Loeb, Third Point, CIK 0001040273
6. Mick McGuire, Marcato Capital, CIK 0001541996
7. Mohnish Pabrai, Pabrai Investment Funds, CIK 0001173334
8. Larry Robbins, Glenview Capital Management, CIK 0001138995
9. Jeffrey Ubben, ValueAct Holdings, CIK 0001418814
10. Ed Wachenheim, Greenhaven Associates, CIK 0000846222

Small-Cap-Value: Die zehn wichtigsten Superanleger

1. Brian Bares, Bares Capital Management, CIK 0001340807
2. Ian Cumming und Joe Steinberg, Leucadia National, CIK 0000096223
3. Glenn Fuhrman und John Phelan, MSD Capital, CIK 0001105497
4. Jeffrey Gates, Gates Capital Management, CIK 0001312908
5. Rehan Jaffer und Usman Nabi, H Partners, CIK 0001364412
6. Paul O'Leary, Raffles Associates, CIK 0001169581
7. Lisa Rapuano, Lane Five Capital Management, CIK 0001410352
8. Clifton Robbins, Blue Harbour Group, CIK 0001325256

9. Robert Robotti, Robotti & Company, CIK 0001105838
10. Meryl Witmer, Eagle Value Partners, CIK 0001469209

Deep Value nach Graham: Die zehn wichtigsten Superanleger

1. Zeke Ashton, Centaur Capital, CIK 0001453039
2. Bruce Berkowitz, Fairholme Capital Management, CIK 0001056831
3. Francis Chou, Chou Associates Management, CIK 0001389403
4. Mark Gallogly und Jeffrey Aronson, Centerbridge Partners, CIK 0001484836
5. Carl Icahn, Icahn Capital, CIK 0001412093
6. Robert Jaffe, Force Capital Management, CIK 0001317601
7. Seth Klarman, Baupost Group, CIK 0001061768
8. Rich Pzena, Pzena Investment Management, 0001027796
9. Wilbur Ross, WL Ross, CIK 0001128452
10. David Tepper, Appaloosa Management, CIK 0001006438

Billige Qualität nach Buffett/Greenblatt: Die zehn wichtigsten Superanleger

1. Chuck Akre, Akre Capital Management, CIK 0001112520
2. Jonathan Auerbach, Hound Partners, CIK 0001353316
3. James Crichton, Scout Capital Management, CIK 0001134406
4. Boykin Curry, Eagle Capital Management, CIK 0000945631
5. Hassan Elmasry, Independent Franchise Partners, CIK 0001483866
6. Alan Fournier, Pennant Capital Management, CIK 0001168664
7. Glenn Greenberg, Brave Warrior Capital, 0000789920
8. John Griffin, Blue Ridge Capital, CIK 0001056258
9. Allan Mecham, Arlington Value Management, CIK 0001568820
10. Alexander Roepers, Atlantic Investment Management, CIK 0001063296

Konzentrierte Portfolios: Die zehn wichtigsten Superanleger

1. Ian Cumming und Joe Steinberg, Leucadia National, CIK 0000096223
2. Ed Gilhuly und Scott Stuart, Sageview Capital, CIK 0001389563
3. Glenn Greenberg, Brave Warrior Capital, 0000789920
4. Chris Hohn, The Children's Investment Fund, CIK 0001362598

5. Robert Karr, Joho Capital, CIK 0001106500
6. Paul Orfalea und Lance Helfert, West Coast Asset Management, CIK 0001276537
7. Mark Rachesky, MHR Fund Management, CIK 0001277742
8. Wilbur Ross, WL Ross, CIK 0001128452
9. Toby Symonds, Altai Capital Management, CIK 0001478982
10. Steve Tananbaum, GoldenTree Asset Management, CIK 0001278951

Ausgewählte beobachtenswerte Branchenspezialisten

- Energie: Boone Pickens, BP Capital, CIK 0001218269
- Finanzen: Tom Brown, Second Curve Capital, CIK 0001136704
- Pharma: Will Edwards, Palo Alto Investors, CIK 0001306923
- Technologie: Charles Coleman, Tiger Global, CIK 0001167483

Ausgewählte schwer zu beobachtende Superanleger

In der folgenden Liste finden Sie Tipps dazu, wie Sie interessante Anleger beobachten können, die selbst keine 13F-HR-Meldungen bei der SEC einreichen.

- *Guy Spier, Aquamarine Capital.* Erbitten Sie Zugriff auf die Website und Anlegerbriefe unter aquamarinefund.com.
- *Daniel Gladiš, Vltava Fund.* Auf vltavafund.com finden Sie quartalsweise Briefe. Mein Interview mit Gladiš steht unter http://podbay.fm/show/642016120/e/1369865421?autostart=1 zur Verfügung.
- *John Lewis, Osmium Partners.* Suchen Sie unter www.sec.gov nach der CIK 0001316729.
- *Lloyd Miller III.* Miller gehört zu den geschicktesten Privatanlegern bei Mikro-Cap-Aktien mit hohen Barbeständen. Suchen Sie unter www.sec.gov nach der CIK 0000949119.

- *Stephen Clearman und Tushar Shah, Kinderhook Partners.* Kinderhook verwaltet ein konzentriertes Portfolio aus Small- und Mid-Cap-Unternehmen, die man als Zinseszinsmaschinen verstehen kann. Suchen Sie unter www.sec.gov nach CIK 0001220338.

Die Suche auf die überzeugendsten Ideen eingrenzen

Wenn Sie mehr als nur eine Handvoll Superanleger im Blick behalten wollen, kann ihre Beobachtung ausgesprochen aufwendig sein – schon durch die schieren Mengen an Daten, die dabei anfallen. Das Ziel ist natürlich, schnell zu erkennen, von welchen seiner Ideen der jeweilige Superanleger gerade am stärksten begeistert sein dürfte. Ein guter Indikator für den Grad der Überzeugtheit ist oft die Positionsgröße. Was aber, wenn die größte Position im Portfolio prozentual gesehen noch größer wurde, gemessen an der Zahl der Aktien aber kleiner? Würde man sie dann trotzdem als aktuell beste Idee dieses Anlegers verstehen? Das ist unwahrscheinlich, denn vielleicht hat der Börsenwert der Position durch einen Kursanstieg zugenommen, sodass der Superanleger mit Verkäufen begonnen hat. Eine solche Aktie würden wir also eher nicht in unser eigenes Portfolio aufnehmen wollen.

Ähnlich kompliziert wird es, wenn wir herausfinden wollen, welche Positionen eines Superanlegers den höchsten *Signalwert* haben. Diesen Ausdruck benutze ich zur Unterscheidung zwischen beachtenswerten Transaktionen und den vielen unnötigen Informationen in den SEC-Meldungen. Was zum Beispiel ist, wenn eine Position nur die fünfzehntgrößte eines Anlegers ist, aber eine Beteiligung von 19,9 Prozent an einem Unternehmen ausmacht, bei dem ab 20 Prozent eine Giftpille zur Verhinderung von Übernahmen wirksam wird? In so einem Fall könnte diese Position durchaus diejenige sein, von der unser Anleger am stärksten überzeugt ist. Eine Methode zu entwickeln, bei der im Zweifelsfall die fünfzehntgrößte Position eines Anlegers ganz oben auf der Liste erscheint, kann sehr schwierig sein, dürfte sich aber lohnen. Wir können nicht in den Kopf eines Superanlegers sehen, also können wir auch nicht sicher sein, welche seiner Investitionen er zu einem bestimmten Zeitpunkt wirklich am besten findet. Wir können jedoch ein Ranking-System entwickeln, das unsere Aufmerksamkeit auf die vielversprechendsten Ideen jedes Superanlegers lenkt.

Die folgenden Faktoren helfen dabei, den wahrscheinlichen Überzeugungsgrad abzuschätzen:

- *Positionsgröße innerhalb des Superanleger-Portfolios.*

- *Veränderungen bei der Zahl der Aktien im Portfolio:* Werden Positionen neu eingegangen, erhöht oder verringert? Bei einer neuen Position stellt sich die Frage: Handelt es sich dabei nur um einen vorsichtigen ersten Einstieg oder hat die Position bereits ein erhebliches Volumen?

- *Position als Prozentanteil am Gesamteigenkapital von Unternehmen:* Beträgt der Anteil unter 5 Prozent, mehr als 5 Prozent oder mehr als 10 Prozent? Diese Zahlen sind von Bedeutung, denn sie stellen Schwellenwerte für SEC-Meldungen dar. Fondsmanager bleiben gern darunter, weil sie in der Lage sein wollen, Positionen ohne Meldepflicht anzupassen. Zudem richten manche Unternehmen Giftpillen ein, die Anleger daran hindern sollen, mehr als einen bestimmten Anteil aufzukaufen. Auch andere Überlegungen können den Höchstanteil von Anlegern begrenzen. So haben manche Unternehmen hohe Verlustvorträge, die unter Umständen wertberichtigt werden müssen, wenn es zu viele Änderungen bei den Aktionären mit mehr als 5 Prozent Beteiligung gibt. Um den Wert der Aktien nicht zu beschädigen, bleiben Superanleger deshalb manchmal selbst dann unter diesem Wert, wenn sie eigentlich eine höhere Beteiligung eingehen wollen.

- *Aktienkursentwicklung seit dem Datum der Meldung.* Als value-orientierte Anleger dürften wir vor allem solche Superanleger-Ideen interessant finden, deren Preis zuletzt gesunken ist – so bezahlen wir für eine Aktie vielleicht weniger, als sie erst vor ein paar Monaten einem angesehenen Anleger wert war. In diesem Zusammenhang gibt es allerdings eine wichtige Einschränkung: Wenn seit dem Einstieg eines Superanlegers deutlich negative Nachrichten über ein Unternehmen veröffentlicht wurden, sollte man eher skeptisch sein, selbst wenn der Kurs seitdem gesunken ist.

- *Zeitraum seit dem Datum der Meldung.* Der Informationswert von SEC-Meldungen nimmt mit der Zeit meist rapide ab. Die quartalsweisen 13F-HR-Meldungen von Anlegern sind reine Momentaufnahmen ihrer Portfolios, die zudem bis zu 45 Tage verzögert eintreffen. Hinzu kommt noch die Zeit zwischen dem Einreichen der Meldung und unserem Zugriff darauf, sodass wir insgesamt ein zwei bis drei Monate altes Portfolio zu sehen bekommen. Meldungen nach Form 4 sind in dieser Hinsicht nützlicher, weil sie meist innerhalb von einem bis zwei Tagen nach einem meldepflichtigen Geschäft abgegeben werden müssen. Form 4 ist jedoch leider nur für solche Anleger vorgeschrieben, die mehr als 10 Prozent an einer bestimmten Wertpapierklasse eines Unternehmens halten oder Mitglied seines Board of Directors sind.

- *Relevante Äußerungen der Anleger.* Manchmal lassen Superanleger ihre Einschätzung zu bestimmten Positionen in Briefen an die Anleger oder Gesprächen mit Medien erkennen. Solche Äußerungen können ein nützlicher qualitativer Faktor im Rahmen einer Ranking-Methode für den Signalwert sein.

Nach dem Screening: Was macht ein Unternehmen für Superanleger attraktiv?

Kurzfristig kann das Ziel bei der Beobachtung hervorragender Anleger durchaus darin bestehen, herauszufinden, welche Aktien sie interessant finden und warum. Langfristig sollte man aber versuchen, weniger die einzelnen Ideen dieser Anlagemanager zu verstehen als ihre Denkprozesse. Dazu Pavel Begun, Managing Partner von 3G Capital Management: »Ich habe begonnen, die erfolgreichsten Anleger der Welt zu beobachten, und ich habe versucht, alle ihrer Anlageideen selbst nachzuvollziehen. Ich habe versucht, einen gemeinsamen Nenner für alle ihre Entscheidungen zu entdecken. Herausgekommen sind dabei die drei G: gutes Unternehmen, gutes Management und guter Preis.«[109]

Einen Schritt voraus: Aktionen von Superanlegern vorwegnehmen

Wenn Sie schon eine Weile mit Anlagemanagern zu tun haben, wissen Sie wahrscheinlich auch, womit die am liebsten prahlen: damit, eine Aktie ins Portfolio genommen zu haben, die später auch von Berkshire Hathaway gekauft wurde. Wer davon hört, soll natürlich den Eindruck bekommen, der Manager sei ähnlich genial wie Warren Buffett. In den meisten Fällen ist es jedoch bloßer Zufall, wenn jemand Buffett zuvorgekommen ist. Anleger, die glauben, sie könnten die Schritte von Superanlegern systematisch vorwegnehmen, sind vielleicht nur von Wunschdenken geleitet.

Eine Aktie vor einem Superanleger zu kaufen, ist wahrscheinlich trotzdem profitabler, als ihn nur zu kopieren. Welche realistischen Möglichkeiten also gibt es, solche Entscheidungen vorwegzunehmen? Ist es möglich, konsistent Ideen zu finden, bei denen bald auch Superanleger einsteigen werden?

Ihren Titel verdienen Superanleger letztlich nur, wenn sich ihre Investitionen im Durchschnitt besser entwickeln als die Marktindizes. Anlageentscheidungen von Superanlegern vorwegzunehmen bedeutet also nichts anderes, als selbst Aktien zu finden, die den Markt schlagen werden. Genau das sollte auch das eigentliche Ziel für jeden Anleger sein. Wenn wir einen Ansatz finden, der überdurchschnittliche Ergebnisse bringt, haben wir unser primäres Ziel erreicht. Wenn es dabei passiert, dass wir eine Chance vor einem Superanleger wie Buffett entdecken, ist das ein nettes Extra, von dem man auf der nächsten Party stolz erzählen kann.

Dass die meisten Superanleger Erfolg haben, weil sie hochwertige Unternehmen zu attraktiven Preisen finden, dürfte nicht weiter umstritten sein. Derartige Unternehmen zeichnen sich meist durch mehrere wichtige Merkmale aus. Zu diesen zählen hohe Renditen auf das eingesetzte Kapital, Möglichkeiten zur Reinvestition von Kapital mit ebenfalls hohen Renditen, die Fähigkeit, die hohen Renditen aufgrund dauerhafter Wettbewerbsvorteile zu bewahren, eine Bilanz, die genügend strategische Flexibilität erlaubt, und ein ebenso kompetentes wie aktionärsfreundliches Management. Ob ein Preis attraktiv ist, lässt sich leichter beurteilen.

Meist bedeutet er eine hohe Rendite, berechnet anhand des Gewinns oder des freien Cashflow im Verhältnis zum Börsenwert. Bei schweren Krisen am Markt kann ein Unternehmen vorübergehend sogar zu einem Abschlag gegenüber seinem materiellen Buchwert zu haben sein.

Unter der Annahme, dass diese Kriterien für Superanleger korrekt sind, stellt sich als nächste Herausforderung die Frage, wie man Unternehmen findet, die sie erfüllen. Das Genie von Buffett liegt weniger darin, dass er irgendwelche besonderen Anlagekriterien anwenden würde, sondern eher darin, dass er gut im Entdecken von Unternehmen ist, die diese erfüllen. Seine höchst erfolgreiche Investition in Coca-Cola etwa zeigte eine scharfsinnige Beurteilung in Bezug auf die Fähigkeit des Unternehmens, über lange Zeiträume Kapital zu hohen Renditen zu reinvestieren; ausschlaggebend dafür war das Potenzial für zunehmenden Pro-Kopf-Konsum weltweit und die Dauerhaftigkeit der Wettbewerbsvorteile von Coca-Cola.

Wie Buffett bei Coca-Cola zu solchen korrekten Einschätzungen zu kommen ist alles andere als einfach. Zu unterschiedlichen Zeitpunkten dachten viele Anleger, dass auch Microsoft, Morgan Stanley, *The New York Times*, Nokia und Sony beste Aussichten auf lukrative Reinvestitionen und dauerhafte Wettbewerbsvorteile hätten. Ein Unternehmen wie Microsoft mag jedoch zwar seinen Wettbewerbsvorteil bei Betriebssystemen bewahren können, ist aber nicht mehr unbedingt in der Lage, erhebliche Mengen Kapital zu hohen Renditen zu reinvestieren. Aber erfüllt ein Unternehmen wie Apple die zwei Kriterien, die Buffett bei der Investition in Coca-Cola anlegte? Möglicherweise, doch die Möglichkeiten zur Reinvestition von Kapital mit hohen Renditen werden weniger, je größer ein Unternehmen bereits ist. Wenn eine Cashflow-Maschine wie Apple in der Lage wäre, große Mengen Kapital intern zu reinvestieren, hätte das Management fast mit Sicherheit nicht derart hohe Barbestände angesammelt. In diesem Sinn lässt eine Zunahme des Cash-Bestands weit über einen möglicherweise erhöhten saisonalen Bedarf hinaus einen Mangel an Reinvestitionsmöglichkeiten erkennen.

Die Superanleger kennenlernen: Sortieren nach Stilen

Manchmal ist wichtiger, wie man etwas sagt, als was man sagt. Kontext und nonverbale Kommunikation um gesprochene Worte herum können entscheidend dafür sein, zu erkennen, ob eine Äußerung sarkastisch oder ernst gemeint ist. Eine der häufig genannten Schwächen von Kommunikation per E-Mail liegt genau in der Unmöglichkeit, das Geschriebene in einen Kontext zu stellen. Als Folge davon wirken E-Mails manchmal unhöflich oder reißerisch, selbst wenn beides gar nicht beabsichtigt war.

Auch für die Einordnung von Käufen und Verkäufen durch Superanleger ist der Kontext entscheidend. Stellen Sie sich drei unterschiedliche Anleger vor, von denen jeder 5 Prozent seines Portfolios in Aktien der Bank of America investiert hat. Davon auszugehen, dass die Position jedes dieser Anleger für unsere Zwecke gleich relevant ist, wäre dann ein großer Fehler. Denn beim ersten Anleger handelt es sich vielleicht um Tom Browne von Second Curve, einer auf den Finanzsektor spezialisierten Anlagefirma. Einerseits wäre Browns Investition dann signifikant, weil er ein Experte für die Branche ist. Andererseits investiert er als solcher aber auch dann in Finanzaktien, wenn es in anderen Bereichen bessere Chancen gäbe. Der zweite Anleger ist vielleicht Glenn Surowiec von GDS Investments, einer Deep-Value-Anlagefirma, die in vielen Sektoren aktiv ist. Seine Entscheidung könnte signifikant sein, weil dahinter die Überlegung stehen könnte, dass sich eine Investition in die Bank of America eher lohnt als Aktien in den anderen Branchen. Und der dritte Anleger ist vielleicht Seth Klarman. Wenn der 5 Prozent seines Aktienportfolios in die Bank of America steckt, ist diese Entscheidung vielleicht deshalb weniger interessant, weil Klarman den größten Teil seiner Mittel ohnehin in andere Wertpapiere als Aktien investiert. Damit würde ein an die SEC gemeldeter 5-Prozent-Aktienanteil vermutlich einen deutlich geringeren Prozentsatz im Gesamtportfolio seiner Baupost Group ausmachen.

Darüber hinaus ist es bei der Beschäftigung mit den Portfolioaktivitäten von Superanlegern hilfreich, ihre relativen Stärken und Schwächen zu kennen. In Zeiten mit extremen Marktstimmungen, sei es Euphorie oder Verzweiflung, geraten Fondsmanager in Versuchung, untypisch zu agieren, um Gewinne zu erhöhen oder Kapital zu schützen. Ein Small-Cap-Anleger wechselt vielleicht zu Large Caps, wenn Aktien in seinem angestammten Bereich stark fallen – doch damit verliert er seinen klassischen Vorteil beim Entdecken von wenig beachteten Unternehmen. Ähnlich könnte ein Value-Anleger in eher teure Wachstumsaktien investieren, wenn Kunden Druck auf ihn ausüben oder der Markt solche Unternehmen zu bevorzugen scheint; doch dann stellt sich für ihn die ungewohnte Aufgabe, zu unterscheiden, ob ein teures Unternehmen dauerhaftes oder nur kurzes Wachstum verzeichnet. Während des Börseneinbruchs Ende 2008 bis Anfang 2009 verkauften einige Aktienanleger ihre Bestände und kauften stattdessen Anleihen mit 15 bis 20 Prozent Rendite. Derartige Renditen sind zwar fast jederzeit attraktiv, doch die zu erwartenden Renditen bei Aktien waren Anfang 2009 noch deutlich höher. Aktienanleger, die plötzlich in der Kapitalstruktur eine Stufe höher stiegen, um sicherere Renditen zu erzielen, taten das also genau zum falschen Zeitpunkt.

Guy Spier gehört zu denjenigen, die explizit die Bedeutung von Kontext betonen: »Wenn ich mir die Portfolios von anderen Leuten ansehe, versuche ich zu verstehen, ob sie in irgendeiner Weise voreingenommen zu sein scheinen und ob sie irgendwelche kleinen Schwächen haben. Vielleicht haben sie ein Faible für Small-Cap-Aktien oder für Nischenunternehmen mit Nischenideen. Für mich selbst kann ich sagen, ich habe eine gewisse Vorliebe für Unternehmen mit wenig investiertem Kapital und hohen Kapitalrenditen.«[110] Die Neigungen oder Spezialitäten von unterschiedlichen Anlegern zu kennen kann dabei helfen, ihre Anlageentscheidungen in den richtigen Zusammenhang zu stellen.

Auch Briefe an die Anleger sind eine gute Möglichkeit, mehr über die Anlagephilosophien und Eigenheiten von Fondsmanagern zu erfahren. Die Briefe von Warren Buffett etwa sind berühmt und werden von Tausenden von Anlegern heiß erwartet. Doch auch viele andere Anlageexperten schreiben hochinteressante Briefe voller Ideen. Sie zu lesen hilft nicht nur dabei, die Portfolioentscheidungen des jeweiligen Managers zu verstehen – ganz nebenbei kann man dadurch auch noch aus den Erfolgen und Misserfolgen hervorragender Anleger lernen. Zu den Fondsmanagern, deren Briefe für Interessierte meist auch im Internet zu finden sind, zählen Bill Ackman, Bruce Berkowitz, David Einhorn, Daniel Loeb und Guy Spier. Eine exzellente kostenlose Quelle für Briefe von Managern in geschlossenen Partnerships ist Hedge Fund Letters (www.hedgefundletters.com).

Kann es sich lohnen, sich gegen eine Herde von Superanlegern zu stellen?

Herausragende Anleger schrecken meist nicht davor zurück, sich der Masse entgegenzustellen und in ungeliebte oder sogar verhasste Unternehmen zu investieren. Doch an der Spitze ist es nicht immer so einsam, wie man vielleicht glauben würde. Viele der von mir befragten Superanleger tauschen regelmäßig Ideen und Meinungen mit Kollegen aus. Als Folge davon kann es vorkommen, dass mehrere bekannte Anleger gleichzeitig in einer bestimmten Aktie aktiv werden. Manchmal fallen zudem selbst die intelligentesten Anleger den Tücken des Gruppendenkens zum Opfer: Sie schließen sich der Konsensmeinung in ihrer Gruppe an, obwohl sie mit unabhängigen Analysen zu einer ganz anderen Einschätzung kommen würden.

Manche Superanleger sind dafür bekannt, dass sie besonders sorgfältige eigene Nachforschungen über einzelne Unternehmen anstellen, andere zeichnen sich eher durch gute Makro-Einschätzungen aus. Bruce Berkowitz und David Einhorn etwa werden weithin für ihren Recherchefleiß bewundert. Wenn einer von diesen beiden eine Aktie kauft, ziehen manche seiner Kollegen vielleicht nach und verlassen sich dabei zum Teil auf die von Berkowitz oder Einhorn erledigte Vorarbeit. Außenstehende könnten in solchen Fällen den Eindruck bekommen, gleich fünf Superanleger seien von der entsprechenden Aktie sehr überzeugt – in Wirklichkeit aber folgen vier von diesen fünf nur einem ihrer Kollegen. Wenn sich dessen Überlegungen später als falsch herausstellen, verzeichnen aber alle fünf Verluste und versuchen vielleicht gleichzeitig, wieder auszusteigen. Und wenn fünf Superanleger auf einmal dasselbe Wertpapier abstoßen, wird es kaum eine Aktie geben, die das unbeschadet übersteht.

Zusammenfassung

Die zehn wichtigsten Punkte aus diesem Kapitel:

1. Einer der besten Ratschläge zur Geldanlage überhaupt lautet: »Machen Sie Ihre eigene Arbeit und verlassen Sie sich nicht auf die Tipps von anderen.« Trotzdem kann es sowohl intelligent als auch profitabel sein, dem Beispiel von Superanlegern zu folgen, wenn man dabei richtig vorgeht.
2. Für dieses Buch habe ich mit mehr als 100 Anlagemanagern gesprochen. Dabei zeigte sich, dass die Besten von ihnen nicht nur überlegene Anlagerenditen gemeinsam haben, sondern auch einige persönliche Eigenschaften: klares Denken, offene Kommunikation, eine erkennbare Leidenschaft für Geldanlage und eine überraschend bescheidene Haltung zum Thema Erfolg.
3. Die meisten Superanleger verstehen sich als Arbeitgeber des Managements. Sie schrecken im Allgemeinen nicht davor zurück, ihre Ansicht darüber kundzutun, wie sich bestehender Aktienwert heben oder neuer Wert schaffen lassen würde.
4. Selbst wenn man davon ausgeht, dass Superanleger meist besser abschneiden als der Markt, heißt das noch nicht, dass auch das Kopieren von Superanlegern überdurchschnittliche Renditen verspricht.
5. Eine der Gefahren beim Nachahmen von Superanlegern liegt in unserer Neigung, sie zu Helden zu erheben. Superanleger sind weder Helden noch unfehlbar. Genau die Idee, die wir von ihnen übernehmen, wird vielleicht zur einzigen in ihrem Portfolio, die komplett abgeschrieben werden muss.
6. Das Problem ist nicht nur, dass alle Anleger Fehler machen: Wenn wir keine eigenen Recherchen angestellt haben, die uns ein gewisses Maß an Überzeugung zu einer Idee geben, leidet unsere Fähigkeit, an einer einmal beschlossenen Investition festzuhalten.
7. Viele Aktienanleger haben den Wunsch, in bestimmte Makro-Themen oder politische Entwicklungen zu investieren. Dazu kaufen sie eine Reihe von Aktien, die zu ihrer übergreifenden These passen. An diese These glauben sie vielleicht sehr fest, von den einzelnen Aktien dazu aber sind sie manchmal weitaus weniger überzeugt. Für einen Beobachter wäre es deshalb ein Fehler, diese Käufe als

klare Bestätigung für den in diesen Aktien vorhandenen Wert zu verstehen.

8. Der erste Schritt beim Aufbau eines Systems zur Beobachtung von Superanlegern besteht in der Entscheidung, welche Anleger es berücksichtigen soll. Für diese Überlegung spielen mehrere Faktoren eine Rolle, darunter der Konzentrationsgrad im Portfolio, die durchschnittliche Umschlagsgeschwindigkeit, die Neigung zur Arbeit mit Leerverkäufen und die Übereinstimmung zwischen dem eigenen Anlagestil und dem des jeweiligen Superanlegers.
9. Die Umschlagsgeschwindigkeit ist von Bedeutung, weil wir als außenstehende Beobachter erst mit Verzögerung über die Kauf- und Verkaufsaktivitäten anderer Anleger informiert werden. Je höher die Umschlagsgeschwindigkeit im Portfolio eines Superanlegers, desto höher ist deshalb die Gefahr, dass er schon wieder über den Verkauf einer Aktie nachdenkt, wenn wir uns mit einem möglichen Kauf beschäftigen.
10. Bei der Einordnung der Kauf- und Verkaufsaktivität von Superanlegern kommt es entscheidend auf den Kontext an. Wenn beispielsweise drei Anleger jeweils 5 Prozent ihres Portfolios in die Bank of America investiert haben, sollte man daraus nicht ableiten, dass jede dieser drei Positionen für unsere Zwecke dieselbe Bedeutung hat.

Kapitel 7: Kleine Aktien, grosse Rendite?

Chancen bei wenig beobachteten Small Caps und Mikro Caps

Alle Wahrheiten sind einfach zu verstehen, wenn sie erst einmal entdeckt sind. Entscheidend ist daher, sie zu entdecken.

Galileo Galilei

Kleinere börsennotierte Unternehmen wurden im Verlauf dieses Buches schon mehrfach erwähnt, doch aus mehreren Gründen möchte ich ihnen auch ein eigenes Kapitel widmen. Erstens bestehen in Bezug auf solche Small-Cap-Aktien einige falsche Vorstellungen: Viele Anleger meiden sie, weil sie fürchten, hier eher Manipulationen oder Betrug zum Opfer zu fallen. Tatsächlich haben »Pump and dump«-Programme (wertlose Aktien werden von Betrügern zunächst heiß empfohlen und dann abgestoßen, wenn sie steigen) und viele Betrugsfälle bei in den USA notierten chinesischen Small Caps Anlegern erheblichen Schaden zugefügt. Trotzdem haben kleine Aktien als Gruppe gesehen über lange Zeiträume attraktive Renditen geliefert. Zweitens gelten für das Screening von Small-Cap-Ideen teils andere Regeln als für Large Caps, denn viele kleine Unternehmen eignen sich in meinen Augen tatsächlich nicht als Geldanlage; Gründe dafür können seltenere Geschäftsberichte, mangelnde Liquidität oder ein eher spekulatives Geschäft sein. Vor der Beschäftigung mit einzelnen Small-Cap-Aktien schränke ich den Suchraum deshalb zunächst mit einem Filter für die Frage der Investierbarkeit ein. Und der dritte Grund: Auch das Vorgehen bei der Analyse von kleinen Unternehmen unterscheidet sich recht deutlich von dem bei größeren, sodass es sinnvoll ist, in diesem Kapitel den speziellen Prozess dafür vorzustellen.

Wie der Ansatz funktioniert

Fast jeder kennt Microsoft und viele kluge und erfahrene Menschen haben eine Meinung dazu, was dieses Unternehmen wert ist. Ganz anders sieht es zum Beispiel bei Cybex International aus, einem ehemals an der Nasdaq notierten Unternehmen, das im März 2011 zu einem Börsenwert von nur 13 Millionen Dollar gehandelt wurde. Das Ausmaß an Anlegerinteresse, das sich auf diese beiden Unternehmen richtet, ist also höchst unterschiedlich. Aus diesem Grund darf man auch davon ausgehen, dass der Börsenwert die zugrunde liegenden Fundamentaldaten bei Microsoft besser wiedergibt als im Fall von Cybex. Und genau in dieser Annahme steckt auch die Grundlage für Chancen bei kleinen und sehr kleinen Aktien: Bei kleinen Unternehmen gibt es weniger Wettbewerb bei dem Versuch, ihren inneren Wert zu analysieren. Genau aus diesem Grund ist in diesem Marktsegment eher und mit relativ gesehen größeren Preisineffizienzen zu rechnen, was es für kundige Anleger leichter macht, unterbewertete Aktien zu finden.

Gründe für Ineffizienzen bei Small Caps

Mehrere wichtige Entwicklungen haben neue Chancen für Small-Cap-Anleger entstehen lassen. Erstens hat das explosive Wachstum bei professioneller Geldanlage zu einer starken Zunahme des Volumens der von Publikumsfonds, Pensionsfonds und Hedgefonds verwalteten Portfolios geführt. Dadurch waren diese Anbieter gezwungen, Mindestgrößen für die Marktkapitalisierung einzuführen – kleinere Unternehmen kommen für sie nicht in Betracht, weil ihre Aktien nicht liquide genug sind. Zweitens sind die Gehaltsforderungen von Analysten und Fondsmanagern deutlich gestiegen. Dies bedeutet, dass die besten Talente fast nur noch bei Fonds arbeiten, die groß genug sind, um auf ausreichende

Gebühreneinnahmen für die Zahlung hoher Boni zu kommen. Und drittens sind Unternehmen mit einem Börsenwert von unter 100 Millionen Dollar in fast keinem wichtigen Aktienindex vertreten, sodass sie als Vergleichsmaßstab für die überwältigende Mehrheit der Anlageprofis keine Rolle spielen. Für Fondsmanager besteht dadurch kaum ein Anreiz, sich mit ihrer relativen Performance zu beschäftigen.

Dazu erklärt der Anlagemanager Fred Speece Jr.: »Die Konzentration der Mittel ist eine bedeutende Veränderung, die zusätzliche Gelegenheiten zur Wertschaffung entstehen lässt. In der Vermögensverwaltung gibt es unverkennbar eine Konsolidierung und die bedeutet, dass Liquidität zu einer wichtigen Hürde wird. Wer mit dieser Liquiditätshürde umgehen und sie für sich nutzen kann, für den bieten sich im Mid- bis Small-Cap-Segment des Marktes viele Gelegenheiten.« Noch größer sind die Chancen möglicherweise auf internationalen Märkten, weil Aktien dort häufig noch illiquider und aus dem Ausland schwieriger zu kaufen sind; in den USA gilt dies selbst für American Depository Receipts (ADRs) mit relativ hohen Marktkapitalisierungen. »Bei internationalen Aktien kann sich die Rendite durch Transaktionskosten und die Kosten der Kursveränderung durch große Aufträge fast halbieren«, erklärt der Anlagemanager Andrew Williams von Philadelphia International Advisors.

Den institutionellen Anleger Brian Bares habe ich gebeten, die Gründe für strukturelle Ineffizienzen bei Small Caps zu erläutern. Seine Antwort: »Wer als Profianleger im Small-Cap-Bereich Erfolg hat, verzeichnet meist bald Mittelzuflüsse und steigt dann auf Mid und Large Caps um; weniger erfolgreiche Manager dagegen geben auf. Wall-Street-Firmen, die von den Gebühren für Investmentbanking, Handel und andere Dienstleistungen leben müssen, halten sich aus Rentabilitätsüberlegungen fern und auch ihre Research-Abteilungen konzentrieren sich meist auf die größten Unternehmen. Dadurch entsteht bei Small Caps ein gewisses Vakuum – und eine echte Gelegenheit für Privatpersonen und kleine Firmen, die bereit sind, die nötigen Analysen selbst zu erledigen.«[111]

Zu der Frage, ob sich eingehende Fundamentalanalysen in Eigenregie wirklich lohnen können, erklärt Bares: »Unser Anlageprozess verlangt eine eingehende Beschäftigung mit unseren Portfoliounternehmen. Bei

Small Caps ist die Wahrscheinlichkeit, dass wir von unseren guten Kenntnissen profitieren können, deutlich höher, denn hier herrscht eine gewisse Informationsknappheit.«[112]

Ein Schnellboot steuern statt eines Kreuzfahrtschiffs

Die überdurchschnittliche Performance von Small-Cap-Aktien hängt auch damit zusammen, dass wichtige Aktionäre und ein fähiges Management starken Einfluss auf den Wert von derartigen Unternehmen nehmen können. CEOs kleiner Unternehmen haben das Kommando über eine Art Schnellboot, während die CEOs von Dow-30-Unternehmen eher ein Kreuzfahrtschiff steuern – und ein Schnellboot kann viel eher seinen Kurs ändern, um eine plötzliche auftauchende Chance zu nutzen oder einer plötzlichen Gefahr auszuweichen. Zudem gibt es bei Kreuzfahrtschiffen ein aufwendiges Navigationssystem und eine ganze Crew für die Brücke, sodass der Einfluss des Kapitäns insgesamt geringer ist. Die Person am Steuer eines Schnellboots dagegen ist jederzeit verantwortlich für alle wesentlichen Fragen der Fahrt und es zeigt sich schnell, ob ihre Entscheidungen richtig oder falsch waren. Kreuzfahrtschiffe müssen sich zudem meist an vorgegebene Routen halten und brauchen zum Anlegen große Häfen, Schnellboote können neue, lohnendere Wege einschlagen und fast überall ankern.

Wichtige Aktionäre haben bei kleinen Unternehmen häufig mehr Einfluss auf den CEO als bei großen. Denn wenn das Management nicht im Interesse der Aktionäre agiert, verfügen im Small-Cap-Bereich mehr Anlagefirmen über genügend Mittel, um ein glaubwürdiges Übernahmeangebot abgeben zu können. Eine wichtige Ausnahme zu dieser Regel sind Unternehmen, bei denen Insider selbst einen so großen Anteil halten, dass sie de facto die Kontrolle ausüben. Dies ist bei kleineren Unternehmen relativ häufig der Fall – einige von ihnen sind wenig mehr als Familienunternehmen, die nebenbei auch börsennotiert sind. Manchmal allerdings hört das Management solcher Unternehmen durchaus auf den Rat erfahrener Langfrist-Aktionäre, denn wertsteigernde Maßnahmen kommen auch ihren Eigentümer-Managern zugute. So könnte es dem Board of Directors eines kleinen Unternehmens vielleicht an eigener Kompetenz bei Fragen der Kapitalallokation fehlen. Selbst wenn seine Mitglieder im Interesse der Aktionäre handeln wollen, glauben sie möglicherweise, es sei stets am besten, in das Unternehmen zu reinvestieren, sodass es besser werden kann. Wenn ein externer Aktionär dann einen konstruktiven Dialog beginnt und vorrechnet, wie sich der Wert pro Aktie bei Reinvestition, Zahlung einer Dividende oder einem Aktienrückkauf entwickelt, lassen sich die Insider vielleicht überzeugen, dass ein Rückkauf unterbewerteter Aktien die beste Verwendung für verfügbares Kapital wäre. Auf diese Weise können externe Aktionäre und Management den Wert pro Aktie gemeinsam steigern.

Aktivismus externer Aktionäre und Managementqualität haben für die Performance kleinerer Unternehmen also relativ gesehen größere Bedeutung. Dies führt uns zu einem weiteren Punkt: Wenn die Managementqualität bei kleinen Unternehmen größeren Einfluss auf ihren inneren Wert hat, müsste auch die Bandbreite der Geschäftsergebnisse in diesem Segment größer sein. Man muss also nicht einmal der Meinung sein, dass sich die insgesamt überdurchschnittliche Performance von Small Caps durch den Unterschied zwischen Schnellbooten und trägen Kreuzern erklären lässt: Unabhängig davon ist in der unteren Größenklasse zu erwarten, dass die besten CEOs und die besten Anleger weniger starke Konkurrenten deutlich hinter sich lassen werden. Die langjährigen Erfahrungen von Anlegern wie Brian Bares, John Lewis, David Nierenberg, Paul O'Leary oder Lisa Rapuano sprechen für diese Vermutung. Eine unschöne Nebenerscheinung davon ist natürlich die Tatsache, dass bei Small-Cap-Aktien trotz ihrer allgemein überdurchschnittlichen Performance auch große Enttäuschungen möglich sind. Auf den folgenden Seiten stelle ich deshalb Strategien zur Ideengenerierung vor, wie sie von den besten Small-Cap-Anlegern eingesetzt werden. Dies sollte Ihnen dabei helfen, selbst eine bessere Performance zu erreichen.

Zahlen lügen nicht: Klein ist schön

Im Rückblick ist zu erkennen, dass sich kleine Aktien im Zeitverlauf deutlich besser entwickelt haben als Large Caps. Die genauen Ergebnisse unterscheiden sich abhängig vom gewählten Betrachtungszeitraum und den Definitionen für die beiden Größenklassen. Insgesamt aber fällt das Ergebnis eindeutig zugunsten der Small Caps aus. Eine der bemerkenswertesten Statistiken dazu kommt von UBS Financial Services: Demnach haben Small Caps langfristig pro Jahr rund 5 Prozent mehr Rendite erbracht als größere Aktien.[113] Ähnlich zeigen Untersuchungen von Jeremy Grantham, dass illiquide Aktien liquidere vier Jahrzehnte lang um zwei Prozentpunkte pro Jahr geschlagen haben.[114] Und die Value-Anlagefirma Tweedy Browne hat nachgerechnet, dass kleine Aktien auch in anderen Ländern als den USA eine überdurchschnittliche Performance zeigen. In ihrem Büchlein *What Has Worked in Investing* finden sich konsistente Ergebnisse dazu aus den untersuchten Ländern, darunter Australien, Kanada, Frankreich, Deutschland, Japan und Großbritannien.[115]

Ein Buch mit ähnlichem Titel, *Die besten Anlagestrategien aller Zeiten* von James O'Shaughnessy, beschäftigt sich mit den langfristigen Renditen unterschiedlicher Anlagestrategien. Für die US-Börsen ermittelte O'Shaughnessy im Zeitraum 1927 bis 2009 eine Jahresrendite von 9,7 Prozent bei großen und 10,8 Prozent bei kleinen Aktien.[116] Der Unterschied mag unerheblich klingen, doch der Gesamteffekt über lange Zeiträume ist bemerkenswert: Aus 10.000 Dollar, investiert im Jahr 1927, wären laut O'Shaughnessy bis Ende 2009 mit großen Aktien 22 Millionen Dollar geworden, mit kleinen aber 51 Millionen Dollar. Bei seiner Kategorisierung hat er zudem Mikro Caps ausgeschlossen, die einen noch deutlicheren Performancevorsprung aufweisen, mangels Liquidität jedoch als schlecht geeignet für ernsthafte Geldanlage gelten. Auf der Grundlage von Compustat-Daten von 1964 bis 2008 berechnete O'Shaughnessy für Mikro Caps, die zu Beginn der Betrachtung für höchstens 1 Dollar pro Aktie gehandelt wurden, eine jährliche Rendite von 28 Prozent.[117] Meine eigene Erfahrung und die Ergebnisse von Profianlegern mit dem Schwerpunkt Mikro Caps unterstützen allerdings die Aussage O'Shaughnessys, dass sich diese Renditen in der Realität fast unmöglich erreichen lassen. Schuld daran sind höhere Provisionen, breitere Geld-Brief-Spannen, höhere Kosten durch Kursbewegungen bei großen Aufträgen sowie andere Faktoren.

Verteidiger der Hypothese der effizienten Märkte haben versucht, die bessere Performance kleiner Aktien wegzuargumentieren, indem sie behaupten, diese seien (gemessen an der Volatilität der Kurse) riskanter, sodass die höhere Rendite als Ausgleich dafür zu verstehen sei. Mit derselben Logik versuchen sie auch, die überdurchschnittliche Performance von Value- gegenüber Wachstumsaktien zu erklären. Doch die Argumente sind in beiden Fällen nicht plausibel, denn für die Bewertung von Aktien spielen neben dem Anlagerisiko noch viele andere Faktoren eine Rolle. Im Fall von Value- gegenüber Wachstumsaktien könnte man sogar sagen, Erstere seien weniger riskant, denn Value-Anleger suchen meist nach einer höheren Sicherheitsmarge als wachstumsorientierte Anleger. Insgesamt scheint es so zu sein: Immer wenn empirische Daten zeigen, dass eine Gruppe von Aktien sich langfristig besser entwickelt als eine andere, kommen Theoretiker zu dem Schluss, dann müsse sie auch riskanter sein. Sie setzen also die Gültigkeit der Effizienzhypothese voraus und nutzen sie, um empirische Belege zurückzuweisen, die das ohnehin zunehmend umstrittene Konzept weiter schwächen würden.

Abbildung 7.1 zeigt die jährliche Differenz bei den Anlagerenditen von Small- und Large-Cap-Aktien in den USA von 1927 bis 2012, zusammengestellt von Kenneth French. Wie daran zu erkennen ist, war eine überdurchschnittliche Entwicklung von kleinen Aktien in der Vergangenheit der Normalfall, auch wenn es in manchen Jahren Ausnahmen gab.

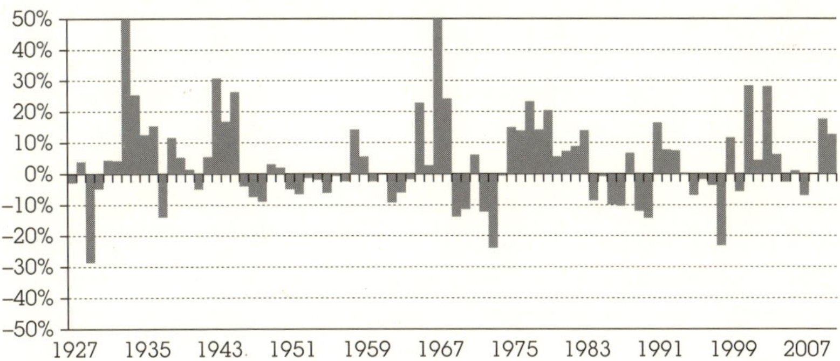

Abbildung 7.1: Jährliche Performanceunterschiede zwischen Small- und Large-Cap-Aktien in den USA, 1927 bis 2012, Quelle: *Kenneth French*[118]

Natürlich gibt es keine Garantie dafür, dass kleine oder illiquide Aktien auch in Zukunft überdurchschnittliche Renditen erbringen werden. Falls es tatsächlich so kommt, sollte man zumindest damit rechnen, dass die Chancen hier nicht mehr so groß sind wie früher. Doch selbst wenn Small Caps als Gruppe gar keine überdurchschnittlichen Ergebnisse mehr versprechen würden, dürften die Unterschiede zwischen den besten und den schlechtesten Aktien innerhalb dieses Segments größer bleiben, sodass sich für recherchestarke Anleger weiterhin Chancen bieten.

Investieren in kleine Unternehmen: Richtiges Vorgehen und häufige Fehler

Viele Marktteilnehmer tun das Universum der Small-Cap-Aktien ohne Weiteres als den Wilden Westen der Geldanlage ab. Diese Haltung ist unangemessen, auch wenn kleinere Unternehmen manchmal tatsächlich mit aktionärsfeindlichen Entscheidungen durchkommen, die bei größeren nicht geduldet worden wären. Wenn es keine signifikante Beteiligung institutioneller Anleger gibt, gehen CEOs, oft durchaus zu Recht, davon aus, dass sie ihre Treuepflichten getrost missachten und sich auf Kosten der Aktionäre bereichern können. Das versuchen sie entweder im Alleingang, indem sie das Unternehmen ausplündern, um sich übertriebene Gehälter auszuzahlen. Oder sie arbeiten mit Dritten oder nahestehenden Personen zusammen daran, den Aktionären Eigenkapital wegzunehmen, indem sie Aktien und Optionsscheine zu Vorzugsbedingungen emittieren.

Eine weitere beliebte Taktik sehr kleiner börsennotierter Unternehmen ist eine Abmeldung bei der SEC, sodass sie keine öffentlichen Berichte über ihre Finanzzahlen mehr abgeben müssen. Unternehmen mit weniger als 300 Aktionären, in manchen Fällen auch mit weniger als 500, haben keine Meldepflichten mehr gegenüber der SEC.[119] Zwar sind mit einer Beibehaltung der Börsennotierung erhebliche Kosten verbunden, sodass Aktionäre von einer Abmeldung grundsätzlich profitieren könnten. Meiner Erfahrung nach sind die Aktionäre in solchen Fällen jedoch letztlich fast immer die Verlierer. Nennen wir es Wertvernichtung durch einen Mangel an Rechenschaftspflicht.

Der Fehlschluss »Wenig beobachtet bedeutet ineffizient«

Wenig beobachtete Märkte bieten grundsätzlich einen fruchtbaren Boden für recherchestarke Anleger. Nicht immer aber verschwinden Preisineffizienzen erst dann, wenn sich mehrere Personen mit einer Anlagemöglichkeit beschäftigen: Wenn der Wert von etwas offensichtlich ist, wird sich der richtige Preis dafür auch dann rasch einstellen, wenn es nur von wenigen analysiert wird. Wenn wir etwa an einer Straßenecke stehen und 20-Dollar-Scheine versteigern würden, bräuchte es nur zwei Bieter, um dafür zu sorgen, dass kein echtes Schnäppchen mehr möglich ist.

Das bedeutet: Die größten Chancen für erhebliche Gewinne dürfte es bei Unternehmen geben, deren Wert sich eher subjektiv beurteilen lässt als mithilfe eindeutiger quantitativer Methoden. Wir würden im obigen Beispiel also keine 20-Dollar-Scheine versteigern, sondern eine einprozentige Beteiligung an unserem künftigen Einkommen. Manchen Passanten wäre das vielleicht gar nichts wert, anderen vielleicht mehr als 20 Dollar. Für den siegreichen Bieter kann sich diese Investition als hervorragend oder als verheerend herausstellen. Small Caps bieten vermutlich häufiger Gelegenheiten dieser Art als Large Caps. Denn aufgrund ihrer geringen Größe gibt es für sie mehr Möglichkeiten, überdurchschnittliches Wachstum über längere Zeit aufrechtzuerhalten (wobei damit noch nicht die Frage beantwortet ist, wie sich künftige Gewinner im Voraus identifizieren lassen).

Um gegenüber großen Investmentfonds, die kleine Aktien wegen ihrer Illiquidität links liegen lassen müssen, fair zu bleiben: Die Börse bietet auch bei Large Caps reichlich Möglichkeiten für Geldanlage auf der Basis von gutem Urteilsvermögen. Warren Buffett etwa hat wiederholt überdurchschnittliche Fähigkeiten in diesem Bereich gezeigt – die Folge war eine beeindruckende Performance ungeachtet der Tatsache, dass Berkshire Hathaway immer mehr Geld unterzubringen hat. Ein konkretes Beispiel für ein großes Unternehmen, bei dessen Analyse es stark auf subjektive Wertungen ankommt, ist Google: Besseres Urteilsvermögen dürfte sich hier stärker auszahlen als etwa bei Procter & Gamble, das sich durch ein relativ stabiles Geschäftsmodell und bessere Vorhersagbarkeit der langfristigen Einflussfaktoren für die Unternehmensentwicklung auszeichnet.

Eine weitere Folge der Tatsache, dass es bei 20-Dollar-Scheinen keine Schnäppchen gibt: Einfache quantitative Strategien werden mit der Zeit meist zum Massenphänomen, sodass sie für Anleger kaum noch Chancen auf höhere Performance ohne zusätzliches Risiko bieten. Reine Arbitrage zum Beispiel ist von den Finanzmärkten mittlerweile so gut wie verschwunden, selbst bei kleinen Unternehmen, die an mehreren Börsen notiert sind. Das Gebiet der sogenannten Risiko-Arbitrage ist unterdessen deutlich umkämpfter geworden, vor allem bei einfachen Fusionen und Übernahmen. Mit »einfach« meine ich in diesem Zusammenhang Konstellationen, bei denen nicht mehr viel passieren kann. Unter anderem muss also das Risiko für eine behördliche Untersagung gering sein und die Wahrscheinlichkeit für die Zustimmung der Aktionäre hoch (vielleicht weil die Mehrheit dies bereits erklärt hat); der exakte Wert des Übernahmeangebots muss zudem leicht bestimmbar sein, der Zeitplan für den Abschluss der Transaktion realistisch und das Abwärtsrisiko für den Fall, dass sie doch scheitert, gering.

Jenseits von Risiko-Arbitrage gibt es noch weitere Strategien, die nur begrenzte Chancen auf überdurchschnittliche risikobereinigte Renditen mit sich bringen dürften. Dabei handelt es sich um Strategien auf der Grundlage einfacher Filter wie bei den sogenannten Fama-French-Portfolios, die mechanisch nach den Kriterien Unternehmensgröße und Kurs-Buchwert-Verhältnis zusammengestellt werden. Wenn solche quantitativen Portfolios überdurchschnittliche Renditen erbringen, dann, weil Anleger Glamour-Aktien mit hohem Kurs-Buchwert-Verhältnis systematisch bevorzugen. Einfache quantitative Strategien sind jedoch leicht nachzubilden und verlieren, massenhaft angewandt, ihre Vorteile. Aus diesem Grund basieren die erfolgreichsten Anlageansätze nicht nur auf der strikten Beachtung irgendeiner Finanzkennzahl, sondern nutzen auch gesunden Menschenverstand und gute Intuition.

Gerade im Small-Cap-Bereich lohnt es sich, über rein quantitative Filter hinauszugehen. Denn hier sind nur wenige Profianleger bereit, die gesamte Palette an qualitativen Werttreibern für jedes Unternehmen einzeln durchzuarbeiten. Der Small-Cap-Experte Paul Sonkin verrät, wie er nach Ideen sucht, von denen sich die meisten anderen Fondsmanager fernhalten: »Ich habe mich mit vielen Mikro-Cap-Unternehmen beschäftigt.

Manche von ihnen beobachte ich 10 oder 15 Jahre lang, bevor ich auch nur eine Aktie kaufe. Ich lese die Pressemitteilungen, und wenn der Aktienkurs auf ein extrem attraktives Niveau fällt oder es ein einschneidendes Ereignis gibt, kann eine Aktie an die Spitze meiner Prioritätenliste rücken.«[120]

Kennenlernen, was Sie besitzen

Eines der wichtigsten Argumente gegen die Behauptung, Small Caps seien der Wilde Westen der Börse, lautet: Für kleine Unternehmen, die an der New York Stock Exchange, der Nasdaq oder der American Stock Exchange notiert sind, gelten fast dieselben Berichtspflichten wie für größere. Zugleich ist die Geschäftstätigkeit von kleinen Unternehmen meist einfacher und auch ihr Rechnungswesen ist weniger kompliziert. Der zweite Punkt ist von Vorteil, weil Komplexität bei der Bilanzierung Finanzvorstände in Versuchung bringen kann, die Zahlen so zu manipulieren, dass Erwartungen der Anleger erfüllt oder übertroffen werden. Für kleinere Unternehmen dagegen gibt es keine Analysten-Konsensschätzungen, so dass sie weniger Anreize haben, Entscheidungsspielräume zu nutzen, um die kurzfristigen Ergebnisse besser aussehen zu lassen.

Die Überschaubarkeit des Geschäfts ist ebenfalls ein wichtiger Unterschied zwischen großen und kleinen Unternehmen. Nehmen wir die 30 Unternehmen im Dow-Jones-Index: Verstehen wir wirklich die zugrunde liegenden Risikopositionen bei Unternehmen wie Bank of America, J.P. Morgan, Travelers, General Electric oder American Express? Diese Konzerne sind so groß und ihre Bilanzen so umfangreich, dass man unweigerlich mit mehreren Stufen der Abstraktion und Aggregation arbeiten muss. Bekanntlich hat es schon James Dimon als CEO von J.P. Morgan kaum geschafft, die Risikopositionen seiner Megabank richtig zu verstehen. Bei normalen Anlegern darf man also getrost davon ausgehen, dass sie sich in solchen Fällen zumindest teilweise eher auf ihren Glauben als auf harte Daten verlassen.

Bei vielen kleinen Unternehmen dagegen haben recherchestarke Anleger gute Chancen, sich mit ihrem Geschäft vertraut zu machen. Ihre Bilanzen und die Fußnoten dazu sind meist relativ leicht zu lesen und zu verstehen. Möglicherweise sind sie auch in einem überschaubaren Geschäft tätig, bei dem mehr Kunden mehr Umsatz bedeuten und mehr Umsatz mehr Gewinn. Wenn Sie bislang auf Large-Cap-Aktien konzentriert waren, werden Sie den Jahresbericht eines Unternehmens mit weniger als 100 Millionen Dollar Börsenwert vielleicht geradezu genießen. Denn die Einfachheit und die Transparenz der darin enthaltenen Informationen können eine angenehme Abwechslung sein.

Ebenso können Sie einfach zum Telefon greifen und in der Zentrale eines kleinen Unternehmens anrufen – die Chancen, dass Sie damit bis zum CEO oder zum Finanzchef durchkommen, sind gar nicht schlecht. Dies macht es leichter, direkten Kontakt zu wichtigen Entscheidungsträgern aufzubauen. Allgemein sind die Führungskräfte von kleineren Unternehmen zugänglicher als die Chefs von Großkonzernen, denen Rechtsanwälte jede Fähigkeit zu spontaner Kommunikation längst ausgetrieben haben. Fragen Sie den CEO eines kleinen Unternehmens, wie das Geschäft läuft, und Sie bekommen vielleicht sogar eine Antwort. Fragen Sie das Gleiche den CEO eines großen Unternehmens – und er liest Ihnen erst einmal einen Haftungsausschluss vor. Ich spreche hier nicht von der Offenlegung von Insider-Informationen, sondern nur von der Bereitschaft von CEOs, ihr Unternehmen aktuellen und potenziellen Aktionären mit klaren Worten zu beschreiben.

Wenn Sie aussteigen wollen: Das Problem der Liquidität

Ein weithin bekannter Nachteil von Small-Cap-Investitionen liegt in der manchmal sehr eingeschränkten Liquidität beim Handel mit solchen Aktien. Wenn das Handelsvolumen gering ist, müssen Anleger, die mehr als nur Kleingeld investieren wollen, Einstieg und Ausstieg bei solchen Positionen sorgfältig angehen. Breitere Geld-Brief-Spannen, stärkere Auswirkungen von Großaufträgen auf die Kurse und möglicherweise auch höhere Maklerprovisionen tragen sämtlich dazu bei, Transaktionen in den Aktien kleiner Unternehmen zu einer kostspieligen Angelegenheit zu machen. Lohnenswert ist das nur, wenn man eine Position relativ lange zu halten plant. Allerdings ist der Plan die eine Sache – und die Gefahr, zu einem sehr ungünstigen Zeitpunkt vielleicht doch verkaufen zu müssen, eine ganz andere. Wenn mehrere Anleger aussteigen wollen, kann der realisierte Verkaufspreis bei einer kleinen Aktie deutlich unter dem aktuellen Börsenkurs liegen. Der bloße Wille, eine längere Zeit über durchzuhalten, reicht also nicht aus; man sollte auch tatsächlich in der Lage sein, dieses Vorhaben unabhängig von den Marktbedingungen weiterhin zu verfolgen.

Illiquidität hat, umgekehrt betrachtet, jedoch auch einen positiven Aspekt, denn viele institutionelle Anleger bezahlen viel dafür, um ihr zu entgehen. Seit der Finanzkrise 2008 bewerten viele Marktteilnehmer die Möglichkeit, aus einer Position jederzeit aussteigen zu können, deutlich höher als früher. Für langfristig orientierte Anleger bedeutet das zusätzliche Chancen, denn die potenzielle Belohnung für die Bereitschaft, Illiquidität in Kauf zu nehmen, hat entsprechend zugenommen. Nicht jeder kann diese Chancen nutzen. Vielen Anlagegesellschaften zum Beispiel sind hier die Hände gebunden, weil ihre Fondsvolumina für Small Caps zu hoch sind, weil Anleger ihre Fondsanteile jederzeit zurückgeben können und weil ihre Anlagemandate oder Benchmarks andere Schwerpunkte vorschreiben. Wer Kapital jedoch dauerhaft und ohne Verschuldungshebel einsetzen kann, darf durchaus damit rechnen, dass ihm die Illiquidität mit höheren Renditen vergolten wird – eine interessante Option für einen Teil eines Aktienportfolios. Denn Illiquidität im Börsenhandel ist weder ein unternehmensspezifisches noch ein Branchenrisiko, also hat sie keinen negativen Einfluss auf den inneren Wert eines Anlagekandidaten. Sie bedeutet lediglich ein Transaktionsrisiko, das manche Anleger besser tragen können als andere.

Filterkriterien für die Suche nach vielversprechenden Small- und Mikro-Cap-Anlagen

Das Segment der kleinen Aktien bietet üppige Jagdgründe für Anlagechancen, doch wie lässt sich bei ihnen die Spreu vom Weizen trennen? Im ersten Schritt sollte es darum gehen, das Feld der Anlagekandidaten auf solche Unternehmen einzugrenzen, die man als grundsätzlich investierbar ansehen kann. Aus praktischen Gründen nutze ich dafür rein quantitative Screening-Kriterien. Dieser Prozess ist keineswegs perfekt, also definiere ich Investierbarkeit eher großzügig, um zunächst nur solche Aktien auszuschließen, die mit Sicherheit ungeeignet sind. Wenn ich so ein grundsätzlich investierbares Universum zusammengestellt habe, folgt der zweite Schritt: Mit einem oder zwei weiteren Filtern stelle ich eine überschaubare Liste von Aktien zusammen, die ich mir näher ansehen möchte.

Ein Filter für die grundsätzliche Investierbarkeit

Bei der Frage, ob eine Aktie grundsätzlich als Investition infrage kommt oder nicht, wird jeder Anleger andere Kriterien anlegen. Um zunächst ein Universum von Small Caps zur weiteren Auswahl zu bekommen, erscheint es jedoch in jedem Fall sinnvoll, zunächst eine Bandbreite für die Marktkapitalisierung festzulegen. Deren Obergrenze richtet sich danach, wie viel Kapital einem Anleger zur Verfügung steht und inwieweit er bereit ist, auch relativ große Unternehmen als Small Caps zu betrachten. Beispielsweise ist nicht unüblich, dass Anleger alle Unternehmen mit Börsenwerten unter 2 Milliarden Dollar als Small Caps ansehen (wenn ich von Small Caps schreibe, meine ich damit immer auch Mikro Caps, bei denen es sich ja sozusagen nur um eine extremere Form von Small Caps handelt). Ich würde 2 Milliarden Dollar Börsenwert als absolute Obergrenze für Small Caps verstehen. Tatsächlich verwende ich stattdessen sogar lieber 1 Milliarde Dollar, denn die meisten Unternehmen mit Börsenwerten über 1 Milliarde Dollar dürften zumindest einigen spezielleren Aktienfonds gut bekannt sein. Unter solchen Unternehmen sind Schnäppchen also schlicht schwieriger zu finden als bei kleineren mit weniger als 1 Milliarde Dollar Börsenwert.

Die wichtigere Grenze könnte ohnehin die untere sein. Sie sollte hoch genug liegen, damit winzige Unternehmen wegfallen, und niedrig genug, damit noch Unternehmen mit dem Potenzial übrig bleiben, ihren Börsenwert um den Faktor 10 zu steigern und immer noch als eher klein zu gelten. Die allerkleinsten Unternehmen auszuschließen ist aus mehreren Gründen sinnvoll: Bei ihnen halten Insider (gemessen am Börsenwert) nur selten so viele Aktien, dass sie eher an deren Wertentwicklung interessiert sind als an ihrem Festgehalt plus Zusatzleistungen. Zudem kann die Zahl ihrer Aktionäre unter 300 liegen, was die Gefahr erhöht, dass das Management eine Abmeldung von der Börse beschließt. Auch die Kosten durch Kursveränderungen bei großen Aufträgen können prohibitiv hoch sein. Und die Grenze von 5 Prozent Beteiligung, ab der bei Transaktionen Meldungen an die SEC vorgeschrieben sind, kann schon mit einer relativ niedrigen Investitionssumme überschritten werden. Andererseits gehe ich recht gern eine Liste mit vielen kleinen Unternehmen durch. Also setze ich die Untergrenze für den Börsenwert meist auf 10 Millionen Dollar. Für die meisten anderen Anleger sind vielleicht eher 25 Millionen, 50 Millionen, 100 Millionen oder noch mehr angemessen.

Als zweites Kriterium für die Investierbarkeit bietet sich die Frage an, ob ein Unternehmen seine aktuellen Berichtspflichten an die SEC erfüllt oder, wenn wir großzügig sein wollen, ob es zumindest nicht mehr als ein Quartal damit zurückliegt. Bei der Lockerung dieser Bedingung sollte man jedoch vorsichtig sein, denn in vielen Fällen haben solche Unternehmen ihre Berichterstattung ganz eingestellt, weil ihre Aktien bei der SEC abgemeldet wurden. Wenn wir verspätete Unternehmen nicht von vornherein ausschließen wollen, müssen wir also prüfen, welche davon wahrscheinlich bald wieder pünktlich Berichte einreichen werden. Pünktlichkeit als Bedingung für ein quantitatives Screening zu definieren ist jedenfalls einfach: Der jüngste Quartalsbericht darf nicht älter sein als drei bis sechs Monate.

Als Nächstes schließe ich meist Unternehmen ohne Beschäftigte oder mit weniger als einer bestimmten Zahl von Mitarbeitern aus, zum Beispiel zehn. Zwar kann es aufgrund besonderer Strukturen durchaus seriöse Unternehmen ohne Mitarbeiter geben, häufig aber bestehen in solchen Fällen Interessenkonflikte für Insider, die möglicherweise für ein verbundenes Unternehmen arbeiten und nicht direkt für die Gesellschaft, an der die Aktionäre beteiligt sind. Im schlimmsten Fall kann eine Beschäftigtenzahl unter zehn bedeuten, dass ein Unternehmen kein echtes Geschäft betreibt. Das muss nicht unbedingt Betrug bedeuten, doch Mantelgesellschaften liefern nur selten überlegene Renditen – außer in den seltenen Fällen, in denen sie auf oder unter dem Niveau ihrer Nettoliquidität gehandelt werden *und* gleichzeitig im Ruf stehen, dass das Management Barmittel für werterhöhende Akquisitionen verwendet. Insgesamt bin ich der Meinung, dass man mit einer Mindestzahl an Beschäftigten viele ungeeignete Unternehmen ausschließen kann, aber nur wenige wirklich interessante verliert.

Ein weiteres Eignungskriterium ist, dass die Insider zusammen in einer gewissen Mindesthöhe am Unternehmen beteiligt sind; dieser Anteil kann zwischen 1 Prozent und 5 Prozent liegen. Bei Dow-30-Unternehmen wäre diese Anforderung übertrieben, aber bei Unternehmen, bei denen es einen Anteil von 1 Prozent schon für weniger als 1 Million Dollar zu kaufen gibt, erscheint sie angemessen. Ich würde die Grenze bei 1 Prozent setzen, um keine Unternehmen auszuschließen, bei denen Insider vielleicht trotz geringer Beteiligung im besten Interesse der Aktionäre handeln. Gleichzeitig fallen damit Unternehmen weg, deren Insider ausschließlich vom Geld der Eigentümer leben können, ohne dabei eigenes Kapital zu riskieren. Eine Obergrenze für die Insiderbeteiligung vorzugeben wäre in diesem Zusammenhang nicht sinnvoll, denn manche eng gehaltenen Small Caps liefern auch für Minderheitsaktionäre gute Ergebnisse. Im Allgemeinen ist mir am liebsten, wenn das Management höchstens 25 Prozent am Unternehmen hält, damit es noch zur Verantwortung gezogen werden kann; eine feste Bedingung ist das für mich aber nicht.

Eine weitere von mir gern gestellte Anforderung ist nicht unumstritten: Das Anlageuniversum sollte keine chinesischen Unternehmen enthalten, die über eine umgekehrte Fusion an US-Börsen gekommen sind. Viele dieser Fälle wurden als Betrug entlarvt, was sie als Gruppe in meinen Augen uninvestierbar macht. Dem könnte man nicht ganz zu Unrecht entgegenhalten, viele dieser Unternehmen seien durchaus seriös und ihre Marktbewertungen zu niedrig, um sie zu ignorieren. Ich allerdings bin hier selbst Geschädigter und habe keine Lust mehr, Versuche anzustellen, um zu ermitteln, welche Unternehmen seriös und welche weniger seriös sind. Leider bieten die meisten quantitativen Aktien-Screener keine Möglichkeit, aus umgekehrten Fusionen hervorgegangene Unternehmen gezielt auszuschließen. Stattdessen kann man sämtliche Unternehmen aus dem Raster fallen lassen, die ihren Sitz in China haben, aber an

US-Börsen gehandelt werden. Selbst dann, so denke ich, dürften die Vorteile gegenüber möglichen verlorenen Chancen noch überwiegen.

Auch über meine letzte Anforderung kann man durchaus diskutieren: Unternehmen sollten einen bestimmten Mindestumsatz pro Jahr aufweisen, beispielsweise 10 Millionen Dollar. Meiner Erfahrung nach kommt es bei den meisten umsatzlosen Unternehmen letztlich zur Zerstörung von Shareholder Value. Zwar gibt es durchaus auch Unternehmen mit wenig Umsatz und trotzdem hohem inneren Wert. Doch auch hier bin ich bereit, die wenigen entgangenen Chancen hinzunehmen, um viele potenzielle Probleme von vornherein zu vermeiden.

Irgendwelche weiteren Mindestkriterien lege ich nicht an – hier könnten die Kosten in Form von entgangenen Gelegenheiten zu hoch sein. Unternehmen mit negativem materiellen Buchwert sind möglicherweise hervorragend im Geschäft und kaufen immer weiter Aktien zurück. Unternehmen, die derzeit einen Betriebsverlust machen, haben vielleicht nur kurzfristige Probleme und werden bald wieder profitabel sein. Bei hoch verschuldeten Unternehmen kann es sich um Abriss-Aktien (siehe Kapitel 9) mit höchst attraktivem Risiko-Rendite-Profil handeln. Und Unternehmen mit sinkendem Umsatz haben möglicherweise zu Recht entschieden, auf wertvernichtende Akquisitionen zu verzichten und stattdessen ein Liquidität generierendes altes Geschäft auszuweiden und das Geld an die Aktionäre auszuzahlen.

Wie in Tabelle 7.1 zu sehen, lässt sich das Universum aller 10.068 an US-Börsen gehandelten Aktien mithilfe der oben aufgeführten Kriterien auf 1456 investierbare Small Caps eingrenzen. Viele zwingende Anlagechancen dürften dadurch in meinen Augen nicht verloren gehen. 1456 Unternehmen sind zwar immer noch zu viele, um sich mit jedem davon vertraut zu machen. Mit einigen weiteren Filtern lässt sich die Zahl jedoch weiter verringern. So ließe sich die Bandbreite der Marktkapitalisierungen weiter eingrenzen oder man kann bestimmte Branchen ausschließen, für die man sich nicht kompetent genug fühlt. Jeder Anleger wird hier unterschiedliche Vorlieben haben.

Filterkriterium	Zahl der Unternehmen (kumuliert)
Sämtliche Unternehmen mit US-Börsennotierung	10.068
Marktkapitalisierung unter 1 Milliarde Dollar	7980
Marktkapitalisierung über 20 Millionen Dollar	4015
Finanzbericht höchstens sechs Monate alt	3204
Mindestens zehn Angestellte	2828
Mindestens 1 Prozent Insiderbeteiligung	1581
Sitz außerhalb von China	1571
Umsatz mindestens 10 Millionen Dollar	1456

Tabelle 7.1: Zahl der US-Unternehmen, die bestimmte Investierbarkeitskriterien für Small Caps erfüllen, Quelle: AAII Stock Investor Pro, Stand der Datenbank 1. Juni 2012

Filterkriterium	Zahl der Unternehmen (kumuliert)
Ergebnis der Filterung in der vorigen Tabelle	1456
Marktkapitalisierung über 50 Millionen Dollar	1261
Börsenhandel nicht im Segment »Pink Sheets«	1218
Branche nicht Gold und Silber	1216
Branche nicht Metallabbau	1212
Branche nicht Tabak	1212
Branche nicht Biotechnologie	1166
Branche nicht Halbleiter	1116
Branche nicht Fluggesellschaften	1113
Tägliches Handelsvolumen im Durchschnitt mindestens 500.000 Dollar	756

Tabelle 7.2: Zahl der US-Unternehmen, die schärfere Investierbarkeitskriterien für Small Caps erfüllen, Quelle: AAII Stock Investor Pro, Stand der Datenbank 1. Juni 2012

Nehmen wir an, wir wollten das investierbare Small-Cap-Universum so sehr weiter eingrenzen, dass wir alle verbleibenden Unternehmen selbst analysieren können, also ohne weitere Filter auskommen. Tabelle 7.2 zeigt die Kriterien, die man dafür nach dem ersten Screening-Durchgang hinzunehmen könnte. Mit diesem Schritt nähern wir uns bereits dem Kern von dem, was man als investierbare Chancen bezeichnen könnte.

Im Beispiel habe ich das investierbare Universum verkleinert durch eine höhere Mindestmarktkapitalisierung, den Ausschluss von im Segment »Pink Sheets« gehandelten Aktien und von Branchen, bei denen es mir an Kenntnissen fehlt. Außerdem sehe ich ein minimales tägliches Handelsvolumen von 500.000 Dollar vor, sodass noch 756 investierbare Small-Cap-Aktien verbleiben. Das ist immer noch recht viel. Doch ambitionierte Anleger könnten dieses Universum im Verlauf von zwei oder drei Jahren weiter verkleinern, indem sie sich jeden Tag eines der darin zu findenden Unternehmen vornehmen. Anschließend bleiben vielleicht noch 200 bis 250 kleine Unternehmen für eine besser überschaubare Beobachtungsliste.

Eingrenzen auf Unternehmen, die bestimmte Kriterien erfüllen

Viele Anleger, die für ihren Research-Prozess auch quantitative Filter nutzen, bringen Aktien gern in eine Rangfolge nach bestimmten Kriterien für die Geschäftsentwicklung oder den Wert von Aktiva. Ich selbst bin da keine Ausnahme. Ziel solcher Filter ist, das Feld der Unternehmen für eine nähere Betrachtung einzugrenzen. Der Nachteil solcher mechanischer Filter jedoch besteht darin, dass man dadurch gute Unternehmen übersehen kann, während man Zeit für andere aufwendet, die aus guten Gründen billig sind. Diese Nachteile haben David Einhorn dazu gebracht, beim Ideen-Screening einen anderen Ansatz zu wählen: »Wir nehmen den traditionellen Prozess von Value-Anlegern und stellen ihn auf den Kopf. Üblicherweise fragen Value-Anleger zunächst ›Ist es billig?‹ und erst dann ›Warum ist es billig?‹. Wir dagegen suchen zunächst nach einem Grund dafür, warum etwas fehlbewertet sein könnte, und wenn sich ein solcher Grund findet, dann untersuchen wir, ob das Unternehmen tatsächlich billig ist.«[121]

Auf den folgenden Seiten finden Sie Möglichkeiten, wie Sie innerhalb Ihres vorher definierten Universums investierbarer Small-Cap-Aktien nach überzeugenden Anlagechancen suchen können.

Filter Deep Value

Screening-Kriterien: Preis zu materiellem Buchwert unter 1:1; Schulden zu Eigenkapital unter 0,2. Dieser Filter ermöglicht die Suche nach Mikro Caps mit starker Bilanz (hoher Buchwert und geringe Verschuldung) ohne Berücksichtigung der Rentabilität. Durch das Filtern nach Aktien, die unter dem Buchwert gehandelt werden, erhöht sich die Wahrscheinlichkeit, Unternehmen zu finden, die für weniger als ihren Ersatzwert gekauft werden können. Zum Buchwert zähle ich in diesem Zusammenhang nur die materiellen Aktiva, denn bei statistisch gesehen billigen Unternehmen kommt es eher vor, dass immaterielle Aktiva zu übertrieben hohen Werten in der Bilanz stehen. Den niedrigen Verschuldungsgrad verlange ich, um mich auf billige Unternehmen zu konzentrieren, bei denen die Gefahr einer Insolvenz relativ niedrig ist.

Gewinne sind natürlich stets wünschenswert. Doch wenn man sie nicht als festes Filterkriterium einsetzt, findet man vielleicht Unternehmen, bei denen die aktuellen Verluste nur vorübergehend sind, sodass sie in nicht allzu ferner Zukunft wieder profitabel sein werden. Wer sofort weniger Ergebnisse haben möchte, kann als Filterkriterium Profitabilität hinzunehmen, etwa mithilfe eines Kurs-Gewinn-Verhältnisses über null. So bleiben nur Unternehmen übrig, die kein Geld verlieren, auch wenn ihr Gewinn derzeit vielleicht sehr niedrig ist.

Filter Aktivistenziele

Screening-Kriterien: Preis zu materiellem Buchwert unter 0,5; Umlaufvermögen minus gesamte Verbindlichkeiten über 50 Prozent vom Börsenwert; Insiderbeteiligung unter 20 Prozent.

Dieser Filter soll Unternehmen identifizieren, bei denen durch ein Ereignis wie einen Verkauf, eine Liquidation oder eine Rekapitalisierung Wert freigesetzt werden könnte. Unternehmen, die in Listen nach diesen Kriterien weit oben stehen, erfüllen die Net-Net-Kriterien von Benjamin Graham, weisen also möglicherweise einen Abschlag zum Liquidationswert auf. Die Anforderung von höchstens 20 Prozent Insiderbeteiligung ist wichtig: Wenn das Management entschieden hat, auf erheblicher Liquidität in der Bilanz sitzenzubleiben, ohne damit Wert zu schaffen, hilft meist nur ein Katalysator von außen. In solchen Fällen können externe Aktionäre Druck auf das Management ausüben, indem sie mit Kampfabstimmungen oder Übernahmeangeboten drohen.

Manche Unternehmen, die diese Kriterien erfüllen, haben zusätzlich hohe Verlustvorträge, mit denen sich zukünftige Steuerzahlungen verringern lassen. Solche Verlustvorträge sind bei Unternehmen, die die Net-Net-Kriterien erfüllen, meist wertberichtigt, sodass die vorgelegte Bilanz den wahren Aktivawert vielleicht zu niedrig wiedergibt. Der Filter verlangt nicht nur einen hohen Bestand an Liquidität, er zielt auch auf Unternehmen mit erheblichem Abschlag zum materiellen Buchwert. Diese Bedingung bedeutet, dass Aktionäre eine gute Chance haben, kein Geld zu verlieren und stattdessen – möglicherweise durch eine Liquidation – etwas zu verdienen.

Mit Liquidationen den Wert von Eigenkapital zu realisieren ist allerdings eine schwierige Angelegenheit. Denn der Buchwert von Aktiva muss in solchen Fällen oft nach unten berichtigt werden, während der Buchwert der Verbindlichkeiten meist stabil bleibt. Oft entstehen zudem zusätzliche Kosten und Belastungen durch juristische Beratung, Abfindungen, Stilllegungspflichten und andere Faktoren, die bei einer Fortführung keine Rolle spielen. Ein strategischer Verkauf oder eine Rekapitalisierung ist einer Liquidation deshalb meist vorzuziehen.

Filter Margensteigerungspotenzial

Screening-Kriterien: Unternehmenswert zu Umsatz unter 1,5; Schulden zu Eigenkapital unter 0,3.

Dieser Filter zielt auf kleine Aktien mit großer Umsatzbasis relativ zum Unternehmenswert, denn das spricht für bessere Chancen auf künftig höhere Margen: Bei Unternehmen mit einer höheren Bewertung gemessen am Umsatz sind häufig auch die operativen und Nettomargen höher, sodass ihre Bewertungen nach dem Kurs-Gewinn-Verhältnis relativ niedrig sein können. Solche Unternehmen werden ihre Margen jedoch mit geringerer Wahrscheinlichkeit weiter steigern können als andere, die aktuell nur auf niedrige Margen kommen. Aus diesem Grund konzentrieren wir uns hier auf Unternehmen mit niedrigen Umsatzvielfachen und damit implizit auch niedrigeren aktuellen Margen. Die meisten kostenlosen Screener im Internet filtern allerdings eher nach dem Kurs-Umsatz-Verhältnis als nach dem Verhältnis von gesamtem Unternehmenswert zum Umsatz. Behelfsweise nehme ich als Kriterium deshalb einen niedrigen Verschuldungsgrad (höchstens 0,3 beim Verhältnis Schulden zu Eigenkapital) hinzu. Dadurch fallen die meisten Unternehmen weg, bei denen sich das Verhältnis von Börsenwert zu Umsatz stark vom Verhältnis des gesamten Unternehmenswerts zum Umsatz unterscheidet. Denn die Nettoschulden machen den Unterschied zwischen diesen beiden Berechnungen aus.

Eine kleine Warnung zu diesem Filter: Gesucht werden damit Aktien mit einem niedrigen Verhältnis von Unternehmenswert zu Umsatz. Damit besteht die Gefahr, dass Unternehmen aus Branchen mit eher niedrigen normalisierten Gewinnmargen wie Einzelhandel, Distribution und Massenhersteller oder Dienstleister bevorzugt werden. Dies wäre unangemessen, denn derartige Unternehmen haben bei den Margen nicht unbedingt mehr Aufwärtspotenzial als Unternehmen in Branchen mit hohen normalisierten Margen. Ein besserer Filter für das Finden von Margensteigerungspotenzial könnte deshalb darin liegen, die operative Gewinnmarge jedes Unternehmens mit der von anderen in derselben Branche zu vergleichen. Studien haben allerdings gezeigt, dass umsatzbasierte Bewertungskennzahlen bei der Suche nach Small Caps mit Potenzial für eine überdurchschnittliche Performance trotzdem recht hilfreich sind.

Filter Wachstum zu vernünftigem Preis

Screening-Kriterien: Preis zu Buchwert unter 2; Schulden zu Eigenkapital unter 0,5; Kurs-Gewinn-Verhältnis unter 15; Umsatzwachstum über 10 Prozent; optional: Dividendenrendite über 0,5 Prozent.

Die Anforderung an das Umsatzwachstum beträgt hier nur 10 Prozent. Bei der weiteren Betrachtung kommt es also stark darauf an, ob sich das Umsatzwachstum in den einzelnen Fällen eher beschleunigen oder verlangsamen dürfte – zunehmendes und zweistelliges Gewinnwachstum bei einem Kurs-Gewinn-Verhältnis unter 15 wäre gewiss ein guter Anfang. Der nächste Schritt besteht dann darin, bei solchen Unternehmen zu prüfen, wie ihre künftige Margenentwicklung aussehen dürfte. Unternehmen, die den Umsatz auf Kosten ihrer Gewinnmarge steigern, sind weniger attraktiv, denn bei ihnen wächst der Gewinn langsamer als der Umsatz. Weil das Gewinnwachstum letztlich wichtiger ist, will ich relativ sicher sein, dass ein Unternehmen gute Chancen auf beschleunigtes Umsatzwachstum hat, während seine Margen konstant bleiben oder am besten sogar zunehmen.

Die Anforderung für das Kurs-Buchwert-Verhältnis dient dazu, Unternehmen mit einer schwachen Ausstattung an Nettoeigenkapital wegfallen zu lassen. Der Grund dafür ist, dass sie dadurch irgendwann Schwierigkeiten bekommen könnten, sich gegen Konkurrenten zu wehren, was ihre Rentabilität beeinträchtigen könnte. Das Kriterium zum Schulden/Eigenkapital-Verhältnis soll Unternehmen eliminieren, deren hoher Gewinn hauptsächlich auf einen hohen Verschuldungsgrad zurückzuführen ist. Hier halte ich mich fern, denn der Hebeleffekt funktioniert auch in umgekehrter Richtung: Wenn solche Unternehmen in Schwierigkeiten geraten, kann das für Aktionäre weitaus schmerzhafter werden als für sie selbst. Umsichtige Anleger sollten solche Konstellationen meiden.

Nach dem Screening: Weitere Wege zu überzeugenden Small- und Mikro-Cap-Ideen

Viele der besten Gelegenheiten im Small-Cap-Bereich lassen sich mit quantitativen Filtern gar nicht entdecken. Dafür gibt es eine Reihe von Gründen, etwa schnelle Veränderungen im Geschäftsverlauf, die überproportionale Bedeutung des Managements für die Entstehung von Wert bei kleinen Unternehmen und deren Neigung dazu, nicht wiederkehrende Posten in die Finanzberichte aufzunehmen, ohne zusätzlich bereinigte Zahlen anzugeben. Quantitative Filter, egal wie sorgfältig ausgelegt, können hier deshalb nur grobe Werkzeuge sein. Ich nutze sie hauptsächlich dann, wenn das Feld der potenziellen Kandidaten zu groß ist, als dass man jedes Wertpapier einzeln analysieren könnte. Aber gibt es vielleicht einen Mittelweg zwischen rein mechanischem Screening und dem mühevollen Durcharbeiten von A bis Z? Angenommen, wir definieren zunächst ein investierbares Universum von etwa tausend kleinen Aktien aus den USA oder einigen Tausend weltweit: Wie können wir unsere Aufmerksamkeit dann auf eine überschaubare Zahl vielversprechender Kandidaten konzentrieren, ohne die Nachteile eines mechanischen Filters in Kauf zu nehmen? Die folgenden Anregungen sollen Ihnen dabei helfen, den Ideenraum auf flexiblere Weise einzugrenzen.

Von groß zu klein oder von klein zu groß: Wie ist die Entwicklung?

Informationen aus der Vergangenheit können sehr dabei helfen, die Entwicklung eines Unternehmens im Zeitverlauf besser zu verstehen. Attraktive Small-Cap-Unternehmen sind meist entweder über lange Zeiträume erfolgreich darin, Kapital zu hohen Renditen zu reinvestieren, oder sie geben Kapital über Dividenden oder Rückkäufe an die Aktionäre zurück, wenn es an Reinvestitionsmöglichkeiten fehlt. Im ersten Fall müsste das Unternehmen mit der Zeit größer werden, sodass es der Definition von Mikro Caps oder auch Small Caps bald entwachsen sein könnte. Im zweiten Fall legt es vielleicht nicht sehr an Größe zu, zahlt aber erhebliche Summen an die Aktionäre aus, was eine attraktive Gesamtrendite bedeuten kann. Problematisch für langfristig orientierte Anleger sind jedoch meist Unternehmen, die billig sein mögen, deren Management aber immer weiter Kapital in Vorhaben mit nur mäßigen Renditen steckt. In solchen Fällen wird verfügbares Kapital also einer suboptimalen Verwendung zugeführt, sodass attraktive Gewinnrenditen nicht unbedingt auch attraktive langfristige Renditen für die Aktionäre bedeuten.

Eine weitere Kategorie sind kleine Aktien, die früher zu den Mid Caps oder sogar Large Caps zählten, aber in Ungnade gefallen sind. Wenn wir der Ansicht sind, dass ein solcher Absturz nur den geschäftlichen Niedergang eines Unternehmens vorwegnimmt, werden wir von der Aktie natürlich die Finger lassen. Allerdings sagte schon Horaz nicht ohne Grund: »So werden viele längst schon untergegangene Wörter von neuem geboren, es werden vergehn, die heute geschätzt sind.«[122] Damit bezog sich der römische Dichter zwar auf den Sprachgebrauch und Wörter und nicht auf Menschen oder Institutionen, doch seine Aussage erfasst das Konzept der Rückkehr zum Mittelwert so gut, dass sie in vielen Werken der Anlageliteratur zitiert wird. Viele Vordenker dieser Disziplin, darunter Benjamin Graham und Jeremy Grantham, haben die Rückkehr zum Mittelwert als zentrales Konzept bei der Geldanlage herausgestellt.

Unternehmen, die erst durch einen Aktienkursverfall in jüngerer Vergangenheit zu Small Caps geworden sind, von vornherein abzutun ist keine gute Idee. Trotzdem machen manche Small-Cap-Anleger genau das, nur weil sie es schwierig finden, sich außerhalb des Anlageuniversums zu bewegen, das sie seit Jahren kennen und pflegen. Anleger, die Unternehmen gern länger im Auge behalten, um mit ihnen eingehend vertraut zu werden, können hier in ein Dilemma geraten: Einerseits ist es durchaus ratsam, kleinere Unternehmen vor einer Investitionsentscheidung eine längere Zeit über zu beobachten. Andererseits kann es sich jedoch auch lohnen, auf neu aufkommende Small-Cap-Gelegenheiten, die sich durch Angst oder eine kurzfristige Enttäuschung von Anlegererwartungen ergeben, entschlossen zu reagieren. Während des Börsenabschwungs von Ende 2008 bis Anfang 2009 gerieten zum Beispiel Unternehmen wie Boise, Crocs, Pier 1 Imports, Select Comfort und viele kreditabhängige Anbieter in den Bereich von Small Caps oder Mikro Caps, nur um ihren Kurs in den Jahren darauf wieder zu verzehnfachen oder mehr. Wer bei solchen

Papieren zugriff, hörte auf den sprichwörtlichen Rat, zu kaufen, wenn Blut in den Straßen fließt – und wurde dafür reich belohnt. Natürlich aber soll dies keine uneingeschränkte Empfehlung für den Kauf von finanziell angeschlagenen Unternehmen sein, die zu insolvenznahen Bewertungen gehandelt werden. Denn viele dieser Unternehmen enden tatsächlich in der Insolvenz oder sorgen für eine Verwässerung von Aktienbesitz.

Wie unterscheidet man einen gefallenen Engel, der zur Bedeutungslosigkeit oder zu Schlimmerem verdammt ist, von einem, der sich wieder aufschwingen kann? Das ist eine sehr schwierige Frage, doch die richtige Antwort darauf kann enorm wertvoll sein. Auf einen gefallenen Engel stößt man normalerweise nur in einem hochgradig unsicheren Szenario – es sei denn, der schlimmste Fall ist bereits eingetreten und das Unternehmen fast völlig wertlos geworden. In derartigen Situationen gibt es meist eine große Bandbreite an möglichen Ergebnissen mit nur sehr subjektiv einzuschätzenden Eintrittswahrscheinlichkeiten. Man nimmt also sozusagen nicht nur an einem Würfelspiel teil, sondern auch noch an einem, bei dem die Wahrscheinlichkeiten für die sechs möglichen Ergebnisse alles andere als offensichtlich sind. Um es mit dem früheren US-Verteidigungsminister Donald Rumsfeld zu sagen: Wir haben es mit bekannten Unbekannten zu tun und mit unbekannten Unbekannten – von denen jede auch noch mit einer unbekannten Wahrscheinlichkeit eintreten wird. Als Folge davon kommt es in solchen Fällen entscheidend auf gutes Urteilsvermögen auf der Grundlage früherer Erfahrungen an. Das beste Urteil könnte allerdings auch sein, gefallene Engel als zu kompliziert ad acta zu legen und sich anderen Gelegenheiten zuzuwenden.

Wer sich dennoch an einem gefallenen Engel versuchen will, muss bereit sein, enorme Unsicherheit und einen möglichen Kapitalverlust in Kauf zu nehmen. Bei der Einschätzung, ob er wieder fliegen wird, können dann die folgenden Überlegungen helfen. Erstens ist es gut, zu wissen, aus welchen Gründen eine Aktie eingebrochen ist. Wenn die Ursache eine langfristige Beschädigung des Geschäftsmodells ist, wie bei Videoverleihketten oder Zeitungsverlagen, dürfte es für das Management schwierig werden, das Unternehmen zurück zu alter Stärke zu führen. Wenn die Aktie jedoch aufgrund von Notverkäufen eingebrochen ist, wenn sie eher von Liquiditäts- als von Solvenzsorgen belastet wird oder wenn ein Unternehmen eine zyklische Branchenschwäche durchmacht, dann kann der Aktienkurs unter Umständen wieder nach oben springen. Der Value-Anleger Graham Cunningham etwa berichtete mir vom Fall von United Rentals, einem Anbieter von Anlagen-Leasing, dessen Aktie wegen vermuteter Liquiditätsprobleme während der Finanzkrise 2008 bis 2009 einbrach. Wenn man nicht davon ausging, dass das Unternehmen in die Insolvenz gezwungen werden würde, erschien sein Aktienkurs deutlich zu niedrig. Vor diesem Hintergrund analysierte Cunningham die Anlagechancen. Als dann der Großaktionär Bruce Berkowitz öffentlich ankündigte, der Fairholme Fund werde United Rentals durch jegliche Kreditklemme helfen, war der Fall für ihn klar. Weil der Fonds fest hinter dem Unternehmen stand, schwanden die Sorgen des Marktes in Bezug auf die Liquiditätslage und die Aktie konnte wieder in Richtung ihres langfristigen inneren Wertes steigen.

Dass große Anleger manchmal zum Katalysator für die Freisetzung von Wert werden, ist auch aggressiven Fonds nicht entgangen, die mit Unternehmen in Notsituationen und ihren Aktionären Geld zu verdienen versuchen. Aus diesem Grund werden notleidende Aktien manchmal zum Ziel von Fonds, die Eigenkapital zu Vorzugskonditionen einbringen wollen, wodurch sie die Beteiligung anderer Aktionäre verwässern und deren Chancen verringern, nicht realisierte Verluste wieder wettzumachen. Um einer solchen Konstellation zu entgehen, achte ich bei notleidenden Aktien stark auf die Aktienbeteiligung von Insidern. Für ein Management in der Krise ist es naheliegend, Aktien billig abzugeben, um die Bilanz zu stärken und die eigenen Jobs zu sichern – es sei denn, der CEO hält selbst einen großen Aktienanteil. In diesem Fall dürfte er erst alle Alternativen prüfen, bevor er sich mit einer verwässernden Aktienemission beschäftigt.

Versteckte Wendepunkte und wie man sie entdeckt

Jederzeit dürften sich Hunderte von börsennotierten Unternehmen in einer interessanten Lage befinden: Sie stehen an einem positiven Wendepunkt in ihrem Geschäft. Ihre Vergangenheit mag von Stagnation und Verlusten geprägt gewesen sein, doch die Zukunft für solche Unternehmen kann glänzend sein. Eine Biotechfirma etwa steht an einem Wendepunkt, wenn sie die FDA-Zulassung für ein wichtiges Medikament bekommen hat. Ein Satellitenradio-Anbieter steht an einem Wendepunkt, wenn er soeben Verträge zur Integration seines Dienstes bei großen Autoherstellern unterschrieben hat. Ein Technologieunternehmen könnte ein Start-up mit einem sehr vielversprechenden Produkt übernommen haben. In jedem Fall bedeutet ein positiver Wendepunkt einen jähen Aufwärtstrend bei der operativen Entwicklung, der sich für Anleger sehr auszahlen kann.

Leider ist der Markt recht gut darin, Wendepunkte vorwegzunehmen, sodass sie in den Bewertungen oft schon enthalten sind. Legionen von Biotechanalysten beobachten genauestens jeden Schritt der Zulassung von Medikamenten bei der FDA. Ebenfalls gibt es keinen Mangel an Anlegern, die fest daran glauben, dass aufstrebende Unternehmen irgendwann die Welt verändern werden. XM Satellite Radio etwa verlor im Jahr 2005 Hunderte Millionen Dollar, doch Anleger gaben dem Unternehmen einen Börsenwert von mehreren Milliarden Dollar. Der Grund? Sie nahmen – wie sich herausstellte, zu Unrecht – einen bedeutenden Wendepunkt zum Positiven vorweg. Disziplinierte Anleger widerstehen dem Impuls, mit dabei sein zu wollen, wenn alle Welt einen Wendepunkt erwartet. Die Herausforderung liegt darin, Situationen zu finden, die unterschätzt oder falsch verstanden werden. Im Bereich der Small Caps ist dies noch am ehesten möglich.

Die Belohnung kann im Erfolgsfall erheblich sein, aber wie findet man derartige Gelegenheiten? Eine Möglichkeit dafür ist, die Small-Cap-Landschaft nach Unternehmen mit zwei oder mehr Geschäftsfeldern abzusuchen, wobei es sich bei einem davon um ein großes, schrumpfendes Altgeschäft handeln sollte. Wenn ein anderes Geschäftsfeld profitables Wachstum zeigt, haben wir vielleicht eine Goldmine gefunden. Der Grund dafür ist, dass die operative Entwicklung auf Ebene des Gesamtunternehmens in solchen Fällen bescheiden aussehen kann. Der Value-Anleger Aaron Edelheit erklärt: »Ich suche nach besonderen Situationen, etwa Unternehmen mit zwei Sparten, bei denen die eine Sparte verdeckt, dass die andere sehr attraktiv ist.« Weil die meisten Anleger kleine, kaum beobachtete Unternehmen mithilfe von quantitativen Aktienfiltern finden, fallen Unternehmen mit unternehmensweit stagnierendem Umsatz und schwachen Gewinnen oft durch das Raster. Die Folge ist in vielen Fällen eine niedrige Börsenbewertung. Wer stattdessen Gewinnmeldungen und Pflichteingaben von kleinen Unternehmen liest, verschafft sich die Möglichkeit, Aktien zu entdecken, die langweilig aussehen, in Wirklichkeit aber eine wertvolle Wachstumsmaschine enthalten. In besonders glücklichen Fällen ist allein dieses vielversprechende Geschäftsfeld mehr wert, als das gesamte Unternehmen an der Börse kostet.

Nach Unternehmen mit mehreren Segmenten zu suchen ist nicht die einzige Möglichkeit, um versteckte Wendepunkte zu entdecken. Manchmal kann schon die Lektüre der öffentlichen Mitteilungen von Small- oder Mikro-Cap-Unternehmen überraschende Einsichten liefern. Von einem solchen Fall berichtet Eric Khrom, Managing Partner bei Khrom Capital Management. Dabei ging es um Patient Safety Technologies, einen Anbieter von Chirurgie-Schwämmen, bei denen ein Barcode-System verhindern soll, dass sie im Körper von Patienten vergessen werden: »Im Operationssaal herrscht großer Zeitdruck und pro Jahr werden 32 Millionen Eingriffe vorgenommen. Insgesamt gibt es dadurch pro Jahr ungefähr 4000 Fälle von vergessenen Schwämmen« – zu Kosten von 1,7 Milliarden Dollar für die Branche. »Das Unternehmen bedient also einen sehr dringenden Bedarf. Alle Krankenhäuser, die das System benutzen, verzeichnen seitdem null vergessene Schwämme.« Khrom nimmt uns mit zurück zu dem Moment, in dem er einen möglichen Wendepunkt entdeckte: »Ich lese die 8-K-Meldung und bemerke, dass das Unternehmen noch ganz am Anfang steht. Es hat ungefähr 80 Krankenhäuser unter Vertrag und steht nahe an der Gewinnschwelle. Das 8-K zu lesen war sehr interessant, weil in einem Satz ziemlich direkt stand, dass ein Vertrag mit dem zweitgrößten Krankenhausbetreiber der USA unterschrieben wurde. Damit kam Patient Safety auf einen Schlag von 80 auf 255 Krankenhäuser.«[123]

Fallstudie PT Indosat: Wendepunkt bei der Mobilfunkdurchdringung

PT Indosat als zweitgrößter Telekommunikationsanbieter Indonesiens stand Anfang 2002 an einem bedeutenden positiven Wendepunkt. Sein Mobilgeschäft zeigte starkes Wachstum. Aufgrund intensiven Wettbewerbs stagnierte jedoch das Kerngeschäft des Unternehmens mit internationalen Ferngesprächen, sodass Anleger die Aktie mieden. Ende 2001 betrug der Börsenwert von Indosat 916 Millionen Dollar (bei einem Aktienkurs von 8,85 Dollar) und das Unternehmen wurde zum 1,1-Fachen des materiellen Buchwerts und zum 5,1-Fachen des nachlaufenden Gewinns gehandelt; das Verhältnis Unternehmenswert zu Umsatz betrug 2,2. Trotz der politischen Risiken wären solche Bewertungen nur für ein Unternehmen angemessen gewesen, das sich in einem schnellen Niedergang befand.

Dabei stand Indosat 2002 vor einer glänzenden Zukunft. Die Tochtergesellschaft Satelindo war der zweitgrößte Mobilfunkanbieter Indonesiens, wo die Mobilfunkdurchdringung damals erst bei 5 Prozent und damit deutlich unter der in ähnlichen Ländern Asiens lag. Das Mobilfunkgeschäft war höchst profitabel und wuchs um etwa 30 Prozent pro Jahr. Zunehmend trug es einen bedeutenden Anteil zu Umsatz und Gewinn des Gesamtunternehmens bei und das schnellere Wachstum im Mobilgeschäft ließ erwarten, dass sich bald auch das unternehmensweite Wachstum beschleunigen würde.

Im Jahr 2003 lag der Umsatzanteil des Mobilgeschäfts tatsächlich schon bei 62 Prozent, nach 48 Prozent in 2002 und 34 Prozent in 2001. Dieses Wachstum führte zu einer Zunahme des Gesamtumsatzes von 5,1 Milliarden Rupien im Jahr 2001 auf 8,2 Milliarden Rupien in 2003. Der Betriebsgewinn erhöhte sich von 1,8 Milliarden Rupien in 2001 auf 2,3 Milliarden Rupien in 2003. Bis zur Einreichung des Indosat-Jahresberichts für 2004 war die Aktie auf 21,20 Dollar gestiegen, 140 Prozent mehr als Ende 2001. Die Gesamtrendite wurde durch ansehnliche Dividenden noch verbessert.

Rückblickend könnte man fragen, warum der Markt Indosat in den Jahren 2002 und 2003 mit nur dem Fünffachen des nachlaufenden Gewinns bewertete, obwohl die Mobilfunk-Tochtergesellschaft bereits starkes Wachstum zeigte und sich rasch zum größten Teil des Unternehmens entwickelte. An öffentlich verfügbaren Informationen darüber gab es keinen Mangel. Also dürfte die Erklärung eher in der Psyche der Anleger und in der Tatsache zu suchen sein, dass Indosat von Analysten kaum beobachtet wurde. Denn ganz einfach gesagt: Viele Anleger scheinen ihren eigenen Überlegungen nicht recht zu trauen, wenn andere nicht der gleichen

Meinung sind. Als ich Indosat 2002 ein paar Kollegen vorstellte, schienen sie angesichts der negativen Beurteilung durch den Markt, zu erkennen am niedrigen Aktienkurs, ihren eigenen Ansichten nicht recht zu trauen. Eine typische Begründung dafür, auf einen Einstieg zu verzichten, lautete: »Das Ding hat sich seit fünf Jahren nicht bewegt!« Abbildung 7.2 zeigt jedoch deutlich, warum historische Kurscharts bei der Geldanlage wenig Bedeutung haben – vor allem dann nicht, wenn ein grundlegender Wendepunkt erreicht ist.

Abbildung 7.2: Aktienkursentwicklung von PT Indosat

Fallstudie Meadow Valley: Wachstum verdeckt durch Altverluste

Die Meadow Valley Corporation dürfte Anfang 2004 auf den ersten Mikro-Cap-Screens aufgetaucht sein: bei Anlegern, die nach Unternehmen mit geringem Verhältnis von Unternehmenswert zu Umsatz und hohem Verhältnis von materiellem Buchwert zu Marktkapitalisierung suchten. Meadow Valley war weder hoch verschuldet noch verlor das Unternehmen Geld. Die Finanzkennzahlen des Anbieters von Dienstleistungen und Materialien für die Bauindustrie mit Sitz im US-Bundesstaat Arizona zeigt Tabelle 7.3.

Der Umsatz von Meadow Valley lag in der fraglichen Zeit bei über 150 Millionen Dollar, der Unternehmenswert aber nur bei 16 Millionen Dollar – bei einem Unternehmen, das kein Geld verliert, eine echte statistische

Börsendaten		**Bewertungskennzahlen**	
Kurs (20.2.2004)	2,40 Dollar	Materieller Buchwert zu Marktkapitalisierung	1,4×
Aktien in Umlauf (Mio.)	3,6	Kurs zu Gewinn pro Aktie (jüngste 12 Monate)	11,9×
Marktkapitalisierung	8,6 Mio. Dollar	Unternehmenswert zu Umsatz (jüngste 12 Monate)	0,1×
Unternehmenswert	16,1 Mio. Dollar		

	Geschäftsjahr bis			**9 Monate bis**	
Betriebliche Daten	**31.12.2000**	**31.12.2001**	**31.12.2002**	**30.09.2002**	**30.09.2003**
Umsatz	163,6 Mio. Dollar	174,1 Mio. Dollar	151,0 Mio. Dollar	114,5 Mio. Dollar	117,0 Mio. Dollar
Betriebsgewinn	– 2,1 Mio. Dollar	– 3,4 Mio. Dollar	0,9 Mio. Dollar	0,9 Mio. Dollar	0,6 Mio. Dollar
Nettogewinnr	– 1,6 Mio. Dollar	– 2,5 Mio. Dollar	0,7 Mio. Dollar	0,5 Mio. Dollar	0,4 Mio. Dollar
Gewinn pro Aktie	– 0,44 Dollar	– 0,71 Dollar	0,21 Dollar	0,13 Dollar	0,12 Dollar

Tabelle 7.3: Meadow Valley Corp.: Ausgewählte Finanzkennzahlen zum 20. Februar 2004
Quelle: Unternehmensdaten, Analyse *The Manual of Ideas*

Seltenheit. Besonders profitabel war es allerdings nicht. Der Nettogewinn in den zwölf Monaten bis Ende September 2003 betrug etwas mehr als 500.000 Dollar, was eine traurige Nettomarge bedeutete. Wie sich zeigte, war Meadow Valley in einem sehr wettbewerbsintensiven Geschäft mit hauchdünnen Margen tätig – doch unter den richtigen Umständen können auch Unternehmen mit geringen Margen gute Investitionen sein. Hätte Meadow Valley seine Nettomarge um nur einen Prozentpunkt gesteigert, wäre der Nettogewinn um 1,5 Millionen Dollar nach oben gesprungen. Und bei einem Nettogewinn um 2 Millionen Dollar müsste selbst ein schwaches Straßenbauunternehmen wie Meadow Valley an der Börse mindestens 15 Millionen Dollar wert sein – gegenüber seinem Marktwert von 8,6 Millionen Dollar Anfang 2004 bedeutete das ein Kurspotenzial von 75 Prozent.

Eine genauere Betrachtung hätte zudem gezeigt, dass die Hoffnung auf höhere Margen weitaus mehr als nur Wunschdenken war. Denn bei Meadow Valley stand ein bedeutender unentdeckter Wendepunkt an. Schauen wir dazu auf die Entwicklung seiner beiden Geschäftsbereiche in Tabelle 7.4.

Der Bereich Baudienstleistungen war schwach, doch das Materialgeschäft wuchs schnell und wies eine Bruttomarge von nahezu 10 Prozent auf, deutlich mehr als im Gesamtunternehmen. Der Bereich Materialien wurde zudem immer bedeutender und es schien nur eine Frage der Zeit, bis dieser unentdeckte Motor beginnen würde, das Unternehmen als Ganzes stärker in Schwung zu bringen.

Eine Analyse des Materialgeschäfts hätte gezeigt: Allein dieses Segment war ein gutes Stück mehr wert, als der Markt dem gesamten Unternehmen zubilligte. Der Umsatz nahm hier um 20 Prozent pro Jahr zu und der Nettogewinn lag bei über 1 Million Dollar. Rationale Anleger wären vielleicht bereit gewesen, für das Materialgeschäft ein Gewinnvielfaches von 10 bis 15 zu bezahlen. Allein das hätte eine Marktkapitalisierung von 10 bis 15 Millionen Dollar bedeutet.

Allerdings bestand die Gefahr, dass das Baugeschäft noch schwächer werden und so die gute Entwicklung bei Materialien noch lange Zeit hätte

	Geschäftsjahr bis			9 Monate bis	
(in Mio. Dollar)	**31.12.2000**	**31.12.2001**	**31.12.2002**	**30.09.2001**	**30.09.2003**
Umsatz					
Baudienstleistungen	144,6	143,1	114,2	87,9	84,1
Baumaterialien	19,0	31,0	36,8	26,6	33,0
Bruttogewinn					
Baudienstleistungen	3,9	3,1	3,6	2,5	2,5
Baumaterialien	– 0,6	0,0	1,8	2,7	3,2
Nettogewinn					
Baudienstleistungen	– 0,7	– 1,9	– 0,5	– 0,3	– 0,3
Baumaterialien	– 0,8	– 0,6	1,3	0,8	0,8

Tabelle 7.4: Meadow Valley Corp.: Ausgewählte Finanzkennzahlen nach Division
Quelle: Unternehmensangaben, Analyse *The Manual of Ideas*

überwiegen können. Den SEC-Meldungen des Unternehmens ließ sich jedoch entnehmen, dass Verluste bei einem Einzelprojekt in Utah mehr als den gesamten Verlust des Bausegments ausmachten. Pro Jahr schien Meadow Valley bei diesem Projekt rund 2 Millionen Dollar draufzuzahlen. Jedoch bestand eine hohe Wahrscheinlichkeit, dass dieser Verlust in Zukunft geringer werden würde, und das Projekt näherte sich ohnehin seinem Abschluss.

Weitere Besonderheiten ließen eine Investition in Meadow Valley sogar noch attraktiver erscheinen. So kämpfte das Unternehmen vor Gericht um die Auszahlung von mehreren Millionen Dollar in Zusammenhang mit staatlichen Aufträgen. Gestritten wurde um die Frage, wer die Belastungen durch erhebliche Kostenüberschreitungen zu tragen hat. Anfang 2004 kam es bei einem der Prozesse zu einer Einigung, Meadow Valley erhielt eine Zahlung von 7 Millionen Dollar in bar.

Nicht zuletzt wären Anleger, die den CEO Brad Larson kontaktiert hätten, vielleicht beeindruckt gewesen von dessen offener und ehrlicher Kommunikation über die Herausforderungen für das Unternehmen. Er schien wirklich am Wohlergehen seiner Aktionäre interessiert zu sein, auch wenn die Entwicklung des Aktienkurses zuletzt enttäuschend gewesen war.

Wie ging es weiter? Im Dezember 2004 kündigte Meadow Valley die Abspaltung seines Materialgeschäfts über einen Börsengang an. Im Februar 2005 meldete das Unternehmen, es würden 1 Million Aktien, entsprechend 40 Prozent der Anteile an der Materialtochter nach dem Börsengang, angeboten; zudem gab es eine feste Zusage der Banken, diese Aktien zu 12 Dollar pro Stück an den Markt zu bringen. Dies entsprach einem Wert von 18 Millionen Dollar für die verbleibende 60-Prozent-Mehrheitsbeteiligung von Meadow Valley. Die Aktien der Muttergesellschaft schlossen am Tag der Ankündigung dieser Bedingungen bei 5,10 Dollar, was einem Marktwert von 18 Millionen Dollar entsprach – 113 Prozent mehr als ein Jahr zuvor. Abbildung 7.3 zeigt die Entwicklung des Aktienkurses von Meadow Valley im Zusammenhang mit wichtigen Ereignissen bei dem Unternehmen.

Abbildung 7.3: Aktienkurschart Meadow Valley Corp. mit wichtigen Ereignissen

Bei interessanten Small Caps die richtigen Fragen stellen

Wenn der erste Schritt bei der Ideengenerierung in einem Screening besteht, hängen die anschließenden Untersuchungen stark davon ab, welche Kriterien man bei der Filterung angegeben hat. Denn jeder Filter führt zu einer Liste von Unternehmen mit ganz unterschiedlichen Eigenschaften.

Wenn wir beispielsweise einen Deep-Value-Filter anlegen, werden Unternehmen angezeigt, deren Geschäft möglicherweise gerade in einem zyklischen Tief steckt, sodass der Aktienkurs unter dem materiellen Buchwert pro Aktie liegen könnte. In solchen Fällen kommt es am stärksten auf die Chancen der gefundenen Unternehmen an, die Schwächeperiode zu überstehen und eine operative Wende zu schaffen. Um die Überlebensfähigkeit einzuschätzen, kann man sich auf den Liquiditätsbedarf konzentrieren, außerdem auf das Verhältnis von Eigenkapital zu Schulden, auf Kreditbedingungen sowie die kurzfristigen Gewinnaussichten.

Ganz anders würden die weiteren Recherchen aussehen, wenn wir den Filter auf Unternehmen ausrichten, die Wachstum zu einem vertretbaren Preis versprechen. Primäres Ziel ist dann nicht die Bewertung der

Überlebenschancen, sondern die Abschätzung der Möglichkeiten für anhaltendes Umsatz- und Margenwachstum. Unabhängig von den einzelnen Analyseschwerpunkten hat es allerdings Sinn, den Research-Prozess so zu strukturieren, dass zunächst grundsätzliche Fragen beantwortet werden, anschließend eingehendere Analysen folgen und zuletzt abschließend bewertet wird, ob eine Investition lohnenswert erscheint.

Hat ein Unternehmen den Filter aus den falschen Gründen passiert?

Wenn der erste Schritt zur Ideengenerierung eine quantitative Filterung ist, sollte man anschließend stets prüfen, ob eines der so gefundenen Unternehmen aus offensichtlichen Gründen trotzdem ausscheiden sollte. Auf diese Weise lassen sich schlechte Ideen schnell eliminieren und man kann sich anderen Gelegenheiten zuwenden. Dazu prüfe ich zunächst, ob die bei der Filterung benutzten Finanzdaten aktuell sind, denn gerade bei kleinen und sehr kleinen Unternehmen kann es vorkommen, dass Meldungen verspätet oder gar nicht abgegeben werden. Ebenfalls prüfe ich, ob es ein Unternehmen nur aufgrund eines Einmaleffekts oder anderer Sonderfaktoren durch den Filter geschafft hat. Ich sehe außerdem nach, ob es aktuelle Neuigkeiten gibt, die deutlich negative Folgen für die Zukunft befürchten lassen. Denn manchmal haben Value-Unternehmen schlechte Nachrichten veröffentlicht, deren Wirkung in ihren Finanzberichten noch nicht zu erkennen sind.

Gibt es Warnzeichen in den Finanzberichten?

Um ein erstes Gefühl für die Zahlen zu bekommen, gehe ich kurz die Finanzberichte der Unternehmen durch, die meinen ersten Filter passiert haben. Interessiert bin ich dabei an der historischen Entwicklung wichtiger Kennzahlen wie Umsatz, Bruttogewinn und Betriebsgewinn. Um sicherzustellen, dass sich erzielter Cashflow und gemeldeter nicht zu weit auseinanderentwickeln, schaue ich mir außerdem auch frühere Cashflow-Rechnungen an. Schnelles oder dauerhaftes Wachstum bei den offenen Forderungen relativ zum Umsatz oder beim Lagerbestand relativ zu den Warenkosten betrachte ich als Warnzeichen. Ebenfalls achte ich auf mögliche Verschiebungen von Kosten mithilfe von Bilanzposten wie kapitalisierter Software-Entwicklung.

Die aktuellste Bilanz untersuche ich hinsichtlich der Qualität der Aktiva – je leichter sie sich zu Bargeld machen lassen, desto besser. Außerdem beschäftige ich mich mit dem Charakter der wichtigsten Verbindlichkeiten: Umsatzabgrenzungen sind gut, kurzfristig fällige Schulden eher schlecht. Eine weitere Frage für mich lautet, ob das Eigenkapital zum Teil aus Vorzugsaktien besteht. Als Anleger bei Stammaktien lasse ich Vorzugsaktien bei der Berechnung des Eigenkapitals außer Acht und behandle sie stattdessen ähnlich wie Schulden. Dies ist ein wichtiger Punkt, denn viele Werkzeuge zum Aktien-Screening zählen Vorzugsaktien zum Eigenkapital; dadurch besteht die Gefahr, dass das wahre Kurs-Buchwert-Verhältnis höher ist als ausgewiesen. In diesem Fall wäre ein Unternehmen also teurer, als es aussieht.

Wer hat zuletzt Aktien gekauft und verkauft?

Auch für aktuelle Insidertransaktionen und eine Liste mit großen institutionellen Aktionären interessiere ich mich. Insiderverkäufe können bei Small Caps und Mikro Caps ein klar negativer Faktor sein, denn dieses Marktsegment wird von Banken und Brokern nicht intensiv beobachtet, sodass eine größere Informationsasymmetrie zwischen Insidern und externen Anlegern besteht. Umgekehrt sind Insiderkäufe natürlich positiv, vor allem wenn sie erst vor Kurzem und zu Kursen über den aktuellen erfolgt sind. Ein Gefühl dafür zu bekommen, welche institutionellen Anleger beteiligt sind, kann ebenfalls hilfreich sein. Das gilt besonders dann, wenn man etwas Kontext über die Anlagephilosophie dieser Anleger kennt und vielleicht sogar ihre Gründe für das Engagement beim betrachteten Unternehmen.

Wie ist die Haltung des Managements gegenüber externen Aktionären?

Bei der Beurteilung der Aktionärsfreundlichkeit des Managements möchte ich relativ niedrige Bargehälter sehen und den Verzicht auf Bonuszahlungen, wenn die Entwicklung des Unternehmens zu wünschen übrig lässt. Ein weiterer Lackmustest, den ich hier häufig einsetze, ist die Frage, ob es darüber hinaus noch sonstige Vergütungen gibt, etwa in Form von Nutzungspauschalen für ein Privatauto. CEOs, die sich ihr Auto bezahlen lassen (vor allem wenn es mehr als 1000 Dollar pro Monat kostet), werden eher auch sonst jede kleine Ausgabe mit dem Unternehmen abrechnen als andere. In manchen Finanzberichten wird die Höhe solcher sonstigen Vergütungen nicht explizit ausgewiesen, sondern nur erklärt, dass sie weniger als 10 Prozent der Gesamtvergütung ausmachen. Solche dürren Informationen können erst recht alarmierend sein. Und auch bei der Zuteilung von Aktienoptionen laufen kleine Unternehmen manchmal Amok. Also sollte man überprüfen, ob ihre Aktionäre über diesen Weg nicht vielleicht jedes Jahr einige Prozentpunkte des Eigenkapitals an die Insider abtreten. Eine solche Selbstbedienung kann über die Jahre auf deutlich niedrigere Renditen hinauslaufen.

Gern sehe ich, wenn das Topmanagement selbst einen erheblichen Anteil am Unternehmen hält; zu hoch allerdings sollte er auch nicht sein. Als ideal bewerte ich eine Insiderbeteiligung von rund 20 Prozent: Die Insider halten dann genügend Aktien, um sehr an ihrer Entwicklung interessiert zu sein, aber nicht so viele, dass sie jegliche Aktionärsinitiativen problemlos abwehren können. Allerdings können sich Insider auch ohne Mehrheitseigentum immun machen – über gestaffelte Amtszeiten für das Board of Directors, Giftpillen, Insiderbesitz an einer Aktienklasse mit besonderen Stimmrechten oder großzügige Abfindungen für den Fall eines Kontrollwechsels. Außerdem untersuche ich die Finanzinformationen der Unternehmen auf Geschäfte mit nahestehenden Parteien, die manchmal auch nur als »certain transactions« (bestimmte Transaktionen) bezeichnet werden. Solche Transaktionen können völlig harmlos sein. Sie können aber auch Vorzugsgeschäfte mit Insidern darstellen, die als Symbol für eine allgemeine Geringschätzung der Aktionäre zu verstehen sind. Eine der unschönsten Formen von solchen Geschäften sind Kredite an

Insider für den Kauf von Aktien des Unternehmens. In der Vergangenheit wurde bei solchen Krediten schon häufig auf die Rückzahlung verzichtet, wenn der Aktienkurs anschließend deutlich nachgab.

Paul Sonkin erklärt, warum er gerade die Proxy Statements, die Unternehmen ihren Aktionären für Abstimmungen bei der Hauptversammlung zur Verfügung stellen müssen, für eine interessante Informationsquelle hält:

> *Eines der Dokumente, mit dem wir viel Zeit verbringen, ist das Proxy Statement. Darin finden sich Informationen über die Vergütung und über das Board und es enthält den Abschnitt »Bestimmte Transaktionen«, in dem die hässlichen Tricks der Insider zu finden sind. In vielen Fällen zeigt sich zum Beispiel, dass die Gebäude dem CEO gehören und er sie an das Unternehmen vermietet; oder man sieht darin, welche Kosten vom Unternehmen übernommen werden. Bei solchen kleinen Unternehmen versucht man meist zunächst, grob die Spreu vom Weizen zu trennen. Wenn es einen Eigentümer-Manager gibt, ist das meist besser als ein reiner Manager. Aber ich habe auch schon Fälle gesehen, bei denen das anders war: Managementteams hatten selbst hohen Aktienbesitz, aber trotzdem zahlten sie sich hohe Gehälter und behandelten das Unternehmen wie ihr persönliches Sparschwein.*[124]

Wie stehen die Aktien relativ zu ihren historischen Kursen?

Wenn der Kurschart einer Aktie zeigt, dass sie nahe an einem mehrjährigen Höchststand gehandelt wird, möchte man vielleicht zusätzliche Belege dafür sehen, dass sie wirklich noch unterbewertet ist. Wenn ein Unternehmen früher deutlich billiger war als heute, will ich den Grund dafür wissen – so minimiere ich die Gefahr, dass ich ein wichtiges Risiko übersehe, etwa eine besondere Zyklenabhängigkeit des Geschäfts. Anders als technische Analysten nutze ich Charts also für historischen Kontext, nicht als Prognosewerkzeug. Für meine abschließende Beurteilung der Attraktivität einer Aktie spielen Charts keine Rolle. Sie liefern nur Zusatzinformationen, mit deren Hilfe ich einschätze, in welche Richtung die Analysen bei der weiteren Beschäftigung mit einer Anlagemöglichkeit gehen sollten.

Die Bandbreite eines Aktienkurses verrät dabei meist weniger als die Bandbreite von Kennzahlen, die sich aus diesem Kurs ergeben. Interessant ist zum Beispiel ein Blick auf die Entwicklung des zukunftsgerichteten Kurs-Gewinn-Verhältnisses: So lässt sich auf einen Blick erkennen, wie der Markt die Aussichten für das Gewinnwachstum des Unternehmens zu unterschiedlichen Zeitpunkten eingeschätzt hat. Ebenfalls aufschlussreich kann es sein, den KGV-Perzentilrang eines Unternehmens innerhalb seiner Branche mit entsprechenden Werten der Vergangenheit zu vergleichen. Dies liefert Hinweise darauf, wie ein Unternehmen relativ zu anderen in derselben Branche wahrgenommen wurde. Allerdings ist das Kurs-Gewinn-Verhältnis oft sehr volatil, denn bei den meisten Unternehmen schwankt auch der Gewinn stark. Aus diesem Grund kann eine Grafik mit dem Verhältnis von Unternehmenswert zu Umsatz, absolut und nach Perzentilen berechnet, manchmal aussagekräftigere Informationen liefern.

Die subjektive Qualität von Unternehmen

Wenn die bisherigen Prüfungen dafür sprechen, dass aktionärsfreundliche und statistisch wirklich billige Unternehmen gefunden wurden, kann eine stärker qualitative Analyse ihrer Geschäftsmodelle und langfristigen Aussichten beginnen. Im Rahmen dieses zweiten Schrittes analysiere ich die aktuellsten Jahres- und Quartalsberichte jedes infrage kommenden Unternehmens. Um zu sehen, wie sich die Aussagen des Managements verändern, lese ich außerdem auch ältere Berichte. Insgesamt versuche ich, die Qualität und Wettbewerbsfähigkeit der angebotenen Produkte und Dienstleistungen sowie die vermutliche Dauerhaftigkeit möglicher Wettbewerbsvorteile zu beurteilen.

An diesem Punkt des Prozesses zur Ideenbewertung verwende ich manchmal viel Zeit und Mühe darauf, die Position eines Unternehmens in seiner Branche sowie deren weitere Aussichten zu erkunden. Dazu spreche ich mit dem Management, mit Konkurrenten, Kunden, Lieferanten und jedem anderen, der bestimmte Research-Fragen beantworten kann. Bei der Analyse kleiner Unternehmen sind die gewünschten Informationen nicht immer bei den offiziell zuständigen Stellen zu bekommen. Also müssen Anleger damit rechnen, dass ihr Analyseaufwand je nach Unternehmen sehr unterschiedlich ausfällt und dass sie nicht immer alles nötige Wissen zusammentragen können.

Die endgültige Entscheidung über den Kauf einer Aktie dürfte das Ergebnis einer subjektiven Beurteilung sein. An diesem Punkt wird am deutlichsten, dass Geldanlage keine Wissenschaft ist, sondern eher eine Kunst: Kein Lehrbuch kann genau erklären, wie die richtige Entscheidung zu jeder infrage kommende Anlagemöglichkeit aussehen sollte. Zumindest aber haben wir im Verlauf dieses Buches an vielen Stellen allgemeine Erkenntnisse darüber erhalten, wie es möglich ist, zu vernünftigen Entscheidungen zu gelangen.

Zusammenfassung

Die zehn wichtigsten Punkte aus diesem Kapitel

1. Mehrere wichtige Entwicklungen haben Chancen für Anleger im Small-Cap-Bereich entstehen lassen. Zu ihnen zählen die Erhöhung der Volumina von institutionellen Portfolios, immer höhere Gehaltsforderungen von Fondsmanagern, die Nichtberücksichtigung von kleinen Aktien in wichtigen Marktindizes und geringes Research-Interesse von Banken und Brokerhäusern.
2. Große Aktionäre besitzen bei kleinen Unternehmen oft stärkere Einflussmöglichkeiten auf den CEO als bei größeren. Denn im Small-Cap-Bereich haben mehr Anlagefirmen genügend Mittel, um ein glaubwürdiges Übernahmeangebot abzugeben.
3. Kleine Aktien entwickeln sich über längere Zeiträume statistisch signifikant besser als größere. Die genauen Ergebnisse variieren zwar je nach gewähltem Betrachtungszeitraum und Definitionen, doch insgesamt fällt das Urteil klar zugunsten kleiner Aktien aus.
4. Selbst wenn Small Caps insgesamt besser abschneiden als Large Caps, sollten die Unterschiede zwischen den besten und schlechtesten Aktien innerhalb der Gruppe der Small Caps noch deutlicher sein. Dadurch ergeben sich zusätzliche Chancen für recherchestarke Anleger.

5. Allgemein bieten wenig beobachtete Unternehmen gute Möglichkeiten für recherchestarke Anleger. Allerdings müssen nicht unbedingt viele Personen eine Anlagemöglichkeit analysiert haben, damit eine Preisineffizienz abgebaut wird.
6. Im Small-Cap-Bereich ist es sinnvoll, über rein quantitative Filter hinauszugehen. Denn nur wenige Anlageprofis sind bereit, lange Listen mit Unternehmen von A bis Z durchzuarbeiten und dabei alle qualitativen Werttreiber für jeden einzelnen Kandidaten zu untersuchen.
7. Die Chefs von kleinen Unternehmen sind im Allgemeinen zugänglicher als Konzernmanager, denen Rechtsanwälte die Fähigkeit zu spontaner Kommunikation längst ausgetrieben haben. Wenn man den CEO eines kleinen Unternehmens fragt, wie das Geschäft läuft, bekommt man vielleicht sogar eine Antwort.
8. Ein bekannter Nachteil von Investitionen in Small Caps ist, dass die Liquidität im Börsenhandel hier manchmal sehr begrenzt ist. Breitere Geld-Brief-Spannen, höhere Kosten durch Kursbewegungen bei großen Aufträgen und vielleicht auch höhere Handelsprovisionen können zusammen dazu führen, dass der Ein- und Ausstieg bei den Aktien kleiner Unternehmen zu einer teuren Angelegenheit wird.
9. Viele der besten Small-Cap-Unternehmen lassen sich über quantitative Filter nicht entdecken. Zu den Gründen dafür zählen schnelle Veränderungen bei der Geschäftsentwicklung, die überproportionale Bedeutung von Managementqualität für die Wertschaffung in kleineren Unternehmen und deren Neigung, Einmaleffekte in den Finanzberichten nicht kenntlich zu machen.
10. Versteckte Wendepunkte lassen sich entdecken, indem man die Small-Cap-Landschaft nach Unternehmen mit zwei oder mehr Geschäftsbereichen durchsucht, wobei einer davon ein schrumpfendes großes Altgeschäft sein sollte. Wenn es sich beim anderen Bereich um ein profitables Wachstumsgeschäft handelt, hat man vielleicht eine überzeugende Gelegenheit gefunden.

Kapitel 8: Sondersituationen

Geld verdienen mit ereignisgetriebenem Investieren

Einfachheit ist die höchste Stufe der Vollendung.

Leonardo da Vinci

So viel, was zu behandeln wäre, aber so wenig Platz. In dieser Lage befinde ich mich bei diesem Kapitel, denn das riesige Themenfeld der Sondersituationen lässt sich auf den verfügbaren Seiten kaum befriedigend unterbringen. Zumindest aber möchte versuchen, das Thema etwas zu entmystifizieren und Ihnen ein paar allgemeine Überlegungen dazu nahezubringen. Auf dieser Grundlage können Sie dann vielleicht besser Ihren eigenen Weg finden, um sich die nötigen Kenntnisse für die Arten von Sondersituationen anzueignen, die Sie am interessantesten finden. Kenneth Shubin Stein, Portfoliomanager bei Spencer Capital Management, definiert den Rahmen für dieses Thema so: »Für uns reichen Sondersituationen von Unternehmen, die in Krisen oder Insolvenzen oder vor einer Wende stehen, über solche, bei denen es Spin-offs, Schulden-Rekapitalisierungen oder große Aktienrückkäufe gibt, bis zu Unternehmen mit bedeutenden kurzfristigen Ereignissen, die ihre Ertragskraft beeinträchtigen, aber nicht ihren langfristigen inneren Wert.«[125]

Noch breiter definiert, sind mit Sondersituationen alle Aktien gemeint, deren kurz- und mittelfristige Performance kaum von der Entwicklung am übrigen Aktienmarkt abhängen dürfte. Mit Performance meine ich in diesem Zusammenhang die gesamte Anlagerendite einschließlich Dividenden, sonstiger Auszahlungen sowie anderer Werte, die den Aktionären zugute kommen. Ich meine also weder die Entwicklung des Unternehmens selbst noch die seines langfristigen Aktienkurses. Allgemein kann der Aktienkurs auch bei Unternehmen, die sich nicht in einer Sondersituation befinden, von der Entwicklung des operativen Geschäftes abgekoppelt sein.

Wenn man den zeitlichen Horizont lang genug wählt, lässt sich andererseits jedes Unternehmen als eine Sondersituation verstehen. Denn auf lange Sicht hängen Aktienkurse grundsätzlich nicht mehr vom Gesamtmarkt ab, sondern von der Geschäftsentwicklung bei den einzelnen Unternehmen. Da wir Sondersituationen hier als Spezialfälle betrachten wollen, hätte es jedoch wenig Sinn, mit dieser extrem breiten Definition zu arbeiten. Aus diesem Grund begrenze ich den Zeithorizont auf rund zwei Jahre, wobei aber Ausnahmen möglich sind.

Manche Anleger sprechen im Zusammenhang mit Sondersituationen auch von ereignisgetriebenem Investieren, was die Tatsache betont, dass in solchen Fällen kurzfristig eines oder mehrere Ereignisse mit Bedeutung für die Anlagerendite zu erwarten sind. Potenzielle Übernahmeziele zähle ich allerdings nicht zu den Sondersituationen, obwohl eine Übernahme natürlich als bedeutendes Ereignis anzusehen ist – Gerüchte über Übernahmen erscheinen mir in diesem Zusammenhang aber als zu spekulativ. Ereignisgetriebene Anlagechancen zeichnen sich üblicherweise dadurch aus, dass für Anleger in etwa zu erkennen ist, wann und in welcher Abfolge mit den erwarteten strategischen Ereignissen zu rechnen ist. Im Fall von bedeutenden Maßnahmen durch das Unternehmen selbst, etwa bei einem Spin-off oder einer Rekapitalisierung, legt das Management vielleicht selbst einen Zeitplan vor, was die Analysearbeit für Anleger erleichtert.

Wie der Ansatz funktioniert

Die Kategorie der Sondersituationen zeigt einige Überschneidungen mit anderen Arten von Anlagen im Aktienbereich. So hat eine Untergruppe aller Small-Cap-Aktien vermutlich jederzeit mit Sonderereignissen zu tun. Auch Deep-Value-Aktien werden zu Sondersituationen, wenn sie mit der Liquidation von Vermögenswerten beginnen, Sonderdividenden ausschütten oder andere strategische Maßnahmen umsetzen. In vielen Fällen ist die Unterscheidung unscharf, aber davon sollten wir uns nicht entmutigen lassen. Jede Definition im Bereich Sondersituationen sollte kein starrer Rahmen sein, sondern nur eine lockere Richtschnur zur Einordnung von Gelegenheiten.

Die langfristig überdurchschnittliche Performance von Investitionen in Sondersituationen wurde in vielen akademischen Studien belegt. Allerdings muss man hier zwischen den unterschiedlichen Arten von Sondersituationen innerhalb der Gesamtgruppe unterscheiden, denn deren relative Performancechancen verändern sich mit der Zeit beträchtlich, sodass historische Untersuchungen wenig Orientierung bieten. 1997 etwa erschien ein bahnbrechendes Buch über Sondersituationen, *You Can Be a Stock Market Genius* (deutsch: *Auch Sie haben das Zeug zum Börsengenie*) von Joel Greenblatt. Anschließend stürzten sich viele seiner Leser auf Fälle von Spin-offs, Bezugsrechte-Emissionen, Restrukturierungen, Rekapitalisierungen und Risiko-Arbitrage. Der Zustrom an neuem Talent und Kapital führte jedoch dazu, dass diese bis dahin übersehenen Bereiche ausgesprochen populär wurden – sodass die zu erzielenden Anlagerenditen entsprechend sanken. Große institutionelle Anleger beschäftigen sich zwar meist nicht intensiv mit Sondersituationen. Jedoch gibt es heute reichlich kleinere Fonds ohne enge Vorgaben, sodass weiterhin erhebliches institutionelles Interesse in diesem Bereich besteht.

Tabelle 8.1 zeigt einen Überblick über Sondersituationen, die Chancen für Aktienanleger bieten können. Nicht jede davon passt zur strikten Definition von ereignisgetriebenem Investieren, aber alle haben mit potenziellen Ineffizienzen zu tun.

Der Lohn für die Verborgenheit

Je unbekannter eine Marktnische, desto höher ist die Wahrscheinlichkeit dafür, dass sie überdurchschnittliche Renditen für sorgfältige Anleger ermöglicht. Ein Beispiel dafür nennt Sahm Adrangi, Portfoliomanager bei Kerrisdale Capital Management: »Einige unserer besten Investitionen haben wir gefunden, indem wir Experten für eigenartige und ungewöhnliche Bereiche der Börsen geworden sind und diese tiefen Kenntnisse zu unserem Vorteil eingesetzt haben. Zum Beispiel haben wir in der zweiten Jahreshälfte 2009 hohe Renditen mit Optionsscheinen von SPACSs (Special Purpose Acquisition Companies) erzielt. Möglich war das, weil wir uns genauestens darüber informiert hatten, wie SPACs funktionieren.«[126] Allerdings haben, auch aufgrund der guten Erfahrungen von Firmen wie Kerrisdale, mittlerweile relativ viele Anleger den Reiz von SPACs entdeckt – für die Zukunft könnte das wie erwähnt schlechtere Renditeaussichten bedeuten. Damit sind SPACs ein weiteres Beispiel für das ständige Kommen und Gehen von Chancen bei bestimmten Sondersituationen, die stets von mehreren Faktoren abhängen. Im Fall der SPACs dürfte der Höhepunkt Ende 2007 erreicht worden sein, als die Liberty Acquisition Corp. über eine solche Konstruktion 900 Millionen Dollar aufnahm. Die anschließende Finanzkrise scheint die Finanzierungsmöglichkeiten von SPACs beeinträchtigt zu haben. Ob sie ihre bedeutende Stellung als Alternative zu Private-Equity-Gesellschaften noch einmal erreichen können, ist offen.

Mitte der 2000er-Jahre wurde der Aufschwung bei Wohnimmobilien in den USA immer rapider. Im Zuge dessen kamen auch neue Finanzprodukte auf den Markt, die eine ganz neue Gattung an Sondersituation-Chancen entstehen ließen. Wer bereit und in der Lage war, Tausende von Seiten an Wertpapierprospekten aus dem Immobilienbereich durchzugehen, konnte vielleicht ähnliche Einblicke gewinnen wie Michael Burry, der mit Wetten gegen den Markt Milliarden verdiente. Der Buchautor Michael Lewis hat dieser enormen, aber nur kurzlebigen Möglichkeit zur Erzielung enormer Renditen den Namen *The Big Short* gegeben. Doch während viele Anleger noch heute verpassten Chancen in der Hypothekenkrise nachtrauern, hat sich Burry schon wieder neuen untypischen Geldanlagen zugewandt, unter anderem Ackerland.

Situation	Hintergrund
Steuerlich begründete Verkäufe zum Jahresende	Steuervorteile haben Einfluss auf Verkaufsentscheidung
Streichung aus einem Index	Indexfonds müssen unabhängig von Anlagechancen verkaufen
Dividendenstreichung	Ertragsorientierte Fonds und ähnliche Anleger dürften verkaufen
Notverkäufe	Für den Verkäufer ist kurzfristige Liquidität wichtiger als ein angemessener Preis
Spin-off	Anteilseigner der Muttergesellschaft verkaufen Aktien des Spin-off ohne Beachtung des Wertes
Bezugsrechte-Emission	Unternehmen in Notsituationen nehmen auf aktionärsfreundliche Weise neues Kapital auf
Enttäuschendes Wachstum	Wachstumsorientierte Anleger verkaufen, Value-Anleger sind noch nicht zum Einstieg bereit
Hoher Angstfaktor	Käufer dürften intensivere Recherchen betreiben als Verkäufer
Hoher Gierfaktor	Leerverkäufer dürften intensivere Recherchen betreiben als Käufer
Hoher Subjektivitätsfaktor	Wert nicht direkt aus Bilanz oder Gewinnrechnung ersichtlich; Klärung kann Jahre auf sich warten lassen
Extrapolation von Moden	Analysten schreiben Wachstum auf Basis kurzfristiger Moden zu weit in die Zukunft fort
Aktionärsfreundliches Management	Anleger unterschätzen die Vorteile von guter Kapitalallokation
Wertvolle immaterielle Vermögenswerte	Marke, Vertriebsnetz etc. in der Bilanz nicht ausreichend berücksichtigt
Kurs-Buchwert-Verhältnis bei 1, niedriger Gewinn je Aktie, keine Schulden	Unternehmen mit hoher Rendite auf eingesetztes Kapital und wertvollen Aktiva vorübergehend in Schwierigkeiten
Rezenzeffekt	Anleger bewerten jüngste Erfahrungen zu hoch, sodass sie Situationen falsch einschätzen
Selbstvermarktende Unternehmen	Unterstützung durch positive Research-Studien und PR kann Aktien auf künstlich hohem Niveau halten.
Unterschiedliche Vermögenswerte	Summe-der-Teile-Wert kann über dem Börsenwert liegen

Tabelle 8.1: Potenzielle Quellen für Gelegenheiten am Aktienmarkt
Quelle: *The Manual of Ideas*

Auch Adrangi zieht bei Sondersituationen, wenn nötig, einfach weiter. Nach den erfreulichen Erfahrungen mit SPACs machte er noch erfreulichere mit sogenannten chinesischen RTOs. Dabei handelt es sich um Unternehmen mit Sitz in China, die über eine umgekehrte Fusion an eine US-Börse gegangen sind. Im Jahrzehnt zuvor waren reihenweise solcher RTOs an US-Börsen gekommen, hauptsächlich mithilfe von drittklassigen Brokerfirmen, die damit den Appetit der Anleger auf einen Anteil am chinesischen Wirtschaftswachstum bedienten. Diese Nische konnte man durchaus als obskures Marktsegment ansehen, entstanden durch Gier in der Finanzbranche, Hoffnungen der Anleger und die Bereitschaft vieler chinesischer Führungskräfte, einen Betrug zu begehen. Geld zu verdienen gab es hier vor allem durch Leerverkäufe, was vielleicht nicht der strengen Definition für Geldanlage in Sondersituationen entspricht. Doch viele der Betrugsfälle wurden rasch aufgedeckt, sodass die weitere Entwicklung der Aktien nicht mehr vom Gesamtmarkt abhing. Für Adrangi brachte das neue Möglichkeiten, enorme Renditen zu erzielen. Im Fall der RTOs hat der Erfolg der Leerverkaufsstrategie diese Art von Chancen jedoch buchstäblich vernichtet, weil die entsprechenden Aktien rasch in Vergessenheit gerieten.

Ineffizienzen bei Informationen und Analyse

Die Verstecktheit von vielen Anlagemöglichkeiten im Bereich Sondersituationen ist zugleich einer der Gründe dafür, warum viele Anleger solche Ideen in ihrem Anlageprozess kaum berücksichtigen können. »Bei Spin-offs, gescheiterten Börsengängen oder Unternehmen nach einer Reorganisation bestehen oft Informationsineffizienzen«, erklärt Jake Rosser.[127] Für eingehende Analysen erforderliche Informationen sind in solchen Situationen häufig nur schwierig zu bekommen – was dazu beiträgt, dass es derartige Gelegenheiten überhaupt noch gibt. So wie Small-Cap-Aktien gewisse Herausforderungen bei der Informationsbeschaffung mit sich bringen, sind auch Daten über strategische Ereignisse wie Spin-offs weniger leicht erhältlich als etwa Quartalszahlen oder andere regelmäßige Publikationen. In die meisten Datenbanken über börsennotierte Unternehmen sind Angaben über geplante Spin-offs schlecht integrierbar, sodass Anleger entweder auf spezialisierte Datenbanken zurückgreifen oder die relevanten Daten aus Unternehmensmeldungen und Pressemitteilungen selbst recherchieren müssen. Auf Märkten mit derartigen Informationsineffizienzen kann es sich für Anleger auszahlen, sich die Mühe zu machen, aktuelle, korrekte und relevante Informationen zusammenzutragen.

Analyseineffizienzen könnten für die überdurchschnittliche Performance bei Sondersituationen eine noch größere Rolle spielen. Informationen sind im Allgemeinen öffentlich verfügbar und können von Anlegern, die ein wenig zu suchen bereit sind, jederzeit genutzt werden. Wie viele Marktteilnehmer aber machen sich zusätzlich die Mühe, Hindernisse für eine Analyse zu überwinden? Manche Sondersituationen sehen in dieser Hinsicht geradezu beängstigend aus: Wie zum Beispiel bewertet man bei einem Spin-off die neu geschaffene Gesellschaft und was bedeutet das für die alten Aktionäre? Bei einer schuldenfinanzierten Rekapitalisierung wiederum stellt sich die Frage, wie sich die Aufnahme zusätzlicher Schulden auf die Aktionäre auswirkt und wie mit der potenziellen Verwässerung durch neue Wertpapiere umzugehen ist. Derartige Fragen gibt es in nahezu unbegrenzter Zahl – und manchmal wird man umso verwirrter, je mehr davon man zu beantworten versucht. Um Geld mit Sondersituationen zu verdienen, muss man also tief unter die Oberfläche blicken und sich mit den zugrunde liegenden Werttreibern beschäftigen.

Investieren in Sondersituationen: Richtiges Vorgehen und häufige Fehler

Wer beim Engagement in Sondersituationen dem Beispiel von Anlegern wie Joel Greenblatt, Michael Burry oder Sahm Adrangi folgen möchte, kann in Schwierigkeiten kommen: Auf diesem Gebiet sind enorme Gewinne ebenso möglich wie Kapitalverluste und beides ist oft nur durch einen schmalen Grat getrennt. Der Anlageerfolg kann also höchst unterschiedlich ausfallen und hängt unter anderem von richtigem Timing, geschickter Auswahl, der Ausführung von Aufträgen sowie Gebühren ab.

Selbst im Fall der betrügerischen Unternehmen aus China mit US-Börsennotierung hätten Anleger Geld verloren, wenn sie den Verkaufsempfehlungen von Leerverkäufern zu spät gefolgt wären und ihre Short-Positionen zu früh wieder glattgestellt hätten. Dieses Szenario ist nicht etwa weit hergeholt, denn wenn ein gut belegter Betrugsvorwurf veröffentlicht wurde, gingen die betroffenen Aktien am nächsten Tag oft sofort mit einem deutlichen Kursverlust in den Handel. Viele Anleger verpassten dadurch den ersten Einbruch, wollten aber trotzdem noch mit Leerverkäufen dabei sein – wenn das Unternehmen ein klarer Betrugsfall ist, müssten die Aktien doch ins Bodenlose fallen, hofften sie. Allerdings muss man sich für Leerverkäufe zunächst Aktien bei einem Broker leihen und bei in dieser Hinsicht beliebten Papieren werden dafür relativ hohe Gebühren fällig. Dadurch konnten Anleger selbst dann Geld verlieren, wenn die Aktien tatsächlich weiter fielen, dies aber nur langsam. Und noch schlimmer: Viele der Betrugsvorwürfe wurden anfangs von den Unternehmen selbst und US-Brokerfirmen, die als Market Maker für ihre Aktien fungierten, scharf zurückgewiesen, sodass sich die Aktien zwischendurch erholten. Wenn einem Anleger in so einer Situation Zweifel an der Korrektheit der Gründe für einen Leerverkauf kamen, dürfte er sehr versucht gewesen sein, aus der Position auszusteigen.

Passive Geldanlage bei Sondersituationen bringt deutlich größere Risiken mit sich als passive Geldanlage bei Aktien insgesamt. Wer hochwertige, gut finanzierte Unternehmen wie Procter & Gamble, Johnson & Johnson oder Coca-Cola kauft, hat immer die Möglichkeit, einfach abzuwarten, bis die Zeit einen zwischendurch auftretenden Buchverlust wieder ausgeglichen hat. Bei Sondersituationen dagegen kann man nach einer Investition in die falsche Aktie gezwungen sein, den Verlust bald zu realisieren. Zudem ist hier meist mit hohem Anlegerinteresse zu rechnen, was die Auswirkungen von systematischen Fehlern verstärkt, weil dann innerhalb kurzer Zeit ähnliche Entscheidungen bei vielen Marktteilnehmern fallen. Wenn Sie bei einer Anlagemöglichkeit nicht sicher sind, dass Sie wirklich über einen Informationsvorsprung verfügen, sollten Sie deshalb lieber einen Schritt zurücktreten und sich für Aktien entscheiden, die auf längere Sicht mit hoher Wahrscheinlichkeit von selbst steigen werden.

Die Gefahren von Roboter-Analysen

Von den fünf Jahren, die ich in den 1980er-Jahren auf einer Grundschule im kommunistischen Jugoslawien verbracht habe, weiß ich nicht mehr viel. Woran ich mich aber noch erinnern kann, sind fürchterliche Erinnerungsübungen. Dabei mussten wir viele unnütze Sachen auswendig lernen, etwa die Daten kommunistischer Siege im Zweiten Weltkrieg oder die Geburtstage von wichtigen Politikern. Die Flucht meiner Familie aus dem jugoslawischen System der Indoktrination ermöglichte es mir, analytisches Denkvermögen und Kreativität zu entwickeln. Doch auch im Westen kann man sinnlosen Erinnerungsübungen nicht völlig entgehen. Wie oft haben wir inzwischen die Klage gehört, Kinder würden viel auswendig lernen, um in Tests gut abzuschneiden, dabei aber wenig Substanzielles lernen? Geldanlage jedenfalls ist eine deutlich schwierigere Angelegenheit und sinnloses Auswendiglernen keine gute Voraussetzung dafür.

Um das volle Potenzial auszuschöpfen, ist selbst bei Kunst eine gewisse Struktur erforderlich. Wer die Regeln und Prozesse kennt, kann sich immer noch entscheiden, von den klassischen Empfehlungen abzuweichen und damit positiv aufzufallen. Von Arnold Schwarzenegger, sozusagen der Philosophenkönig des 21. Jahrhunderts, stammt der Rat, »die Regeln zu brechen, aber nicht das Gesetz«. Diese Unterscheidung ist sehr interessant, sowohl für das Leben als auch für die Geldanlage. Wenn ich von den Gesetzen der Geldanlage spreche, denke ich natürlich nicht an irgendwelche von der Regierung erlassenen Vorschriften. Stattdessen meine ich Wahrheiten, die man nicht ignorieren sollte, wenn man langfristige Erfolge erzielen will. Beispielsweise werden wir früher oder später völlig ohne Kapital dastehen, wenn wir alles, was wir haben, immer wieder in nur eine Idee investieren. Auch wer ständig mit hohen Wertpapierkrediten arbeitet, dürfte so enden. Und bei Daytrading bei Aktien mit hohen Geld-Brief-Spannen wird die Geschwindigkeit der Kapitalvernichtung zu einer Funktion des Tempos, in dem man Aktien kauft und wieder abstößt.

Anders als diese Gesetze muss man Regeln für die Geldanlage durchaus manchmal brechen, um herausragende Ergebnisse zu erzielen. Zu den Regeln zählen in diesem Zusammenhang all die Finanzformeln, die wir im Laufe der Jahre gelernt haben, etwa zu Kennzahlen für die operative

Entwicklung, Kapitalrenditen und Bewertungsvielfachen. Wer brav auswendig gelernt hat, dass der Unternehmenswert aus dem Börsenwert zuzüglich der Nettoschulden besteht, und diese Definition mechanisch auf jede denkbare Anlagefrage anwendet, macht sich damit anfällig für Fehleinschätzungen.

Angenommen, ein Unternehmen hat einen Börsenwert von 50 Millionen Dollar; hinzu kommen 200 Millionen Dollar Barmittel, 150 Millionen Dollar Schulden und 250 Millionen Dollar an Verbindlichkeiten durch Vorauszahlungen für Eintrittskarten, Zeitungsabonnements oder Hochschulgebühren. Nach der Standardformel für den Unternehmenswert müssen wir dann mit 50 Millionen Dollar Börsenwert beginnen, Schulden von 150 Millionen Dollar dazurechnen und 200 Millionen Dollar an Barmitteln wieder abziehen. Damit ergibt sich ein Unternehmenswert von null – und dass bedeutet, dass jegliche Berechnungen, bei denen der Unternehmenswert eine Rolle spielt, übertrieben positiv ausfallen werden.

Aber bewertet der Markt das Unternehmen in diesem Fall tatsächlich mit 0 Dollar? Könnte es 150 Millionen Dollar von seinen Barmitteln nehmen, um die Schulden zu tilgen, und die restlichen 50 Millionen Dollar als Dividende an die Aktionäre ausschütten, sodass die rechnerisch ihren Einsatz schon wieder heraus hätten? Das ist höchst unwahrscheinlich, denn das Unternehmen dürfte die vorhandenen Barmittel dafür benötigen, Verpflichtungen in Zusammenhang mit dem hohen Volumen an Vorauszahlungen zu erfüllen. Diese Überlegung ist insbesondere dann von Bedeutung, wenn das Geschäft eines Unternehmens schrumpft. Denn in solchen Fällen ist ein negatives Umlaufvermögen anders als sonst nicht mehr positiv, sondern wird zu einer Cash vernichtenden Eigenart des Geschäftsmodells.

Manche Anleger agieren wie Roboter, wenn sie bei der Aktienanalyse eine beliebte Kennzahl für den Unternehmenserfolg verwenden, nämlich das EBITDA. Dessen Definition ergibt sich direkt aus den Buchstaben dieser Abkürzung: Es handelt sich um den Gewinn vor Zinsen, Steuern und Abschreibungen (Earnings Before Interest, Taxes, Depreciation and Amortization). Mit der Formel an sich habe ich kein Problem, sehr wohl aber, wenn sie als letztgültiger Maßstab für die um die Verschuldung bereinigte

Rentabilität oder den Cashflow angesehen wird. Über die Abschreibungen wird der Gewinn um unbare Belastungen bereinigt. Diesen Posten zum Betriebsgewinn hinzuzurechnen kann sinnvoll sein, um zum Beispiel die Fähigkeit eines Krisenunternehmens abzuschätzen, seine Zinsen weiter zu bezahlen. Wenn das Management die Investitionen gering hält, kann die Summe an generierten Barmitteln über dem Gewinn nach GAAP liegen, was eine bessere Rentabilität bedeutet als offiziell gemeldet. In solchen Fällen ist die Verwendung des EBITDA also durchaus vernünftig. Mittlerweile aber scheint diese Kennzahl übermäßig breit angewendet zu werden. Bei der Analyse eines fortzuführenden Telekommunikationsdienstleisters etwa, bei dem die Wartungsinvestitionen in etwa den Abschreibungen entsprechen, dürfte das EBITDA den für die Aktionäre relevanten Gewinn eher verschleiern als klarer werden lassen.

Geldanlage in Sondersituationen dürfte für die Gefahren der Roboter-Analyse besonders anfällig sein, weil ihre unterschiedlichen Formen jeweils mit eigenen Regeln, Fachausdrücken und Abkürzungen einhergehen. Für Anleger kann es schwierig genug sein, sich die wichtigsten Gleichungen und Konzepte für die unterschiedlichen Sondersituationen zu merken – sie auch noch zu hinterfragen wäre für viele zu viel verlangt. Jedoch kann eine kritiklose Anwendung mechanischer Regeln dazu führen, dass Anleger zu sehr auf Gelegenheiten setzen, die der Theorie nach überzeugend sind, in der Praxis aber einen erheblichen Haken haben.

Wann es angemessen ist, die Regeln zu beugen, und wann man sie sogar brechen sollte, kann uns die Erfahrung lehren – aber nur wenn wir unsere Augen dabei weit offen halten. Um es angelehnt an Anders Ericsson und Malcolm Gladwell, die Erfinder der »10.000-Stunden-Regel«, zu sagen: Der Unterschied zwischen ständiger Verbesserung und Stagnation liegt in gezieltem Üben. »Niemand wird ohne Erfahrung zum herausragenden Praktiker, aber reichlich Erfahrung macht nicht jeden zum Experten«, schreibt Ericsson.[128] Indem wir nach dem »Warum?« fragen und »Was wäre, wenn?« statt nur »Wie?«, beginnen wir, den Dingen auf den Grund zu gehen. So wie ein Bild mehr sagen kann als tausend Worte, kann auch eine einzige reale Anlageerfahrung tausend wichtige Erkenntnisse liefern. Und je mehr Fragen wir dabei stellen, desto mehr Erkenntnisse sind möglich.

Ebenfalls wichtig ist es, früh genug mit diesem Erkenntnisprozess zu beginnen – um zusätzliche Informationen kann man ihn später immer noch ergänzen. Wer nicht rechtzeitig anfängt, dem entgeht vielleicht Entscheidendes. Dies hat Parallelen zu den Gründen für die Verwendung von sogenannten »Point in time«-Datenbanken: Anleger können damit Hypothesen anhand der Daten überprüfen, die zum Zeitpunkt einer hypothetischen Investitionsentscheidung bereits zur Verfügung standen. Beispielsweise kommt es vor, dass Unternehmen zuvor gemeldete Gewinnzahlen korrigieren müssen. Für Anleger, die eine Hypothese testen wollen, stellt sich dann die Frage, ob sie dafür die korrigierten oder die ursprünglich berichteten Zahlen verwenden sollten. Wenn es um die Überprüfung eines Ansatzes geht, bei dem zu bestimmten Zeitpunkten Entscheidungen zu fällen gewesen wären, ist es sinnvoller, dafür jeweils die Daten zu verwenden, die vorlagen, als die Entscheidungen anstanden.

Um sich in gezieltem Üben zu schulen, kann man seine Anlageerfahrungen schriftlich festhalten – einschließlich der Entscheidungen, in manchen Fällen nicht einzusteigen. Indem man die Gründe für jede Entscheidung festhält, entwickelt man eine Grundlage für ihre spätere Neubewertung. Zugleich entgeht man so der Verführung, die Geschichte umzuschreiben, um Reuegefühle zu verhindern oder Fehler sich nicht eingestehen zu müssen. James Montier sagt dazu: »Ein Tagebuch über die eigenen Anlageideen ist eine hervorragende Erinnerungsstütze zur Kontrolle von Verhaltensverzerrungen. Man kann darin nachlesen, was man vor einer gewissen Zeit gedacht hat, und es dann mit etwas Abstand noch einmal neu bewerten. Der Nachteil dabei ist natürlich, dass es eine Weile dauert, bis man einen Katalog von Fehlern aufgebaut hat, aus dem man lernen kann.«[129] Montiers letzter Punkt klingt unbedeutend, ist aber entscheidend: Aus einer zu kleinen Stichprobe zieht man womöglich falsche Schlüsse, denn auch falsche Entscheidungen führen manchmal zu guten Ergebnissen. Pokerspieler zum Beispiel wissen, dass es nicht unbedingt ausreicht, ein einziges Blatt geschickt zu spielen. Ähnlich sollte man ein einzelnes schlechtes Ergebnis nicht gleich zum Anlass nehmen, den eigenen Ansatz infrage zu stellen. Wenn man davon ausgeht, dass die Erfolgsquote von guten Anlegern etwas über 50 Prozent liegt, wird schnell klar, dass man eine ganze Reihe von Einzelergebnissen braucht, um einigermaßen sichere Schlussfolgerungen ziehen zu können.

Hilfreich zur Verhinderung eines allzu mechanischen Vorgehens bei der Geldanlage kann es sein, neben dem eigenen Blick auch den von außen zu berücksichtigen. Michael Mauboussin, Chief Investment Strategist bei Legg Mason Capital Management und Chairman des Santa Fe Institute, erklärt das so:

> *Der Kern der Idee ist: Wenn man eine Prognose erstellt, kann man dazu die Umstände des konkreten Falls und/oder die Basisrate heranziehen. Im ersten Fall nimmt man die vorhandenen Informationen und kombiniert sie mit der eigenen Einschätzung. Psychologen nennen das den »Blick von innen«. Eine Betrachtung der Basisrate dagegen bedeutet im Wesentlichen, dass man sich fragt: »Was ist passiert, als andere in derselben Situation waren?« Das ist der »Blick von außen«. Kahneman und Tversky haben gezeigt, dass sich Menschen bei den meisten Entscheidungen zu sehr auf den inneren Blick und zu wenig auf den äußeren verlassen.*[130]

Roboter mögen sehr gut darin sein, starre Prozesse abzuarbeiten oder schwierige Berechnungen vorzunehmen. Bei der Berücksichtigung des Handelns von anderen aber stoßen sie an Grenzen. Ich dagegen achte bei Sondersituationen auf die Anreize für alle Beteiligten, denn hier kann es ein spieltheoretisches Aufeinandertreffen von vielen Parteien geben. Wer mithilfe von Erfahrung und Urteilsvermögen die Interessen und potenziellen Aktionen seiner Mitspieler abschätzt, kann zu deutlich überzeugenderen Anlagethesen kommen als nur auf der Grundlage von Berechnungen.

Gutes Timing als Renditetreiber

Sondersituationen zählen zu den wenigen Gebieten der Geldanlage, in denen es sinnvoll ist, dem zeitlichen Aspekt der annualisierten (also auf ein ganzes Jahr hochgerechneten) Rendite mindestens so viel Aufmerksamkeit zu widmen wie der erwarteten absoluten Rendite. Dies ist schon am Ausdruck *ereignisgetriebenes Investieren* zu erkennen, in dem die Timing-Notwendigkeit mit anklingt. Bei Risiko-Arbitrage etwa geht es unter anderem darum, Unterschiede zwischen Börsenkurs und angebotenem Preis bei angekündigten Fusionen und Übernahmen für sich zu nutzen. Die erwartete Rendite kann in solchen Fällen recht gering sein. Wenn sie sich allerdings in kurzer Zeit realisieren lässt, ergibt sich trotzdem eine hohe annualisierte Rendite. Durch die relativ geringe absolute Rendite hängt die annualisierte Rendite aber stärker von Veränderungen beim zeitlichen Ablauf ab. Die Analyse der Variable Zeit wird also zu einem wichtigen Aspekt.

Für Value-Anleger kann die Bedeutung von Timing-Fragen bei ereignisgetriebener Geldanlage ein Umdenken erfordern. Denn dass sie überdurchschnittliche Renditen erzielen, hängt traditionell damit zusammen, dass sie in der Lage sind, sogenannte Zeit-Arbitrage zu betreiben. Sie profitieren also vom begrenzten Zeithorizont anderer Marktteilnehmer. Denn wenn die meisten Anleger – ob aus schierer Ungeduld oder wegen institutioneller Zwänge – Ideen links liegen lassen, die ein mehrjähriges Engagement erfordern würden, entsteht für geduldigere Anleger die Möglichkeit, Aktiva deutlich unter ihrem fairen Wert zu kaufen. Die Differenz zwischen Preis und Wert, die manchmal auch als Sicherheitsmarge bezeichnet wird, spielt bei Value-Anlageüberlegungen häufig die wichtigste Rolle. Die Frage, wie lange es dauern wird, bis diese Lücke geschlossen ist, gilt allerdings als zu spekulativ, um als Grundlage für eine Entscheidung dienen zu können. Auf eine große Sicherheitsmarge zu setzen statt auf einen schnellen Verlauf ist zudem eher an Kapital*erhalt* orientiert als an der Kapital*rendite*. Andererseits korrelieren ereignisgetriebene Geldanlagen kurz- bis mittelfristig weniger stark mit Marktindizes als Aktien allgemein. Wenn Sie (oder Ihre Kunden) Volatilität als Maßstab für das Risiko ansehen, können Sondersituationen also weniger riskant sein als Investitionen mit großer Sicherheitsmarge.

Gerade beim Thema Timing kann es von Wert sein, die Regeln für Sondersituationen gut zu kennen. Bei Risiko-Arbitrage etwa hilft Vertrautheit mit dem üblichen Ablauf der Ereignisse dabei, den Zeitaufwand bis zum Abschluss der Transaktion einzuschätzen. Zwar kann auch das Management selbst einen Zeitplan dafür veröffentlichen, doch der kann von seinem Wunsch beeinflusst sein, die Abwicklung zu beschleunigen. Anleger sollten in der Lage sein, die Angaben des Managements für sich zu bestätigen oder zu einer eigenen Einschätzung zu kommen. Wenn sich das eigene Urteil deutlich von den Aussagen des Managements unterscheidet, bietet sich möglicherweise eine interessante Anlagegelegenheit. Das eigene Wissen über den zeitlichen Ablauf von Fusionsprozessen lässt sich sowohl über theoretische Untersuchungen als auch mithilfe von Praxiserfahrungen stärken.

Ähnlich eingehende, aber inhaltlich ganz andere Fachkenntnisse lassen sich über Spin-offs, Insolvenzen und Liquidationen gewinnen. Liquidationen können sich über mehrere Jahre lang hinziehen, was eine große Bandbreite der möglichen annualisierten Renditen mit sich bringt. Als Folge davon kann ein Anleger überlegene Renditen erzielen, wenn er sich mit Liquidationen im Allgemeinen und den Umständen des jeweiligen speziellen Falls sehr gut auskennt – oder er kann zumindest ein schwaches Ergebnis vermeiden. Manche Liquidationsfälle zum Beispiel sehen wegen einer sehr liquiden Bilanz zunächst ganz einfach aus. Bei näherer Betrachtung aber kann sich zeigen, dass Eventualverbindlichkeiten bestehen, durch die sich die Auszahlung von Barmitteln verzögern dürfte.

Positive Nebeneffekte

Manche Anleger könnten geneigt sein, das gesamte Feld der Sondersituationen abzutun, weil es gemessen am Zeitaufwand für die Erlangung des nötigen Wissens zu geringe Renditen verspricht. Wer sich darauf konzentriert, gute Unternehmen zu identifizieren und sie zu kaufen, wenn sie billig sind, versteht Spin-offs oder Liquidationen vielleicht nur als lästige Ablenkungen. Ereignisgetriebenes Investieren ist zudem alles andere als Kaufen und Halten: Im Erfolgsfall sind Sondersituationen bald beendet, sodass man das Geld von Neuem investieren muss. Am Anfang ist der Lernaufwand dafür hoch. Zusammen mit der relativ kurzen Haltedauer bedeutet das, dass ständige Recherchen erforderlich sind. Nicht jeder Anleger wird sich diese Mühe machen wollen, wenn schon sein Hauptansatz befriedigende Renditen liefert.

Es gibt also begründete Einwände gegen die Beschäftigung mit Sondersituationen. Ich allerdings bin der Meinung, dass ereignisgetriebenes Investieren genügend positive Nebeneffekte hat, um den Aufwand dafür zu rechtfertigen. Ein Fußballspieler kann auch seinen Schuss mit dem rechten Fuß verbessern, wenn er den linken trainiert – und auf dieselbe Weise kann die vielleicht etwas lästige Arbeit der Bewertung von Sondersituationen die Anlagekompetenz insgesamt verbessern. Die Newton'sche Physik erschien in sich stimmig, doch durch Einsteins Relativitätstheorie wurde ein alternativer Blick auf viele Gebiete dieses Fachs möglich. Indem wir versuchen, die Werttreiber bei unterschiedlichen Arten von Sondersituationen zu verstehen, können wir analog dazu vielleicht Erkenntnisse gewinnen, die auch unsere Kernkompetenzen stärken. Auf welche Weise genau jeder Anleger davon profitieren kann, lässt sich allerdings unmöglich voraussagen.

Sondersituationen können unsere Anlagephilosophie in mehrerlei Hinsicht intelligenter machen. Erstens sind ereignisgetriebene Investitionen weder beliebt noch von der allgemeinen Börsendynamik abhängig, sodass sie uns zwingen, uns ausschließlich mit den rationalen Gründen für einen Einstieg zu beschäftigen. Weil viele Sondersituationen zudem abseits ausgetretener Pfade liegen, lernen wir dabei, eigene Anlagethesen zu entwickeln und aktuell zu halten, ohne dafür auf einen stetigen Strom an Nachrichten zurückgreifen zu können.

Zweitens wird in Zusammenhang mit Sondersituationen die Kernbedeutung von Wert ersichtlich. Bei einer Liquidation hängt er ausschließlich davon ab, welchen Erlös wir für unser eingesetztes Geld zurückerhalten und wann. Wenn kein Restwert anzusetzen ist, können wir unsere Anlagethesen nicht auf Vermutungen darüber stützen, wie viel andere Anleger für ein Unternehmen zahlen würden. Bei einem typischen Liquidationsszenario ist die Meinung anderer Anleger schlicht irrelevant. Selbst für diejenigen unter uns, die sich bereits als disziplinierte Value-Anleger verstehen, kann das eine nützliche Erkenntnis sein.

Drittens und letztens lenkt die Bedeutung von Timing bei Sondersituationen unsere Aufmerksamkeit stärker auf die Tatsache, dass dieser Faktor ganz allgemein eine entscheidende Rolle für die annualisierte Rendite spielt. Statt auf einer möglichst großen Differenz zwischen Preis und Wert zu beharren, können wir auf diese Weise lernen, dass auch eine kleinere Sicherheitsmarge gute Ergebnisse bringen kann, wenn es einen Katalysator für die baldige Realisierung des fairen Wertes gibt. Allerdings ist es nicht unbedingt so, dass es vielen Anlegern an Bewusstsein für Timing-Fragen mangeln würde, denn die meisten von uns kennen das Gefühl der Ungeduld durchaus. Insgesamt würde ich sagen: Disziplinierte Zeit-Arbitrage ist tendenziell schwieriger durchzuhalten, aber auch profitabler, als sich darauf zu konzentrieren, mögliche einschneidende Ereignisse vorwegzunehmen.

Sondersituationen entdecken

Dass quantitative Filter bei ereignisgetriebenem Investieren weitgehend nutzlos sind, liegt in der Natur der Sache. Viele Sondersituationen entstehen, wenn eine bedeutende Änderung bei einem Unternehmen angekündigt, aber noch nicht vollzogen wurde, sodass die daraus hervorgehenden Daten in Screening-Werkzeugen noch nicht verfügbar sind. Selbst bei abgeschlossenen Transaktionen dauert es manchmal eine Weile, bis die Datenbanken die neue Realität wiedergeben. Und selbst wenn sie auf dem neuesten Stand sind, kann es immer noch schwierig sein, Sondersituationen von anderen Unternehmen zu unterscheiden, die unsere Filterkriterien zufällig ebenfalls erfüllen.

Sondersituationen mit normalen Screening-Werkzeugen identifizieren

Wer Unternehmen, die kürzlich ein Sonderereignis durchgemacht haben, trotzdem mithilfe eines quantitativen Screening-Werkzeugs finden möchte, muss zu ein paar Tricks greifen. Beispielsweise könnte man zunächst nur eine Vorgabe für die Marktkapitalisierung machen und sich dann die Veränderung des Aktienkurses aller ausgegebenen Unternehmen in den letzten 1, 3 oder 12 Monaten anzeigen lassen. Bei Unternehmen, die gerade erst an die Börse gegangen sind, sei es auf klassische Weise oder im Rahmen eines Spin-off, wird es noch keine Veränderung geben. Weil die meisten Screening-Werkzeuge verlässliche Daten über historische Kurse liefern, spricht viel dafür, dass ein Unternehmen in diesem Fall zum fraglichen Zeitpunkt noch nicht börsennotiert war. Als Nächstes kann man dann in den SEC-Meldungen des Unternehmens oder auf seiner

Website nachsehen, unter welchen Umständen es an die Börse gekommen ist.

Ein weiterer Trick ist das Filtern nach ansonsten langsam wachsenden Unternehmen, bei denen es zuletzt einen auffälligen Umsatzsprung gegeben hat – die Erklärung dafür ist häufig eine bedeutende Akquisition. Zwar wird bei Fusionen und Übernahmen oft Wert zerstört, doch Transaktionen mit Synergieeffekten zu vernünftigen Preisen können durchaus auch Wert entstehen lassen. Leider entgehen Unternehmen mit starkem Umsatzanstieg nur selten dem Radar anderer Anleger. Immerhin aber wenden sich viele gleich wieder ab, wenn sie feststellen, dass der Anstieg auf ein strategisches Ereignis zurückzuführen ist statt auf organische Faktoren.

Ein dritter Trick bezieht sich auf die Zahl der umlaufenden Aktien. Wenn sie deutlich abnimmt, ist das meist erfreulich und lässt möglicherweise einen großen Aktienrückkauf erkennen, der die Bilanz stärkt. Wenn man in solchen Fällen zu dem Schluss kommt, dass der Rückkauf zu Kursen deutlich unter dem geschätzten fairen Wert erfolgte, hat man unter Umständen eine gute Anlagechance entdeckt. Am anderen Ende dieses Spektrums stehen Unternehmen, bei denen die Zahl der umlaufenden Aktien deutlich zugenommen hat. Dies ist für sich gesehen meist ungünstig, manchmal aber auch ein Hinweis auf ein Ereignis, das sich genauer zu untersuchen lohnt. So könnte ein Unternehmen vor Kurzem zu einem attraktiven Preis in Bargeld und Aktien (oder nur Aktien) einen Konkurrenten übernommen haben, sodass der Markt konsolidiert wird und Synergien entstehen. Wenn der Aktienkurs dieses Unternehmens seit der Übernahme gesunken ist, bedeutet das eine implizite Möglichkeit, das übernommene Unternehmen zu einem niedrigeren Preis zu kaufen. Ein weiteres Beispiel wäre die Aktie eines Krisenunternehmens, die zuvor wegen einer hohen Wahrscheinlichkeit für eine Verwässerung des Eigenkapitals stark gefallen ist. Zunächst war hier vielleicht unklar, wie viel Verwässerung zur Stärkung der Bilanz erforderlich ist, sodass die Abwärtsbewegung kein Ende fand. Ein kürzlicher starker Anstieg des Kurses könnte dann erkennen lassen, dass die Verwässerung inzwischen vollzogen wurde, sodass sich der Wert anhand der neuen Aktienzahl bestimmen lässt. Wenn die Aktie nach der Rekapitalisierung weiterhin deutlich unterbewertet erscheint, kann dies ebenfalls eine interessante Gelegenheit bedeuten.

Weitere Möglichkeiten für einen Vorrat an ereignisgetriebenen Ideen

Insgesamt sind quantitative Filter für das Identifizieren von Sondersituationen also nur bedingt geeignet, doch zum Glück gibt es einige Alternativen. Die Wirtschaftspresse beispielsweise berichtet nur zu gern über strategische Unternehmensereignisse, sodass eine regelmäßige Lektüre von Nachrichten und längeren Artikeln nützlich sein kann. Außer in typischen Quellen wie *Wall Street Journal, Financial Times* oder *The Economist* finden sich interessante Information auch in Online-Medien und Blogs. Eine kleine Auswahl daraus:

- *Abnormal Returns* von Tadas Viskanta (abnormalreturns.com)
- *Above Average Odds* von Ryan O'Connor (aboveaverageodds.com)
- *Aleph Blog* von David Merkel (alephblog.com)
- *Barel Karsan* von Saj Karsan (barelkarsan.com)
- *Cheap Stocks* von Jonathan Heller (stocksbelowncav.blogspot.com)
- *DealBook* von Andrew Ross Sorkin (dealbook.com)
- *Greenbackd* von Toby Carlisle (greenbackd.com)
- *Ideas for Intelligent Investing* von Greg Speicher (gregspeicher.com)
- *ShadowStock* von John DiStanislao (shadowstock.blogspot.com)
- *Street Capitalist* von Tariq Ali (streetcapitalist.com)
- *The Rational Walk* von Ravi Nagarajan (rationalwalk.com)

- *Turnkey Analyst* von Wes Gray (turnkeyanalyst.com)
- *Value Investing World* von Joe Koster (valueinvestingworld.com)
- *ValuePlays* von Todd Sullivan (valueplays.net)
- *ValueWalk* von Jacob Wolinsky (valuewalk.com)
- *World Beta* von Mebane Faber (mebanefaber.com)

Darüber hinaus bieten spezialisierte Newsletter wie *Spinoff & Reorg Profiles* von Bill Mitchell systematische Daten und Analysen über neu entstehende Sondersituation. Eine hervorragende Quelle für Sondersituation-Ideen, die das Interesse ähnlicher Anleger geweckt haben, können außerdem Online-Diskussionsforen wie das von Sanjeev Parsad moderierte *The Corner of Berkshire and Hathaway* sein. Individuell einstellbare Benachrichtigungen von Google News bieten eine weitere Möglichkeit, bei Ankündigungen zu Sondersituationen auf dem Laufenden zu bleiben.

Auf die USA konzentrierte Anleger können zudem die Volltextsuche auf der Website der SEC (www.sec.gov) nutzen, um nach relevanten Dokumenten wie 10-K-Jahresberichten und bestimmten Begriffen darin zu suchen. Auch die SEC-Meldungen ausgewählter Superanleger über das Formular 13F-HR können interessante ereignisgetriebene Anlagemöglichkeiten erkennen lassen. Zu den Fondsmanagern, die in diesem Bereich aktiv sind, zählen Bill Ackman, Sahm Adrangi, David Einhorn, Carl Icahn, Daniel Loeb, John Paulson und Mark Rachesky.

Wer eine Pipeline an Chancen in einer bestimmten ereignisgetriebenen Nische zusammenstellt, sollte dafür ein Format wählen, in das nicht nur aktuelle Analysen passen, sondern auch deren anschließende Überprüfung. Man sollte Ideen also nicht so festhalten, dass Informationen über die tatsächliche spätere Entwicklung keinen Platz finden. Stattdessen sollte die Pipeline eine Art Protokoll sein, in dem man die eigene Einschätzung jeder Situation zum jeweiligen Zeitpunkt festhält. Indem man seine Gedanken in Echtzeit aufschreibt, schafft man eine Basis dafür, den

Prozess der eigenen Entscheidungsfindung im weiteren Verlauf der Ereignisse zu bewerten. Je mehr unterschiedliche Situationen man beobachtet hat, desto höher ist die Wahrscheinlichkeit dafür, dass Muster erkennbar werden, die dabei helfen, die eigene subjektive Bewertung von Wahrscheinlichkeiten und Ergebnissen zu verbessern.

Einen Schritt voraus: Aktien finden, die zu Sondersituationen werden könnten

Häufig drängen aktivistische Anleger bei den Boards of Directors von Unternehmen auf bestimmte Maßnahmen, indem sie argumentieren, dass sich dadurch Wert für die Aktionäre freisetzen ließe. Schon die Ankündigung eines Spin-off oder einer Rekapitalisierung kann eine Aktie steigen lassen, denn Anleger nehmen dann vorweg, dass eine Quelle versteckten Werts bald für den Gesamtmarkt erkennbar wird. Wenn wir Unternehmen identifizieren können, bei denen mit hoher Wahrscheinlichkeit ein werthebendes strategisches Ereignis ansteht, lassen sich damit möglicherweise Renditen erzielen, die höher sind als bei bereits angekündigten oder abgeschlossenen Sondersituationen.

Die Suche nach Unternehmen, von denen die Ankündigung eines strategischen Ereignisses zu erwarten ist, führt uns zurück zu unterbewerteten Unternehmen. Denn nur die verfügen über versteckte Werte, die es herauszustellen gilt – wobei dies natürlich nicht bei jedem unterbewerteten Unternehmen der Fall ist. Manchmal ist der Wert auch für jedermann leicht erkennbar, aber trotzdem weigern sich die meisten Anleger, ihn wahrzunehmen. In anderen Fällen kann sich ein überbewertetes Unternehmen entschieden haben, einen nicht zum Kerngeschäft zählenden Bereich abzuspalten. Auch das kann eine interessante Gelegenheit sein – nicht unbedingt für einen Einstieg bei der teuren Muttergesellschaft, aber für eine Investition in ihr Spin-off. Bei meinen eigenen quantitativen Suchen nach Unternehmen, die vielleicht eine Möglichkeit haben, versteckte Werte erkennbar zu machen, konzentriere ich mich auf aus der Bilanz ablesbare Werte, nicht auf solche, die von der Ertragskraft abhängen. Denn Vermögenswerte in der Bilanz lassen sich mit einem mechanischen Filter leichter identifizieren und bei ihnen gibt es auch weniger zu diskutieren als bei eher immateriellen Faktoren.

In den regelmäßigen Ausgaben von *The Manual of Ideas* stellen wir jeweils zehn quantitative Filter vor. Der Schwerpunkt dabei liegt auf Unternehmen mit einer großen Nettobasis an liquiden Aktiva im Verhältnis zu ihrem Börsenwert. Für solche Unternehmen existieren meist mehrere erkennbare Wege zur Schaffung von Wert; beispielsweise könnten sie liquide Aktiva nutzen, um Aktien zurückzukaufen oder eine Sonderdividende zu zahlen, sich selbst verkaufen oder eine Liquidation einleiten. Aus irgendwelchen Gründen hat ihr Management die nötigen Maßnahmen jedoch noch nicht ergriffen – ansonsten wäre der Aktienkurs in manchen Fällen deutlich höher. Als Folge davon können Sondersituationen hauptsächlich durch Druck von Anlegern oder ein nicht abgestimmtes Übernahmeangebot von einem Konkurrenten oder einem Finanzinvestor entstehen. Um meine Suche auf Aktien zu fokussieren, bei denen strategische Maßnahmen grundsätzlich möglich sind, schließe ich deshalb Unternehmen aus, bei denen das Management de facto eine Kontrollmehrheit hat – ob über eine hohe Direktbeteiligung, eine spezielle Aktienklasse mit mehr Stimmrechten oder Abwehrtaktiken wie Giftpillen oder gestaffelte Amtszeiten der Board-Mitglieder.

Bei Sondersituationen die richtigen Fragen stellen

Üblicherweise wirft jede ereignisgetriebene Anlagechance eine Reihe von situationsspezifischen Fragen auf. Über ihre Beantwortung lässt sich der Charakter der jeweiligen Situation besser verstehen, sodass die wichtigsten Werttreiber erkennbar werden. Wenn die gefunden sind, kann man im nächsten Schritt versuchen, ihre Bedeutung für die Entstehung von Wert abzuschätzen, sodass eine gut informierte Basis für eine Anlageentscheidung entsteht.

Welches sind die Ursachen für mögliche Ineffizienzen?

Die Gründe für eine Unterbewertung haben manchmal wenig mit den fundamentalen Argumenten für eine bestimmte Investition zu tun. In diesem Zusammenhang ist es hilfreich, herauszufinden, warum eine Aktie zu einem Kurs deutlich unterhalb ihres inneren Werts gehandelt wird. Wenn sich keine Ursachen für die Preisineffizienz erkennen lassen, steigt die Wahrscheinlichkeit, dass wir bei unserer Wertabschätzung etwas übersehen oder Fehler gemacht haben. Wenn sich dagegen ein nicht fundamentaler Grund für die niedrige Bewertung einer Aktie findet, kann man zuversichtlicher sein, dass die eigene, vom Börsenpreis abweichende Schätzung korrekt ist. Ich selbst informiere mich deshalb gern darüber, wie eine bestimmte Sondersituation entstanden ist und was die Entwicklung von Angebot und Nachfrage in der entsprechenden Aktie beeinflusst.

In Bezug auf Spin-offs gilt mittlerweile als nahezu ausgemacht, dass Ineffizienzen wahrscheinlicher sind, wenn die abzuspaltende Einheit deutlich kleiner ist als das verbleibende Unternehmen. In solchen Fällen kann das Spin-off, gemessen am Börsenwert der Muttergesellschaft, so klein sein, dass die Anleger, die seine Aktien erhalten, sie schnell wieder verkaufen – nur aus dem fundamental nicht gerechtfertigten Grund, dass ihr Volumen zu gering wäre, um Bedeutung für das Gesamtportfolio zu haben. Durch solche willkürlichen Verkäufe kann der Kurs unter Druck kommen. Für Anleger, die bereit sind, den Wert der abgespaltenen Gesellschaft zu ermitteln und die Aktien in ihr Portfolio aufzunehmen, können sich so Gelegenheiten ergeben.

Leider aber kommt es auch hier vor, dass Faktoren, die in der Vergangenheit interessante unterbewertete Sondersituationen entstehen ließen, in der Zukunft keine große Bedeutung mehr haben. De facto kann die schiere Tatsache, dass es eine bestimmte Ineffizienz einmal gegeben hat, dazu führen, dass diese Ineffizienz verschwindet, nachdem sie vom Markt erkannt wurde. So hat die Erkenntnis, dass kleine Spin-offs von großen Fonds manchmal sofort abgestoßen werden, vielleicht dafür gesorgt, dass sich manche Anleger auf genau solche Spin-offs konzentrieren. Dadurch steigt das Interesse an derartigen Aktien, sodass sich das Verhältnis von

Angebot und Nachfrage so verändern kann, dass die Ineffizienz aufgelöst wird. Wenn die Anleger dabei nicht einmal erkennen, dass ihre Erfolgschancen durch den Zustrom ähnlich agierender Marktteilnehmer geschmälert wurden, kann es sogar noch schlimmer kommen: Im Extremfall wird so aus einer frühen attraktiven Art von Sondersituation eine, die nur noch unterdurchschnittliche Performance verspricht. Beispielsweise dürften sich die Chancen, von Spin-offs zu profitieren, seit der Veröffentlichung von Greenblatts *You Can Be a Stock Market Genius* etwas verringert haben.

Im Fall von Preisineffizienzen bietet sich eine zweistufige Analyse an. Als Erstes beschäftige ich mich mit den allgemeinen Treibern für Ineffizienz in der jeweiligen Situation. Laut dem Value-Anleger Christopher Detweiler könnte eine Ursache für potenzielle Ineffizienzen bei der Kursbildung von südkoreanischen Vorzugsaktien Anfang 2013 ihr geringes Handelsvolumen gewesen sein: Je geringer das Handelsvolumen, desto weniger Anleger interessieren sich für Vorzugsaktien und desto größer wird die Diskrepanz bei den Kursen von Stamm- und Vorzugsaktien. Es entsteht also ein sich selbst verstärkender Kreislauf, der so lange anhält, bis die relative Unterbewertung so groß geworden ist, dass sie einen Zustrom von Value-Anlegern auslöst. Im Fall von Spin-offs zählen zu den möglichen allgemeinen Ursachen für Ineffizienzen: Informationsdefizite bis zur tatsächlichen Börsennotierung, Mangel an historischen Berichten über die Finanzentwicklung und verschiedene Faktoren, die dafür sorgen, dass Anleger aus nicht fundamentalen Überlegungen heraus handeln.

In der zweiten Stufe analysiere ich dann aktienspezifische Ursachen für mögliche Ineffizienzen. Je spezieller diese Faktoren sind, desto höher ist die Wahrscheinlichkeit, dass tatsächlich Ineffizienzen vorliegen. Allgemeine Ursachen sind mittlerweile vielleicht so weithin bekannt, dass sie kaum noch Bedeutung haben – es sei denn, es geht um eine ganz neue Kategorie von Sondersituationen oder um eine, die Anleger bislang wenig interessiert. Im Fall von Spin-offs zählen zu den aktienspezifischen Überlegungen die Größe der abgespaltenen Einheit relativ zur Muttergesellschaft, Unterschiede bei der Branchenzugehörigkeit von Spin-off und Mutter sowie Unterschiede bei wichtigen Aspekten von Geschäftsmodell und Bewertung. Sehr interessant kann außerdem sein, wenn ein großer

Aktionär der Muttergesellschaft zu erkennen ist, der die Aktien des Spin-off aus nicht fundamentalen Gründen verkaufen dürfte: In solchen Fällen lässt sich unter Umständen ein Sinken des Aktienkurses vorwegnehmen oder erklären. Ähnlich kann es aussehen, wenn der Eindruck entsteht, dass das Management der abgespaltenen Einheit dem Markt mit Absicht nur wenige Informationen zur Verfügung stellt: Der Grund dafür kann sein, dass der Kurs niedrig bleiben soll, bis die Führungskräfte ihre Aktienoptionen ausgeübt haben. Auch das ist eine gute Erklärung für einen ineffizient niedrigen Aktienkurs.

Wie groß ist die Sicherheitsmarge?

Üblicherweise steht im Zentrum meiner Aktienanalysen, auch bei Sondersituationen, die Differenz zwischen innerem Wert und Börsenkurs. Allgemein gilt: Je höher der Abschlag zum inneren Wert, desto größer ist auch die Sicherheitsmarge. Im Fall von hoch verschuldeten Unternehmen kann die jedoch schnell schwinden, weil sich Veränderungen beim Wert des Unternehmens oder der Aktiva in seiner Bilanz hier überproportional auf den fairen Wert der Aktien auswirken. Eine ähnliche Dynamik ist bei Unternehmen mit niedrigen Margen möglich: Eine relativ kleine Verringerung der absoluten Marge kann bei ihnen einen deutlichen Rückgang von Gewinn und Eigenkapitalwert bedeuten. Und auch wenn ein großer Anteil des Werts eines Unternehmens von nur einem großen Kunden oder einer Aufsichtsbehörde abhängt, kann eine scheinbar komfortable Sicherheitsmarge verschwinden, wenn negative externe Ereignisse eintreten.

Jede Art von Sondersituation kann jeweils eigene Ansätze für die Wertbestimmung erfordern. Stets aber sollte man dabei den Grundsatz »Denken wie ein Eigentümer« beachten. Auf diese Weise müssen wir uns weniger Gedanken darüber machen, in welche Kategorie eine bestimmte Situation einzuordnen ist, und können uns stattdessen darauf konzentrieren, was wir für das investierte Geld zurückbekommen dürften. Dieser Ansatz hat erhebliche Vorteile, nicht zuletzt, weil sich viele Sondersituationen ohnehin nicht sauber einordnen lassen. Wenn wir sie trotzdem in eine bestimmte Kategorie zwängen, um den dafür passenden Bewertungsprozess anwenden zu können, kommt es vielleicht zu Fehlurteilen bei der Wertbestimmung mancher Komponenten.

Leicht zu beantworten ist bei einer von allgemeinen Grundsätzen geleiteten Analyse die Frage, wie viel Geld wir in die jeweilige Aktie investieren würden und zu welchem Zeitpunkt. Zu klären bleibt damit noch, was wir zurückbekommen dürften und, soweit das vernünftig abzuschätzen ist, *wann* das der Fall sein wird. Die für die Zukunft erwarteten Einnahmen haben meist die Form von Barzahlungen in der eigenen Währung oder Devisen. Wert kann Anlegern aber auch in Form von Wertpapieren oder, seltener, anderen Aktiva übertragen werden.

Im Fall eines angekündigten, aber noch nicht vollzogenen Spin-off würden wir also vielleicht Geld für eine Aktie der Muttergesellschaft investieren. Im Gegenzug erhalten wir das Eigentum an dieser Aktie und einen gewissen Anteil an der abzuspaltenden Einheit. Um den Wert dieser Gegenleistungen zu ermitteln, kann man den geschätzten Wert der Aktie der Muttergesellschaft nach erfolgter Abspaltung nehmen und den erwarteten Wert des Anteils am Spin-off hinzuaddieren. Zunächst ermitteln wir also getrennt voneinander den Wert von Muttergesellschaft und Spin-off. Der Gesamtwert unserer Aktie entspricht dann diesen beiden Werten, jeweils multipliziert mit der Höhe unseres Anteils.

Hilfreich dabei ist, den für den Anleger entstehenden Wert auf bestimmte Zeitpunkte bezogen zu betrachten. Wenn es nur um den heutigen Wert ginge, könnten wir schlicht die Muttergesellschaft in ihrer aktuellen Form analysieren, also einschließlich der abzuspaltenden Einheit. Wenn wir dagegen den Wert unmittelbar nach dem Abschluss der Abspaltung wissen wollen, müssen wir die beiden Gesellschaften einzeln analysieren; wichtig dabei ist, darauf zu achten, dass man den Wert des Spin-off nicht doppelt zählt, indem man dessen Finanzdaten auch bei der Bewertung der Muttergesellschaft miteinfließen lässt. Bei der Investition in ein Unternehmen vor einem geplanten Spin-off ist es wohl tatsächlich am sinnvollsten, für die Analyse ein Datum nach dem Abschluss der Abspaltung anzunehmen. Denn als Begründung für ein Spin-off wird meist unter anderem angeführt, dass die beiden Gesellschaften nach sehr unterschiedlichen Parametern zu bewerten sind.

Wie sieht der Weg zur Wertschaffung aus?

Der zeitliche Verlauf spielt bei Sondersituationen wie erwähnt eine große Rolle für die Ermittlung der erwarteten annualisierten Rendite. Aus diesem Grund sollte man sich auch mit den einzelnen Schritten vertraut machen, die auf dem Weg zur Realisierung des Wertes zu gehen sind. Selbst bei abgeschlossenen Ereignissen kann das Timing für die Analyse noch bedeutsam sein. Wenn man zum Beispiel davon ausgeht, dass sich Spinoffs in ihrem ersten Jahr an der Börse tendenziell unterdurchschnittlich entwickeln, weil die Aktionäre der Muttergesellschaft bei ihnen aussteigen, kann man den Tag des Abspaltungsvollzugs als Faktor für das Timing des eigenen Einstiegs nutzen. Bei Situationen mit eher geringer erwarteter absoluter Rendite nimmt die Bedeutung des richtigen Timings zu: Wenn sich ein Prozess länger hinzieht als erwartet, kann die annualisierte Rendite in solchen Fällen so sehr abnehmen, dass sich die Investition nach einer Risiko-Rendite-Abwägung nicht mehr lohnt.

Ein weiterer Grund dafür, auch dem Weg zur Wertschaffung Aufmerksamkeit zu widmen, hat weniger mit Timing-Fragen zu tun als damit, dass sich dadurch nützliche Überprüfungsmöglichkeiten ergeben. Zum Beispiel wenn wir in eine notleidende Aktie investieren, weil wir davon ausgehen, dass sich die Bilanz mit Verkäufen von Aktiva so stärken lässt, dass eine Verwässerung unnötig ist: In solchen Fällen kann es helfen, den Fortschritt der Aktiva-Verkäufe im Vergleich zu unseren Erwartungen im Auge zu behalten. Wenn solche Verkäufe abgeschlossen sein müssen, bevor mögliche Kreditbedingungen verletzt oder Rückzahlungen fällig werden, können Verzögerungen große Bedeutung für die Anlagethese haben. Indem man sich eine klare Vorstellung von den Meilensteinen auf dem Weg zur Wertschaffung macht, vermeidet man Situationen, in denen Hoffnungen schwerer wiegen als die Realität. Wird bei einer ereignisgetriebenen Investition ein wichtiger Meilenstein verpasst, kann man möglicherweise immer noch rechtzeitig ohne großen Verlust aussteigen. Das gilt insbesondere dann, wenn man die Meilensteine selbst herausgearbeitet hat, anstatt sich auf die Mehrheitsmeinung am Markt zu verlassen.

Bei der Beschäftigung mit der Frage, wie sich eine ereignisgetriebene Investition entwickeln könnte, ist es zudem hilfreich, sich die Anreize für die wichtigsten Beteiligten anzusehen. Dies gilt ganz besonders für komplexe Situationen, bei denen unterschiedliche Szenarien plausibel und potenziell widersprüchliche Interessen im Spiel sind. Bei Unternehmen mit Rekapitalisierungsbedarf zum Beispiel kann man unmöglich Wahrscheinlichkeiten und Einzelergebnisse für unterschiedliche Szenarien abschätzen, ohne auf die betroffenen Interessen zu achten. Ein Vorstandschef, der ein großes Aktienpaket seines Unternehmens besitzt, wird zum Beispiel erst alle anderen Optionen nutzen, bevor er sich auf eine erhebliche Verwässerung oder gar eine Vernichtung des Eigenkapitals einlässt.

Die wichtigsten Hürden bis zum Abschluss einer Sondersituation spielen bei meinen Analysen ebenfalls eine bedeutende Rolle. Immer wenn eine dieser Hürden genommen ist, überarbeite ich die Wahrscheinlichkeiten und Einzelergebnisse für den weiteren Weg; oft ist bis dahin schon ein gewisser Wert aufgelaufen, auch wenn der endgültige Abschluss noch aussteht. Bei manchen Fusionsvorhaben zum Beispiel beseitigt der Ablauf der Einspruchsfrist für die Aufsichtsbehörden die letzte große Hürde für das Gelingen der Transaktion. Als Folge davon kann sich die Spanne für Risiko-Arbitragegeschäfte deutlich verringern. Bei anderen Arten von ereignisgetriebenen Investitionen gibt es wieder eigene Hürden. Dabei gilt: Je gravierender der Markt diese Hürden bewertet, desto höher ist tendenziell die Belohnung für Anleger, denen es gelingt, die Wahrscheinlichkeiten für das Überwinden dieser Hürden korrekt einzuschätzen.

Zusammenfassung

Die zehn wichtigsten Punkte aus diesem Kapitel

1. Zu Sondersituationen zählen alle Aktien, deren kurz- und mittelfristige Performance weitgehend unabhängig von der Entwicklung des Gesamtmarktes sein dürfte.
2. Der Zustrom an neuem Talent und Kapital hat manche bis dahin verborgene Möglichkeiten für Geldanlage in Sondersituationen ausgesprochen populär gemacht, sodass die zu erwartenden Renditen sinken.

3. Je versteckter eine Marktnische, desto höher ist die Wahrscheinlichkeit, dass sorgfältig arbeitende Anleger in diesem Bereich überdurchschnittliche Renditen erzielen können.
4. Bei Märkten mit Informationsineffizienzen kann es sich auszahlen, sich die Mühe zu machen, aktuelle, korrekte und relevante Informationen selbst zusammenzutragen.
5. Analyseineffizienzen können für überdurchschnittliche Renditen bei Sondersituationen eine noch größere Rolle spielen. Informationen sind für Anleger, die danach zu suchen bereit sind, meist erhältlich. Viele Marktteilnehmer scheitern jedoch an den Hürden für deren Analyse.
6. Anders als ihre grundlegenden Gesetze müssen die Regeln der Geldanlage manchmal gebrochen werden, wenn man herausragende Ergebnisse erzielen möchte. Mit Regeln sind in diesem Zusammenhang auch die Finanzformeln gemeint, die wir vor langer Zeit auswendig gelernt haben.
7. Manche Erkenntnisse lassen sich nur dann gewinnen, wenn man den Erkenntnisprozess früh genug beginnt – um neue Informationen lässt er sich später immer noch ergänzen. Wer den Anfang zu lange hinausschiebt, verzichtet auf einen Teil seines Potenzials.
8. Sondersituationen gehören zu den wenigen Gebieten der Geldanlage, in denen es sinnvoll ist, der zeitabhängigen Komponente der annualisierten Rendite mindestens so viel Aufmerksamkeit zu widmen wie der zu erwartenden absoluten Rendite.
9. In Sondersituationen wird die Kernbedeutung von Wert ersichtlich. Bei einer Liquidation hängt er ausschließlich davon ab, wann und wie viel Geld wir im Austausch für eine heutige Investition erhalten werden. Wenn kein Restwert anzusetzen ist, können wir unsere Anlagethesen nicht auf Vermutungen darüber stützen, wie viel andere Anleger für ein Unternehmen zu zahlen bereit sind.
10. Falls sich keine Ursachen für Preisineffizienzen identifizieren lassen, steigt die Wahrscheinlichkeit, dass es Lücken oder Fehler in der eigenen Wertermittlung gibt. Wenn dagegen ein nicht fundamentaler Faktor zu erkennen ist, der eine niedrige Bewertung erklärt, kann man einer vom Marktpreis abweichenden eigenen Wertabschätzung eher vertrauen.

Kapitel 9: Abriss-Aktien

Investieren (oder spekulieren?) mit hoch verschuldeten Unternehmen

> Wenn Sie schon einmal Ihren Einsatz mit irgendetwas verzehnfacht haben, wissen Sie, dass dadurch bestimmte chemische Stoffe im Körper ausgeschüttet werden – und Sie wollen, dass das noch mal passiert.
>
> Bill Browder

Seien Sie vorsichtig. Dies ist vielleicht der einzig vernünftige Ratschlag für Anleger, die in hoch verschuldete Unternehmen investieren wollen. Tim McElvaine etwa warnt in diesem Zusammenhang: »Der größte Fehler, den ich je gemacht habe, war, dass ich Unternehmen mit zu hohem Verschuldungsgrad im Portfolio hatte.«[131] Oder Jake Rosser: »Ob AIG oder Long-Term Capital Management – die meisten der größten Fälle von Kapitalvernichtung hatten mit Verschuldung zu tun. Wenn man verschuldet ist, hat man das eigene Schicksal nicht mehr in der Hand. Bei Verschuldung sind extreme Ergebnisse möglich: von enormen Gewinnen am einen Pol bis zu dauerhaftem Kapitalverlust am anderen.«[132]

Wenn Sie in Abriss-Aktien investieren, kann das sowohl Ihrem Portfolio als auch Ihrem Selbstvertrauen schaden. Trotzdem lässt sich natürlich auch in diesem Teil des Universums börsennotierter Unternehmen Geld verdienen. Gut ausgewählt, können Abriss-Aktien die lukrativsten Komponenten eines Portfolios sein. Tabelle 9.1 zeigt die Auswirkungen unterschiedlicher Verschuldungsgrade in einer Unternehmensbilanz auf die Rendite für Aktionäre. Szenario 1 geht davon aus, dass die Marktbewertung für den Unternehmenswert um 50 Prozent zunimmt, bei Szenario 2 sinkt er um 20 Prozent. Diese Veränderungen haben, wenn ein Unternehmen mit Verschuldung arbeitet, überproportionale Auswirkungen auf den Wert des Eigenkapitals, also seiner Aktien.

Der Ausdruck *Abriss-Aktien* (Equity Stubs) lässt den Charakter von Anlagemöglichkeiten in dieser Kategorie schon sehr gut erkennen. Abgeleitet ist er von Eintrittskarten für Konzerte oder Sportereignisse: Hier nehmen Ordner die Tickets entgegen und reißen – wenn kein Barcode darauf ist, der nur gescannt werden muss – einen Teil davon ab. Dem Besucher bleibt als kleine Erinnerung nur der Rest der Karte, der in englischsprachigen Ländern als *stub* bezeichnet wird. Wenn wir die gesamte Kapitalstruktur eines Unternehmen als die Eintrittskarte ansehen, lässt sich sein Eigenkapital als dieser Rest verstehen. Bei moderater Verschuldung ist er relativ groß, sodass die Abriss-Analogie eher unpassend ist. Bei massiver Verschuldung aber macht der Aktienanteil tatsächlich nur einen kleinen Teil der Gesamtfinanzierung aus, hier passt die Analogie also sehr gut. Bis zu welchem Eigenkapitalanteil noch von einem Abriss gesprochen werden kann, dafür gibt es keine festen Grenzen. Stattdessen kann jeder Anleger selbst entscheiden, ab welchem Verschuldungsgrad er das Eigenkapital eines Unternehmens als bloßen Rest ansieht.

	Mit Verschuldung	Ohne Verschuldung	Mit Nettobarbestand
Anfänglicher Unternehmenswert am Markt	100	100	100
Nettobarbestand/ Verschuldung)	–80	0	80
Anfänglicher Wert des Eigenkapitals am Markt	20	100	180
Szenario 1: Die Kraft der Verschuldung			
Anschließender Unternehmenswert am Markt	150	150	150
Nettobarbestand/ Verschuldung	–80	0	80
Anschließender Wert des Eigenkapitals am Markt	70	150	230
Veränderung des Unternehmenswerts	50%	50%	50%
Rendite für Aktionäre	250%	50%	28%
Szenario 2: Die Gefahren der Verschuldung			
Anschließender Unternehmenswert am Markt	80	80	80
Nettobarbestand/ Verschuldung	–80	0	80
Anschließender Wert des Eigenkapitals am Markt	0	80	160
Veränderung des Unternehmenswerts	–20%	–20%	–20%
Rendite für Aktionäre	–100%	–20%	–11%

Tabelle 9.1: Chancen und Risiken bei hoch verschuldeten Unternehmen

Wie der Ansatz funktioniert

Eindeutige Belege dafür, dass passives Investieren in Abriss-Aktien funktioniert, sind mir noch nicht begegnet. Die berühmte Zeitreihenstudie von Fama und French hat gezeigt, dass Aktien mit geringem Kurs-Buchwert-Verhältnis andere über lange Zeiträume hinter sich ließen. Abriss-Aktien fallen überproportional häufig in diese Kategorie, weil ihre Bewertung aufgrund vermuteter Notlagen sehr niedrig sein kann. Trotzdem enthalten die Daten von French und Fama die gesamte Bandbreite an Verschuldungsgraden, sodass sie Aussagen speziell über Abriss-Aktien nicht zulassen.

David Swensen, Chief Investment Officer der Yale University, hat überzeugend erklärt: Aktives Management lohnt sich am stärksten in Assetklassen, innerhalb deren ein großer Unterschied zwischen der Wertentwicklung im obersten und im untersten Quartil besteht. Bei Staatsanleihen war dieser Unterschied schon immer gering, während er bei Wagniskapital besonders groß ist. Eine Wagniskapitalfirma der zweiten Reihe dürfte also eher wenig Wert für ihre Anleger schaffen, während Andreessen Horowitz, ein früher Investor unter anderem bei Twitter, gute Chancen auf eine überdurchschnittliche Rendite bietet. Allerdings hat auch Swensen in seiner Analyse Abriss-Aktien nicht als eigene Assetklasse untersucht. Hätte er es doch getan, hätte sich wahrscheinlich eine breite Streuung der Renditen gezeigt.

Die Renditen von passiver, also breit gestreuter Geldanlage in verschuldete Unternehmen sagen vermutlich wenig über die grundsätzlichen Vorteile dieses Ansatzes aus. Entscheidend scheint mir in diesem Zusammenhang eher die mit großer Wahrscheinlichkeit hohe Streuung der Renditen. Man kann auf diesem Gebiet spektakulär Erfolg haben oder fulminant scheitern und die für diesen Unterschied verantwortlichen Faktoren sind nur zum Teil bekannt. Niemand hat diesen Ansatz bislang perfekt in den Griff bekommen – andernfalls würde diese Person rasch die verschiedenen *Forbes*-Reichenlisten erklimmen. Andererseits braucht man auch keine herausragende Trefferquote, um mit Abriss-Aktien insgesamt ordentliche, wenn auch unregelmäßige Renditen zu erzielen. Auf jeden Fall spricht die große Bandbreite möglicher Ergebnisse dafür, dass wagemutige Anleger die intellektuellen Herausforderungen in diesem Bereich durchaus zu akzeptieren bereit sind.

Zu der Frage, was Abriss-Anleger des obersten Performancequartils von solchen im untersten unterscheidet, hat sich Michael Mauboussin geäußert: »Erstens konzentrieren sie sich auf den Prozess, nicht auf Ergebnisse. Mit anderen Worten: Sie treffen die auf Grundlage der verfügbaren Informationen bestmöglichen Entscheidungen und schauen dann nur noch, was passiert. Zweitens achten sie darauf, möglichst immer überdurchschnittliche Erfolgschancen zu haben. Und drittens verstehen sie die Bedeutung des Faktors Zeit. Man kann eine Weile das Richtige tun, ohne dass sich das auszahlt. Man muss sein Geld deshalb so verwalten, dass man eine Zukunft – also Optionen auf spätere Engagements – behält und eine langfristige Perspektive einnehmen kann.«[133]

Gerade in diesem Bereich ist es sinnvoll, mit einer minimalen Kapitalallokation zu beginnen – oder auch mit einem Übungsportfolio ganz ohne echtes Geld. Sollten Sie mit der Zeit zu dem Schluss kommen, dass Sie bei der Beurteilung von hoch verschuldeten Unternehmen offenbar überdurchschnittlich gut sind, können Sie Ihren Einsatz immer noch erhöhen. In diesem Kapitel finden Sie eine Reihe von Beobachtungen zu diesem Thema, die hauptsächlich aus meiner Arbeit an den regelmäßigen Ausgaben von *The Manual of Ideas* stammen.

Investieren in Abriss-Aktien: Richtiges Vorgehen und häufige Fehler

Die Bedeutung von gutem Urteilsvermögen in diesem Bereich lässt sich kaum überschätzen. Selbst wenn alle Anleger umfassende Daten über Abriss-Aktien besäßen, würden sich ihre Anlageentscheidungen – und damit auch ihre Ergebnisse – deutlich voneinander unterscheiden. Das Wort *Urteilsvermögen* benutze ich in diesem Zusammenhang, um klarzumachen, dass es hier kein konkretes Erfolgsrezept gibt. George Soros hat einmal erklärt, er investiere stets auf der Basis von eigenen Hypothesen über Märkte oder einzelne Papiere. Diese Hypothesen überprüfe er ständig anhand der Realität auf dem Markt, sodass er mit der Zeit einen Prozess für bessere Hypothesen und die Verfeinerung seines Urteilsvermögens entwickeln konnte. Tatsächlich scheint ein ähnlich schrittweises Vorgehen bei Abriss-Aktien fast zwingend zu sein. Dazu James Montier:

> *Je länger ich in dieser Branche arbeite, desto klarer wird mir, dass gesunder Menschenverstand bei der Geldanlage gar nicht so häufig anzutreffen ist. Gutes Urteilsvermögen scheint sich erst mit zunehmender Erfahrung zu entwickeln. Stefan Nagel und Robin Greenwood haben eine hochinteressante Forschungsarbeit zu diesem Thema veröffentlicht. Demnach wurde die Blase bei Technologieaktien vor allem von jüngeren Fondsmanager verursacht, während ihre erfahrenen Kollegen deutlich skeptischer waren. Menschen scheinen erst dann zu lernen, wenn sie einen Fehler selbst gemacht und als solchen erkannt haben.*[134]

Verzerrungen ausschalten

Wenn sich eine Beurteilung als korrekt herausgestellt hat, sollte man sehr darauf achten, nicht euphorisch zu werden – die Gewinne bei Abriss-Aktien können auf erfolgreiche Anleger durchaus berauschend wirken. Dazu eine Warnung von Mark O'Friel: »Studien zeigen, dass der größte Fehler in Selbstüberschätzung liegt. Geldanlage ist eine schwierige Angelegenheit, die Kompetenz, harte Arbeit und Glück gleichermaßen erfordert. Ein Anleger, der jeden Erfolg seinen eigenen Fähigkeiten zuschreibt, läuft Gefahr, sich zu übernehmen.«[135] Ähnlich äußert sich James Montier:

> *Die beste Faustregel lautet: Wenn Sie an sich selbst glauben, überschätzen Sie sich wahrscheinlich schon. Ich diskutiere mit einem meiner Kollegen immer wieder darüber. Er glaubt fest daran, dass man seinen eigenen Ideen vertrauen sollte. Ich dagegen bin in dieser Hinsicht viel skeptischer, denn die Belege sind eindeutig: Wir Menschen überschätzen uns massiv selbst, also erscheint es mir sinnvoll, eher zu vorsichtig zu sein. Geldanlage ist eine Wanderung auf einem schmalen Grat zwischen Demut und Arroganz. Man braucht eine gewisse Arroganz, um Positionen einzugehen, die allen anderen zuwiderlaufen. Zugleich aber muss*

man bescheiden genug bleiben, um immer weiter nach Anzeichen dafür zu suchen, dass man mit seiner Arroganz falschliegt.[136]

Michael Mauboussin, Chief Investment Strategist bei Legg Mason Capital Management und Chairman des Santa Fe Institute, rät in diesem Zusammenhang: Wir sollten »die Disziplin bewahren, jede Situation nach Wahrscheinlichkeiten zu bewerten und ein Anlagetagebuch zu führen, damit man das eigene Denken nachvollziehen und sich selbst ein ehrliches Feedback geben kann«.[137] Wer nicht nur seine Anlagehypothesen festhält, sondern auch deren Ergebnisse, dem dürfte bald klar werden, dass es lange Zeit dauert, bis man mit einiger Gewissheit Schlussfolgerungen aus diesen Daten ziehen kann. Bei hoch verschuldeten Unternehmen ist der Gewinn im Erfolgsfall überproportional hoch, sodass eine Erfolgswahrscheinlichkeit von deutlich unter 50 Prozent bei jedem Einzelfall ausreichen kann. Doch eine geringe Trefferquote bedeutet, dass mehr Fälle gebraucht werden, bis sich die Erfolgswahrscheinlichkeit im Voraus abschätzen lässt.

Eine Analyse der Wahrscheinlichkeiten für die unterschiedlichen möglichen Ergebnisse berührt die Frage von Risiken relativ zu den Chancen – eine Überlegung, die das Zentrum jeder Anlageentscheidung bilden sollte. In diesem Zusammenhang beklagt Nick Kirrage, Manager beim Schroders-Fonds Specialist Value UK Equities: Viele Anleger seien »entweder sehr auf Risiko oder sehr auf Chancen fokussiert. Für uns ist das ein wenig, als würden sie unsere Kompetenz gar nicht nutzen wollen. Wenn ich einen Kunden frage, ob er im Bankenbereich investiert, bekomme ich als Antwort: ›Nein, das ist mir zu riskant.‹ Dabei ist doch viel wichtiger, bei welchem Kurs man eine ausreichende Entlohnung für das Risiko bekommt. Oder es heißt: ›Diese Aktie ist sehr interessant, sie hat 300 Prozent Aufwärtspotenzial.‹ Das ist schön und gut, aber wie viel Risiko muss man dafür in Kauf nehmen? Genau in solchen Fragen liegt unsere Kernaufgabe. Wir arbeiten uns ständig durch die Depots unserer Kunden und versuchen zu quantifizieren, welche Risiken und Chancen darin zu finden sind.«[138]

Nehmen wir den Fall einer Fluggesellschaft, von der eine Insolvenzanmeldung erwartet wird. »Diese Airline geht pleite und die Aktionäre werden alles verlieren. Ich will diese Aktie nicht haben«, werden dann viele sagen. Aufgeklärtere Anleger aber werden eher so überlegen: »Es gibt eine 90-prozentige Wahrscheinlichkeit, dass die Airline pleitegeht und die Aktie wertlos wird. Wenn das nicht passiert, könnte die Aktie allerdings mindestens 10 Dollar wert sein.« Wenn die Aktie zu deutlich unter 1 Dollar gekauft werden kann, kann sich das also lohnen, selbst wenn man eine Insolvenz für wahrscheinlich hält. Wenn es dann tatsächlich zur Pleite kommt, heißt das nicht, dass es ein Fehler war, eine kleine Summe in die Aktie investiert zu haben. Der frühere US-Finanzminister und Goldman-Sachs-Manager Robert Rubin bestätigt aus seiner Zeit im Arbitrage-Team der Bank: »Selbst ein hoher und schmerzhafter Verlust musste nicht bedeuten, dass wir etwas falsch beurteilt hatten.«[139] Denn ob jemand Wahrscheinlichkeiten und Gewinnchancen gut einschätzen kann, lässt sich keineswegs nur anhand eines solchen Einzelfalls beurteilen: Man braucht dafür einige Dutzend oder sogar Hunderte von ähnlichen Situationen. Und selbst dann kann es noch schwierig sein, Fähigkeiten bei der Bestimmung von Wahrscheinlichkeiten richtig einzuschätzen.

Hilfreich ist auf jeden Fall, die eigenen Anlagehypothesen auf Papier festzuhalten – und sie dann mit der Zeit zu überprüfen und zu überarbeiten. Bei hoch verschuldeten Unternehmen ist Erfahrung einer der wichtigsten Vorteile – wenn man sie richtig einsetzt. Diese Einschränkung ist bedeutsam, denn es besteht auch die Gefahr, dass Anleger zu viel lernen. Keinesfalls sollten sie versuchen, eine Checkliste zu erarbeiten, mit der sich jeder Totalverlust ausschließen lässt, denn das würde zu viele Chancen kosten. Gebraucht wird stattdessen ein Ansatz, der die erwartete Gesamtrendite maximiert und zugleich verheerende Verluste auf Ebene des Gesamtportfolios verhindert, falls sich die eigene Beurteilung als falsch herausstellt oder man einfach Pech hatte.

Die Neigung von Anlegern, nur an das wahrscheinlichste Ergebnis zu denken statt an eine ganze Bandbreite von Möglichkeiten, stellt für den Erfolg beim Investieren in Aktien hoch verschuldeter Unternehmen eine bedeutende Hürde dar. Dazu noch einmal Mauboussin: »Der größte Fehler ist, nicht zwischen Fundamentaldaten und Erwartungen zu unterscheiden. Um eine Metapher aus dem Pferderennsport zu gebrauchen: Hier gewinnt man nur, wenn man eine Diskrepanz zwischen den

Chancen eines Pferdes und seinen Wettquoten entdeckt. Wichtig dabei ist, dass fast jeder der Meinung ist, ihm sei das gelungen. Dabei schaffen es in Wirklichkeit nur wenige.«[140] Wer also nur in Ideen investieren will, die auch in einem pessimistischen Szenario attraktiv erscheinen, für den ist bei Abriss-Aktien nicht viel zu holen. Stattdessen geht es darum, Situationen zu finden, die unter Berücksichtigung aller Szenarien insgesamt eine hohe Rendite erwarten lassen. Die Frage ist dann weniger, ob man hier investieren sollte, sondern wie viel. James Montier schließt sich dem an: »Es ist völlig legitim, eine Idee zunächst auszuschließen, aber dann zu dem Schluss zu kommen, dass sie ein gutes Risiko-Rendite-Profil aufweist, wenn man die Höhe der Investition angemessen wählt.«[141]

Massimo Fuggetta sieht das ähnlich:

> *Meine Grundüberlegung ist, dass Menschen dazu neigen, große Fehler bei der Abschätzung von Wahrscheinlichkeiten zu machen. Also suche ich nach Situationen, bei denen die Kurse in meinen Augen bestimmte Fehleinschätzungen von Wahrscheinlichkeit erkennen lassen, sodass die Chance besteht, dass der Markt sie irgendwann korrigiert. Tatsächlich halte ich dieses Prinzip für das Wesen von Value-Investing, das vielen unterschiedlichen »Strategien« zugrunde liegt. Der Markt sieht manchmal hohe Wahrscheinlichkeiten für Ereignisse oder Szenarien, die in Wirklichkeit unwahrscheinlich sind. Oder er sieht umgekehrt geringe Wahrscheinlichkeiten für in Wirklichkeit wahrscheinliche Entwicklungen. Das typische Beispiel dafür ist die Extrapolation von Trends aus der Vergangenheit. Natürlich gibt es auch das Problem, dass unwahrscheinliche Ereignisse doch eintreten können. Das zeigt die Finanzkrise nach der Pleite von Lehman Brothers: ein (meiner Meinung nach) hochgradig unwahrscheinliches Ereignis, das dann jedoch rasch unvermeidlich wurde.*[142]

Außerdem warnt Fuggetta vor der menschlichen Tendenz, »zu weit gehende Schlüsse auf der Grundlage von zu wenig Information zu ziehen«.[143]

Eine weitere Verzerrung mit negativen Auswirkungen auf den Erfolg von Anlegern im Bereich der Abriss-Aktien ist das Phänomen der Verlustaversion, das von den Sozialforschern Amos Tversky und Daniel Kahneman belegt wurde. Nach Studien zu diesem Thema freuen sich die meisten Menschen über finanzielle Gewinne weniger, als sie bei Verlusten an emotionalem Leid empfinden. Der Schmerz kann psychologisch sogar doppelt so mächtig sein, sodass viele Anlageentscheidungen systematisch in Richtung Verlustvermeidung verzerrt sind, auch wenn die nach Wahrscheinlichkeiten gewichtete Rendite überzeugend wäre. Wir sind daran gewöhnt, Versicherungspolicen zu kaufen, statt sie selbst auszustellen – nicht einmal für kleinere unabhängige Risiken, die für unsere Portfoliogröße angemessen wären. Risikoaversion ist im Bereich der Geldanlage rational, für Verlustaversion aber gilt das nicht. Wer hofft, mit Aktien hoch verschuldeter Unternehmen Erfolg zu haben, muss sie überwinden.

Wem gehören die Schulden?

Wenn man sich entschieden hat, sich in das tückische, aber potenziell lukrative Terrain der Abriss-Aktien vorzuwagen, ist eine der wichtigsten Fragen, wer die Gläubiger der hier zu findenden hoch verschuldeten Unternehmen sind. Häufig ist in Zusammenhang mit Schulden auch von festverzinslichen Papieren die Rede, eben weil Gläubigern hier eine feste Auszahlung versprochen wird: Meist erhalten sie regelmäßig Zinsen und am Ende der Laufzeit wird der Kreditbetrag zurückgezahlt. Von möglichen Wertsteigerungen profitieren nur die Aktionäre eines Unternehmens – die allerdings auch als Erste leiden, wenn es Probleme gibt.

Aus Sicht der Gläubiger kann es sehr angemessen erscheinen, wenn bei einem notleidenden Unternehmen zunächst das Eigenkapital vernichtet wird. Denn schließlich sind Chancen und Risiken zwischen ihnen und den Aktionären asymmetrisch verteilt: Wenn ein hoch verschuldetes Unternehmen scheitert, können sich Zins- und Tilgungszahlungen verzögern oder ausfallen; wenn es dagegen wieder auf die Beine kommt, haben die Gläubiger nicht mehr zu gewinnen als die vertragsgemäße Bedienung ihrer festen Ansprüche.

Viele institutionelle Gläubiger bleiben trotzdem in ihrer traditionellen Rolle und hoffen, dass die Aktionäre eine Möglichkeit finden werden, ihre Ansprüche zu befriedigen. Solche Gläubiger stimmen bei Problemen oft einer Verlängerung von Laufzeiten oder anderen Veränderungen zu, die dem Unternehmen die Chance geben, seine Schulden weiter zu bedienen. Viele Kreditbearbeiter in Banken und Manager von festverzinslichen Fonds würden vielleicht auch ihren Bonus verlieren, wenn ihre Gläubiger zahlungsunfähig werden.

Allerdings gibt es nicht bei allen Gläubigern solche Principal-Agent-Probleme und manche von ihnen sind sowohl raffiniert als auch recht aggressiv. Derartige Anleger begreifen Situationen, in denen ein hoch verschuldetes Unternehmen in eine Notlage gerät, nicht etwa als Unglück, sondern als Chance. Howard Marks, Chairman von Oaktree Capital Management, erklärt die Überlegungen dahinter:

> *Die Frage ist erstens, geht es um ein Unternehmen, das man gern kontrollieren würde? Zweitens: Können die Gläubiger bei diesem Unternehmen tatsächlich die Kontrolle übernehmen? Und dann drittens: Um welche Gläubiger geht es? Denn in den meisten Fällen gibt es bei Insolvenzen eine Wertpapierklasse, deren Ansprüche als Erste nicht mehr voll bedient werden. Wer voll bedient wird, bekommt das Geld. Die erste geschädigte Klasse bekommt dann vielleicht das Unternehmen und die weiter unter stehenden Klassen bekommen möglicherweise gar nichts. Also versuchen wir herauszufinden, wo die Übergänge liegen. Wir wollen wissen, welche Klasse die Kontrolle bekommen wird und wie viel sie diese Kontrolle kosten wird. Und wenn sich zu einem bestimmten Preis die Kontrolle übernehmen lässt, verspricht das dann eine erfolgreiche Investition? Dieses Feld ist sehr interessant – auch wenn es mehr bewegliche Teile hat, sodass auch mehr schiefgehen kann, und solche Investitionen naturgemäß wenig liquide sind. Ich würde hier eine Analogie wie zwischen Verabreden und Heiraten sehen: Als normaler Anleger in notleidenden Anleihen verabredet man sich nur. Wer aber dort aktiv ist, um die Kontrolle zu übernehmen, will heiraten. Er muss dann mit den Konsequenzen leben, guten wie schlechten, reich oder arm. Aber es sind gute Ergebnisse möglich.*[144]

Damit beschreibt Marks eine alternative Strategie für die Gläubiger von hoch verschuldeten Unternehmen. Für manche Anleger ist sie sogar viel mehr als eine Notoption für den Fall, dass eine festverzinsliche

Geldanlage Probleme macht: Sie suchen gezielt nach Möglichkeiten zur Kontrollübernahme bei Krisenunternehmen und kaufen nur dann Kreditpapiere, wenn es Chancen gibt, die Aktionäre herauszudrängen. Dieses Vorgehen kann sich für die Gläubiger sehr auszahlen.

Wenn Anleger eine Aktie als notleidend betrachten, kann deren Kurs so weit fallen, dass der Börsenwert des Unternehmens weit unter seinem wahrscheinlichen fairen Wert liegt. In diesem Fall würden Aktionäre sehr profitieren, wenn die Verschuldung des Unternehmens reduziert wird. Wenn allerdings vorher die Gläubiger die Kontrolle übernehmen, können sie ihnen das Unternehmen zu einem sehr günstigen Preis aus der Hand nehmen. Solche Geschäfte können dadurch noch attraktiver werden, dass im Vorfeld wahrscheinlich auch die Schulden zu einem Abschlag gegenüber ihrem Nennwert zu haben sind. Wer eine mögliche Investition in die Aktien durchrechnet, muss bei seinen Analysen davon ausgehen, dass die Schulden voll zurückgezahlt werden müssen. Für Anleger in festverzinsliche Wertpapiere dagegen, die mittels der Schulden die Kontrolle übernehmen wollen, ist die Hürde niedriger, weil sie das Fremdkapital günstig und das Eigenkapital fast kostenlos bekommen können.

Theoretisch bleiben selbst in einer Notsituation die Aktionäre am Ruder, denn wenn sie die Gläubiger auszahlen können, kann ihnen niemand ihr Eigentum streitig machen. Sieht ein großer Aktionär eine gute Investitionsmöglichkeit unter der Annahme voller Schuldentilgung, kann er dem Unternehmen helfen, einen Teil der Schulden zurückzuzahlen und den Rest zu refinanzieren. Beispielsweise könnte das Unternehmen in einer Bezugsrechte-Emission neues Eigenkapital aufnehmen, auf diese Weise den Verschuldungsgrad verringern und so seine Kreditwürdigkeit wiederherstellen. Allerdings kommt es zu solchen Szenarien seltener, als man vielleicht erwarten würde. Der Grund: Für erfahrene Anleger kann es sich lohnen, stattdessen selbst das Spiel von Gläubigern zu spielen, die sich die Kontrolle sichern wollen. Denn warum sollte sich ein Fondsmanager die Mühe machen, eine Anlagehypothese einschließlich Rückzahlung der Schulden zu entwickeln, wenn er die Schulden auch mit einem Abschlag kaufen kann, sodass sein rechnerischer Preis für das Eigenkapital sinkt? Meist wird er dazu nur dann bereit sein, wenn er bereits ein großer Aktionär beim fraglichen Unternehmen ist. Ebenfalls denkbar, aber unwahrscheinlicher, ist eine Situation, bei der mehrere Gläubiger dringend an der Kontrolle interessiert sind, sodass sich ihr Kampf auf das noch nicht restrukturierte Eigenkapital vorverlagert.

Manchmal wiegen sich Aktienanleger nach der Analyse einer Abriss-Aktie in falscher Sicherheit: Sie gehen davon aus, dass das Management die finanzielle Notlage schon bewältigen wird, indem es offen mit den Gläubigern kommuniziert und die Verschuldung allmählich zurückfährt. Boards of Directors sind nicht den Gläubigern, sondern den Aktionären verpflichtet, sodass sie zumindest theoretisch auf deren Seite stehen müssten. Auch die Kommunikation von Führungskräften hoch verschuldeter Unternehmen mit Anlegern kann bei Aktionären für unangemessene Zuversicht sorgen: Optimistische CEOs glauben vielleicht, die Aktien seien in einer sichereren Position, als es tatsächlich der Fall ist. Zudem könnten sie der Meinung sein, das weitere Geschehen positiv beeinflussen zu können, wenn sie Kreditgebern mehr Vertrauen in das Unternehmen vermitteln. Die Hoffnung dabei ist, die Gläubiger könnten sich dadurch eher dazu bringen lassen, Veränderungen der Kreditbedingungen zuzustimmen, sodass das Unternehmen an Flexibilität gewinnt.

Doch auch wenn der CEO ein tapferes Gesicht aufsetzt gegenüber der Notlage der Aktionäre, haben geschickte und aggressive Gläubiger meist die besseren Karten. Kreditverträge sind notorisch kompliziert und geben Gläubigern immer weiter gehende Zugriffsrechte auf das Eigenkapital, wenn ein Unternehmen tiefer in die Krise rutscht. Diese Zugriffsrechte können zu einer immer schwereren Belastung für die Aktien werden, was die Gefahr einer selbsterfüllenden Prophezeiung birgt, wenn ein Unternehmen am Markt erst einmal als gefährdet wahrgenommen wird. Die meisten Kreditvereinbarungen enthalten Bedingungen, sogenannte Covenants, die schon lange vor einer echten Zahlungsunfähigkeit die Position des Eigenkapitals gefährden. Wenn Gläubiger den vorübergehenden Bruch solcher Covenants nicht billigen, eröffnet sich für sie ein klarer Pfad für eine Übernahmestrategie. Zusätzlich sind oft sogenannte Cross-Default-Regelungen vorgesehen, nach denen ein Zahlungsausfall bei einem Kredit eine sofortige Fälligstellung auch der übrigen bedeutet. Diese erschweren es einem Unternehmen sehr, einen aggressiven Gläubiger loszuwerden, in dessen Händen ein Teil ihrer Schulden liegt.

Wenn ein Unternehmen darum kämpfen muss, seine Covenants einzuhalten, ist es für aggressive Gläubiger mit Übernahmeinteresse möglich, hinter den Kulissen Druck auf das Management auszuüben. Unter Verweis auf die Gefahr immer kritischerer Covenants können sie dem Management eine Alternative anbieten: Lassen Sie das Board einen Tausch unserer Schulden in Eigenkapital genehmigen und Sie können Ihre Jobs in einem finanziell gesünderen Unternehmen behalten. Damit geraten die Verpflichtungen wichtiger Führungskräfte gegenüber den Aktionären in einen Konflikt mit ihren eigenen Interessen. Wenn sich der CEO den Gläubigern gegenüber hart zeigt, bleibt er vorerst an der Spitze einer hoch verschuldeten Gesellschaft, bei der ein Streit um die Kontrolle zu eskalieren droht. Wenn er diesen Kampf verliert, ist er seinen Job mit Sicherheit los. Wenn er dagegen mit den Gläubigern zusammenarbeitet, sichert er seine Position und kann das Unternehmen in einem ruhigeren Umfeld weiterführen.

Wenn alles zusammenpasst

Wenn es mir bis hierhin nicht gelungen ist, Ihnen das Interesse an Abriss-Aktien auszutreiben, darf ich Ihnen jetzt darlegen, warum sie manchmal wirklich atemberaubende Renditen liefern. Die Grundüberlegung ist klar: Indem ein Unternehmen zusätzlich zum Eigenkapital noch Fremdkapital aufnimmt, wird die Rendite auf das Eigenkapital gehebelt. Bekanntlich wirkt dieser Hebeleffekt in beide Richtungen, manchmal eben sogar in die positive. In diesem Fall kann das Eigenkapital erheblich an Wert gewinnen.

Während der Finanzkrise 2008 fielen die Aktienkurse von Unternehmen in vielen Branchen rapide, sodass allerorten Abriss-Aktien entstanden. Wäre die Welt, wie wir sie kennen, wirklich Anfang 2009 zerstört worden, wären Gläubiger die unumstrittenen neuen Herrscher geworden. Tatsächlich schichteten damals viele der raffiniertesten Hedgefonds ihre Portfolios von Aktien auf Kreditpapiere um und verwiesen darauf, dass Anleihen bei geringerem Risiko zweistellige Renditen versprächen. Was sie dabei übersahen: Für Aktien war die Zukunft zwar tatsächlich unsicher, doch viele davon lieferten im Zuge der Rückkehr zu einem normaleren

Marktumfeld letztlich sogar dreistellige Renditen. »Anfang 2009 wäre es dumm gewesen, Risiko-Arbitrage zu annualisierten Renditen von 20 Prozent in einem Zeitraum von vier bis fünf Monaten zu betreiben, während es gleichzeitig Potenzial für Kursvervielfachungen gab«, sagt dazu Rahul Saraogi, Managing Director bei Atyant Capital Advisors.[145] Weil es bei Aktien weder sichere Zins- noch Tilgungszahlungen gibt, machten selbst erfahrene Anleger den Fehler, genau dann in bargeldähnlichere Wertpapiere umzuschichten, als Aktien am billigsten waren.

Als dann im März 2009 tatsächlich eine Erholung bei Aktien einsetzte, profitierten Anleger, die es gewagt hatten, mehr Kapital in ausgewählte Abriss-Aktien zu investieren, deutlich stärker als die Gläubiger derselben Unternehmen. Eines von vielen extremen Beispielen ist der Matratzenhersteller Select Comfort: Dessen Börsenwert fiel bis auf rund 10 Millionen Dollar, nur um ein paar Jahre später auf 1,5 Milliarden Dollar zurückzuspringen. Die Zahl der umlaufenden Aktien erhöhte sich währenddessen nicht signifikant, sodass sich der Einsatz für Anleger, die kurz vor den Tiefpunkten Anfang 2009 einstiegen, mehr als verhundertfachte. Mit so extremen Gewinnen hätte man selbst bei einer sorgfältigen Analyse der denkbaren Entwicklungen im Voraus kaum rechnen können. Sie sind hoch genug, um selbst gelegentliche Totalverluste, wie sie bei hoch verschuldeten Unternehmen unvermeidlich sind, auszugleichen.

Dass Renditen wie bei Select Comfort möglich sind, lässt sich nicht vollständig erklären, wenn wir die Rolle der Angst außer Acht lassen. Angst kann quälend und lähmend sein und sie bringt viele Anleger dazu, bestimmte Wertpapiere unabhängig vom Preis links liegen zu lassen – und damit bricht der Preisfindungsmechanismus der Märkte zusammen. Ciccio Azzollini, Chief Executive Officer von Cattolica Partecipazioni, will sich solche Situationen zunutze machen: »Wir betrachten uns als fundamental orientierte Stock-Picker. Grundsätzlich folgen wir dem zeitlosen Rat von Buffett: ›Sei ängstlich, wenn andere gierig werden, und werde gierig, wenn andere ängstlich sind.‹ Ich interessiere mich für Bereiche mit maximalem Pessimismus, weil das entsprechend niedrige Preise bedeutet. Wir versuchen, von panischen und kurzsichtigen Anlegern zu profitieren.«[146] In einem Umfeld der Angst sehen selbst rationale Anleger wenige konkrete Gründe zum Investieren. Wenn der Preis der einzige Grund für ein

Engagement wird, kann der Punkt des maximalen Pessimismus erreicht sein. Genau an diesem kann es sich enorm auszahlen, den von Azzollini zitierten Rat Buffetts zu befolgen.

»Was nicht dauerhaft weitergehen kann, hört irgendwann auf.« Diese ganz einfache Feststellung des früheren US-Wirtschaftsberaters Herbert Stein enthält viel Wahrheit und wird doch viel zu wenig beachtet. Vielleicht liegt das daran, dass sie nichts darüber sagt, aus welchen Gründen etwas aufhören wird. Als Anleger haben wir oft das Gefühl, nur dann überzeugende Anlagethesen entwickeln zu können, wenn wir auch einen klaren Grund für die sich bietende Chance sehen. Dass die Immobilienblase in den USA ein unschönes Ende nehmen würde, mögen viele befürchtet haben. In diese Richtung investiert haben jedoch nur wenige, und zwar mindestens zum Teil deshalb, weil sich kein konkreter Anlass für das Platzen der Blase erkennen ließ. Ähnlich dürften sich die meisten kühl rechnenden Anleger Anfang 2013 einig darüber gewesen sein, dass die Kurse bei lang laufenden US-Staatsanleihen nach einer Blasenbildung aussahen. Nur wenige aber wandten Steins Aussage auf diesen Fall an, weil niemand wusste, wovon genau die Blase zerstört werden würde – und wann.

Dieselbe Logik wie für Blasen lässt sich auch auf Unternehmen in Notlagen anwenden: Wenn die Notlage nicht dauerhaft anhalten kann, wird sie enden. Natürlich könnte dieses Ende einen Totalverlust für die Aktionäre mit sich bringen. Aber lässt sich Steins Gesetz vielleicht so erweitern, dass dieses unerwünschte Ergebnis vermieden werden kann? Eine Möglichkeit wäre, nach Unternehmen zu suchen, deren aktuelle Entwicklung nicht von Dauer sein kann, die aber zugleich sowohl bereit als auch in der Lage sind, eine Wende zu schaffen. So könnte ein Technologieunternehmen am Rand der Insolvenz seine Ausgaben für Forschung und Entwicklung zumindest kurzfristig senken. Wenn der CEO des Unternehmens kaum Aktien hält, kann es ihm allerdings an der Bereitschaft dazu mangeln – in diesem Fall setzt er vielleicht lieber auf eine Verwässerung oder sogar die Insolvenz. Wenn er dagegen viele Aktien besitzt, wird er wahrscheinlich das Richtige tun, bevor es zu spät ist. Das gilt sogar dann, wenn er so unvernünftig war, vorher verschiedene schlechtere Alternativen durchzuprobieren.

John Lambert betont, wie wichtig es ist, dass Unternehmen die Fähigkeit haben, im Notfall energisch gegenzusteuern: »Wir suchen nach Anlagemöglichkeiten in Bereichen, in denen die Stimmung aus dem einen oder anderen Grund sehr schlecht ist oder die einfach aus der Mode sind. Innerhalb dieses Rahmens bevorzugen wir Unternehmen mit einer besonders starken internen Dynamik, also solche, die ihr Schicksal überdurchschnittlich stark selbst in die Hand nehmen können. Nach einer Zeit mit dramatisch schwachen Ergebnissen kommt es dann meist zu einer Erholung oder Wende, weil diese Unternehmen eine Reihe von Maßnahmen für ihre Sanierung einleiten.«[147] Wenn ein Unternehmen dagegen kaum Spielraum hat, ist eine solche Sanierung aus eigener Kraft oft unmöglich. Dies ist zum Beispiel bei einer Abhängigkeit von externer Finanzierung der Fall oder wenn anhaltendes Vertrauen der Kunden von entscheidender Bedeutung für das Geschäft ist.

Filterkriterien für die Suche nach Abriss-Aktien

Für Screening-Zwecke unterscheide ich zwei Arten von Abriss-Aktien: Einerseits suche ich nach börsennotierten Unternehmen, die von vornherein als solche angelegt waren, also im Prinzip über Private Equity finanzierten Unternehmen ähneln. Andererseits interessiere ich mich für Unternehmen, deren Eigenkapital durch irgendwelche Probleme zu einer bloßen Restgröße geworden ist.

Private Equity an der Börse

Wenn sich Unternehmen von einer Geschäftseinheit trennen, versuchen sie manchmal, nicht nur die Einheit selbst loszuwerden, sondern auch einen Teil der Schulden der Muttergesellschaft. Zwar lässt sich die Bilanz des Spin-off schon wegen der bestehenden Kreditverträge nicht mit unendlich hohen Schulden belasten, doch eine gewisse Entschuldung ist über diesen Weg durchaus möglich. Alternativ kann sich die Muttergesellschaft auch entscheiden, der neuen Tochter hohe Schulden bei sich selbst mit auf den Weg zu geben. Je höher verschuldet das Spin-off dadurch wird, desto niedriger dürfte sein Eigenkapital am Markt bewertet werden.

In solchen Fällen entsteht durch die Abspaltung zwar kein wirtschaftlicher Wert für die Muttergesellschaft, doch sie kann zumindest auf besser vorhersagbare Einnahmeströme in Form von Zinsen und Tilgung hoffen. Manchmal erhöht sich der Unternehmenswert für das Spin-off zudem dadurch etwas, dass durch die starke Schuldenfinanzierung das Angebot an neuen Aktien begrenzt ist. Und zuletzt kann auch das Management des Spin-off selbst eine hohe Verschuldung bevorzugen, weil sie das Gewinnpotenzial erhöht.

Die Suche nach Spin-offs ist eine der Möglichkeiten für das Auffinden von Abriss-Aktien nach Private-Equity-Art. Bei den meisten Abspaltungen ist die Verschuldung nur moderat, sodass man in den Pro-forma-Bilanzen abzuspaltender Einheiten nach Ausnahmen von dieser Regel suchen muss. Wenn auf diese Weise ein Spin-off mit hoher Verschuldung gefunden ist, ist es sinnvoll, sich mit der Zusammensetzung seines Managementteams zu befassen. Im Idealfall hängt dessen künftige Vermögensentwicklung stark von der langfristigen Entwicklung des Aktienkurses ab. Besonders interessant sind Situationen, bei denen wichtige Führungskräfte nicht nur Aktien und Optionen vom Unternehmen erhalten, sondern auch eigenes Geld investieren.

Auch bestimmte andere Arten von Börsengängen können eine Quelle für Gelegenheiten nach Private-Equity-Art sein. So weisen Unternehmen, die ein Insolvenzverfahren hinter sich haben, häufig noch eine gewisse Verschuldung auf. Manchen dieser Unternehmen ist an der Börse nur ein kurzes Weiterleben beschieden, sodass sie Kandidaten für »Chapter 22« werden – bald nach der ersten Insolvenz nach Kapitel 11 des US-Unternehmensrechts kann also schon die nächste folgen. Solche Situationen sind offensichtlich voller Risiken, bieten aber auch erhebliche Chancen, wenn sich die Verschuldung mit der Zeit reduzieren lässt. Eine weitere Gruppe von Interesse sind Börsengänge von Unternehmen, die zuvor von einem Private-Equity-Investor wie Blackstone Group oder Carlyle Group übernommen wurden. Manchmal nehmen solche Finanzfirmen geschwächte Unternehmen von der Börse, sorgen für eine operative Wende und bringen sie dann wieder an die Börse zurück. In all diesen Fällen zahlt es sich aus, sowohl die Finanzsituation zu analysieren als auch die Anreize für die Managementteams.

Notleidende Aktien

In den meisten Fällen sind bei hoch verschuldeten Unternehmen Anzeichen für eine Notlage erkennbar. Interessante Chancen können sich bei folgenden Arten von Abriss-Aktien bieten:

- Unternehmen mit einem Verhältnis von Schulden zu Eigenkapital von mehr als 2 oder 3
- Unternehmen mit einem Verhältnis von Nettoschulden zu Börsenwert von mehr als 2 oder 3
- Unternehmen mit hohem Verhältnis von Schulden zu EBITDA
- Unternehmen mit niedrigem Zinsdeckungsgrad
- Unternehmen, deren Aktien stark gefallen sind

Eine der verlässlichsten Kennzahlen für das Auffinden von notleidenden Aktien ist meiner Erfahrung nach das Verhältnis von Nettoschulden zu Börsenwert. Wenn die Nettoschulden eines Unternehmens über seinem Börsenwert liegen, bedeutet das normalerweise, dass die Marktteilnehmer die Schulden als echte Bedrohung für das Eigenkapital ansehen. Ausnahmen dazu gibt es in Branchen, bei denen Verschuldung fester Bestandteil des Geschäftsmodells ist. Wenn man für die Berechnung statt des Unternehmenswerts den Börsenwert verwendet, fallen allerdings viele dieser Ausnahmen bereits weg.

Nach dem Screening: Dem Krankenwagen nachjagen

Im Zusammenhang mit Anlegern, die schlechte Nachrichten als Chance begreifen, wurden schon viele bildhafte Beschreibungen erfunden. Diese Minderheit der Marktteilnehmer greift, wie man sagt, gern in fallende Messer – dies scheint ja auch genau Warren Buffetts Rat zu entsprechen, gierig zu werden, wenn andere Angst haben. Die damit angesprochenen Anleger selbst allerdings mögen solche Metaphern vielleicht weniger gern, denn wörtlich verstanden will natürlich niemand in ein fallendes Messer greifen. Wer Fälle von extremem Pessimismus am Markt als Gelegenheiten versteht, spricht deshalb wohl lieber von Tagen der »Kapitulation«, also solchen, an denen Anleger Aktien ohne Rücksicht auf den Kurs abstoßen. Der Ausdruck »Punkt des maximalen Pessimismus« ist ebenfalls eine leicht paradoxe Beschreibung für eine beängstigende Lage. Und auch die Vorstellung von »Blut in den Straßen« hat zwei Seiten: Manchen mag sie beängstigend erscheinen, andere verlegen sich auf Schadenfreude und entdecken vielleicht Gelegenheiten.

Unabhängig von der Wortwahl können schlagzeilenträchtige Situationen lohnenswerte nicht quantitative Ausgangspunkte für das Auffinden von Ideen im Bereich notleidender Aktien sein. So gab es in den Jahren 2011 und 2012 eine Flut von negativen Berichten über die Solarstrombranche und die Aktienkurse der meisten Unternehmen in diesem Bereich brachen ein. Bei diesem Rennen Richtung Ausgang dürften Anleger bei mindestens einem Anbieter den Charakter der Verschuldung nicht richtig gewürdigt haben: bei MEMC Electronic Materials, einem Halbleiterhersteller, der Technologie für Solarmodule entwickelt und auch selbst Solarparks betreibt. Für einen Großteil der Schulden von MEMC gab es nur begrenzte Zugriffsrechte der Gläubiger auf Aktiva des Unternehmens, sodass die Finanzlage nicht so dramatisch war, wie der Markt offenbar dachte. Am besten zeigt sich diese Fehleinschätzung vielleicht am Aktienkurs, der von 14 Dollar im Februar 2011 auf weniger als 2 Dollar im Juli 2012 fiel. Shawn Kravetz, President von Esplanade Capital, hat diese Lage so zusammengefasst: »Die Wall Street sieht ohne Zweifel ein Bilanzrisiko. Aber vor noch nicht allzu langer Zeit waren die Barmittel des Unternehmens in etwa so hoch wie seine Schulden. Beim Großteil seiner Schulden gibt es nur begrenzte Zugriffsrechte der Gläubiger und es stehen extrem wertvolle, hochwertige Projekte dahinter – Projekte, wie sie zum Beispiel vor Kurzem von der Berkshire-Hathaway-Tochter MidAmerican gekauft wurden. Ich selbst mache mir wegen der Bilanz keine großen Sorgen. Heute wird die Aktie in vielerlei Hinsicht so gehandelt, als gäbe es ein echtes Kreditrisiko, und ich denke, dass wir für dieses Risiko gut belohnt werden.«[148] Tatsächlich erholte sich die MEMC-Aktie nach ihrem Tiefstand innerhalb von sechs Monaten um 135 Prozent, weil auch andere Anleger offenbar noch einmal neu über die vermeintlichen Finanzprobleme nachdachten.

Eine der wichtigsten Überlegungen bei einem Unternehmen, dessen Aktien nach schlechten Nachrichten stark gefallen sind, ist die Frage nach dem Charakter der Krise: Ist sie vorübergehend oder dauerhaft? Wenn Angst unser Urteilsvermögen beeinträchtigt, und das betrifft jeden von uns, neigen wir dazu, negative Faktoren als dauerhaft zu betrachten. Selbst wenn sie mit der Zeit an Bedeutung verlieren, so fürchten wir, wird die Aktie so beschädigt zurückbleiben, dass keine Erholung mehr möglich ist. Im Rückblick erscheinen die meisten derartigen Fehleinschätzungen offensichtlich. Doch in der Hitze des Augenblicks sind sie alles andere als das.

Im Jahr 2010 gelangten durch das Unglück auf der Plattform Deepwater Horizon fast fünf Millionen Barrel Öl in den Golf von Mexiko. Die Aktien des Betreibers BP stürzten ab, weil der Markt fürchtete, dass der Öl- und Gasriese durch die Folgen der Katastrophe in die Insolvenz getrieben werden würde. Im Rückblick erscheinen diese Ängste übertrieben, doch die große Mehrheit der Anleger hatte während des Vorfalls größte Schwierigkeiten, rationale Szenarioanalysen vorzunehmen. Eine Ausnahme war Whitney Tilson, Managing Partner bei Kase Capital, der mitten in der Krise für einen Einstieg bei BP argumentierte. Dazu Nick Kirrage:

> *Die Cashflow-Generierung bei BP wurde nicht so sehr beeinträchtigt, wie viele erwartet hatten. Aus politischen Gründen konnte das Unternehmen kurzfristig keine Dividenden zahlen, doch langfristig war das Dividendenpotenzial noch vollständig vorhanden. Viele Leute, die sich die Bilanz ansahen, sagten sogar: »Das Unternehmen ist angesichts der potenziellen Geldstrafe in echter Insolvenzgefahr.« Tatsächlich aber war das nur ein Beispiel dafür, wie die Angst so sehr anschwellen kann, dass ein Teufelskreis entsteht. Auf einmal beschäftigt sich niemand mehr mit den Zahlen und alle reagieren völlig übertrieben. Wir haben nachgerechnet und dabei auch Szenarien eingesetzt, die wirklich dramatisch waren, einschließlich schwerster Verfehlungen und enormer Strafen. Trotzdem konnten wir nicht das Loch in der BP-Bilanz finden, von dem ständig die Rede war. Tatsächlich kamen wir zu dem Schluss, dass die Aktiva deutlich unterbewertet waren.*[149]

Beispiele für vorübergehende Krisen, die an der Börse fälschlich als dauerhaft angesehen wurden, gibt es reichlich. Die frühen Anlageerfolge von Warren Buffett etwa kamen oft durch niedrige Einstiegspreise aufgrund von temporären Verwerfungen zustande. Berühmt ist seine Investition in American Express während des Salatöl-Skandals in den USA im Jahr 1963, für die er einen Großteil der Mittel seiner damaligen Partnership aufwandte. Weil American Express als Finanzier eines betrügerischen Großhändlers in den Skandal verwickelt wurde, brach die Aktie damals ein. Doch es blieb bei finanziellen Einbußen, einen langfristigen Reputationsschaden trug das Unternehmen nicht davon. Auf ähnliche Weise überschätzten Anleger Dauerhaftigkeit und Ausmaß der Risiken, als sie im Jahr 2012 wegen Corporate-Governance-Problemen Aktien von Chesapeake Energy abstießen: Nach einem Aufschrei von zum Teil großen institutionellen Anlegern verbesserte Chesapeake seine internen Kontrollsysteme. Der Unternehmensgründer Aubrey McClendon erhielt für 2012 keinen Bonus, was ein klares Signal für den neuen Stil war. Für den Wert der Öl- und Gasfelder im Besitz von Chesapeake hatte die Aufregung natürlich keinerlei Bedeutung.

Die Liste der Unternehmen, die irgendwann fälschlich als dauerhaft beschädigt angesehen wurden, ist lang – so lang, dass die wirtschaftliche Realität diesen häufigen Ängsten der Anleger unmöglich gerecht werden könnte. Natürlich werden manche Krisenunternehmen tatsächlich insolvent. Doch in den übrigen scheint so oft Erholungspotenzial übersehen zu werden, dass die wenigen Pleitefälle mehr als ausgeglichen werden. Sämtliche der folgenden Unternehmen wurden vom Markt zwischenzeitlich als tot oder zumindest todkrank angesehen: American Express, Bank of America, Barclay's, BP, Citigroup, Dell, First Solar, General Growth Properties, Morgan Stanley, Nokia, Pier 1 Imports, Research in Motion, Select Comfort, Tempur-Pedic, Sony, Zynga – und ja, sogar Apple. Ein paar dieser Unternehmen sind weiterhin nicht eben in Mode, sodass manche vielleicht bezweifeln, dass sie noch lange überleben werden. ADRs des japanischen Konsumelektronikriesen Sony zum Beispiel wurden Ende 2012 zu 10 Dollar pro Stück gehandelt; doch bei dieser Bewertung schienen Anleger den Summe-der-Teile-Wert des Unternehmens weitgehend zu übersehen. Im Jahr darauf wurden auch die meisten kommerziellen Bildungsanbieter, Seetransportunternehmen und Erdgasexplorationsfirmen zu Bewertungen gehandelt, die eine dauerhafte Wertminderung implizierten.

Meiner Erfahrung nach bergen branchenweite Verkaufswellen mehr Chancen als unternehmensspezifische Krisen. Ein einzelnes Unternehmen kann tatsächlich so sehr ins Straucheln geraten, dass eine Erholung seines Wertes unmöglich wird. Ganze Branchen aber verschwinden selten einfach so. Werden alle Erdgasproduzenten schließen müssen, weil der Gaspreis für alle Ewigkeit auf einem Niveau bleiben wird, das keine befriedigende Kapitalrendite ermöglicht? Werden alle kommerziellen Bildungsanbieter aufgeben, weil sich die aktuelle US-Regierung ihnen gegenüber feindselig zeigt? Werden Anbieter von Seetransporten an der Börse für immer unbeliebt bleiben, weil das Angebot an Transportkapazität seit einigen Jahren die Nachfrage übersteigt? Ähnliche Fragen hätte man sich nach der Finanzkrise 2008 stellen können. Viele Anleger waren damals der falschen Ansicht, dass Ratingagenturen zum Scheitern verurteilt seien, weil sie eine Rolle für die Entstehung der Blase bei Subprime-Hypotheken gespielt hatten.

Die Chandler-Brüder aus Neuseeland haben aus einem Familienvermögen von rund 10 Millionen Dollar einige Milliarden Dollar gemacht. Dazu investierten sie zumindest einen Teil des Geldes in unterbewertete Spitzenunternehmen ihres Landes, die dauerhafte Überlebenschancen hatten, zwischendurch aber zu extrem niedrigen Kursen zu haben waren. Eine ähnlich sichere Position haben die Bank of America, Citigroup oder American Express in den USA, BP oder Vodafone in Großbritannien, Deutsche Bank oder Daimler in Deutschland, UBS oder Credit Suisse in der Schweiz, Nokia in Finnland, Ericsson in Schweden, Mitsubishi UFJ Financial oder Sony in Japan, France Telecom oder BNP Paribas in Frankreich und noch viele weitere nationale Champions. Das reine Überleben dieser Unternehmen ist zwar keine Garantie dafür, dass es keine Krisen mit massiver Verwässerung ihrer Aktien geben wird. Doch Aufsichtsbehörden sind nur selten daran interessiert, zum Großaktionär von Unternehmen in Schwierigkeiten zu werden.

Ohne die weitere Entwicklung schon zu kennen, kann es allerdings enorm schwierig sein, den genauen Charakter von Problemen bei einem Unternehmen zu verstehen. Welche davon sollten als grundlegend für das Geschäft verstanden werden, welche haben nur am Rand Bedeutung? Bei den kommerziellen Bildungsanbietern in den USA etwa stellt sich die Frage, ob die verschärfte Beobachtung durch Regulierer ihr Kerngeschäft gefährdet oder nur ihre Rentabilität verringert, während sie durchaus weiter am Markt aktiv bleiben können. Meiner Meinung nach dürfte regulatorischer Druck allein nicht ausreichen, um sie aus dem Geschäft zu treiben – solange diese Unternehmen wertvolle Ausbildungen anbieten. Schon bedenklicher erscheinen in diesem Zusammenhang neue Bildungsmodelle wie die der Khan Academy, falls sie hochwertige Alternativen zu niedrigen Kosten ermöglichen.

Bei Abriss-Aktien die richtigen Fragen stellen

Wie sehr hoch verschuldete Unternehmen in Not sind, hängt stark von den jeweiligen Umständen ab. Bei manchen Abriss-Aktien ist wenig davon zu sehen, weil sie darauf ausgelegt wurden, signifikante Verschuldungen zu tragen, wie etwa im Fall von Spin-offs. Am anderen Ende des Spektrums stehen Unternehmen, deren Aktien durch eine schwache Geschäftsentwicklung oder schiefgelaufene Übernahmen mit Schuldenfinanzierung notleidend werden. Dementsprechend verändert sich der Fokus für die weiteren Analysen. Wenn ein Unternehmen zum Beispiel gegen die Insolvenz kämpft, bekommen die Details seiner Kreditvereinbarungen große Bedeutung.

Wie sehr ist das Management bei den Aktien investiert?

Für Aktionäre ist das Risiko bei hoch verschuldeten Unternehmen meist groß, denn ständig besteht die Gefahr einer Verwässerung. Das Board of Directors kann sich meist ohne Weiteres für die Aufnahme neuen Eigenkapitals aussprechen, was die Bilanz stärkt, aber das Kapital der Altaktionäre verwässert. Vor allem bei Krisenunternehmen kann eine solche Verwässerung sehr schädlich sein, weil die wahrgenommene Schwäche zu besonders schlechten Konditionen für neues Kapital führt. Hedgefonds etwa sind immer daran interessiert, Aktien zu einem deutlichen Abschlag zum Börsenkurs zu bekommen, und bestehen dabei vielleicht auf Vorzugs- statt Stammaktien. In besonders empörenden Fällen wird zudem eine Konvertierbarkeit solcher Vorzugsaktien in Stammaktien vereinbart – aber nur auf Wunsch des Inhabers und zu einem Abschlag gegenüber dem Börsenkurs vor der Umwandlung.

Bei Krisen-Wertpapieren gibt es grundsätzlich keine Grenze für den Grad der Verwässerung bei den bestehenden Aktionären, sodass ein Teufelskreis zwischen Eigenkapitalwert und Börsenkurs entstehen kann. Solche Fälle sind ein unschönes Beispiel für das von George Soros beschriebene Phänomen der Reflexivität: Ein sinkender Aktienkurs wird zur selbsterfüllenden Prophezeiung, weil die zu befürchtende Kapitalerhöhung dadurch immer umfangreicher wird – was wiederum immer mehr umlaufende Aktien erwarten lässt, auf die sich der verbleibende Eigenkapitalwert verteilen wird, sodass der Kurs noch weiter sinkt. Das Schicksal der Altaktionäre hängt in solchen Fällen von der relativen Entschlossenheit und Machtposition der Inhaber von Stamm- und Vorzugsaktien ab: Wenn die Inhaber der Stammaktien bereit und in der Lage sind, so viele Aktien nachzukaufen, dass der Kurs auf oder über einem bestimmten Niveau bleibt, kann man auf dieser Basis die maximal mögliche Verwässerung berechnen, sodass sich die Stammaktien seriös bewerten lassen.

Wenn allerdings die neuen Vorzugsaktionäre stärker sind, können sie die Stammaktie zunehmend leerverkaufen, sodass der Kurs weiter nach unten getrieben wird. Eine solche Strategie ist zwar riskant, weil sie mit hohen Short-Positionen einhergeht. Doch wenn man bedenkt, dass durch die Umwandlung der Vorzugsaktien zu einem niedrigen Preis reichlich neue Stammaktien zur Schließung dieser Positionen entstehen, werden die Argumente für aggressive Leerverkäufe recht überzeugend. Gelegentlich sind solche Situationen an den Börsen auch zu beobachten, wenn ein Unternehmen bereits in Stammaktien wandelbare Wertpapiere emittiert hat: Manche Anleger nutzen hier profitable Handelsmöglichkeiten unabhängig vom allgemeinen Markttrend, indem sie das wandelbare Wertpapier kaufen und Stammaktien leerverkaufen.

Als normale Aktionäre wollen wir möglichst sicher sein, dass das Board of Directors keine Verwässerung akzeptiert, die für uns einen dauerhaften Kapitalverlust bedeuten würde. Völlige Sicherheit kann es hier zwar nie geben, doch die Wahrscheinlichkeit für ein verantwortungsbewusstes Verhalten des Managements steigt, wenn dieses ein eigenes Interesse am Werterhalt der Stammaktien hat. Aktienoptionen haben in diesem Zusammenhang wenig Bedeutung, denn meist sind sie in solchen Situationen ohnehin schon weitgehend wertlos. Im Idealfall besitzen deshalb Chairman und CEO des Unternehmens einen hohen direkten Aktienanteil, sowohl in Prozent als auch der absoluten Höhe nach. Dass dieser Anteil auch bei einem stark gesunkenen Börsenkurs einen gewissen Wert behält, wird für die Führungskräfte dann hohe Priorität haben, noch gestärkt durch die Erinnerung daran, dass der Börsenkurs früher wahrscheinlich deutlich höher war. Ein Eigentümer-Manager wäre also sehr daran interessiert, dass die Aktien wieder auf ein befriedigenderes Niveau zurückkehren. Und wenn er prozentual gesehen eine hohe Beteiligung besitzt, hat der CEO zudem großes Stimmgewicht bei möglichen Abstimmungen über eine Rekapitalisierung.

Im Normalfall achte ich darauf, dass der CEO Aktien mindestens im Gegenwert seines sechs- bis siebenfachen Jahresgehalts besitzt. In Notsituationen lege ich einen schärferen Maßstab an, weil der CEO bei einer Rekapitalisierung möglicherweise durch spezielle Belohnungen verlockt wird: Wenn ein Hedgefondsmanager darauf aus ist, sich eine Mehrheitsbeteiligung an einem schwach finanzierten, ansonsten aber wertvollen Unternehmen zu verschaffen, wird er sicher nicht zögern, dem CEO entsprechende Belohnungen in Aussicht zu stellen. Solche Sonderanreize können eine Fortführung der Beschäftigung, zusätzliche Aktienzuteilungen oder Barzahlungen sein.

Wenn der CEO auf diese Weise erheblich von einer Transaktion zuungunsten der Aktionäre profitieren kann, reicht eine hohe Aktienbeteiligung allein womöglich nicht mehr aus, um eine Verwässerung zu verhindern. Entscheidend ist dann die Haltung des CEO gegenüber Aktionären, die sich anhand seiner früheren Aussagen und Maßnahmen erkennen lässt. Manche Unternehmenschefs haben einen hohen Aktienanteil oder sogar de facto die Kontrolle, behandeln das Unternehmen aber komplett wie Privatbesitz. Wenn sich schon in ruhigen Zeiten eine solche Haltung zeigt, können externe Aktionäre davon ausgehen, dass der CEO auch in Krisen nur an seine engen persönlichen Interessen denken wird.

Ein wichtiger Punkt ist zudem die Frage, welche Art von Finanzierung ein notleidendes Unternehmen wählen wird, wenn eine Aktienemission unvermeidlich ist. Die fairste Möglichkeit, das Kapital zu stärken, ist eine Bezugsrechteemission. Noch fairer sind solche Angebote, wenn die Bezugsrechte auch handelbar sind, sodass Aktionäre, die kein zusätzliches Kapital aufbringen wollen, zumindest die Rechte zu Geld machen können. Es existieren keinerlei Regeln, die einem CEO verbieten würden, sich für den Fall von Kapitalisierungsbedarf im Vorfeld auf eine Bezugsrechteemission festzulegen. Wenn ein Unternehmen einen großen externen Aktionär hat, kann es zudem hilfreich sein, Erkundigungen darüber einzuziehen, ob sich dieser Aktionär bei einer Bezugsrechteemission beteiligen und sie wenn nötig auch zusätzlich unterstützen würde. Wenn sich ein Großaktionär darauf festlegt, Aktien aus nicht ausgeübten Bezugsrechten zu zeichnen, gibt es für das Management keinerlei Grund mehr, anderswo nach Kapital zu suchen.

Ist die Lage bei einem hoch verschuldeten Unternehmen kritisch, aber noch nicht verzweifelt, kann es sinnvoll sein, sich bei den Anreizen für das Management eher mit den Gewinnmöglichkeiten als mit den Verlustgefahren zu beschäftigen. Wenn zum Beispiel ein börsennotiertes Unternehmen von einer größeren Muttergesellschaft abgespalten wird, erhält das Management des Spin-off nach Aufnahme des Handels oft ein bedeutendes Aktienpaket. Der Preis, zu dem dessen Optionskomponente ausgeübt werden kann, wird für die Manager dann häufig zu einem wichtigen Ankerwert. In der Zeit bis zur Zuteilung der Optionen sollte man in solchen Fällen keine großen Bemühungen um eine Erhöhung des Aktienkurses erwarten, denn ein niedriger Kurs bedeutet einen niedrigen Ausübungspreis und steigert so die Chancen der Manager auf eine Vermehrung ihres Privatvermögens. Das Interesse der Insider an einem niedrigen Ausübungspreis für ihre Optionen ist für Anleger, die über einen Einstieg nachdenken, eine gute Richtschnur für das richtige Timing: Im Idealfall wartet man, bis der Ausübungspreis feststeht, und baut dann eine Position zum ungefähr gleichen Preis auf.

Werden die geschäftlichen Fundamentaldaten besser oder schlechter?

Steckt ein Unternehmen in erheblichen Schwierigkeiten, kann die kurzfristige Geschäftsentwicklung den Unterschied zwischen dauerhafter Wertminderung bei den Aktien und einer Chance zur Bewahrung ihres Werts ausmachen. Die bei Kreditvereinbarungen üblichen Covenant-Bedingungen verlangen, dass der Schuldner bestimmte Mindestwerte für Cashflow und Aktienkapital einhält. Hoch verschuldete Unternehmen veröffentlichen meist regelmäßig Daten dazu, sodass Anleger erkennen können, wie viel Spielraum ihnen verbleibt. Wenn ein Covenant verletzt wird, kann es tückisch sein, sich die nötige Billigung dafür zu sichern: Das Management ist dadurch ausgerechnet zu einer Zeit abgelenkt, in der das Kerngeschäft seine volle Aufmerksamkeit bräuchte. Im Gegenzug zur Billigung, die jedoch üblicherweise nur für einen bestimmten Zeitraum gilt, könnte das Unternehmen zudem gezwungen sein, Werte abzutreten. Wenn eine Billigung nicht zu bekommen ist, kann eine Insolvenz oder verwässernde Rekapitalisierung unvermeidlich werden. Aus diesem Grund ist der genaue Charakter der Verschuldung und die Frage, wer die Gläubiger sind, bei einer Covenant-Verletzung von großer Bedeutung.

Ein Krisenunternehmen mit stabilen oder sich verbessernden Fundamentaldaten bietet die Aussicht auf Wertschaffung. Wachstum ist in diesem Zusammenhang nicht erforderlich, denn schon ein stagnierender Cashflow kann ausreichen, um die Verschuldung mit der Zeit abzubauen. Falls die Gläubiger zuversichtlicher werden, dass ein Unternehmen seine laufenden finanziellen Verpflichtungen erfüllen kann, wird zudem eine Refinanzierung von Schulden zu vertretbaren Konditionen wieder möglich. Soweit ein Unternehmen große Tilgungen mindestens drei Jahre in die Zukunft verschieben kann, gewinnt sein Management neuen Raum zum Atmen. Bis sich nach einer zyklischen Schwäche einer Volkswirtschaft, einer Branche oder eines Unternehmens eine Rückkehr zum Mittelwert einstellt, kann es einige Jahre dauern. Dadurch kann schon die bloße Verschiebung von Schuldenfälligkeiten den Wert des Eigenkapitals erhöhen, denn sie verschiebt auch das Verfallsdatum für den in Abriss-Aktien steckenden Optionswert.

Wie ist der Charakter der Verschuldung?

In normalen Zeiten kann man die Höhe der Nettoschulden als bloße Zahl betrachten. Zwar mag es sich immer lohnen, auch die Details der Verschuldung eines Unternehmens zu kennen, doch je höher der Verschuldungsgrad, desto unverzichtbarer wird es – und zwar exponentiell. Ob die Kreditlinien der Coca-Cola Company in einem Jahr enden oder in zwei, ist angesichts der starken Finanzlage des Unternehmens relativ unerheblich. Die meisten von uns würden sich deshalb wohl nie die Mühe machen, das Fälligkeitsprofil der Schulden bei Coca-Cola zu studieren, und das ist auch richtig so. Ähnliches gilt für andere Unternehmen, deren Schulden von Standard & Poor's und Moody's gut bewertet werden. Allerdings haben diese Ratingagenturen in der Finanzkrise 2008 stark an Glaubwürdigkeit eingebüßt, sodass Anleger vielleicht lieber selbst entscheiden sollten, welche Unternehmen in ihren Augen eine grundsolide Finanzierung aufweisen.

Wenn ein Unternehmen übermäßig verschuldet ist, ob aufgrund eines strategischen Ereignisses oder geschäftlicher Probleme, werden Schulden jedoch von einer einfachen Zahl zu einem Faktor mit vielen Dimensionen. Auf einmal spielen die genauen Merkmale der Schulden eine große Rolle, etwa Fälligkeitsprofil, Höhe der Zinszahlungen und Covenants. Wird die Schuldenlast zu groß, kann die Kapitalstruktur zum Gegenstand von Verhandlungen werden, was für Aktionäre unschöne Auswirkungen haben kann. Nahende Fälligkeiten können selbst dann zu einer Verwässerung des Eigenkapitals führen, wenn die Wahrscheinlichkeit hoch ist, dass ein Unternehmen seine Finanzverpflichtungen langfristig erfüllen könnte. Ich unterscheide zwischen Liquiditäts- und Solvenzkrisen, denn die Tatsache, dass ein Unternehmen an sich solvent ist, muss nicht heißen, dass es keine Liquiditätsprobleme bekommt. Und wenn es kurzfristige Zahlungspflichten nicht erfüllen kann, kann auch ein ansonsten solventes Unternehmen seinen Gläubigern ausgeliefert sein.

Anleger in bestimmten Branchen befassen sich tatsächlich sogar in ruhigen Zeiten intensiv mit den genauen Schuldencharakteristika. Denn für manche Unternehmen sind unterschiedliche Arten von Verschuldung eine Kernkomponente des Geschäftsmodells. Einzelhandelsketten zum

Beispiel haben vielleicht nur eine geringe Verschuldung, aber hohe Verpflichtungen in Zusammenhang mit Mieten. Diese zu berücksichtigen kann bei der Analyse von Kapitalrenditen in dieser Branche aufschlussreich sein. Bei Einzelhändlern, die auf vergleichbarer Fläche Umsatzrückgänge verzeichnen, können die genauen Mietbedingungen große Bedeutung für die Rentabilität haben, weil sie versuchen werden, besonders schwache Filialen möglichst zu schließen. In der Immobilienbranche wiederum ist der Einsatz von Hypothekenkrediten für die Erzielung akzeptabler Kapitalrenditen der Normalfall. Der Zugriff der Kreditgeber ist bei Hypotheken jedoch auf die Immobilien beschränkt, die als Sicherheit für die einzelnen Kredittranchen dienen. Solche beschränkten Zugriffsrechte, im Fachjargon als »Nonrecourse« bezeichnet, verbessern das Risikoprofil von Immobiliengesellschaften, denn auf diese Weise erhalten sie eine Art Verlustbegrenzung für schlecht laufende Immobilien.

Zeke Ashton beschreibt die Vorteile von Nonrecourse-Verschuldung aus der Sicht eines Portfoliomanagers:

> *Es gibt zwei Arten von Verschuldung, wobei die eine der anderen deutlich überlegen ist. Wenn man Aktien mit Wertpapierkrediten kauft, nimmt man Schulden mit vollen Zugriffsrechten des Gläubigers auf. Der Nachteil dabei ist, dass bei einer starker Hebelung selbst ein mäßiger und nur vorübergehender Kursrückgang sehr erhebliche Verluste bedeuten kann – und bei einem starken Rückgang kann man alles verlieren. Die andere Schuldenart ist Nonrecourse. Hier erhält man ebenfalls die Vorteile der Hebelung von Kursgewinnen. Und wenn die gekauften Aktien stattdessen stark fallen, werden die Verluste wegen der Besicherung des Kredits nur mit den Aktien ab einem Punkt unerheblich für den Schuldner. Relativ billig kann man eine solche Nonrecourse-Hebelung über im Geld stehende Call-Optionen realisieren.*[150]

Manchmal übersehen Anleger den Nonrecourse-Charakter der Schulden eines Unternehmens, sodass sie die Aktie für riskanter halten, als sie eigentlich ist. Dadurch entstehen Chancen für Marktteilnehmer, die sorgfältiger recherchieren. Beim Immobilienabschwung ab 2007 zum Beispiel hielt Martin Whitman eine Beteiligung an der Immobiliengesellschaft Forest City Enterprises. Deren Aktien waren von 70 Dollar im Mai 2007 auf weniger als 4 Dollar im März 2009 gesunken. Also dürften Anleger den Nonrecourse-Charakter der Verschuldung von Forest City entweder übersehen oder absichtlich ignoriert haben. Ähnlich erwähnte ein Fonds-Informationsblatt von Third Avenue Funds kurz die Begründungen für die Engagements der Fondsgesellschaft bei Brookfield Asset Management und Forest City: »Diese Unternehmen arbeiten zwar mit Verschuldung, doch die Bedingungen dafür sind relativ konservativ, etwa aufgrund von Nonrecourse-Vereinbarungen und gestaffelten Fälligkeiten.« Bis April 2011 stiegen die Aktien von Forest City wieder auf 19 Dollar.

Bei der Beschäftigung mit Anlagemöglichkeiten im Bereich Abriss-Aktien kommt es also entscheidend auf den Charakter der Schulden des jeweiligen Unternehmen an. Dass für Aktionäre erhöhte Risiken bestehen, wenn die Schulden in der Hand von aggressiven Anlegern liegen, habe ich bereits erklärt. Die Rangfolge weiterer Schuldenmerkmale nach ihrer Bedeutung als Gefahr für Aktionäre würde ich wie folgt sehen: Das größte Risiko liegt im Fälligkeitsprofil, denn kurzfristig anstehende Tilgungen erfordern erhebliche Barmittel. Wenn weithin bekannt wird, dass ein Unternehmen kommende Fälligkeiten nicht bedienen kann, ist eine Refinanzierung über neue Schulden oft nur zu sehr ungünstigen Konditionen möglich.

Der zweitwichtigste Risikofaktor für Aktionäre sind die Covenants in den Kreditvereinbarungen. Paradoxerweise sind die eigentlich dafür gedacht, Gläubiger vor den Folgen einer Verschlechterung der geschäftlichen und finanziellen Lage zu schützen – in der Praxis aber können sie den Niedergang beschleunigen und sogar grundsätzlich solvente Unternehmen zahlungsunfähig machen. Soweit Gläubiger nicht an der Übernahme der Aktien interessiert sind, ist es für sie deshalb wenig sinnvoll, strenge Covenants vorzugeben. Wenn es zu einem Covenant-Bruch kommt, kann der Gläubiger das Unternehmen für insolvent erklären oder den Bruch billigen. Da eine Pleite meist nicht in seinem Interesse liegt, werden Covenants häufig nur dafür genutzt, den Besitzern von Aktien einen Teil des Werts abzunehmen. Wenn dagegen ein Gläubiger trotz Zugeständnissen des Schuldners seine Billigung verweigert, können Cross-Default-Klauseln aktiviert werden, sodass sämtliche Schulden des Unternehmens sofort fällig werden. Ich sehe die Risiken durch Covenants deshalb hautsächlich erst an zweiter Stelle nach den Fälligkeiten, weil die Billigung eines Covenant-Bruchs den Gläubiger keinen erwarteten Cash-Zufluss kostet. Viele Gläubiger erklären einen Schuldner erst dann für insolvent, wenn tatsächlich eine fällige Zahlung ausbleibt.

Kevin Murphy, Manager beim Schroders-Fonds Specialist Value UK Equities, erklärt Feinheiten zum Thema Covenant-Verletzungen anhand des Beispiels der Juwelierkette Signet:

> *Wenn man sich mit vielen Einzelhändlern und notleidenden Unternehmen beschäftigt hat, bekommt man ein Gefühl dafür, worauf ihre Banken achten – zum Beispiel wie weit sie Unternehmen entgegenkommen, die vorübergehende Probleme haben, und welche Bedingungen sie dafür stellen. Bei Signet gab es einen Covenant für den Zinsdeckungsgrad, aber auch hohe Lagerbestände in Form von Gold, Schmuck und Uhren, die zur Beruhigung der Banken schnell liquidiert werden konnten. Tatsächlich war eine Billigung des Covenant-Bruchs erforderlich, aber die Strafe dafür würde gering ausfallen. Es war weder damit zu rechnen, dass die Banken Optionsscheine verlangen, noch mit einer Aktienemission.*[151]

Als letztes Risiko folgt in meiner Rangliste das Risiko durch Zinszahlungen. Auch Zinsen bedeuten normalerweise einen Mittelzufluss für den Kreditgeber, sodass sie sogar wichtiger sein können als Covenants. Doch für die meisten notleidenden Unternehmen ist es einfacher, Zinszahlungen zu leisten, als ihre Covenants einzuhalten. Um anstehende Zinsen zu bezahlen, kann ein unprofitables Unternehmen die Effizienz seines Umlaufvermögens steigern oder Aktiva verkaufen, die nicht zum Kerngeschäft zählen; hinsichtlich der Covenants aber kann es ihm an Handlungsmöglichkeiten fehlen. Allerdings sind auch nicht alle Zinslasten gleichermaßen gravierend. So kann vereinbart sein, dass Zinsen verspätet oder in Aktien bezahlt werden können, wobei dies bei Vorzugsaktien häufiger der Fall ist als bei Krediten. Allgemein sehe ich feste Zinszahlungen als weniger riskant an als solche mit variablem Zinssatz, auch wenn die zweite Variante oft eine niedrigere Effektivverzinsung bedeutet: Wenn ein Unternehmen in eine Krise gerät, ist es besser, feste Verpflichtungen zu haben als solche, die sich aufgrund von Faktoren, welche außerhalb der Kontrolle des Unternehmens liegen, plötzlich erhöhen können.

Zusammenfassung

Die zehn wichtigsten Punkte aus diesem Kapitel

1. Die Renditen von passiver Geldanlage bei hoch verschuldeten Unternehmen sagen wenig über die grundsätzlichen Vorteile dieses Ansatzes aus. Entscheidend dürfte in diesem Zusammenhang eher die mit großer Wahrscheinlichkeit hohe Streuung der Renditen sein.
2. Die Bedeutung von gutem Urteilsvermögen auf diesem Gebiet lässt sich kaum überschätzen. Selbst wenn alle Anleger über umfassende Daten zu allen Abriss-Aktien verfügten, würden sich ihre Anlageentscheidungen – und damit auch ihre Ergebnisse – deutlich voneinander unterscheiden.
3. Wenn sich die eigene Beurteilung als korrekt herausgestellt hat, sollte man daraus keine zu weit reichenden Schlüsse ziehen. Die mit Abriss-Aktien möglichen Gewinne können auf erfolgreiche Anleger eine berauschende Wirkung haben.
4. Aufgrund der überproportionalen Gewinnmöglichkeiten bei hoch verschuldeten Unternehmen kann es ausreichen, wenn die Erfolgswahrscheinlichkeit jeder Einzelentscheidungen deutlich unter 50 Prozent liegt. Wegen der geringeren Trefferquote sind jedoch mehr Einzelfälle erforderlich, um die Wahrscheinlichkeit für Erfolg einigermaßen sicher im Voraus beurteilen zu können.
5. Hilfreich ist es, die eigenen Anlagethesen auf Papier festzuhalten – und sie dann mit der Zeit zu überprüfen und zu überarbeiten. Bei verschuldeten Unternehmen kann Erfahrung der wichtigste Aktivposten sein, wenn sie richtig eingesetzt wird. Diese Einschränkung ist wichtig, denn es besteht auch die Gefahr, dass Anleger zu viel lernen.
6. Anleger neigen dazu, sich statt mit einer Bandbreite an Möglichkeiten nur mit dem wahrscheinlichsten Ergebnis zu beschäftigen. Dies ist eine wichtige Hürde für Erfolg bei Investitionen in Aktien hoch verschuldeter Unternehmen.
7. Wenn man sich tatsächlich in das tückische, aber potenziell sehr lukrative Terrain der Abriss-Aktien vorwagen möchte, ist einer der wichtigsten Punkte die Frage, in wessen Händen die Schulden in der Bilanz eines Unternehmens liegen.

8. Für Screening-Zwecke unterscheide ich zwischen zwei Arten von Abriss-Aktien: Erstens suche ich nach börsennotierten Unternehmen, die von vornherein als solche angelegt waren, also im Prinzip über Private Equity finanzierten Unternehmen ähneln. Zweitens interessiere ich mich für Unternehmen, die erst aufgrund von Problemen zu Abriss-Aktien geworden sind.
9. Meiner Erfahrung nach bieten branchenweite Verkaufswellen bessere Anlagechancen als unternehmensspezifische Krisen. Ein einzelnes Unternehmen kann so sehr ins Straucheln geraten, dass eine Werterholung unmöglich wird; ganze Branchen aber verschwinden nur selten.
10. Manchmal ignoriert der Markt die Tatsache, dass Gläubiger nur begrenzte Zugriffsrechte auf Unternehmensaktiva haben, sodass das Eigenkapital riskanter erscheint, als es eigentlich ist. Dadurch entstehen Chancen für Anleger, die genauer hinsehen.

Kapitel 10: Value-Investitionen im internationalen Bereich

Suchen nach Anlagechancen jenseits der eigenen Grenzen

> Man sollte die Welt der Geldanlage als ein großes Meer begreifen und dort kaufen, wo man den höchsten Gegenwert für sein Geld bekommt.
>
> Sir John Templeton

Eine der vielen weisen Äußerungen des philosophierenden Baseball-Spielers Yogi Berra lautet: »Die Zukunft ist auch nicht mehr das, was sie mal war.« Tatsächlich hat sich die Zukunft internationaler Aktien in Bezug auf ihre Wahrnehmung wie auf die Realität in den vergangenen Jahrzehnten enorm verändert. In vielerlei Hinsicht scheinen Anleger internationale Anlagemöglichkeiten heute realistischer zu sehen als früher. Möglich wurde dies durch die rapide Zunahme an verfügbaren Informationen über Märkte in aller Welt, niedrigere Transaktionskosten, das Platzen mehrerer Blasen, die Erfahrung mehrerer Krisen sowie die Erkenntnis, dass Volkswirtschaften und Märkte heute stärker miteinander vernetzt sind als je zuvor.

Die meisten der in diesem Buch erläuterten Punkte haben weltweit Gültigkeit. Trotzdem weisen lokale Märkte rund um den Globus immer noch eine Reihe von Eigenheiten auf. Deshalb erscheint es durchaus sinnvoll, sich genauer mit den Chancen und Risiken von Geldanlage jenseits der Heimat, den damit zusammenhängenden Währungsfragen, den speziellen Risikofaktoren sowie praktischen Methoden, mit denen Anleger internationale Wertpapiere in ihren Anlageprozess aufnehmen können, zu beschäftigen.

Für dieses Buch habe ich Gespräche mit führenden Anlagemanagern in aller Welt geführt. Die meisten von ihnen ließen dabei die Ansicht erkennen, dass die Gemeinsamkeiten der globalen Märkte ihre Unterschiede überwiegen. »Die Grundprinzipien von solider Geldanlage gelten in Japan genauso wie überall sonst auf der Welt«, sagt zum Beispiel einer der führenden Fondsmanager Japans, Scott Callon von Ichigo Asset Management.[152] Auch die Anlagetätigkeit von Berkshire Hathaway in jüngerer Vergangenheit spricht für diese Ansicht, denn Warren Buffett sucht Investitionen, die seine Kriterien erfüllen, zunehmend außerhalb der Grenzen der USA. Auf diese Weise hat er Gelegenheiten in vielen Märkten weltweit gefunden, vor allem in Europa, Israel, Korea und sogar China.

Die Welt der Aktienanlage sollte als »grenzenlos« verstanden werden, meint auch Guy Spier: »Ich glaube, dass das die bessere Perspektive ist. Ich interessiere mich nicht allzu sehr dafür, wo ein Unternehmen seinen Sitz hat. Wichtiger finde ich, die geschäftlichen Qualitäten zu finden, die ich verlange, um mich für eine Investition zu entscheiden. In den USA ist das zwar einfacher. Trotzdem wäre es verrückt, wenn Anleger die Suche nach hervorragenden Anlagemöglichkeiten an der Grenze des Landes einstellen würden, in dem sie zufällig leben.«[153]

Der physische Firmensitz und die Börsennotierung eines globalen Unternehmens hat ohnehin oft wenig Aussagekraft über das Ausmaß seiner geografischen Präsenz. Thomas Gayner erzählt dazu die folgende Anekdote:

> *Wenn ich nach unserem globalen Anlageansatz gefragt werde, antworte ich meist mit einer Gegenfrage: Ich nenne zwei Unternehmen und sage dazu, beide produzieren Motoren und bewegen Sachen durch die Gegend – eines ist Caterpillar, das andere Honda. Dann frage ich, welches*

davon das internationale und welches das inländische ist. Je nachdem, wie ich gerade gelaunt bin, gebe ich für die Antwort entweder die Note 1 oder eine 6. Caterpillar hat seinen Hauptsitz zwar in Peoria im US-Bundesstaat Illinois, macht aber mehr Umsatz außerhalb als innerhalb der USA. Honda wiederum hat seinen Sitz in Japan, aber die USA sind, soweit ich weiß, trotzdem der größte Markt des Unternehmens. In den Kontoauszügen Ihres Brokers oder Tortendiagrammen zur geografischen Verteilung wird Caterpillar wahrscheinlich als US-Unternehmen aufgeführt und Honda als ausländisches. Ich halte diese Unterscheidung für oberflächlich und für keine gute Antwort auf die Frage, ob man international investiert ist oder nicht.[154]

Auch wenn man sich die Philosophien von Anlegern rund um die Welt anschaut, wird schnell klar, dass ihre Erfolgsfaktoren mit Geografie nichts zu tun haben. Dazu Nick Kirrage, Manager beim Schroders-Fonds Specialist Value UK Equities: »Value-Investing ist eine Sammlung von Regeln, um etwas zu quantifizieren, das im Grunde eigentlich sehr einfach ist: menschliches Verhalten. Im Kern ist es eine behavioristische Methode. Auf ein niedriges Kurs-Gewinn-Verhältnis oder ähnliche Kennzahlen dieser Art zu achten bedeutet letztlich nur, den psychologischen Effekt von Angst und Gier zu erfassen. Und den gibt es in Großbritannien ebenso wie in den USA, Kontinentaleuropa oder Asien.«[155]

Wie der Ansatz funktioniert

Viele Studien bestätigen, dass sich durch die Aufnahme ausländischer Aktien das Risiko-Rendite-Profil von Portfolios verbessern lässt – entweder weil die Rendite bei gleicher Volatilität höher wird oder weil eine bestimmte Rendite mit weniger Volatilität zu haben ist. Natürlich können die individuellen Erfahrungen stark variieren, denn sie hängen von den gewählten Ländern, Timing, Transaktionskosten, Umschlagsgeschwindigkeit und anderen Faktoren ab. Geldanlage im Ausland ist kein Patentrezept, ebenso wenig aber sollte sie grundsätzlich ausgeschlossen werden. Wer weltweit aktiv ist, versetzt sich in die Lage, mehr von dem zu finden, was er ohnehin sucht. Wenn der eigene Anlageansatz zum Beispiel darin besteht, hervorragende Unternehmen zu vernünftigen Kursen zu identifizieren, erhöht sich die Auswahl, wenn man sich nicht von Landesgrenzen aufhalten lässt. In den meisten Ländern gibt es wunderbare Unternehmen, am ehesten aber vielleicht in Deutschland, Israel, der Schweiz und Großbritannien. Selbst in Japan finden sich viele Unternehmen mit starkem weltweiten Geschäft, deren Kapitalrenditen deutlich über dem japanischen Durchschnitt liegen.[156]

Auf die Unterschiede achten

Viele Anleger scheinen den Fehler zu machen, davon auszugehen, dass ausländische Märkte denen in ihrer Heimat in jeder wichtigen Hinsicht gleichen, insbesondere bei Fragen von Corporate Governance. Leider aber verändern sich Governance-Praktiken nur langsam und lassen sich von außen vielleicht kaum beeinflussen. Aus diesem Grund müssen sich Anleger entscheiden: Entweder sie verzichten ganz auf Investitionen in bestimmten Ländern – oder sie passen ihren Ansatz den lokalen Gegebenheiten an. Der wichtigste Stellhebel ist in diesem Fall der Preis: Welche Bewertung man einem Unternehmen zugesteht, ist einer der wenigen Faktoren in einem Anlageprozess, den man komplett selbst bestimmen kann. Denn wenn eine Aktie nicht unseren Preisvorstellungen entspricht, können wir ganz einfach beschließen, sie nicht in unser Portfolio aufzunehmen.

Wer im Zusammenhang mit Investieren im Ausland akzeptiert, dass manche Hebel wie eben Corporate Governance schwerer zu bewegen sind als andere, wie die eigene Zahlungsbereitschaft, kann sich viele Probleme ersparen. Dazu Tim McElvaine:

> *Anfangs habe ich den gleichen Fehler gemacht wie andere wahrscheinlich auch: Man geht davon aus, dass die Japaner etwas falsch machen, dass sie das irgendwann bemerken und dann auf nordamerikanische Methoden, den American Way, umsteigen werden. Oder man glaubt, dass man jemandem nur oft genug sagen muss, dass er etwas anders machen soll, und dann tut er es schon. Ich glaube aber nicht, dass das in Japan funktioniert. Wenn Sie auf bessere Corporate Governance in Japan wetten möchten, sollten Sie Ihr Portfolio deshalb vielleicht etwas anders*

gestalten als ich. Ich denke hier inzwischen eher »Na gut, so läuft es hier eben und ich muss nur darauf achten, dass ich das bei dem Preis, den ich bezahle, berücksichtige.«[157]

Der Wert der Auswahl

Auf der Suche nach Geldanlagemöglichkeiten die ganze Welt miteinbeziehen, bedeutet eine kostenlose Option darauf, vielleicht weniger bezahlen zu müssen als auf dem Heimatmarkt. Zwar sind zwei Aktien nie völlig gleich, doch ähnliche Unternehmen aus verschiedenen Ländern werden häufig zu sehr unterschiedlichen Bewertungen gehandelt. Wenn zum Beispiel ein ganzes Land unbeliebt wird, verkaufen viele Anleger ihre gesamten Positionen dort oder denken nicht mehr über einen Einstieg nach. Ob Argentinien oder Griechenland – manche Länder bekommen ein Stigma, das es für viele Anleger schwierig macht, überhaupt noch bis zu den dortigen Unternehmen zu blicken. Dabei kann es sich sehr lohnen: Soo Chuen Tan präsentierte auf der ValueConferences-Veranstaltung im Jahr 2012 eine Fallstudie über ein griechisches Unternehmen; damals hatten viele Anleger das Land bereits komplett abgeschrieben. Das von Tan vorgestellte Unternehmen verfügte über solide Aktiva mit gut berechenbaren Cashflows, die von der Finanzkrise im Land kaum in Mitleidenschaft gezogen wurden. Als sich manche Anleger langsam wieder nach Griechenland zurückwagten, setzte eine Neubewertung der Aktiva ein, sodass sie ihrem inneren Wert näher kamen. Wer bereit war, trotz des allgemeinen Angstumfelds das Unternehmen selbst zu analysieren, konnte also hohe Gewinne verzeichnen.

Ebenfalls im Jahr 2012 waren billige Nettoumlaufvermögen im Sinn von Benjamin Graham vor allem in Japan zu finden. Nach zwei Jahrzehnten unterdurchschnittlicher Performance haben die meisten Anleger diesem Land den Rücken gekehrt. Selbst überzeugte Value-Anleger werden irgendwann müde, denn viele schwache Jahre in Folge lassen das Kundenvermögen schrumpfen und nagen am persönlichen Glauben an den gewählten Anlageansatz. Wie sonst sollte man die großen Unterschiede bei der Zahl der Net-Net-Gelegenheiten zwischen den USA und Japan erklären können?

Die Unterschiede werden sogar noch augenfälliger, wenn man bedenkt, dass Unternehmen, die zu einem Abschlag gegenüber ihrem Nettoumlaufvermögen gehandelt werden, in Japan im Durchschnitt offenbar von höherer Qualität waren als Net-Nets in den USA. Letztere verloren in den meisten Fällen Geld, während die japanischen weiterhin Geld verdienten und Liquidität generierten. Ende 2012 kommentierte Mohnish Pabrai die Lage so: »Japan ist der billigste Markt der Welt. Wenn man dort gezielt nach den Screening-Kriterien von Benjamin Graham filtert, ist es die Net-Net-Hauptstadt der Welt. Und an diesen Unternehmen selbst ist nichts Falsches. Das Einzige, was sich dahinter verbirgt, ist menschliche Psychologie. Ende der 1980er- und Anfang der 1990er-Jahre war der Nikkei sehr überbewertet. Heute ist er extrem unterbewertet und darin liegt die Gelegenheit.«

Zur Erläuterung nannte Pabrai auf der Konferenz Japan Investing Summit 2012 das Beispiel des japanischen Unternehmens Nakakita Seisakusho:

> *Die Marktkapitalisierung beträgt 98 Millionen Dollar und das Unternehmen existiert seit 1930. Sein wenig aufregendes Geschäft besteht hauptsächlich aus Produktion und Verkauf von Ventilen und Fernsteuerungen für Schiffe und Kraftwerke. In der Bilanz stehen mehr als 100 Millionen Dollar an liquiden Mitteln. Von 1979 bis heute hat das Unternehmen noch nie Geld verloren. Es hat 2008 ebenso Geld verdient wie 2007 und 2009. Trotz verschiedener Rezessionen lag der freie Cashflow pro Jahr immer zwischen 10 und 15 Millionen Dollar; der aktuelle Umsatz beträgt rund 270 Millionen Dollar. Tatsächlich wird auch ein ansehnlicher Betrag ausgeschüttet, sodass die Dividendenrendite der Aktie rund 5 Prozent beträgt.*[158]

Ein weiteres Beispiel für die jenseits der eigenen Grenzen vergrößerte Auswahl ist die australische Holdinggesellschaft Vealls. Ihr gehört nicht nur eine einzigartige Ansammlung von Aktiva, sondern sie bietet Anlegern traditionell die Chance, diese Aktiva zu einem Abschlag gegenüber ihrem Buchwert zu kaufen. Der Neuseeländer Christopher Swasbrook hat die Geschichte des Unternehmens bis zur Börsenplatzierung durch den einflussreichen australischen Geschäftsmann Sir Ian Potter im Jahr 1951 zurückverfolgt. In den 1980er-Jahren ließ Vealls seine Wurzeln als Anbieter von Elektrogeräten hinter sich und begann damit, verfügbares Kapital in australisches Ackerland zu reinvestieren. Mit den Jahren kamen noch eine Skipiste in Neuseeland und ein Eichenwald in Frankreich hinzu, und während all dem lief zusätzlich ein erheblicher Bestand an Barmitteln auf. Laut Swasbrook ist die Führungsspitze von Vealls »sehr, sehr sorgfältig mit dem vorhandenen Kapital umgegangen. Sie zahlt sich keine übertrieben hohen Gehälter. Sie macht nichts davon, was bei Unternehmen im Familienbesitz sonst häufig passiert.«[159]

Investieren in internationale Aktien: Richtiges Vorgehen und häufige Fehler

Von Warren Buffett stammt unter anderem das Konzept des »Kompetenzkreises«. Normalerweise wird es in Zusammenhang mit Branchen angewandt, doch es hat auch Bedeutung für Fragen der internationalen Geldanlage: Weil Börsen weltweit so viel gemeinsam haben, besteht für Anleger die Gefahr, dass sie sich für jede von ihnen für gleichermaßen kompetent halten. Das jedoch wäre ein Fehler, erklärt Eric Khrom, Managing Partner bei Khrom Capital Management – und rät dazu, sich möglichst aus Ländern fernzuhalten, in denen man zu den am wenigsten informierten Marktteilnehmern gehören würde. Als Beispiel für ein Land, in dem er selbst nicht investieren würde, nennt er Venezuela: »Das Problem mit Venezuela ist, dass es wahrscheinlich eine der Regeln für meinen Anlageprozess verletzen würde, nämlich: Achte darauf, dass du nie der Dümmste am Tisch bist. Bis ich so gut im Bild wäre wie einer der Großaktionäre eines venezolanischen Unternehmens, würde wahrscheinlich viel Zeit – Jahre – vergehen. Für mich reicht das schon aus, um das Land zu vermeiden und mich nicht damit zu beschäftigen.«[160]

Gehen Sie nicht davon aus, dass Sie sich auskennen

Auch wenn die Kernprinzipien der Geldanlage weltweit gleich sind, kann es sinnvoll sein, den Schwerpunkt der eigenen Untersuchungen auf die

Besonderheiten des jeweiligen Markts abzustimmen. Guy Spier rät in diesem Zusammenhang,

> *nicht davon auszugehen, dass die Anlagebedingungen im Heimatland dieselben sind wie in dem Land, in dem eine Investition erfolgen soll. Ich habe das schon aus beiden Richtungen gesehen. In den USA haben die Anleger bestimmte Annahmen darüber, wie Manager von ausländischen Unternehmen Kapital verteilen; ebenso gibt es Annahmen, an welche Standards sich die Manager gebunden fühlen. Aber nicht alle Manager wollen als die besten Kapitalallokatoren in die Geschichte eingehen. In manchen Ländern gilt es als normal, räuberisch und gierig zu sein. Ein Beispiel dafür ist vielleicht Russland. Gleichzeitig gibt es Länder wie die Schweiz. Von denen würde ich sagen, dort gibt es eine ausgeprägtere Moral, nur bescheidene Gehälter zu nehmen und wirklich im besten Interesse der Aktionäre zu handeln, als in den USA mit ihren bereits sehr hohen Standards.*[161]

Aus Spiers Beobachtung lassen sich für den Anlageprozess von weltweit aktiven Anlegern mehrere Schlussfolgerungen ziehen. Erstens lohnt es sich, für die Analysen in jedem Land oder jeder Region eine eigene Ausgangsbasis zu verwenden. Wer eine russische Aktie analysiert, sollte vielleicht zunächst von einem höheren Risiko im Bereich Corporate Governance ausgehen als bei einem typischen Schweizer Unternehmen. Dadurch verlagert er die Beweislast und schärft so den Blick bei der eigenen Analyse: Wenn das russische Unternehmen nicht Merkmale aufweist, die es in Bezug auf Corporate Governance klar vom russischen Durchschnitt abheben, sollte man es vielleicht lieber links liegen lassen oder zumindest einen höheren Abschlag zum geschätzten Wert verlangen als üblich.

Zweitens sollte man nicht den Fehler machen, Anlagekandidaten auszuschließen, nur weil sie sich auf eine für den Kern der Anlageüberlegungen unerhebliche Weise von inländischen unterscheiden. Bei Schnäppchen im Graham-Stil aus Japan etwa könnte man sich daran stören, dass ihre Manager bei der Kapitalallokation anders arbeiten, als es in den USA üblich ist. Doch wer sie deshalb außer Acht lässt, dem entgehen womöglich hochinteressante Gelegenheiten. Denn bei solchen Net-Nets können Cash-Generierung im operativen Geschäft, eine ansehnliche Dividende und ein ehrliches Management durchaus ausreichen, um einen Einstieg klar lohnenswert erscheinen zu lassen. Kapitalallokation im US-Stil wäre ein nettes Extra, doch wenn der Kaufpreis hinreichend niedrig ist, sollte man sie weder verlangen noch darauf hoffen.

Drittens lässt sich Spiers auf Managementfragen bezogene Beobachtung auch auf andere Bereiche anwenden, etwa auf das regulatorische Umfeld, die Transparenz der Finanzberichterstattung und die wichtigsten Merkmale der Geschäftsmodelle von Unternehmen. Selbst wenn ein ausländisches Unternehmen in derselben Branche arbeitet wie ein amerikanisches, kann sein Geschäftsmodell deutlich anders aussehen. Beispielsweise könnten die Cashflows eines kommerziellen Bildungsanbieters aus den USA wenig Ähnlichkeit mit denen eines ähnlichen Unternehmens in Singapur haben. Und allgemein kann die Marktposition eines Anbieters von nicht exportierbaren Dienstleistungen in einem Land, in dem diese Dienstleistungen reichlich und billig zur Verfügung stehen, deutlich schwächer sein als in einem ähnlichen Land wie der Schweiz, wo selbst einfache lokale Dienste wie Reinigung von Kleidung oder Gartenpflege nur zu Spitzenpreisen zu haben sind.

Die Nachteile der Jagd nach Wachstum in Schwellenländern

Mit die größten Enttäuschungen für weltweit aktive Anleger können durch unrealistische Erwartungen in Bezug auf die in Schwellenländern möglichen Renditen entstehen. Allein die Erwähnung der Größe des chinesischen Marktes – eine Milliarde Menschen – lässt vielen Anlegern das Wasser im Mund zusammenlaufen. So gesehen ist es kein Wunder, dass chinesische Betrüger vielen US-Anlegern über Börsengänge mittels umgekehrter Fusionen das Geld aus der Tasche ziehen konnten. Wenn ungehemmter Optimismus herrscht, wird eine rationale Risikobewertung fast unmöglich.

Investmentbanken der Verkäuferseite tragen eine Mitschuld an der Begeisterung von Anlegern für vielversprechende, aber gefährliche Märkte. Die eingängige Bezeichnung BRICs führte unweigerlich zu einer Erhöhung des Ansehens – und der Börsenwerte – von Unternehmen in den darin zusammengefassten vier großen Schwellen-Wachstumsländern Brasilien, Russland, Indien und China. Bis 2012 hatte Russland westliche Aktienanleger schon wieder bitter enttäuscht. Viele intelligente Anleger wetten außerdem darauf, dass enorme Ungleichgewichte auch in China zu einem Zusammenbruch führen werden.

Bei der Jagd nach Wachstum sind manche Anleger nur zu gern bereit, die zu erwartenden Kapitalrenditen in schnell wachsenden, aber stark umkämpften und kapitalintensiven Branchen zu ignorieren. Rahul Saraogi berichtet von einem bemerkenswerten Phänomen in Zusammenhang mit Aktivitäten von ausländischen Anlegern auf seinem Heimatmarkt:

> *Da ich mich derzeit auf Indien konzentriere, nenne ich ein paar indische Beispiele. Ich finde merkwürdig, dass Anleger sich darum reißen, große Summen Geld in Branchen wie Telekommunikation, Infrastruktur und dergleichen zu investieren. In Indien gibt es sechs vollwertige Telekomanbieter, deren Netze für ganz Indien bereits fertiggestellt sind. In der Telekombranche erfolgen alle Investitionen im Voraus, die Grenzkosten für Anrufe liegen dann bei fast null. Um zu überleben, müssen Telekomunternehmen außerdem ständig Geld für die Erweiterung und Modernisierung ihrer Netze ausgeben. Dadurch generieren sie fast nie freie liquide Mittel und gehen irgendwann an ihrer Schuldenlast zugrunde. Trotzdem hört man, wie die besten Analysten und Fondsmanager nur über Kundenwachstum, Marktdurchdringung, Durchschnittsumsatz pro Kunde, Gewinnzahlen, Werbekampagnen, Marken etc. sprechen. Letztlich werden Telekomunternehmen zusammengenommen nie in der Lage sein, das bei ihnen angelegte Kapital zu vermehren, und ein Großteil davon wird verloren gehen. Trotzdem entwickeln sich ihre Aktien im Testosteronrausch von schnellem »Wachstum«, steigenden Kundenzahlen und vergrößerten Netzen recht gut, sodass die Unternehmen bei jeder Gelegenheit neues Kapital aufnehmen können (was natürlich damit gerechtfertigt wird, dass die fantastischen Wachstumschancen genutzt werden sollen).*[162]

In einer immer stärker vernetzten Welt wird es für Länder wie Indien oder China immer schwieriger, ihr starkes Wachstum aufrechtzuerhalten, während wichtige westliche Märkte in die Rezession geraten. Die chinesische Wirtschaft ist in der Finanzkrise 2008 und 2009 trotz der stark sinkenden US-Nachfrage nach chinesischen Gütern weiter gewachsen. Um die Folgen der Schwäche in den USA auszugleichen, hat die Regierung des Landes jedoch offenbar Investitionen in Immobilien mit zweifelhaften Kapitalrenditen gefördert. Wenn die Wachstumsgeschichte eines Schwellenlandes beginnt, nicht mehr recht zu den Realitäten eines integrierten Weltmarkts zu passen, sollten Anleger ihre optimistischen Annahmen vielleicht noch einmal überdenken.

Geld verdienen trotz schwieriger Demografie

Anleger mit Sitz in den USA übersehen manchmal die Tatsache, dass sie sich in einem Land mit einer der günstigsten demografischen Entwicklungen aller Industrienationen befinden. Die Durchschnittsgröße von US-Haushalten ist zwar von 3,7 im Jahr 1930 auf 2,6 in 2010 zurückgegangen; in den vergangenen zwei Jahrzehnten aber blieb sie stabil und ist zuletzt offenbar sogar etwas gestiegen.[163] Die entsprechenden Durchschnittswerte in Frankreich und Deutschland sind 2,2 und 2,0.[164] Noch wichtiger als die Haushaltsgröße, die von kulturellen Faktoren beeinflusst sein kann, könnte jedoch das Bevölkerungswachstum und die Form der Bevölkerungspyramide sein. Die Bevölkerung der USA nahm 2011 um 0,96 Prozent zu, mehr als in Frankreich, wo der Zuwachs nur 0,50 Prozent betrug; in Deutschland schrumpfte die Bevölkerung um 0,21 Prozent und in Japan um 0,28 Prozent.[165] Die US-Bevölkerungspyramide ist zudem weniger toplastig als die anderer westlicher Staaten, was einen weiteren demografischen Vorteil darstellt. Allerdings haben fast alle Industrienationen mit Verpflichtungen gegenüber ihren alternden Bevölkerungen zu kämpfen.

Fast nirgendwo aber ist die Bevölkerungsentwicklung so beunruhigend wie in Japan. Vielleicht etwas überraschend, erreichte die Zahl aller Einwohner dort im Jahr 2012 mit 127 Millionen Menschen beinahe einen Rekord. Rückgänge wurden bislang aber nur durch die zunehmende Alterung der japanischen Bevölkerung verhindert. Im Jahr 2010 lag der Anteil von Personen im Alter ab 65 Jahren bei 23 Prozent, nach 20 Prozent in 2005 und 10 Prozent in 1985.[166] Die Bevölkerungszahl ist also im vergangenen Jahrzehnt in etwa stabil geblieben, doch die Zahl der Personen in wichtigen Konsumkategorien ging stark zurück.

Anhaltende Rückgänge bei der Zahl der potenziellen Kunden machen die Bewertung von Unternehmen ausgesprochen schwierig. Welches Vielfache des aktuellen Gewinns sollte ein Anleger für ein Unternehmen bezahlen, dessen Kundenbasis mit der Zeit zu schwinden droht? Sollte man künftige Erhöhungen der Unternehmenssteuern einberechnen, die möglicherweise gebraucht werden, damit die Regierung ihre Verpflichtungen gegenüber der älter werdenden Bevölkerung erfüllen kann? Sollte man berücksichtigen, dass Japan trotz kultureller Vorbehalte vielleicht Einwanderer ins Land holen wird, um den Rückgang bei der arbeitsfähigen Bevölkerung auszugleichen? Diese und andere schwierige Fragen halten viele ausländische Anleger davon ab, Kapital in Japan zu investieren – vielleicht so sehr, dass dortige Aktien nach zwei Jahrzehnten mit sinkenden Kursen mittlerweile unterbewertet sind. Von seinem Höchststand bei 38.957 Punkten im Jahr 1989 ist der Index Nikkei-225 auf 10.900 in 2013 gefallen – ein erstaunlicher Rückgang, wenn man bedenkt, dass die Indizes der meisten anderen Industrienationen im selben Zeitraum gestiegen sind.[167]

Die Herausforderung durch demografische Faktoren ist eine Bestätigung dafür, wie wichtig es ist, die Fundamentaldaten mit den herrschenden Erwartungen abzugleichen. Dieses Konzept haben Alfred Rappaport und Michael Mauboussin in ihrem Buch *Expectations Investing* erklärt: Wenn die in einem Aktienkurs enthaltenen Erwartungen deutlich negativer sind als die wahrscheinlichen Fundamentaldaten, kann eine Kaufgelegenheit vorliegen. Genauso scheint es laut Scott Callon in Japan auszusehen:

> *Wenn die Bevölkerung schrumpft, dürften auch die Einzelhandelsumsätze zurückgehen. Wir halten eine Reihe von sehr guten Einzelhändlern und prognostizieren für sie nur sehr geringes zukünftiges Wachstum. Wenn die Marktkapitalisierung allerdings zu 60 bis 70 Prozent von Barbeständen gedeckt ist, wenn eine dominierende Marktstellung signifikant positive Cashflows ermöglicht und das Preis-Buchwert-Verhältnis klar unter 1 liegt, kann man eine starke Verschlechterung auf Makroebene annehmen und trotzdem noch mit einer vernünftigen Rendite rechnen. Tatsächlich stellen wir häufig fest, dass die demografischen*

Belastungen übermäßig eingepreist werden und dass die in die Aktienkurse von bestimmten Unternehmen einfließenden Negativszenarien weitaus extremer sind als das, was tatsächlich passiert.[168]

Howard Smith sieht das ähnlich: »Japan ist ein billiger Markt mit vielen Cash generierenden Unternehmen und vielen liquiden Aktiva in den Bilanzen. Unserer Ansicht nach bietet das Land reichlich Möglichkeiten, interessante Value-Ideen zu finden.«[169]

Praktische Überlegungen zum Handel

Elektronischer Handel, die globale Präsenz großer Banken und Brokerfirmen sowie eine zunehmende Vereinheitlichung der Regeln an den wichtigsten Börsen weltweit bedeuten, dass Direktinvestitionen von Ausländern in lokalen Aktienmärkten immer weniger im Wege steht. »Die Transaktionskosten in den internationalen Märkten sind mit der Zeit gesunken, also dürften sie kein großes Problem mehr darstellen. Ich bin ein ›Buy and hold‹-Anleger und meine durchschnittliche Haltedauer liegt bei drei Jahren. Soweit Transaktionskosten irgendwo etwas höher sind, ist das für mich kein Hinderungsgrund«, berichtet Guy Spier.[170]

Wie Spier weiter erklärt, sind mögliche praktische Schwächen bestimmter Märkte umso weniger bedeutsam, je länger der Zeithorizont eines Anlegers ist: Weil eine längere Haltedauer eine höhere erwartete Bruttorendite bedeutet, sinkt die relative Bedeutung von Illiquidität und höheren Transaktionskosten in dem Maß, in dem sich der Anlagehorizont verlängert. Dadurch steigen die Anforderungen an die Analyse etwas – man möchte ja vermeiden, sich kurz nach dem Einstieg in ein illiquides Wertpapier aus dem Ausland wieder umentscheiden zu müssen. Doch wenn die Sicherheitsmarge als ausreichend hoch bewertet wird, um eine Investition selbst dann lohnenswert erscheinen zu lassen, wenn kurzfristig schlechte Nachrichten kommen, sind wohl auch höhere Handelskosten kein Gegenargument.

Ein Thema, das bei Fragen internationaler Geldanlage stets präsent zu sein scheint, ist das der Währungsabsicherung. Bei einem kurzen

Anlagehorizont kann eine Schwäche der Währung, in der eine ausländische Aktie gehandelt wird, den gesamten Anstieg ihres Kurses wieder zunichtemachen, sodass die Rendite unbefriedigend bleibt. Währungsverluste sind zwar tatsächlich ein Risiko für kurzfristig ausgerichtete Anleger. Trotzdem aber wäre es ein Fehler, Währungen nur als zusätzlichen Risikofaktor zu betrachten – eher bieten sie sowohl Chancen als auch Risiken. Die dadurch größere Streuungsbreite für ausländische Anleger kann bei der Bestimmung des Volumens von Positionen eine Rolle spielen. Für die grundsätzlichen Anlageüberlegungen aber sollte sie wenig Bedeutung haben.

Besonders unwichtig – und vielleicht sogar zu teuer – wird eine Währungsabsicherung, wenn man eine langfristige Perspektive einnimmt. Kurzfristig mögen sich die Kurse von Devisen und Aktien an lokalen Börsen unabhängig voneinander bewegen. Auf lange Sicht jedoch gibt es eine inverse Korrelation zwischen diesen beiden Variablen: Bei fallender Währung steigen die lokalen Aktienkurse und umgekehrt.

Auch auf der Ebene einzelner Unternehmen, zu unterscheiden von der Portfolioebene, kann es ein Währungsrisiko geben. Dieses Risiko hat eigentlich nichts mit dem Thema Handel zu tun, sondern betrifft die Fundamentaldaten von Anlagekandidaten. Dazu Caglar Somek, Portfoliomanager des Caravel Fund: »Wir wollen lediglich sicher sein, dass es kein zu großes Risiko durch Ungleichgewichte in der Bilanz gibt. Ein Unternehmen sollte also nicht Rohmaterialien importieren, die in Dollar zu bezahlen sind, und Einnahmen nur in lokaler Währung verzeichnen.«[171] Auch wenn ein Unternehmen verschuldet ist, kann es eine Diskrepanz zwischen der Währung für der Schuldendienst und der Währung geben, in der es seine Umsätze erzielt.

Klarheit durch extremistisches Denken

Wenn ich hier von Extremismus schreibe, meine ich damit etwas völlig anderes als das, was man üblicherweise darunter versteht. In unserem Zusammenhang kann extremistisches Denken eines der nützlichsten Werkzeuge für die Analyse der komplexen Interaktionen zwischen wirtschaftlichen und finanziellen Faktoren sein. Oft lassen sich die Kausalbeziehungen zwischen diesen Variablen nur schwer bestimmen. In solchen Fällen kann es hilfreich sein, für eine oder mehrere Variablen extreme Werte anzunehmen.

Schauen wir dazu auf den Zusammenhang zwischen einer Währungsabwertung und den Preisen von American Depository Receipts, über die ausländische Aktien in den USA gehandelt werden: Was geschieht mit dem Preis der ADRs, wenn die Heimatwährung des dahinterstehenden ausländischen Unternehmens gegenüber dem US-Dollar um 20 Prozent an Wert verliert? Weil ADRs in Dollar gehandelt werden, könnte man zu dem Schluss kommen, dass auch der ADR-Kurs um 20 Prozent sinken müsste. Tatsächlich kann das passieren, wenn der Aktienkurs des Unternehmens an der Heimatbörse unverändert bleibt. Aber ist diese Annahme realistisch? Eine starke Währungsabwertung und Pessimismus der Anleger in Bezug auf die wirtschaftlichen Aussichten des betroffenen Landes gehen Hand in Hand, also wird die Aktie vielleicht auch an der lokalen Börse verkauft. Zusammen mit der 20-prozentigen Abwertung der Währung würde das bedeuten, dass der ADR-Kurs um mehr als 20 Prozent fallen könnte. Bis hierhin klingt dieses Szenario logisch und könnte tatsächlich auch in der Realität eintreten.

Was aber wäre, wenn die lokale Währung nicht um 20 Prozent abwerten würde, sondern um 95 Prozent? Würde der ADR-Kurs dann ebenfalls um 95 Prozent fallen oder wie im obigen Beispiel sogar noch stärker? Könnte es passieren, dass zum Beispiel der größte Telekomanbieter eines Landes, ausgestattet mit einer starken Bilanz und vor ein paar Tagen noch bewertet mit 5 Milliarden Dollar, plötzlich nur noch 250 Millionen Dollar oder weniger wert ist, nur weil seine Regierung die Landeswährung nicht verteidigen konnte?

Wenn Ihnen ein Marktwert von 250 Millionen Dollar für ein derartiges Unternehmen noch nicht merkwürdig genug vorkommt, treiben wir das extremistische Denken eben noch einen Schritt weiter. Nehmen wir ein anderes ausländisches Unternehmen, dem 10 Prozent aller Immobilien in seiner Heimat – sagen wir Argentinien – gehören, das keine Schulden hat und Gewinn macht. Wenn die Heimatwährung dieses Unternehmens um 99,99999 Prozent abwertet, sollte dann auch sein Börsenwert von vorher 10 Milliarden Dollar auf 1000 Dollar fallen? Oder anders ausgedrückt: Würden Sie 10 Prozent von Argentinien für 1000 Dollar kaufen wollen, selbst wenn die lokale Währung wertlos ist und die Gefahr einer Enteignung besteht? Damit sich keine derartige Gelegenheit ergibt, müsste Folgendes der Fall sein: Der lokale Aktienkurs des argentinischen Unternehmens dürfte nach der Abwertung nicht etwa fallen, wie zunächst angenommen, sondern müsste *massiv steigen*.

Damit hat extremistisches Denken soeben dabei geholfen, eine häufige Fehlvorstellung in Bezug auf Börsen zu korrigieren: dass die Abwertung einer Fremdwährung zu einem ähnlichen oder noch stärkeren Rückgang des Aktienkurses in Dollar führt. Das nächste Mal, wenn Sie von einer bedeutenden Währungsabwertung hören, könnten Sie also darauf achten, wie die ADRs der entsprechenden Unternehmen reagieren. Wenn die Kurse stärker fallen, als die Währung nachgegeben hat, und wenn die Unternehmen über reale Aktiva wie Materialien, Land oder Produktionsanlagen sowie eine gesunde Bilanz verfügen, könnten Sie über einen Kauf nachdenken. Eine solche Gelegenheit entstand zum Beispiel im Jahr 2002, als sich der ADR-Kurs von Cresud, einem argentinischen Agrarunternehmen mit großem Landbesitz, durch eine Abwertung des argentinischen Peso halbierte. Cresud hatte eine solide Bilanz und wurde deutlich unter dem materiellen Buchwert gehandelt, was dafür sprach, dass die Anleger überreagiert hatten. Ein Jahr später war der Kurs von 5 Dollar wieder auf 15 Dollar pro ADR gestiegen.

Filterkriterien für die Suche nach internationalen Aktien

Die meisten Aktiendatenbanken legen ihren Schwerpunkt noch immer auf Unternehmen, die an US-Börsen notiert sind, einschließlich ADRs und einiger außerbörslich gehandelten Auslandsunternehmen. Wenn man nicht über ein teures Terminal von Bloomberg oder Capital IQ verfügt, ist es deshalb etwas mühsam, nach Unternehmen an Börsen außerhalb der USA zu suchen. Bei der Drucklegung der Originalausgabe dieses Buches (Herbst 2013) gab es jedoch mindestens ein kostenloses Screening-Werkzeug auch für globale Aktien, zu finden auf der

Website der *Financial Times* unter markets.ft.com (dort auf »Screener« klicken).

Überall hingehen oder bei investierbaren Märkten bleiben?

Mit dem globalen Aktien-Screener der *Financial Times* können Anleger ihre Suche auf bestimmte Länder oder Regionen einschränken. Ich finde es meist am sinnvollsten, länderweise vorzugehen, vor allem wenn ich eine relativ lange Liste von Anlagekandidaten für weitere Untersuchungen erstellen möchte. Wenn ich dagegen nur nach einer kleinen Zahl von Unternehmen suche, die sämtlich strikte Kriterien für Performance oder Bewertung erfüllen, lasse ich geografische Filter manchmal ganz weg. Hilfreich finde ich, meine Zeit blockweise einzelnen Ländern zu widmen, denn jeder dieser Märkte hat seine Eigenheiten, auch in Bezug auf die Regeln für die Finanzberichterstattung. Außerdem erscheinen mir manche Regionen aufgrund von politischen, aufsichtsrechtlichen oder wirtschaftlichen Faktoren vielleicht grundsätzlich attraktiver als andere, sodass ich bei einer übergreifenden Analyse bei jedem Länderwechsel auch meine Methoden anpassen müsste. Andererseits ist es manchmal aufschlussreicher, das Aktienuniversum statt nach Ländern nach Branchen aufzuteilen: Beispielsweise kann man auf diese Weise die relativen Bewertungen von etablierten Telekommunikationsdienstleistern weltweit analysieren. Die dabei zu erkennenden Unterschiede können wertvolle Hinweise auf Anlagechancen liefern.

Ein weltweites Screening macht es zudem relativ einfach, Länder zu finden, die von Anlegern gemieden werden. Wenn man etwa Anfang 2013 nach Net-Nets im Stil von Graham suchte, wäre die so erstellte Liste von japanischen Unternehmen dominiert gewesen. Indem man ein Land identifiziert, dem Anleger nicht gewogen sind, und sich dann nur noch mit Aktien von dort beschäftigt, kann man auf außergewöhnliche Unternehmen stoßen, die vielleicht nicht gnadenlos billig sind, aber zu einem deutlichen Abschlag gegenüber ähnlich starken Unternehmen in anderen Ländern gehandelt werden. Tim McElvaine lässt sich bei seiner Suche nach internationalen Anlagemöglichkeiten beispielsweise von Börsenschlagzeilen und niedrigen Bewertungen leiten: »Ich gehe gern in Bereiche, wo Unruhe herrscht, und überlege, was man dort machen könnte. Dabei bin ich immer hin- und hergerissen, ob ich lieber einen vernünftigen Preis für das wahrscheinlich bessere Unternehmen bezahlen sollte oder einen sehr günstigen für das eher nicht so gute – diesen Konflikt gibt es in mir noch heute.«[172]

Eine Alternative zur Suche nach Unruhe ist die Suche nach Vernachlässigung. Niedrige Bewertungen lassen sich in beiden Arten von Märkten finden, also dürfte es von der psychischen Verfassung des jeweiligen Anlegers abhängen, was er interessanter findet. Manche von uns sind besser darin, Aktien zu kaufen, die von anderen aktiv abgestoßen werden; andere kaufen lieber Aktien, die ansonsten fast komplett vergessen sind. Howard Smith argumentiert für Engagements in Japan, indem er die Vernachlässigung dieses früher sehr beliebten Marktes durch heutige Anleger herausstellt:

> *Japan ist insgesamt ein sehr ineffizienter Markt. Seit dem Platzen der Blase Ende 1989 hat es dort 23 Jahre lang allgemein nur Verluste gegeben. Je mehr Zeit vergeht, desto geringer wird das Interesse. Vor fünf Jahren wurde Japan zumindest noch als eigene Assetklasse angesehen und viele Leute hatten in ihren Aktienportfolios eine eigene Japan-Komponente. Mittlerweile ist Japan immer stärker nur noch Teil eines allgemeinen Asien-Aspekts und selbst in diesem Rahmen zieht das Land viel weniger Interesse auf sich als China oder Indien oder die ASEAN-Staaten. Japan ist ein übersehener Markt, der weniger analytische Aufmerksamkeit bekommt, als er verdient.*[173]

Sebastien Lemonnier vom französischen Finanzdienstleister Mansartis wiederum erklärt sein Interesse an vernachlässigten Aktien anhand des Beispiels Baron de Ley aus Spanien:

> *Das Unternehmen hat beinahe alles, was Anleger derzeit nicht wollen: Spanien-Risiko, geringe Aktienliquidität, schwacher operativer Hebel, keine Akquisitionsstrategie, mäßige Kommunikation mit dem Markt. In Wirklichkeit aber sind die Fundamentaldaten dieses Produzenten von Rioja-Weinen stark. Er hat zwei starke Marken (El Coto und Baron de Ley). Er ist ein differenzierter Anbieter ohne junge*

Weinproduktion, was mit zu einer robusten Margenentwicklung beiträgt. Er hat Größenvorteile und ist gut organisiert. Er trifft exklusive Vertriebsvereinbarungen mit führenden lokalen Großhändlern. Er besitzt eine starke Bilanz mit soliden materiellen Vermögenswerten und ohne Schulden; der freie Cashflow ist stabil und solide, das Management hochwertig. Das fundamentale Bild ist weitaus besser als die Wahrnehmung des Marktes aus Ländersicht. Und nicht zuletzt bietet die Bewertung eine hinreichend große Sicherheitsmarge für Anleger wie mich, die nicht zu viel bezahlen wollen: Der Buchwert ist nur mit dem Faktor 1 bewertet, das EBIT 2011 mit dem Faktor 7 und die Rendite auf das eingesetzte Kapital liegt bei 13 Prozent. Das ist ein Abschlag von etwa 40 Prozent gegenüber dem Durchschnitt der Vergangenheit.[174]

Manchmal möchte man bestimmte Märkte komplett ausschließen, weil sie wichtige eigene Anlagekriterien nicht erfüllen. Wer nur in Unternehmen investiert, deren Management eine aktionärsfreundliche Haltung zeigt, wird etwa in Russland kaum fündig werden. Ich erinnere mich an die Erzählung von einem Value-Anleger, der am Sitz des Unternehmens ein russisches Managementteam getroffen hatte. Dabei fragte er, warum das Unternehmen angesichts seines niedrigen Aktienkurses teures Eigenkapital aufgenommen habe, obwohl eine günstige Finanzierung über Schulden möglich gewesen wäre. »Was soll das heißen?«, fragte der CEO ungläubig zurück, »Eigenkapital ist doch kostenlos. Wir müssen es nie zurückzahlen!« Diese Ansicht wird vielleicht nur selten so offen geäußert wie in diesem Fall, doch sie scheint unter russischen Führungskräften recht verbreitet zu sein.

Ein weiterer Grund für den Ausschluss eines Landes kann sein politisches oder wirtschaftliches System sein. Wer zum Beispiel staatliche Lenkung der Wirtschaft für schädlich hält, dürfte mit einem baldigen Zusammenbruch von China rechnen. Dazu Rahul Saraogi:

Indien wird sich auf lange Sicht definitiv besser entwickeln als China. Das Modell von China beruht vollständig auf Vorgaben von oben und wird getrieben von einer massiven Fehlallokation von Kapital. Ich weiß nicht, ob der Tag der Abrechnung 2012 kommen wird oder 2022, aber wenn es so weit ist, wird der Schaden verheerend sein. Der Grund dafür, dass der freie Markt (mit all seinen Fehlern und Schwächen) besser funktioniert als jedes andere System, liegt darin, dass er auf den täglichen kleinen und inkrementellen Entscheidungen vieler Millionen Marktteilnehmer basiert. Keine Einzelperson oder Behörde verfügt über genügend Wissen, Erfahrung und Verständnis, um gut gemeinte Entscheidungen für Hunderte Millionen Menschen treffen zu können. Eine Zeit lang kann das funktionieren (oder scheinbar funktionieren), doch dem System fehlt es an automatischen Stabilisatoren und es ist institutionell gesehen pleite. Wenn irgendetwas kaputtgeht oder nicht mehr funktioniert, muss dieses System in den freien Fall übergehen – ein anderes Ergebnis ist gar nicht möglich.[175]

Manche Anleger handeln nach der Philosophie, dass es für alles den richtigen Preis gibt. Ein ganzes Land unabhängig von den dortigen Bewertungen auszuschließen könnte also irrational erscheinen. Allerdings wirkt eine solche Entscheidung schon deutlich vernünftiger, wenn ein Anleger einem bestimmten Faktor wie etwa Corporate Governance deutlich mehr Bedeutung zumisst als andere: Wenn sich die meisten Marktteilnehmer eher wenig für Corporate Governance in Russland interessieren, dürften die Bewertungen in dem Land mit hoher Wahrscheinlichkeit so hoch sein, dass sie für den Anleger, der anders als die Mehrheit gesteigerten Wert auf gute Unternehmensführung legt, nicht mehr attraktiv sind. In einer Welt mit beschränktem Budget an Zeit und anderen Ressourcen kann es deshalb durchaus sinnvoll sein, manche Länder einfach wegzulassen.

Umgekehrt lässt sich die Suche auf bestimmte Länder konzentrieren, die vielleicht nicht die größten oder liquidesten Börsen bieten, aber ansonsten ein gutes Umfeld für Aktienanlagen. Kaushal Majmudar, Chief Investment Officer der Ridgewood Group, hat aus dem Buch *Startup Nation* von einem solchen Land erfahren: »Es erzählt die spannende Geschichte, wie das gesamte Land Israel unter schwierigen Umständen wohlhabend und produktiv wurde. Am wichtigsten dafür war die Entschlossenheit und Tatkraft seiner Unternehmer, von denen viele früher beim Militär waren. Das Buch ist nicht nur hochinteressant zu lesen, sondern vermittelt auch viel Wissen über Erfolg, Kultur und darüber, wie entschlossene Menschen einen Weg zum Gewinnen finden. Ich bin sehr erstaunt, was Israel in relativ kurzer Zeit erreicht hat und wie relevant es für viele, viele Aspekte von Geschäftsleben und Geldanlage ist.«[176]

Nach dem Screening: Regionalen Experten auf der Spur bleiben

In den USA ist ein eigenes kleines Ökosystem um ihre Superanleger herum entstanden – viele Marktteilnehmer beobachten genauestens jeden Zug von herausragenden Anlegern wie Warren Buffett, Bill Ackman oder Mohnish Pabrai. Ähnlich erfolgreiche Geldverwalter in anderen Ländern sind weitaus weniger bekannt. Die meisten Anleger kennen wahrscheinlich nicht einmal einen einzigen Superanleger aus Frankreich, Deutschland, Großbritannien, Indien oder Japan.

Dabei gibt es sie durchaus. Und weil ihre Heimatmärkte relativ gesehen kleiner sind, verfügen sie im Allgemeinen über tiefes lokales Wissen und beste Geschäftskontakte vor Ort. Zu wissen, auf welche Unternehmen diese Anleger setzen und von welchen sie sich fernhalten, kann die eigene Erfolgswahrscheinlichkeit erhöhen. Natürlich ist es immer noch äußerst ratsam, eigene Untersuchungen vorzunehmen und eine Anlagehypothese nicht an der Aktionärsstruktur von Unternehmen auszurichten, sondern an ihren geschäftlichen Fundamentaldaten. Aber eine Liste mit internationalen Unternehmen, an denen hervorragende Anleger der jeweiligen Märkte als Aktionäre beteiligt sind, kann ein exzellenter Ausgangspunkt sein.

In diesem Zusammenhang sind allerdings zwei Schwierigkeitsstufen zu meistern: Erstens ist es nicht leicht, Anleger zu finden, die echten Signalwert für eine solche Liste haben und nicht nur Störgeräusche verursachen. Öffentliche Ranglisten mit den größten Vermögensverwaltungsfirmen oder Hedgefonds der Welt verraten wenig darüber, wer die wirklich guten Anleger sind. Viele der Besten arbeiten unter dem Radar und sind vielleicht nur wenigen Family Offices oder Dachfonds bekannt. So sind die Chandler-Brüder aus Neuseeland längst nicht so prominent, wie sie es als zwei der weltweit besten Anleger in den vergangenen Jahrzehnten verdient hätten. Und haben Sie je von Tito Tettamanti aus der Schweiz, François Badelon aus Frankreich oder Daniel Gladiš aus der Tschechischen Republik gehört?

Zweitens sind die Offenlegungspflichten für Anlagemanager überall auf der Welt unterschiedlich. In vielen Ländern werden keinerlei Informationen über die Zusammensetzung ihrer Portfolios veröffentlicht. Meldepflichten bestehen erst dann, wenn der Aktienanteil eines Anleger an einem Unternehmen bestimmte Schwellenwerte überschreitet – meist 3 Prozent oder 5 Prozent. Dies macht es schwieriger, die Entscheidungen von Fondsmanagern nachzuvollziehen, die nicht von den USA aus operieren.

Das Beispiel von Daniel Gladiš als Chief Executive Officer von Vltava Fund zeigt recht überzeugend, warum es sich lohnen kann, die Aktivitäten von internationalen Superanlegern zu beobachten. Nicht nur gehört er seit einigen Jahren zu den Fondsmanagern mit der besten Performance weltweit, seine Anlagefirma betreibt auch die Art von eingehenden Analysen, für die es den meisten von uns an Zeit und anderen Ressourcen fehlt. Über seine Beschäftigung mit der Kupferminenindustrie etwa berichtet Gladiš:

> *Wir haben alle Kupferprojekte in der Entwicklung analysiert – vielleicht 60 oder 70, die zusammen 95 Prozent aller neuen Vorhaben ausmachen. Ich habe für jedes davon berechnet, wie hoch der langfristige Kupferpreis im Durchschnitt sein müsste, damit das Projekt eine ausreichende Kapitalrendite erzielen kann, sagen wir 15 bis 20 Prozent, je nachdem, wo das Unternehmen ansässig ist. Für Kupfer kann das etwa 2,50 oder 2,70 Dollar pro Pfund bedeuten. Wenn der Preis bei 2,70 Dollar steht, finden wir das recht besorgniserregend und es schlägt sich auch in der Bewertung von Kupferunternehmen nieder. Wenn der Preis dagegen weit unter den Durchschnitt oder unter 2 Dollar fällt, dann kann das interessant sein, weil bei diesen Preisen manche Unternehmen ausscheiden. Einige werden durchkommen, andere nicht. Aber irgendwann muss der Kupferpreis zumindest wieder auf den Durchschnitt steigen, ansonsten werden die Projekte nicht realisiert.*[177]

Gladiš steckt also viel Mühe in seine Analysen der Kupferindustrie. Aus diesem Grund wäre ich wirklich sehr interessiert daran, zu wissen, bei welchen Kupferminen er zu unterschiedlichen Zeitpunkten investiert ist.

François Badelons Anlagefirma Amiral Gestion arbeitet seit vielen Jahren erfolgreich mit Prinzipien des Value-Investing in Frankreich und darüber hinaus. Wie Badelon bescheiden erzählt: »Wir versuchen einfach, den Weg von Warren Buffett mit unserer eigenen Persönlichkeit, unserem eigenen Hintergrund und unseren eigenen Stärken zu gehen. Nur das zu tun, was man wirklich versteht, ist wahrscheinlich der schwierigste Teil davon, denn oft denkt man, man habe etwas verstanden, täuscht sich damit aber. Ein sehr wichtiger Aspekt der Philosophie, die wir diesen Value-Investing-Büchern entnommen haben, ist Konzentration. Ich habe nur sehr wenige gute Ideen, also möchte ich relativ viel investieren, wenn ich eine gefunden habe. Ein weiter wichtiger Teil der Philosophie ist, offen zu sein und überall zu investieren.«[178] Zwar ist Badelons Firma tatsächlich offen für Anlagemöglichkeiten in aller Welt, doch der eigene Standort macht sie zu so etwas wie dem Meister des Value-Investing in Frankreich. Aus diesem Grund möchte ich, wann immer ich über eine Aktie aus Frankreich nachdenke, wissen, ob auch Badelon in ihr engagiert ist und warum.

In Tabelle 10.1 finden Sie 50 internationale Anleger, die man als Vordenker des Value-Investing in ihren jeweiligen Ländern ansehen könnte.

Anleger	Firma	Land
Kerr Neilson	Platinum	Australien
Allan Gray, William Gray	Orbis	Bermuda
Bruno Rocha	Dynamo	Brasilien
Max Otte	PI Global Value Fund	Deutschland
Frank Fischer, Reiner Sachs	Shareholder Value	Deutschland
Peder Prahl, Florian Schuhbauer	Triton Partners	Deutschland
Emmanuel Daugeras	Amdamax	Frankreich
François Badelon	Amiral Gestion	Frankreich
Massimo Fuggetta	Bayes Fund	Großbritannien
Jeroen Bos	Church House	Großbritannien
James Findlay, Charles Park	Findlay Park	Großbritannien
Andrew Green, John Lambert	GAM	Großbritannien
Simon Denison-Smith, Jonathan Mills	Metropolis	Großbritannien
Thorsten Polleit, Matthias Riechert	Polleit & Riechert	Großbritannien
Hugo Capel Cure, Rupen Patel, Mark Wallace	Rothschild	Großbritannien
Ian Lance, Nick Purves	RWC	Großbritannien
Stephen Butt	Silchester	Großbritannien
Christopher Hohn	Children's Investment Fund	Großbritannien
Dominic Fisher	Thistledown	Großbritannien
Richard Lawrence	Overlook	Hongkong
V-Nee Yeh, Cheng Hye Cheah	Value Partners	Hongkong
Rahul Saraogi	Atyant	Indien
Sidd Mehta	Beaconsfield	Indien
Amitabh Singhi	Surefin	Indien
David Coyne, Paul McNulty	Setanta	Irland
Ori Eyal	EVCM	Israel

Ciccio Azzollini	Cattolica Partecipazioni	Italien
Robert Macrae, Mark Pearson, Peter Tasker	Arcus	Japan
Scott Callon	Ichigo	Japan
Alexander Kinmont	Milestone	Japan
Shuhei Abe	SPARX Group	Japan
David Baran	Symphony	Japan
Jiro Yasu	Varecs	Japan
Chan Lee, Albert Yong	Petra	Korea
Juan Matienzo	Mercor	Mexiko
Chris Swasbrook	Elevation	Neuseeland
Georg Krijgh	Guardian Fund	Niederlande
Jochen Wermuth, Sergey Ezimov	Wermuth	Russland
Lars Föörberg, Christer Gardell	Cevian	Schweden
Guy Spier	Aquamarine	Schweiz
Philip Best, Marc Saint John Webb	Argos	Schweiz
Jean-Pascal Rolandez	L.T. Funds	Schweiz
Felix Zulauf	Zulauf	Schweiz
Ngiek Lian Teng	Target	Singapur
Richard Chandler	Richard Chandler	Singapur
Pablo González López	Abaco	Spanien
F. G. Paramés, A. G. de Lázaro Mateos	Bestinver	Spanien
Francis Daniels	Africa Opportunity	Südafrika
Simon Marais, William Gray	Allan Gray	Südafrika
Daniel Gladiš	Vltava Fund	Tschechische Republik

Tabelle 10.1: Ausgewählte internationale Value-Anleger (außerhalb von Nordamerika)
Quelle: ***The Manual of Ideas***

Bei internationalen Aktien die richtigen Fragen stellen

Die Fragen, die bei internationalen Anlagekandidaten von Interesse sind, ergeben sich zum einen aus der allgemeinen Anlagephilosophie und zum anderen aus den Besonderheiten der einzelnen Fälle. Das Ziel dabei ist jedoch rund um die Welt das gleiche: Aktien finden, die zu großen Abschlägen gegenüber ihrem fairen Wert gehandelt werden.

Fragen für Europa: Wie global ist das Unternehmen?

In Europa gibt es eine Vielzahl an Gelegenheiten in unterschiedlichen Regionen unter einem gemeinsamen Währungsnenner. Der führende Value-Akademiker des Kontinents ist Max Otte, Gründer des IFVE Institut für Vermögensentwicklung in Köln. Er vergleicht Europa und die USA so: »Europa ist schlicht ›stärker durcheinander und komplizierter‹ – wenn man keinen echten Global Player hat, muss man sich wirklich jedes Land einzeln vornehmen. Das bedeutet zehnmal so viel Rechercheaufwand wie für ein US-Unternehmen. Das ist einer der Gründe dafür, warum viele US-Anleger an Europa nicht sehr interessiert sind, was in meinen Augen ein großer Fehler ist. Das Rechtssystem ist so zuverlässig wie in den USA (weniger Schadenersatzklagen) und die Geschäftskultur basiert stärker auf Vertrauen als in den USA. Und die Unternehmen sind im Allgemeinen stärker global als amerikanische.«[179]

Wenn europäische Aktien aufgrund makroökonomischer Sorgen unbeliebt werden, kann es sich für Anleger lohnen, nach Unternehmen zu suchen, die einen Großteil ihres Gewinns außerhalb des Kontinents erzielen. Solche europäischen Unternehmen werden manchmal zu niedrigeren Bewertungen gehandelt als ähnliche in den USA und darüber hinaus könnten sie auch von einer Schwächung des Euro profitieren. Als der Euro zum Beispiel im Jahr 2011 gegenüber dem Dollar an Wert verlor, weil die europäische Staatsschuldenkrise eskalierte, zog das Geschäft bei vielen deutschen Exporteuren an. Denn durch die Euro-Abwertung wurden ihre Produkte preislich wettbewerbsfähiger.

Fragen für Indien: Welches ist die richtige Konzentration?

In Indien haben Anleger unter Umständen gar nicht die Möglichkeit, viele Fragen zu ihren Anlagekandidaten zu stellen, weil dem die große Entfernung und Sprachbarrieren entgegenstehen. Ausländischen Anlegern bleibt deshalb kaum etwas anderes übrig, als sich auf in New York oder London börsennotierte Unternehmen aus Indien zu konzentrieren, die höheren Transparenz- und Berichtsstandards unterliegen. Dazu Amitabh Singhi, Managing Director von Surefin Investments:

> *Je nachdem, wie aktiv man sein will, würde ich einen von drei möglichen Wegen empfehlen. Entweder Sie investieren die nächsten fünf Jahre über eine einfache Formel in einen Index, und zwar so, dass Sie mehr kaufen, wenn die Bewertungen niedrig sind. Das sollten Sie streng mathematisch und konsistent tun. Wenn Sie nicht aktiv sein wollen, ist das eine hervorragende Methode. Wenn Sie in Indien nicht physisch präsent sein können, aber trotzdem etwas aktiver investieren wollen, diversifizieren Sie in mehrere statistisch gesehen billige Graham-Aktien und balancieren Sie das Portfolio gelegentlich neu aus. Auch hier sind Disziplin und Konsistenz wichtig. Wenn Sie Ihre Geldanlagen auf wenige Papiere konzentrieren wollen, haben Sie im Idealfall eine physische Präsenz in Indien – oder in einer nahen Zeitzone, sodass Sie oft dorthin reisen können.*[180]

Singhi spricht das Thema der Portfoliokonzentration in ausländischen Märkten an und lässt durchblicken, dass sie nur dann zielführend ist, wenn man sich Eindrücke vor Ort verschaffen kann. Wenn Sie von einer Anlagemöglichkeit nicht ausgesprochen überzeugt sind, ist es sinnvoller, das Risiko durch ein geringeres Investitionsvolumen zu verringern. Buffett hat bekanntlich vor vielen Jahren in südkoreanische Schnäppchen im Stil von Benjamin Graham investiert – zuvor soll er nur kurze Beschreibungen dieser Unternehmen durchgeblättert haben. Offenbar war er der Ansicht, dass sich diese Aktien als Gruppe überdurchschnittlich entwickeln würden. Doch weil er von keiner von ihnen besonders überzeugt war, konnte er nur einen Korb-Ansatz wählen, bei dem auf jede Einzelaktie nur eine geringe Kapitalallokation entfiel.

Fragen für Japan: Was ist eine Kapitalrendite?

Wenn es um Japan geht, klagen viele ausländische Anleger über die niedrigen Kapitalrenditen der dortigen Unternehmen. Doch wer sich ausschließlich auf diese eine Kennzahl konzentriert, übersieht einen wichtigen Faktor, nämlich den Grund dafür, dass sie so niedrig ist. Scott Callon erklärt dazu:

> *Das Problem mit der Kapitalrendite in Japan ist in Wirklichkeit das Kapital, nicht die Rendite. Die Renditen der japanischen Unternehmen sind sehr ähnlich wie in den USA oder Europa, also ist mit diesem Teil der Gleichung alles in Ordnung. Der Grund für niedrige Kapitalrenditen ist stattdessen die Höhe des Kapitals: Japanische Unternehmen haben häufig einen hohen Bestand an einbehaltenen Gewinnen, oft in Form von Liquidität, also werden die Renditen durch eine sehr breite Kapitalbasis verwässert. Auf der einen Seite ist das sehr beruhigend: Japanische Bilanzen sind so kugelsicher, wie man es sich nur wünschen kann, und die Liquidität hat einen realen Wert. Andererseits lässt die breite Kapitalbasis die Kapitalrendite dramatisch niedriger ausfallen, was aus Sicht von Aktionären negativ ist.*[181]

Im Sinne dieser Beobachtung Callons könnte man weiter fragen, welches von zwei hypothetischen Unternehmen man bevorzugen würde: Unternehmen A hat ein Eigenkapital von 100 Millionen Dollar und generiert 20 Millionen Dollar an Nettogewinn, Unternehmen B kommt mit einem Eigenkapital von 200 Millionen Dollar ebenfalls auf 20 Millionen Dollar Nettogewinn. Die meisten von uns würden in einem Fortführungsszenario wohl eher auf Unternehmen A setzen, weil ein Unternehmen mit einer Kapitalrendite von 20 Prozent hochwertiger sein dürfte als eines mit 10 Prozent. Man könnte sogar zu dem Schluss gelangen, dass für Unternehmen A höheres Wachstum zu erwarten ist, weil es Kapital eher zu Renditen von 20 Prozent als zu 10 Prozent reinvestiert.

Die Analyse der beiden hypothetischen Unternehmen könnte allerdings eine Wende nehmen, wenn sich zeigt, dass Unternehmen B in Wirklichkeit Unternehmen A ist, nur mit einem Unterschied: In Szenario B hat das Unternehmen 100 Millionen Dollar zusätzliche Liquidität auf der

Bank. Das operative Geschäft generiert also in beiden Fällen einen Nettogewinn von 20 Millionen Dollar mit 100 Millionen Dollar an eingesetztem Kapital. Im Fall B kommen jedoch noch 100 Millionen Dollar an Barmitteln hinzu, die aufgrund der niedrigen Zinsen in Japan so gut wie keine Rendite erbringen. Würden wir dann immer noch Unternehmen A bevorzugen? Fast sicher nicht. Hat Callon also recht, wenn er sagt, japanische Unternehmen würden zu Unrecht als minderwertig eingestuft, nur weil sie viele unbenötigte Aktiva halten? Wenn sich diese Ansicht unter westlichen Anlegern stärker verbreitet, wäre eine deutliche Neubewertung japanischer Aktien fast mit Sicherheit zu erwarten.

Wenn ich einen solchen Anlagekandidaten näher untersuche, sehe ich mir deshalb die Komponenten seiner Kapitalrendite einzeln an: Hat das Unternehmen unbenötigte Nicht-Kernaktiva, die man herausrechnen könnte, sodass sich zeigt, dass es in Wirklichkeit ein hochrentierliches Geschäft betreibt? In Japan könnte es sinnvoller sein als irgendwo sonst auf der Welt, Unternehmen mit Summe-der-Teile-Betrachtungen zu analysieren statt als effizient gesteuerte Monolithen.

Japanische Unternehmen grundsätzlich als zusammengesetzt aus unterschiedlichen Teilen zu behandeln führt dazu, dass die Frage nach möglichen strategischen Maßnahmen an Bedeutung gewinnt. Wenn ein Unternehmen Maßnahmen ergreift, die potenziell unwissenden Anlegern zeigen sollen, dass es in Wirklichkeit die Summe vieler wertvoller Teile ist und nicht ein einziges mittelmäßiges Geschäft, kann sich die Wertwahrnehmung deutlich verbessern. Der in Japan ansässige Anlagemanager Mark O'Friel berichtet von Situationen, bei denen das Management die erforderlichen Maßnahmen tatsächlich ergriffen hat: »Es gibt Fondsmanager, die ihren Erfolg in Japan auch einem aktivistischen Vorgehen verdanken – sie haben mit dem Management daran gearbeitet, dass Änderungen eingeführt werden. Diese Aktionäre mögen nicht besonders geräuschvoll auftreten, aber sie treffen sich häufig und ernsthaft mit Managern und Board-Mitgliedern von Unternehmen. *Gaiastu* ist ein bekanntes Wort im japanischen Wortschatz. Es beschreibt, wie die Sorge vor ausländischem Druck zu Änderungen führt. Die Verbesserungen in den Bilanzen japanischer Unternehmen im vergangenen Jahrzehnt sind zum Teil auf Druck durch Aktionäre zurückzuführen.«[182]

Zusammenfassung

Die zehn wichtigsten Punkte aus diesem Kapitel

1. Anleger scheinen eine realistischere Einschätzung von internationalen Anlagemöglichkeiten gewonnen zu haben. Möglich wurde dies durch leichter verfügbare Informationen, sinkende Transaktionskosten, das Platzen mehrerer Blasen, die Nachwirkungen mehrerer Krisen und die Erkenntnis, dass Volkswirtschaften und Märkte enger miteinander vernetzt sind als je zuvor.
2. In meinen Interviews mit führenden Anlagemanagern rund um die Welt habe ich meist zu hören bekommen, dass die Gemeinsamkeiten von internationalen Märkten ihre Unterschiede überwiegen.
3. Viele Studien zeigen, dass die Aufnahme von internationalen Aktien das Risiko-Rendite-Profil von Portfolios verbessert, entweder durch eine Erhöhung der Rendite bei gleichbleibender Volatilität oder durch eine Verringerung der Volatilität bei gleichbleibender Rendite.
4. Viele Anleger scheinen fälschlich davon auszugehen, dass ausländische Märkte ihrem Heimatmarkt in jeder wichtigen Hinsicht gleichen, insbesondere in Bezug auf Fragen von Corporate Governance. Leider aber verändern sich Governance-Praktiken nur langsam und sind von außen möglicherweise nicht zu beeinflussen.
5. Wer im Zusammenhang mit Geldanlage im Ausland akzeptiert, dass manche Hebel wie eben Corporate Governance hier schwerer zu bewegen sind als andere, wie die eigene Zahlungsbereitschaft, kann sich viele Probleme ersparen.
6. Indem Anleger ihre Suche auf die ganze Welt ausweiten, verschaffen sie sich eine kostenlose Option darauf, vielleicht weniger bezahlen zu müssen als auf dem Heimatmarkt. Zwar sind zwei Aktien nie völlig gleich, doch ähnliche Unternehmen aus unterschiedlichen Ländern werden häufig zu sehr unterschiedlichen Bewertungen gehandelt.
7. Warren Buffetts Konzept des Kompetenzkreises wird üblicherweise nur im Kontext unterschiedlicher Branchen genutzt, lässt sich jedoch

auch auf Länder anwenden: Weil die Börsen weltweit so viel gemeinsam haben, besteht für Anleger die Gefahr, sich für jede von ihnen für gleichermaßen kompetent zu halten.

8. Eine der wichtigsten Ursachen für Enttäuschungen bei weltweit aktiven Anlegern könnten unrealistische Hoffnungen in Bezug auf die Chancen der Schwellenländer sein. Bei der Jagd nach Wachstum ignorieren viele Anleger bereitwillig die zu erwartenden Kapitalrenditen in schnell wachsenden, aber stark umkämpften und kapitalintensiven Branchen.
9. Das Thema der Herausforderungen durch die demografische Entwicklung ist eine Bestätigung dafür, wie wichtig es ist, Fundamentaldaten mit den herrschenden Erwartungen abzugleichen. Am besten haben dies vielleicht Alfred Rappaport und Michael Mauboussin in *Expectations Investing* erklärt: Wenn die in einem Aktienkurs enthaltenen Erwartungen deutlich negativer sind als die wahrscheinlichen Fundamentaldaten, kann sich eine Kaufgelegenheit bieten.
10. Manche Anleger handeln nach der Philosophie, dass es für alles den richtigen Preis gibt. Ein ganzes Land unabhängig von den dortigen Bewertungen auszuschließen könnte ihnen also irrational erscheinen. Allerdings wirkt eine solche Entscheidung schon deutlich vernünftiger, wenn ein Anleger einem bestimmten Faktor wie etwa Corporate Governance deutlich mehr Bedeutung zumisst als andere Marktteilnehmer.

Über den Autor

© Prvni Ceska Investicni Konference

John Mihaljevic ist leitender Redakteur bei *manualofideas.com* – einer monatlichen Publikation für Value-Investoren. Er war Assistent des Nobelpreisträgers James Tobin und verdiente sich unter David F. Swensen, dem damaligen Investmentdirektor, an der Yale University seinen Abschluss mit *summa cum laude*. Er lebt in Zürich.

Literaturverzeichnis

Andreessen, Marc. 2011. »Why Software Is Eating the World.« *Wall Street Journal*, August 20.

Berkshire Hathaway. 2010. Definitive Notice and Proxy Statement, filed with the Securities and Exchange Commission (March 11), 7.

Bogle, John C. 2005. »Individual Stockholder, R.I.P.« *Wall Street Journal*, October 3, A16.

Brooks, John. 1969. *Once in Golconda: A True Drama of Wall Street, 1920–1938*, 272. New York: Harper & Row.

Brown, Stephen J., and William N. Goetzmann. 1995. »Performance Persistence.« *Journal of Finance* 50 (2): 679–698.

Buffett, Warren E. 2007. Letter to Shareholders of Berkshire Hathaway (February), 21.

Buffett, Warren E. 2009. Letter to Shareholders of Berkshire Hathaway (February), 5.

Carhart, Mark M. 1997. »On Persistence in Mutual Fund Performance.« *Journal of Finance* 52 (1): 57–82.

CNN/Money online edition. 2002. (April 16), http://money.cnn.com/2002/04/16/news/deals/hp_deutsche/.

Coffee, John C., Jr., Louis Lowenstein, and Susan Rose-Ackerman. 1988. *Knights, Raiders, and Targets*. New York: Oxford University Press, 15–16.

Einhorn, David. 2010. Greenlight Capital Q4 2009 Letter (January), accessed online at www.marketfolly.com/2010/01/david-einhorns-greenlight-capital.html .

Ericsson, K. Anders. 2004. »Deliberate Practice and the Acquisition and Maintenance of Expert Performance in Medicine and Related Domains.« *Academic Medicine* 79 (10): 70–81.

Fama, Eugene F., and Michael C. Jensen. 1983. »Separation of Ownership and Control.« *Journal of Law and Economics* 26 (2): 301–325.

Ferri, Richard A. 2003. *Protecting Your Wealth in Good Times and Bad*. New York: McGraw-Hill, 61–63.

French, Kenneth. Data Library, accessed online at http://mba.tuck.dartmouth.edu/pages/faculty/ken.french/data_library.html .

Grantham, Jeremy. 2005. »Everything I Think I Know about the Market in 20 Minutes.« Market Commentary Document. Grantham, Mayo, Van Otterloo & Co., accessed online at www.siliconinvestor.com/readmsgs.aspx?subjectid=51347&msgnum=27570&batchsize=10&batchtype=Previous.

GreatInvestors TV. 2012. »The Importance of Business Cycles, with Simon Caufield, Managing Director of SIM Limited.« (July 6), accessed online at http://greatinvestors.tv .

Hagstrom, Robert G. 2005. *The Warren Buffett Way*, 2nd ed. Hoboken, NJ: John Wiley & Sons.

Khorana, Ajay, and Edward Nelling. 1997. »The Performance, Risk, and Diversification of Sector Funds.« *Financial Analysts Journal* 53 (3): 62–74.

Klarman, Seth A. 1991. *Margin of Safety: Risk-Averse Value Investing Strategies for the Thoughtful Investor*. New York: HarperCollins. Malkiel, Burton G. 1995. »Returns from Investing in Equity Mutual Funds 1971 to 1991.« *Journal of Finance* 50 (2): 549–572.

The Manual of Ideas. 2008. »The Magic Formula 100,« November.

The Manual of Ideas. 2009. »Top Ideas Based on Four Different Qualitative Screens,« February.

The Manual of Ideas . 2009. »Ben Graham–Style Investing: The Deep Value Report,« April 27.
The Manual of Ideas . 2009. »The Superinvestor Issue,« May 28.
The Manual of Ideas . 2009. »Companies with Hidden Real Estate Value,« June 19.
The Manual of Ideas . 2009. »Businesses with Pricing Power and Low Capital Intensity,« July 31.
The Manual of Ideas . 2009. »The Superinvestor Issue,« August 21.
The Manual of Ideas . 2009. »The Magic Formula Issue,« September 29.
The Manual of Ideas . 2009. »The European Value Issue,« October 27.
The Manual of Ideas . 2009. »The Superinvestor Issue,« November 20.
The Manual of Ideas . 2009. »2009 Losers, 2010 Winners?,« December 31.
The Manual of Ideas . 2010. »Best Ideas for 2010,« January 21.
The Manual of Ideas . 2010. »The Superinvestor Issue,« February 18.
The Manual of Ideas . 2010. »The Brand Value Issue,« March 25.
The Manual of Ideas . 2010. »The Deep Value Report,« April 21.
The Manual of Ideas . 2010. »The Superinvestor Report,« May 24.
The Manual of Ideas . 2010. »The Magic Formula Issue,« June 30.
The Manual of Ideas . 2010. »The Downside Protection Issue,« July 29.
The Manual of Ideas . 2010. »The Superinvestor Report,« August 27.
The Manual of Ideas . 2010. »The European Value Issue,« September 30.
The Manual of Ideas . 2010. »Value Opportunities in Banks?« October 29.
The Manual of Ideas . 2010. »2010 Losers, 2011 Winners?« December 27.
The Manual of Ideas . 2011. »Large Cap Stocks: How Cheap Are They?,« January 31.
The Manual of Ideas . 2011. »The Superinvestor Issue,« February 28.
The Manual of Ideas . 2011. »Small- and Micro-Cap Value,« March 31.
The Manual of Ideas . 2011. »The Japan Issue,« May 2.
The Manual of Ideas . 2011. »The Superinvestor Issue,« June 1.
The Manual of Ideas . 2011. »The Magic Formula Issue,« July 1.
The Manual of Ideas . 2011. »Underappreciated Balance Sheet Values,« August 1.
The Manual of Ideas . 2011. »The Superinvestor Issue,« September 2.
The Manual of Ideas . 2011. »The Model Portfolio Issue,« October 1.
The Manual of Ideas . 2011. »The Fear Issue,« November.
The Manual of Ideas . 2011. »The Superinvestor Issue,« December.
The Manual of Ideas . 2012. »Great Companies, on Sale,« January.
The Manual of Ideas . 2012. »The Small-Cap Value Issue,« February.
The Manual of Ideas . 2012. »The Superinvestor Issue,« March.
The Manual of Ideas . 2012. »Value in Emerging Markets,« April.
The Manual of Ideas . 2012. »Deep Value Issue,« May.
The Manual of Ideas . 2012. »The Superinvestor Issue,« June.
The Manual of Ideas . 2012. »Wide-Moat Companies,« July.
The Manual of Ideas . 2012. »The Equity Income Issue,« August.
The Manual of Ideas . 2012. »The Superinvestor Issue,« September.
The Manual of Ideas . 2012. »The European Value Issue,« October.
The Manual of Ideas . 2012. »The Japan Value Issue,« November.
The Manual of Ideas . 2012. »The Superinvestor Issue,« December.
The Manual of Ideas . 2013. »Best Ideas 2013,« January.
The Manual of Ideas . 2013. »Small-Cap Value,« February.
The Manual of Ideas . 2013. »The Superinvestor Issue,« March.
The Manual of Ideas Interview. »Alon Bochman, Managing Member, Stepwise Capital,« accessed online at www.youtube.com/watch?v=4H2n6RGXCoc .
The Manual of Ideas Interview. »Andrew Williamson of Hawkwood Deep Value Fund,« accessed online at www.youtube.com/watch?v=Gki52YyOSRc .

The Manual of Ideas Interview. »Ben Graham 's Deep Value Approach, Refined and Globalized—VS Capital Advisors,« accessed online at www.youtube.com/watch?v=4fkfjIlAdUM .

The Manual of Ideas Interview. »Brad Hathaway, Managing Partner, Far View Capital,« accessed online at www.youtube.com/watch?v=F8tRr1p7cxo .

The Manual of Ideas Interview. »Brian Bares, Chief Investment Offi cer, Bares Capital,« accessed online at www.youtube.com/watch?v=8uSOYtRe7VA.

The Manual of Ideas Interview. »Caglar Somek, Global Portfolio Manager, Caravel Management,« accessed online at www.youtube.com/watch?v=5Lj3-U1zlfA.

The Manual of Ideas Interview. »Contrarian Investing, with Randall Abramson of Trapeze Capital,« accessed online at www.youtube.com/watch?v=T3b3129LQG8.

The Manual of Ideas Interview. »Dan Sheehan, General Partner, Sheehan Associates,« accessed online at www.youtube.com/watch?v=UgwBZ26R274.

The Manual of Ideas Interview. »Dave Sather, President, Sather Financial,« accessed online at www.youtube.com/watch?v=az6Zl4PKm7k.

The Manual of Ideas Interview. »David Coyne of Setanta Asset Management on His Approach to Value Investing,« accessed online at www.youtube.com/watch?v=8-_cqvv2OS8.

The Manual of Ideas Interview. »David Nierenberg and Cara Jacobsen, The D3 Family Funds,« accessed online at www.youtube.com/user/manualofideas/videos?view=0.

The Manual of Ideas Interview. »Dominic Fisher, Director, Thistledown Investment Management,« accessed online at www.youtube.com/watch?v=l1Soea4mgWI.

The Manual of Ideas Interview. »Emmanuel Daugeras, Founder Partner, Amdamax,« accessed online at www.youtube.com/watch?v=ReFOu5LrEiY.

The Manual of Ideas Interview. »Eric DeLamarter, Portfolio Manager, Half Moon Capital,« accessed online at www.youtube.com/watch?v=l8DRkYvHT7w.

The Manual of Ideas Interview. »European Small-Cap Value Investing, with Philip Best and Marc Saint John Webb,« accessed online at www.youtube.com/watch?v=saVXcBM7Elk.

The Manual of Ideas Interview. »Exclusive Interview with Pier-Alberto Furno on Opportunities in Europe and Japan,« accessed online at www.youtube.com/watch?v=hDP5mVojQXk.

The Manual of Ideas Interview. »Global Value Opportunities with Charles Heenan of Kennox Strategic Value Fund,« accessed online at www.youtube.com/watch?v=QvxuijDZZuw.

The Manual of Ideas Interview. »Guy Spier on European Credit Crisis and Investment Opportunities,« accessed online at www.youtube.com/watch?v=YSkJzBoAGC4.

The Manual of Ideas Interview. »Hasbro Ex-CEO Alan Hassenfeld on Toy Industry, Global Risks, Philanthropy,« accessed online at www.youtube.com/watch?v=X54KHXW3tOo.

The Manual of Ideas Interview. »How to Achieve Abnormal Returns in the Stock Market, with Tadas Viskanta,« accessed online at www.youtube.com/watch?v=1hUVOX1S5xo.

The Manual of Ideas Interview. »How to Analyze an Insurance Company and More, with Amir Avitzur,« accessed online at www.youtube.com/watch?v=MKrW53GDpdM.

The Manual of Ideas Interview. »How to Become a Better Investor, with Greg Speicher,« accessed online at www.youtube.com/watch?v=biitcLoZsIQ.

The Manual of Ideas Interview. »Howard Marks, Chairman, Oaktree Capital Management,« accessed online at www.youtube.com/watch?v=HXQhKJkgo88.

The Manual of Ideas Interview. »Insights from Global Value Investor Ori Eyal,« accessed online at www.youtube.com/watch?v=RbHFq5wY7vg .

The Manual of Ideas Interview. »Investing in Great Businesses Globally, with Daniel Gladis of Vltava Fund,« accessed online at www.youtube.com/watch?v=fO8MNy-kwSI .

The Manual of Ideas Interview. »Investing Insights: Simon Denison-Smith and Jonathan Mills of Metropolis Capital,« accessed online at www.youtube.com/watch?v=kHy2h_CmpOo .

The Manual of Ideas Interview. »James Montier: Applying the Seven Immutable Laws,« accessed online at www.youtube.com/watch?v=xYV7-VGoqFM .

The Manual of Ideas Interview. »Josh Tarasoff, General Partner, Greenlea Lane Capital,« accessed online at www.youtube.com/watch?v=XAubRoZbI9U .

The Manual of Ideas Interview. »Lauren Templeton and Scott Phillips,« accessed online at www.youtube.com/watch?v=Npl8rNM9jvE .

The Manual of Ideas Interview. »Lisa Rapuano, Portfolio Manager, Lane Five Capital Management,« accessed online at www.youtube.com/watch?v=Uy2h-lT9FmE .

The Manual of Ideas Interview. »Metals and Mining Investing, with Alex Tsukernik of Syntella Partners,« accessed online at www.youtube.com/watch?v=hlbV48hoX7U .

The Manual of Ideas Interview. »Mike Onghai, President, AppAddictive,« accessed online at www.youtube.com/watch?v=IN8pzeJVZko .

The Manual of Ideas Interview. »Pat Dorsey on Moats,« accessed online at www.youtube.com/watch?v=L-Hx19-BZVwQ .

The Manual of Ideas Interview. »Paul Sonkin, Portfolio Manager, Hummingbird Management,« accessed online at www.youtube.com/watch?v=hOoCG8lEyLU .

The Manual of Ideas Interview. »Pitfalls of Financial Ratios in Value Investing, with Robert Leitz of Iolite Capital,« accessed online at www.youtube.com/watch?v=Xk7j8dqcNRE .

The Manual of Ideas Interview. »Protect Your Assets and Profit from the European Debt Crisis, by Prof. Dr. Max Otte,« accessed online at www.youtube.com/watch?v=PP_DpgwgpH8 .

The Manual of Ideas Interview. »Robert Robotti, President, Robotti & Company,« accessed online at www.youtube.com/watch?v=N1MVgz6dJdo .

The Manual of Ideas Interview. »Sean Riskowitz, General Partner, Riskowitz Capital Management,« accessed online at www.youtube.com/watch?v=hnVRI6XLfi 8 .

The Manual of Ideas Interview. »Shawn Kravetz of Esplanade Capital on Value Investing, Solar Stocks and More,« accessed online at www.youtube.com/watch?v=imoIcRxrKAg .

The Manual of Ideas Interview. »Simon Caufi eld, Managing Director, SIM Limited,« accessed online at www.youtube.com/watch?v=oZ-SA_3NSjk .

The Manual of Ideas Interview. »Stephen Roseman Discusses His Investment Approach,« accessed online at www.youtube.com/watch?v=PlL40pdım-8 .

The Manual of Ideas Interview. »The Economic Sell Rule and More on Investing, with David Merkel,« accessed online at www.youtube.com/watch?v=wubEyyAtXuE .

The Manual of Ideas Interview. »Three Gs of Investing: Pavel Begun and Cory Bailey,« accessed online at www.youtube.com/watch?v=fXHWIo5X2vg .

The Manual of Ideas Interview. »Tom Russo of Gardner Russo & Gardner,« accessed online at www.youtube.com/watch?v=asduGUYo9NY .

The Manual of Ideas Interview. »UK Deep Value Investing, with Jeroen Bos of Church House Deep Value Fund,« accessed online at www.youtube.com/watch?v=wyK_cVSQTCA .

The Manual of Ideas Interview. »Value Investing in France and Beyond, with François Badelon of Amiral Gestion,« accessed online at www.youtube.com/watch?v=RbUsidNzM48 .

The Manual of Ideas Interview. »Value Investing in India, with Rahul Saraogi, Atyant Capital Advisors,« accessed online at www.youtube.com/watch?v=kZBWZd_zB8w .

The Manual of Ideas Interview. »Value Investing in Smaller Companies, with Jeff Bronchick of Cove Street Capital,« accessed online at www.youtube.com/watch?v=zPKxdumf3ro .

The Manual of Ideas Interview. »Value Investing Wisdom and Ideas, with Glenn Surowiec,« accessed online at www.youtube.com/watch?v=kXzSOBT8Evo .

The Manual of Ideas Interview. »What All Investors Can Learn from the Great Investors, with Stephen Weiss,« accessed online at www.youtube.com/watch?v=64gnCfh1Lgs .

The Manual of Ideas Interview. »Why Reading International Is Misunderstood, with Andrew Shapiro of Lawndale,« accessed online at www.youtube.com/watch?v=VmJWbQ JCxko .

The Manual of Ideas Interview. »Yusuf Samad on Long-Term Investing,« accessed online at www.youtube.com/watch?v=SHgj8ZJqkDY .

The Manual of Ideas Interview . Eric Khrom, New York, 2012. McDonald, Ian. 2005. »Heard on the Street: The Energy Conundrum: To Own or Ignore?« *Wall Street Journal* , October 7, C1, C4.

Mihaljevic, John. »The Manual of Ideas on Business Leader Henry Singleton, Founder of Teledyne,« accessed online at www.youtube.com/watch?v=3BeqIrpnmT8 .

Morgenson, Gretchen. 2004. »Jackpot Du Jour: It Pays to Quit.« *New York Times* , October 31 (Section 3), 1, 6.

Oldfield, Richard. 2007. *Simple But Not Easy* . London, England: Doddington, 94–96.

O'Shaughnessy, James P. 2012. *What Works on Wall Street: The Classic Guide to the Best-Performing Investment Strategies of All Time* , 4th ed. New York: McGraw-Hill, 71.

Pabrai, Mohnish. 2002–2004. *Mosaic: Perspectives on Investing* . Lake Forest, CA: Grammer Buff, 33–35.

Pabrai, Mohnish, and Guy Spier. 2012. Exclusive Q&A Transcript. Japan Investing Summit 2012 (November 7–8).

Paulson, John. 2012. Presentation on Hartford Financial Services Group (March 9), accessed at www.marketfolly.com/2012/03/john-paulsonspresentation-on-why.html .

Porter, Michael E. 1998. *On Competition* . Cambridge, MA: Harvard Business School Publishing, 164–165.

Rubin, Robert E., and Jacob Weisberg. *In an Uncertain World: Tough Choices from Wall Street to Washington* . New York: Random House.

Schwed, Fred, Jr. 1995. *Where Are the Customers' Yachts?* Hoboken, NJ: John Wiley & Sons, 62.

Stone, Amey. 1999. »Homespun Wisdom from the ›Oracle of Omaha.‹« *BusinessWeek* (June), accessed online at www.businessweek.com/bwdaily/dnfl ash/june1999/sw90625.htm .

Tweedy Browne. *What Has Worked In Investing* , accessed online at http://www.tweedy.com/resources/library_docs/papers/WhatHasWorkedFundVersionWeb.pdf .

YouTube. »Marty Whitman on Moving beyond Graham & Dodd Investing,« accessed online at www.youtube.com/watch?v=39qDeG5Foko .

Anmerkungen

Kapitel 1

[1] Hagstrom (2005).

[2] Zu Investmentfonds existiert eine Vielzahl von Studien, darunter Brown und Goetzmann (1995), Malkiel (1995), Carhart (1997), Khorana und Nelling (1997). Carhart gelangt zu dem Schluss: »Die Ergebnisse unterstützen nicht die Annahme, es gäbe ausreichend qualifizierte und sachkundige Investmentfonds-Portfoliomanager.« Malkiel meint: »Im Ganzen schneiden die Fonds unterdurchschnittlich ab, sowohl wenn man die Ausgaben für das Management als auch wenn man die Gesamtbelastung betrachtet.«

[3] Ferri (2003).

[4] Buffett (2007).

[5] Berkshire Hathaway (2010).

[6] Stone (1999).

[7] *The Manual of Ideas*, Interview mit Eric Khrom, New York, 2012.

[8] Quelle: Yahoo! Finance, http://finance.yahoo.com (Zugriff: 23.11.2001).

[9] Quelle: Yahoo! Finance, http://finance.yahoo.com (Zugriff: 22.10.2004).

[10] Ein genaueres Messinstrument für Toyotas überragende Performance ware eine Analyse basierend auf dem Aktienkurs (einschließlich Dividendenzahlungen) statt auf der Marktkapitalisierung, die von Ereignissen wie Fusionen und Übernahmen beeinflusst werden kann, welche nicht notwendigerweise die Rendite per Aktie für einen Anleger verbessern.

[11] Buffett (2009).

[12] Grantham (2005).

[13] McDonald (2005).

[14] Pabrai (2002–2004).

Kapitel 2

[15] *The Manual of Ideas*, Januar 2011, 111.

[16] *The Manual of Ideas*, Mai 2009, 32.

[17] Siehe: http://mba.tuck.dartmouth.edu/pages/faculty/ken.french/data_library.html.

[18] *The Manual of Ideas*, April 2010, 15.

[19] Klarman (1991).

[20] *The Manual of Ideas*, Interview mit Jeroen Bos, London, 2012.

[21] *The Manual of Ideas*, Januar 2011, 135.

[22] *The Manual of Ideas*, Interview mit Kevin Murphy und Nick Kirrage, Schroders, London, 2012.

[23] *The Manual of Ideas*, Juli 2010, 12.

[24] *The Manual of Ideas*, Januar 2012, 12.

[25] *The Manual of Ideas*, Oktober 2011, 14.

[26] *The Manual of Ideas*, Oktober 2011, 19.

[27] *The Manual of Ideas*, März 2012, 8.

[28] *The Manual of Ideas*, Januar 2012, 12–13.

[29] Andreessen (2011), 11.

[30] *The Manual of Ideas*, Juli 2010.

31 Mehr dazu unter: For more information, see www.youtube.com/watch?v=39qDeG5Foko.
32 *The Manual of Ideas*, Interview mit Jeroen Bos, London, 2012.
33 *The Manual of Ideas*, Interview mit Andrew Williamson, London, 2012.
34 Pabrai (2012).
35 *The Manual of Ideas*, Interview mit Robert Robotti, Mai 2012.
36 *The Manual of Ideas*, April 2010, 16.
37 Pabrai (2012).

Kapitel 3

38 Für mehr Informationen zu dem Beispiel Mace Security siehe den Bericht des Value Investors Club, 8. Juli 2007: www.valueinvestorsclub.com/value2/Idea/ViewIdea/2784. Siehe außerdem Maces historische SEC-Meldungen: http://sec.gov/edgar/searchedgar/companysearch.html (Eingabe »Mace Security« im Feld »Company name«).
39 www.marketfolly.com/2012/03/john-paulsons- presentation-on-why.html.
40 *The Manual of Ideas*, März 2012, 8–9.
41 *The Manual of Ideas*, Interview mit Eric Khrom, New York, 2012.
42 Pabrai (2012).
43 *The Manual of Ideas*, Januar 2011, 151.
44 *The Manual of Ideas*, Interview mit Mike Onghai, 2012.
45 *The Manual of Ideas*, Januar 2011, 117–118.
46 Paulson & Co., Präsentation Hartford Financial Services Group, 9. März 2012, www.marketfolly.com/2012/03/john-paulsons- presentation-on-why.html.
47 Wikipedia, http://en.wikipedia.org/wiki/Michael_F._Price.
48 Klarman (1991), 183–184.
49 Ebd., 127.
50 *The Manual of Ideas*, Januar 2011, 150.
51 Datenblatt Loews Corporation, http://ir.loews.com/media_fi les/irol/10/102789/LoewsCompanyOverview.pdf (Zugriff: 24.2.2013).

Kapitel 4

52 *The Manual of Ideas*, Oktober 2011, 13.
53 *The Manual of Ideas*, Januar 2011, 12.
54 *The Manual of Ideas*, Interview mit Kevin Murphy und Nick Kirrage, Schroders, London, 2012.
55 *The Manual of Ideas*, Interview mit Pavel Begun und Cory Baily, 2012.
56 *The Manual of Ideas*, Interview mit Alon Bochman, April–Mai 2012.
57 Ebd.
58 *The Manual of Ideas*, Interview mit Dan Sheehan, 2012.
59 *The Manual of Ideas*, Interview mit Amir Avitzur, 2012.
60 http://greatinvestors.tv/video/the-importance-of-business-cycles-andwhy-valuation-is-every.html.
61 *The Manual of Ideas*, Juli 2011, 10–11.
62 *The Manual of Ideas*, Februar 2010, 43.
63 *The Manual of Ideas*, Januar 2011, 115.
64 *The Manual of Ideas*, März 2010, 43.
65 *The Manual of Ideas*, Interview mit Daniel Gladiš, Zürich, Februar 2012.
66 *The Manual of Ideas*, Januar 2011, 117.
67 *The Manual of Ideas*, Januar 2011, 154.
68 *The Manual of Ideas*, Juli 2012, 13.
69 *The Manual of Ideas*, Interview mit Pavel Begun und Cory Baily, 2012.
70 Porter (1998).
71 *The Manual of Ideas*, Juli 2011, 99.
72 *The Manual of Ideas*, Oktober 2009, 101.

Kapitel 5

[73] *The Manual of Ideas*, Juli 2012, 26.

[74] *The Manual of Ideas*, Juli 2012, 18.

[75] *The Manual of Ideas*, Januar 2012, 6.

[76] *The Manual of Ideas*, März 2012, 7.

[77] *The Manual of Ideas*, März 2012, 7.

[78] John Mihaljevic, »The Manual of Ideas on Business Leader Henry Singleton, Founder of Teledyne«, www.youtube.com/watch?v=3BeqIrpnmT8 (Zugriff: 22.1.2013).

[79] Zitiert nach: John Brooks, *Once in Golconda: A True Drama of WallStreet, 1920–1938* (New York: Harper & Row, 1969), 272.

[80] *The Manual of Ideas*, März 2012, 7.

[81] *The Manual of Ideas*, November 2011, 8.

[82] *The Manual of Ideas*, Mai 2011, 15–16.

[83] *The Manual of Ideas*, September 2011, 13.

[84] *The Manual of Ideas*, Interview mit Pavel Begun und Cory Baily, 2012.

[85] *The Manual of Ideas*, Januar 2012, 9.

[86] *The Manual of Ideas*, Interview mit Pavel Begun und Cory Baily, 2012.

[87] Fama und Jensen (1983).

[88] Coffee, Lowenstein und Rose-Ackerman (1988).

[89] *The Manual of Ideas*, September 2011, 13.

[90] Morgenson (2004).

[91] Schwed (1995).

[92] *The Manual of Ideas*, September 2011, 13.

[93] *The Manual of Ideas*, Dezember 2011, 67–68.

[94] Dell 3Q FY13 Performance Review, 15. November 2012, 12, http://i.dell.com/sites/doccontent/corporate/secure/en/Documents/jkhgffl33qsldeck.pdf.

[95] *The Manual of Ideas*, Interview mit Daniel Gladiš, Zürich, Februar 2012.

[96] *The Manual of Ideas*, November 2012, 6–7.

[97] *The Manual of Ideas*, August 2009, 31.

[98] *The Manual of Ideas*, Interview mit Kevin Murphy und Nick Kirrage, Schroders, London, 2012.

[99] *The Manual of Ideas*, Februar 2012, 34.

[100] *The Manual of Ideas*, August 2011, 15.

[101] *The Manual of Ideas*, September 2011, 13.

[102] Ebd.

Kapitel 6

[103] www.youtube.com/watch?v=YSkJzBoAGC4 (Zugriff: 4.5.2012).

[104] *The Manual of Ideas*, April 2012, »A Message from Guy Spier«, 39.

[105] Oldfield (2007), 94–96.

[106] www.tilsonfunds.com/superinvestors.pdf.

[107] Amiral-Gestion-Website, www.amiralgestion.fr/ENG/Presentation/our-team.php (Zugriff: 24.2.2013).

[108] www.valuewalk.com/francisco-garcia-parames-resource-page/.

[109] *The Manual of Ideas*, Interview mit Pavel Begun, 2012.

[110] *The Manual of* Ideas, Juli 2009, 13.

Kapitel 7

[111] *The Manual of Ideas*, Februar 2011, 9.

[112] *The Manual of Ideas*, August 2009, 29.

[113] UBS Financial Services Inc., »Revenge of the Large Caps«, http://financialservicesinc.ubs.com/Home/PWSmain/0,,-SE3424-EN3424,00.html (Zugriff: 31.10.2005).

[114] Curt Morrison, »Find Your Investing Edge«, Morningstar.com, 30. März 2005, http://news.morningstar.com/doc/article/0,1,130088,00.html?asection=archive.

[115] Tweedy Browne, »What Has Worked in Investing«, http://www.tweedy.com/resources/library_docs/papers/WhatHasWorkedFundVersionWeb.pdf, 42–45 (Zugriff: 1.6.2012).

[116] O'Shaughnessy (2012), 71.

[117] Ebd., 68.

[118] Jeweils aktualisiert unter: Up-to-date data available online at http://mba.tuck.dartmouth.edu/pages/faculty/ken.french/data_library.html.

[119] Ellenoff, Douglas S., »Going Dark: What Companies Need to Know«, www.egsllp.com/GoingDark.ppt (Zugriff: 1.6.2012).

[120] *The Manual of Ideas*, November 2009, 37.

[121] Interview mit David Einhorn, Value Investor Insight, 23. März 2005, 2, www.valueinvestorinsight.com.

[122] Horaz, *Ars Poetica* (Ü.: Eckart Schäfer).

[123] *The Manual of Ideas*, Interview mit Eric Khrom, New York, 2012.

[124] *The Manual of Ideas*, November 2009, 36.

Kapitel 8

[125] *The Manual of Ideas*, August 2010, 9.

[126] *The Manual of Ideas*, Juli 2011, 106.

[127] *The Manual of Ideas*, Januar 2012, 9.

[128] Ericsson (2004), http://edianas.com/portfolio/proj_EricssonInterview/articles/2004_Academic_Medicine_Vol_10,_S70-S81.pdf.

[129] *The Manual of Ideas*, Oktober 2011, 16.

[130] *The Manual of Ideas*, Oktober 2011, 12.

Kapitel 9

[131] *The Manual of Ideas*, Januar 2013, 15.

[132] *The Manual of Ideas*, Januar 2012, 11.

[133] *The Manual of Ideas*, Oktober 2011, 14.

[134] *The Manual of Ideas*, Oktober 2011, 18.

[135] *The Manual of Ideas*, Mai 2011, 16.

[136] *The Manual of Ideas*, Oktober 2011, 17.

[137] *The Manual of Ideas*, Oktober 2011, 13.

[138] *The Manual of Ideas*, Interview mit Kevin Murphy und Nick Kirrage, Schroders, London, 2012.

[139] Rubin und Weisberg, Umschlagseite (2003).

[140] *The Manual of Ideas*, Oktober 2011, 15.

[141] *The Manual of Ideas*, Oktober 2011, 18.

[142] *The Manual of Ideas*, Januar, 2011, 134.

[143] *The Manual of Ideas*, Interview mit Massimo Fuggetta, Februar, 2012.

[144] *The Manual of Ideas*, Dezember 2012, 14.

[145] *The Manual of Ideas*, Januar, 2011, 156.

[146] *The Manual of Ideas*, September 2010, 13.

[147] *The Manual of Ideas*, März 2012, 7.

[148] *The Manual of Ideas*, Interview mit Shawn Kravetz, Juli 2012, www.youtube.com/watch?v=im0IcRxrKAg.

[149] *The Manual of Ideas*, Interview mit Kevin Murphy und Nick Kirrage, Schroders, London, 2012.

[150] *The Manual of Ideas*, Mai 2009, 31.

[151] *The Manual of Ideas*, Interview mit Kevin Murphy und Nick Kirrage, Schroders, London, 2012.

Kapitel 10

152 *The Manual of Ideas*, Mai 2011, 10.
153 *The Manual of Ideas*, Juli 2009, 17.
154 *The Manual of Ideas*, März 2009.
155 *The Manual of Ideas*, Interview mit Kevin Murphy und Nick Kirrage, Schroders, London, 2012.
156 *The Manual of Ideas*, Januar 2013, 6.
157 *The Manual of Ideas*, Januar 2013, 9–10.
158 Mohnish Pabrai, Q&A session transcript, Japan Investing Summit 2012, 7.–8. November 2012.
159 *The Manual of Ideas*, Interview mit Christopher Swasbrook, Omaha, Nebraska, Mai 2012.
160 *The Manual of Ideas*, Interview mit Eric Khrom, New York, 2012.
161 *The Manual of Ideas*, Juli 2009, 17.
162 *The Manual of Ideas*, März 2011, 19.
163 http://usatoday30.usatoday.com/news/nation/census/2011-05-04-Census-Households-Demographics_n.htm.
164 http://appsso.eurostat.ec.europa.eu/nui/show.do?dataset=ilc_lvph01&lang=en.
165 http://en.wikipedia.org/wiki/List_of_countries_by_population_growth_rate.
166 http://en.wikipedia.org/wiki/Demographics_of_Japan.
167 http://en.wikipedia.org/wiki/Nikkei_225.
168 *The Manual of Ideas*, Mai 2011, 9–10.
169 *The Manual of Ideas*, November 2012, 10.
170 *The Manual of Ideas*, Juli 2009, 17.
171 *The Manual of Ideas*, Interview mit Caglar Somek, New York, 2012.
172 *The Manual of Ideas*, Januar 2013, 15.
173 *The Manual of Ideas*, November 2012, 9.
174 *The Manual of Ideas*, Januar, 2011, 142–143.
175 *The Manual of Ideas*, März 2011, 20.
176 *The Manual of Ideas*, Januar, 2011, 144.
177 *The Manual of Ideas*, Interview mit Daniel Gladiš, Zürich, Februar 2012.
178 *The Manual of Ideas*, Interview mit François Badelon, Klosters, Februar 2012.
179 *The Manual of Ideas*, Oktober 2009, 99.
180 *The Manual of Ideas*, Juni 2011, 9.
181 *The Manual of Ideas*, Mai 2011, 11.
182 *The Manual of Ideas*, Mai 2011, 14.

Stichwortverzeichnis

13F-HR-Meldungen 189, 211, 220, 223

A

Ackman, Bill 60, 87, 102, 108, 205, 214, 218, 227, 294, 359

Adrangi, Sahm 278, 281, 294

Akre, Chuck 15, 219

Aktien-Screener 66, 98, 100, 107, 141, 182f., 246, 355,

Aktien, notleidende 257, 323

Aktienrückkäufe 27, 68, 83, 91, 114, 119, 146, 160, 172, 185, 275

Aktiva

- versteckte 101ff.
- übersehene 89

Aktivistenziele, Filter 250

American Depository Receipts (ADRs) 233, 353

Analyseineffizienzen 281, 303

Andreesen, Marc 64

Anlagechancen, ereignisgetriebene 276

Anlagemöglichkeiten, internationale 339

Anlagestil, langfristiger 61

Anleger-Detektive 101

Anleger, aktivistischer 205

Apple 25, 59, 76, 96, 99, 121, 129, 187, 194, 225, 326

Ashton, Zeke 47, 334

Auch Sie haben das Zeug zum Börsengenie 277

Ausschlussfaktoren 152

Ausschlussprozess 152

Azzollini, Ciccio 319

B

Barbee, Scott 57

Barbestand, hoher 76, 96, 101, 220, 225

Bares, Brian 195, 233

Bauindustrie 74, 261

Begun, Pavel 149, 166, 223

Berg, Ethan 46, 118

Berkowitz, Bruce 113, 257

Berkshire Hathaway 22, 94, 109f., 157f., 161, 167, 169, 178, 181, 184, 188f., 192f., 205f., 213f., 218, 224, 239, 324, 340

Berra, Yogi 186, 339

Beteiligungen, börsennotierte 98

Betrug 163, 170f.

Bevölkerungspyramide 349

Bevölkerungswachstum 349

Bilanz 54ff.

Bilanzwerte, Liquidationsszenario 72

Blasenbildung 320

Board of Directors 167

Bochman, Alon 124f.

Bogle, John 37

Börsenwert 24f., 34, 41, 47, 71, 75, 79, 85, 87, 92f., 96ff., 103 ,106f., 113, 126, 129, 140, 147, 176, 181f., 221, 225, 232f., 242, 244f., 250, 252, 258, 260, 279, 284, 296f., 316, 319, 323, 347, 354
Bos, Jeroen 70
BP 220, 325f.
Bradford, James 139
Buchwert 30, 32, 344, 350, 354, 357
Buffett, Warren 15, 146, 157, 188, 213, 345
Burry, Michael 278
Buy-and-Hold-Strategie 27

C
Carlisle, Tobias 48f., 80
Cashflow-Rendite 50, 70
– freie 130
Cashflow, freier 123
Chandler-Brüder 359
Charakter, zyklischer 153
Chinesische Betrugsunternehmen 171
Cialdini, Robert 181
Closet Indexing 209
Coca-Cola 27, 143
Corner of Berkshire & Fairfax 190
Corporate Governance 38, 154, 197, 326, 342, 346, 358, 368, 369
Covenant-Verletzung 332, 336
Covenants 317
Coyne, David 99, 147
Credit Default Swaps (CDS) 35, 208
Crichton, James 219
Cross-Default-Regelungen 317

D
Da Vinci, Leonardo 275
Daten, gute 133
Davis, Shelby 170
De Ley, Baron 356
Deep Value
-Aktien 59
-Anlageideen 76
-Anleger 45
Bewertung 64
– Filter 250
– Portfolio 61
– Unternehmen 65
Demografie, schwierige 349ff.
Denison-Smith, Simon 173
Deutsche Bank 38, 327
Die besten Anlagestrategien aller Zeiten 236
Die Börsen-Zauberformel 117
Die Geheimnisse der Wertpapieranalyse 45
Dimon, James 132, 166, 241
Diversifikation 131f.
Diversifikationsgrad, optimaler 133
Dividenden 39, 49f., 54, 91, 119, 146, 152, 173, 180, 186f., 189, 194, 196, 253f., 260, 276f., 279, 325, 344,
Dividendenpolitik 53
Dorsey, Pat 157
Dumont, Eric 56

E
EBITDA 284f., 323
Eierstock-Lotterie 202
Eigenkapital 40f., 49f., 54, 70, 75, 77, 79, 81, 86, 95, 105, 108, 143, 147, 171f., 174, 176, 238, 250ff., 257, 266, 268f.,

302, 306, 314, 316ff., 321, 323, 328f., 332f., 338, 357, 366
Eigentümer-Manager 234, 330
Eigentümer-Mentalität 38
Einhorn, David 85, 102, 113
Einstein, Albert 201
Einzelhandel 60, 65, 89, 106, 252
Ertragskraft, Analyse 40
Extremismus 352
Eyal, Ori 196

F

Faktoren, immaterielle 130
Fama, Eugene 47, 126
Financial Times 141, 293, 355
Finanzdienstleister, versteckte 109
Finanzindustrie 74
Fiorina, Carly 170
Fondsvolumen 24f.
Formel, magische 121
Formula Investing 127
French, Kenneth 47f., 82, 126, 237
Fuggetta, Massimo 55, 313
Führungskräfte, Aktienbesitz 181
Fundamentalanalyse 133, 233
Fundamentaldaten 30, 55, 69f., 139, 232, 312, 332, 350, 352, 356, 359, 368f.
Fusion, umgekehrte 246

G

Galilei, Galileo 231
Gastgewerbe 106f.
Gayner, Thomas 164, 340
Gebührenstruktur, anlegerfreundliche 22
Geldanlage in Sondersituationen 285ff.
Geldumschlagsrechnung, Dell Inc. 179
Geldverdienen, Magie des 121f.
General Motors 109, 208
Generally Accepted Accounting Principles (GAAP) 99
Gesamtkapitalrendite 176
Geschäftszweig, versteckter 75
Gewinndaten, zukunftsgerichtete 139
Gewinnschätzung 140
Giftpille 169
Gladiš, Daniel 143
Gläubiger 55, 65, 314ff., 324, 332ff., 338
Governance-Praktiken 342, 368
Graham-und-Dodd-Stadt 213
Graham, Benjamin 45, 66
Graham'sche Schnäppchen 56, 65
Grantham, Jeremy 33
Greenblatt, Gewinner-Filter 136
Greenblatt, Joel 27, 117, 277
Größengrenze 35, 43
Growth-Investor 30
Gut, Definition von 119

H

Handelsaktivität, geringe 61
Hawkins, Mason 216, 218
Hedgefonds 21
– Gebührenstruktur 21
Hewlett, Walter 38, 170, 186
Hewlett-Packard 37, 90
Hochs, zyklische 142
Hubschrauber-Transportunternehmen PHI 88

I

Icahn, Carl 102
Immelt, Jeffrey 194, 196
Immobilien, Miete 106

Immobilienbesitz 89f., 94, 99f., 106f., 108, 110, 115
Immobiliengesellschaft, börsennotierte 55
Immobilienvermögen 107
Indexfonds 21
Ineffizienzen, Ursachen 297
Informationsvorsprung 191
Insider
-beteiligung 182
-geschäfte 69
-käufe 183
-verkäufe 153
Insolvenzanmeldungen 208
Interessenkonflikt 24, 154, 190, 194, 245
Interviews 190, 202, 368
Investierbarkeit, grundsätzliche 244
Investieren
– in Zigarrenstummel 45ff.
– ereignisgetriebenes 276
Investitionsentwicklung 175, 180
Investmentfonds 20f., 37f., 42, 105, 239
Israel 358

J
Jobs, Steve 159, 194
Jockey-Aktien 157ff.

K
Kahneman, Daniel 313
Kampfabstimmung 63, 169, 204, 251
Kapital, Reinvestition 150, 153
Kapitalallokation 26, 151f., 184ff.
– intelligente 158ff.
Kapitalallokator-Mentalität 32
Kapitalbasis, Wachstum der 177
Kapitalerhöhung 174, 329
Kapitalrendite, abnormale 54
Kapitalumschlag 151, 179
Kernaktiva 88, 101, 113f., 367
Kerngeschäft 48, 64, 87, 90, 94, 99, 110, 112ff., 134, 176, 260, 295, 328, 332
Khrom, Eric 25, 88, 259
Kirrage, Nick 56, 123, 196, 311, 325
Klarman, Seth 51, 105
Kmart 65, 193, 216
Kompetenzkreis 345, 368
Konglomerate 94, 109f.
Konglomeratszuschlag 110
Konsensschätzung 139f., 241
Kontext, Bedeutung 207
Kontrolle 167ff.
Konzentration 131f.
Korrekturfaktor 72
Kreditrating-Agenturen 74
Krisen-Wertpapiere 329
Kurs-Buchwert-Verhältnis 47, 82, 98, 126f., 240, 253, 268, 279, 308
Kurs-Gewinn-Verhältnis, zyklisch bereinigtes 123

L
Lambert, John 87, 160
Lampert, Edward 68f., 188, 192, 205, 216, 218
Langfristanleger 32
Leerverkäufe 212
Lemonnier, Sebastian 356
Lewis, John 216, 220, 235
Limited Partnership 22
Liquidation(s-) 289
– geordnete 49
-analyse 72
-wert 79

Liquiditätshürde 233
Lœb, Daniel 102
Loews 98
Long-Short-Portfolio, gehebeltes 132

M
Magic Formula Investing 136
Maginot-Linien 147
Magische-Formel
-Aktien 138
-Filter 124
Magna 99
Management
– Anreize 181ff.
– Fähigkeiten 163, 175ff.
– Integrität 164
– Qualität 158
– Vergütung 160, 164
Margenprofil 175, 178
Margensteigerungspotenzial, Filter 251
Markenwert 143
Marks, Howard 15, 315
Märkte, effiziente 201
Marktkapitalisierung 29ff., 39f., 52f., 65, 102, 136f., 182, 232f., 244, 247ff., 261ff., 291, 344, 350
Mauboussin, Michael 59, 287
McDonald's 30, 46, 102, 125
McGuire, Mick 102f.
Meadow Valley 261ff.
MI Developements (MIM) 99
Mikro Caps 231ff.
Miller III, Loyd I. 103
Mischkonzerne 110
Mission Statements 181
Mittelwert, Rückkehr zum 255
moat (Burggraben) 146
Mobilfunkdurchdringung 259ff.
Modeerscheinung 153
Modigliani-Miller-Theorem 186
Montier, James 49, 59, 286, 310
Moody's 27
Morgenson, Gretchen 170
Munger, Charles 14, 62, 181
Murphy, Kevin 336

N
Net-Net
-Filter 66ff.
-Formel 68
-Schnäppchen 67
Net-Nets 47, 49, 62, 67f., 74, 80, 126, 344, 346, 355
Nettobarbestand 96
New York Stock Exchange 163
Nicht-Kernaktive 101
Niedergang, anhaltender 73
Niedriger Preis, Magie des 122f.
Nokia 59
Nonrecourse 334
-Verschuldung 334

O
O'Shaughnessy, James 236
Onhai, Mike 97
Online-Technologie 97
Oppenheimer, Henry 49
Otte, Max 11f., 151, 361, 364

P
Paar-Trades 212
Pabrai, Mohnish 35, 78
Paulson, John 87, 103

Performance, überdurchschnittliche 124ff.
Personaldienstleister 56f., 129
Porter, Michael 149
Portfoliogröße 28, 314
Portfoliokonzentration 64ff.
Preisineffizienzen 232, 239, 298, 303
Preissetzungsmacht 148, 151
Price, Michael 103
Principal-Agent-Konflikt 171
Principal-Agent-Problem 195, 315
Private Equity 321ff.
Pro-forma-Anpassung 152
Proxy Statements 270
PT Indosat 259ff.
„Pump and dump"-Programm 231
Punkt des maximalen Pessimismus 324
Put-Option 65f.

R
Raffinerien 56, 74
Rappaport, Alfred 350
Rapuano, Lisa 169, 197
Reinvestitionsbedarf 180
Rendite
– kapitalgewichtete 21
– zeitgewichtete 21
Research in Motion (BlackBerry) 59
Rezenzeffekt 183, 279
Risiko-Arbitrage 212, 240, 277, 287f., 302, 319
Roboter-Analysen 283
Robotti, Robert 78
Roseman, Stephen 92
Ross, Wilbur 103
Rosser, Jake 158, 166
RTOs, chinesische 280

S
Samad, Yusuf 147
Saraogi, Rahul, 348
Schloss, Walter J. 213
Schnäppchenjagd 46
Schwed, Fred Jr. 171
Schwellenländer, Wachstum 347ff.
Screening 16, 41, 71, 73, 75, 88, 94, 96, 100f., 136, 141, 174f., 182, 184f., 187, 198, 210, 213, 223, 231, 244f., 249ff., 253f., 266, 268, 291, 321, 323, 338, 344, 354, 359
– weltweites 355
SEC-Meldungen 189
Seisakusho, Nalalita 344
Selbstüberschätzung 202, 310
Shapiro, Andrew 56
Shareholder Value, Steigerung 63
Sicherheitsmarge 299
Signalwert 221
Singleton, Henry 161, 187
Sirius Satellite Radio 34
Small Caps 16, 217, 231ff.
Small Caps, Ineffizienzen 232
Small-Cap-Investitionen 242ff.
Small-Cap-Unternehmen 182
Sony 59, 76, 225, 326f.
Spier, Guy 81, 196, 202, 227, 346
Spin-off 102, 112, 275ff., 280f., 289, 291, 295ff., 300, 321ff., 328, 331
Standard-Datenbanken 133
Stein, Kenneth Shubin 275
Steinberg, Joe 161, 192, 218f.
Steinway Musical Instruments 90
Steueraufschub 62
Stichprobenverzerrung 191
Stock-Picker 319

Subprime-Hypothekenblase 74
Superanleger, Portfolios 201ff.
Swensen, David 308

T
Tan, Soo Chuen 67
Tarasoff, Josh 148
Target 65, 87, 102
Teledyne 161
The Warren Buffett Way 19
Thoreau, Henry David 36
Thrift-Umwandlungen 104ff.
Tief, zyklisches 73
Timing-Notwendigkeit 287
Toyota 29ff.
Trader-Mentalität 37
Treasury-Aktien 105
Tversky, Amos 313

U
Überarbeitung 133ff.
Übernahme 133ff.
Umsatz, sinkender 70
Umschlags
-geschwindigkeit 211
-häufigkeit 61
Ungeduld 62f., 288, 291
Union Pacific 139
Unterbewertung 48, 56, 62, 77, 79, 85ff., 118, 172, 297f.
– als Katalysator 81
Unternehmen
– hoch verschuldete 305
– kapitalintensive 141ff.
– markenstarkes 54
– mehrere Geschäftssparten 94ff.
– Rekapitalisierungsbedarf 302
– subjektive Qualität 271
– unprofitables 57
– unterbewertetes 295
– zyklische 142
Unternehmensbeteiligung 35
Urteilsvermögen 121, 175, 239, 256, 287, 309f., 325, 337

V
Value Investors Club 190
Value- und Wachstumsaktien, Performanceunterschied 48
Value-Investmentfonds 21
Vealls 344
Verizon Wireless 85
Verlustaversion 313f.
Verluste, Auswirkungen 33
Verlustverbuchung 108
Verlustvortrag, hoher 108f.
Vermögenswerte
– harte 75
– versteckte 85, 104, 107, 112f.
Verschuldung(s-) 170
-charakter 333
Verzerrungen 124f., 127, 195, 199, 286, 310
Vodafone 85, 102, 210, 327
Volatilität 127, 288
– hohe 65
Vucemilovic, Marko 135

W
Wachstum zu vernünftigen Preisen, Filter 253
Wadhwaney, Amit 104
Wall Street 35ff., 140, 163, 167, 233, 324

Walmart 65
Warnzeichen in Finanzberichten 267
Watchlist 110
Wendepunkte, versteckte 257ff.
Werte, versteckte 295
Wertschaffung, Weg zur 301
Werttreiber 109, 175, 240, 273, 281, 290, 296
Wertversprechen 154
Wettbewerbsvorteil, dauerhafter 147ff.
Whitman, Martin 67, 103
Whitney, Richard 163
Williamson, Andrew 73
Working Capital 68, 70, 83

X

Xerox 90

Z

Zeit-Arbitrage 56, 288, 291
Zigarrenstummel 45ff.
Zinseszinseffekt 62, 119, 147
Zinseszinsmaschinen 148
Zwei-Faktoren-System 131, 137

Über den Herausgeber

Prof. Dr. Max Otte

Max Otte ist Professor für quantitative und qualitative Unternehmensanalyse und -diagnose an der Karl-Franzens-Universität Graz sowie gefragter Referent und Buchautor zu Wirtschafts- und Finanzthemen. Er hat an der Princeton University promoviert und mehrere Dutzend Unternehmen, Stiftungen und internationale Organisationen beraten.

Er ist Gründer des Finanzinformations- und Finanzanalyseinstituts IFVE Institut für Vermögensentwicklung sowie Gründer der Privatinvestor Verwaltungs AG. Als Experte auf dem Gebiet des Value Investing (dt.: wertorientiertes Investieren) seit Jahren insbesondere Vermögensstrategien für Privatanleger. Für seine Strategie wurde er in den Jahren 2009, 2010 und 2011 vom Fachmagazin BÖRSE ONLINE mit dem Titel »Börsianer des Jahres« ausgezeichnet. Kern seines Investmentansatzes ist dabei neben bewehrten Value Investing Kriterien vor allem das Reinheitsgebot der Kapitalanlage: In ein Depot gehören nur Qualitätsaktien, Anleihen und Termingelder (oder rein aus diesen Zutaten zusammengesetzte Fonds) sowie physisches Gold.

Börsenbrief DER PRIVATINVESTOR

Seit 2003 publiziert sein IFVE Institut für Vermögensentwicklung seinen wöchentlichen Börsenbrief DER PRIVATINVESTOR. Neben wöchentlichen Informationen zu börsennotierten Unternehmen und Aktienanalysen werden darin auch regelmäßig Max Ottes persönliche Einschätzungen zu aktuellen Entwicklungen in den Bereichen Finanzmärkte, Wirtschaft und Politik veröffentlicht. Abonnenten stehen zudem u. a. Musterdepots nach Ottes Methode, eine Redaktions-Frage-Antwort-Ecke, aber auch eine persönliche Online-Sprechstunde mit Max Otte zur Verfügung.

WACHSTUMSDEPOT

Stand: 04.12.2014

Wert zum Startzeitpunkt	Derzeitiger Wert	Restliquidität	Bargeldanteil
50.000,00 EUR	186.358,97 EUR	4.832,67 EUR	2,59%
Startzeitpunkt	Performance (Gesamt):	Performance DAX (Gesamt):	Outperformance (Gesamt):
09.08.2002	272,72%	165,15%	107,57%-Punkte

Weitere Informationen:
www.der-privatinvestor.de **Tel: +49 (0)221 998019-16**

Anlagefonds und Vermögensberatung nach Methode Max Otte

Der **Max Otte Vermögensbildungsfonds (WKN: A1J3AM)** setzt als deutscher Anlagefonds seit 1. Juli 2013 die Strategie von Max Otte um. Der Max Otte Vermögensbildungsfonds ist ausschließlich in Deutschland für den Vertrieb zugelassen. Er kann bei den meisten deutschen Banken gezeichnet werden. Zudem ist der Fonds sparplanfähig.

Der **PI Global Value Fund (WKN: A0NE9G)**, ist ein Fonds nach liechtensteinischem Recht, der seit März 2008 nach der Methode von Max Otte investiert. Der PI Global Value Fund ist in Liechtenstein, Österreich, Deutschland und der Schweiz zum Vertrieb zugelassen.

Individuelle Vermögensberatung und -verwaltung: Anleger, die ihr Vermögen individuell nach der Strategie von Max Otte von professioneller Hand beraten oder verwalten lassen möchten, haben die Möglichkeit, sich an ein von Max Otte und IFVE hierfür lizenziertes Unternehmen zu wenden. Weitere Informationen hierzu können Sie direkt beim IFVE Institut für Vermögensentwicklung erhalten.

Weitere Informationen unter:
www.maxotte.de **Tel +49 (0)221 998019-16**

Endlich mit Aktien Geld verdienen

Prof. Dr. Max Otte

Für viele Deutsche ist es nach wie vor unerklärlich, warum die Banken, die Deutsche Börse und die offizielle Politik den Kleinanleger damals bei der »Volksaktie« so schamlos ins offene Messer laufen ließen. In der Folge ist der Aktienbesitz in Deutschland dramatisch eingebrochen – zu Unrecht, wie Max Otte in diesem Buch deutlich macht. Mit Blick auf die expansive Geldpolitik der EZB, die an ihre Grenzen stößt und Geldvermögen ebenso wie Lebensversicherungen vernichten wird, sind Aktien attraktiver denn je!

Max Otte schildert in diesem Buch nicht nur seine Erfolgsmethode, sondern gibt auch Einblicke in die Strategien von Buffett, Graham und Kostolany.

304 Seiten | Hardcover mit Schutzumschlag | 22,99 € (D) | ISBN 978-3-89879-631-6

Der Finanz-Code

Howard Marks

Wer an die ganz Großen des Investmentgeschäfts denkt, dem fallen zuerst George Soros und Warren Buffett ein. Weniger bekannt ist der Dritte im Bunde: Howard Marks.

Dabei ist er in einem Atemzug mit Warren Buffett und George Soros zu nennen. Schließlich verwaltet er mit seiner Investmentgesellschaft Oaktree nicht weniger als 55 Milliarden Dollar. Das ihm anvertraute Vermögen hat er nicht nur sicher durch alle Krisen gebracht, sondern auch noch vermehrt. In Expertenkreisen gilt Marks als herausragender Investor, dessen Philosophie so wegweisend ist wie im 20. Jahrhundert Benjamin Grahams Wertpapier-Analyse.

256 Seiten | Hardcover | 24,99 € (D) | ISBN 978-3-89879-692-7

Die Lehr- und Wanderjahre eines Value-Investors

Guy Spier

Wer träumt nicht davon, einmal ein weltweit erfolgreicher Investor zu werden? Guy Spier hat es geschafft. Sein Abendessen mit Warren Buffett für 650 100 US-Dollar ist nur einer der vielen Höhepunkte einer langen Suche nach den erfolgreichsten Methoden des Value-Investierens. Doch wie wird man ein wertorientierter Investor à la Warren Buffett?

Die Lehr- und Wanderjahre eines Value-Investors begleitet Guy Spier auf seinem Werdegang von einem Möchtegern-Gordon-Gekko hin zu einem erfolgreichen Value-Investor. Er gibt praktische Tipps, wie Anleger bessere Investment-Entscheidungen treffen, und zeigt, wie er aus teuren Fehlern gelernt hat und wie jeder seinen eigenen Weg gehen kann.

240 Seiten | Softcover | 16,99 € (D) | ISBN 978-3-89879-738-2